MARGARETE LUISE GOECKE-SEISCHAB
FRIEDER HARZ

DER KIRCHEN- ATLAS

Mit REISE- TIPPS

Räume entdecken
Stile erkennen
Symbole und Bilder verstehen

KÖSEL

MIT ÜBER 550 NACHZEICHNUNGEN
VON MARGARETE LUISE GOECKE-SEISCHAB

2., durchgesehene Auflage 2009
Copyright © 2008 Kösel-Verlag, München,
in der Verlagsgruppe Random House GmbH
Umschlag: Kaselow Design, München
Umschlagmotiv: Paris, Sacré-Cœur / mauritius images
Druck und Bindung: Kösel, Krugzell
Printed in Germany
ISBN 978-3-466-36788-7

Gedruckt auf umweltfreundlich hergestelltem Offsetpapier
(säurefrei und chlorfrei gebleicht)

www.koesel.de

INHALT

VORWORT

Keine Frage: Vor allem in Kirchen können wir bedeutende Zeugen christlich-abendländischer Kultur unserer Breiten entdecken. Sie bezeugen ihre weit über tausendjährige Entwicklung. Sie beeindrucken auch heute durch imposante Bauwerke, unerwartete Raumerlebnisse, überraschende Details und staunenswerte Bilder. Führungen und schriftliches Material vor Ort machen eine Fülle an Detailwissen zugänglich – und lassen doch oft genug ratlose Besucherinnen und Besucher zurück, die vergeblich das Gehörte bzw. Gelesene für sich festzuhalten und einzuordnen suchen.

Genau hier hilft das vorliegende Buch weiter: Es zeigt unterschiedliche Baustile anhand häufig wiederkehrender Merkmale auf. So gelingt es, im jeweils Neuen das Bekannte wiederzufinden. Von übersichtlichen Grundmerkmalen der Epochen führen die durch viele Zeichnungen besonders anschaulichen Erklärungen vom Äußeren der Kirchen zu ihrem Inneren, von Bauformen zu den Ausstattungsstücken, von Bildern zu Symbolen.

Mit dem Kirchen-Atlas steht Ihnen ein »Reiseführer« ganz anderer Art zur Verfügung: Ein Such-, Erklär- und Lehrbuch, eine Art Bestimmungsbuch, mit dem sich anhand eigener Eindrücke und Erlebnisse der Blick für das Typische und bau- und kunstgeschichtlich Wesentliche entwickeln und über viele Kirchenbesichtigungen hinweg immer differenzierter werden kann. Fachbegriffe werden dabei gut verständlich, einfach und elementar erklärt und können über das ausführliche Sachwortverzeichnis ab Seite 326ff. abgerufen werden.

Der »Kirchen-Atlas« weist immer wieder darauf hin, dass Kirchen keine Museen sind, sondern Orte, an denen christlicher Glaube durch die Jahrhunderte hindurch bis in die Gegenwart gelebt wurde und wird. Er erklärt deshalb die Bedeutung vieler Einzelheiten, die für den christlichen Gottesdienst wichtig sind, und bietet so vielfältige Anregungen, christliche Traditionen in ihrer Wirkungsgeschichte durch die Jahrhunderte hindurch kennenzulernen: Im Staunen über das Hervorgebrachte und seine geistlich-spirituelle Aussagekraft wie auch in kritischer Distanz zu manchem, was aus heutiger Sicht schwer zugänglich ist.

Machen Sie mit dem Kirchen-Atlas Ihre eigenen Entdeckungen in den vielen Kirchen am Weg und nutzen Sie die Anregungen, um zuzuordnen, wiederzuerkennen, immer kundiger zu betrachten und zu verstehen. Vielleicht auch lassen Sie sich durch die umfangreichen Reise-Tipps am Ende jeden Epochen-Kapitels locken, ganz gezielt Kirchen in Ihrer Nähe oder in weiterer Entfernung zu identifizieren und zu entdecken. Wie in solchen Situationen der Kirchen-Atlas helfen kann, ersehen Sie beispielsweise an den Hinweisen »So finden Sie sich am schnellsten zurecht« auf Seite 18.

Wir wünschen uns, dass der Kirchen-Atlas Kirchenerkundungen und Kirchenbesichtigungen vor Ort erleichtert, dass er beispielsweise Urlaubsreisen interessanter macht und Einzelnen und Gruppen Freude an lebendiger Geschichte in Stein und Bild schenkt.

Margarete Luise Goecke-Seischab
Frieder Harz

EINFÜHRUNG

Was ist das Besondere an Kirchenräumen?

Kirchen sind besondere Räume. Das können Besucherinnen und Besucher mit allen Sinnen wahrnehmen: Da fällt mit kräftigem Nachhall die Tür ins Schloss ... In der Stille des Raums sind Schritte oder das Klappern von Münzen im Opferstock laut hörbar. Die besondere Architektur lenkt die Blicke zu leuchtenden Glasfenstern, zum Altar mit seinem großen Bild ... in die Höhe zum gotischen Kreuzrippengewölbe ... zum barocken Himmel oder der modernen Zeltdach-Konstruktion. Weihrauch oder der Geruch abgebrannter Kerzen hängen in katholischen Kirchen in der Luft ... und der Rücken spürt die harten Lehnen des historischen Gestühls. – Warum also sind Kirchen so anders als andere Räume?

KIRCHEN ALS SPIRITUELLE ORTE

»Gott wohnt nicht in der Kirche, aber man kann dort besonders gut an ihn denken«, so hat es ein vierjähriges Mädchen formuliert. Der Kirchenraum lädt ein, innezuhalten, Geschäftigkeit hinter sich zu lassen. Mit allem, was Menschen in einer Kirche gestaltet haben, regen sie – so meinen wir – zum Nachdenken darüber an, wem wir unser Leben letztlich verdanken. Unzählige Menschen vor uns haben die Eindrücke im Kirchenraum daher als Wegweiser auf Gott hin gesehen, als Einladung zum Gebet. Das Beste und Schönste sollte es sein, damit dies besonders gut gelingen kann.

In diesem Sinne gilt es auch, die großen Werke der christlichen Kunst in den Kirchen wahrzunehmen und zu verstehen. Auch außerhalb der gottesdienstlichen Feiern sind die Gegenstände in der Kirche keine musealen Ausstellungsstücke, sondern verweisen in der besonderen Sphäre dieses Orts auf ihre spezifische Aufgabe und Bedeutung.

Auch wenn das Verständnis des Kirchenraums in den christlichen Konfessionen unterschiedlich akzentuiert wird, so ist er immer seiner bestimmten Aufgabe gewidmet und geweiht, nämlich im gemeinsamen Gottesdienst wie in persönlicher stiller Betrachtung und im Gebet der Beziehung zu Gott Ausdruck zu geben. In den angesprochenen besonderen Wahrnehmungen in diesem Gebäude kann diese Beziehung anschaulich werden.

KIRCHEN ALS SPIEGEL DER GESCHICHTE DES CHRISTLICHEN GLAUBENS

Kirchen sind zu Stein, zu Plastiken und zu Bildern gewordene Zeugnisse des christlichen Glaubens. Sie spiegeln theologische Einstellungen ihrer Entstehungszeit wider. Der Anschaulichkeit solcher »Bilderbücher des Glaubens« steht oft nötige Übersetzungsarbeit in unser modernes Verständnis des christlichen Glaubens gegenüber. Gerade das uns unveränderlich Scheinende der Gegenstände verweist uns auf Veränderungen, die uns heute zu manch anderen Deutungen nötigen als denjenigen der Schöpfer dieser Werke. An ein paar Beispielen soll dies verdeutlicht werden:

– Bilder von Gott zeigen oft menschenähnliche Gestalten, mit männlichen Attributen in dem in drei Zonen gegliederten Bild der Welt, dem Himmel, der Erde und der Tiefe. Mitzulesen ist dabei heute die inzwischen weit vorangeschrittene Versöhnung von Theologie und modernem naturwissenschaftlichen Weltbild und das Erschließen ungegenständlicher Vorstellungen von Gott.

– Bilder von Gottes Schaffen und von Jesu Wirken, seiner Auferstehung und Himmelfahrt unterstützen oft ein wortwörtliches Für-wahr-Halten der biblischen Erzählungen im Sinne von Tatsachenberichten, ja die Anschaulichkeit der Bilder scheint dies noch zu verstärken. Zeitgenössische Theologie weiß um die Gleichnishaftigkeit vieler Aussagen, um das Verstehen von Einzelheiten im übertragenen Sinn: Wenn die Köpfe vieler Menschen im Strahlenkranz leuchten, Johannes der Täufer auf den gekreuzigten Jesus zeigt, oder der Auferstandene auf einem geöffneten Sarkophag steht, dann müssen wir heute diese Gestaltung ganz neu verstehen lernen.

– Die Verehrung der Heiligen machte sich oft an den drastischen Darstellungen ihres – auch in mancherlei Legenden weitergesponnenen – Leidens und Sterbens um des Glaubens willen fest. Heutige Frömmigkeit orientiert sich dagegen mehr an der Vorbildhaftigkeit ihres ganzen Lebens und Wirkens.

– Handfest stoßen wir in Bildern auf die Ablehnung bestimmter Menschen. In Gerichtsszenen werden Höllenqualen der unerlösten Sünder gezeigt, wo doch heute das Vertrauen auf Gott als Grundlage der Gottesbeziehung im Vordergrund steht und nicht die Angst. Und Unerlöste, auch Nichtchristen gelten nicht länger als von Gott verdammte Menschen, sondern als in ihrer Eigenständigkeit zu achtende Geschöpfe und Kinder Gottes. Das gilt besonders hinsichtlich der von Ablehnung und Geringschätzung bestimmten mittelalterlichen Darstellung von Juden.

Auch wenn in diesem Buch *Informationen* zum geschichtlichen Verständnis der unzähligen Details im Vordergrund stehen, so sind doch ausgiebiges Schauen und Meditieren, Wahrnehmen der geistlichen Aussagekraft und Ausstrahlung der Kirchen, sowie Bedenken der Zeitgebundenheit mancher Vorstellungen immer erwünscht.

KIRCHEN ALS ZEUGNISSE DER KULTURGESCHICHTE

Wer den Blick dafür gewinnen möchte, wie Kirchen in Baustil und Ausstattung den Geist zurückliegender Epochen sichtbar machen, hat spannende und aufregende Entdeckungen vor sich. Er wird immer wieder auf interessante Zusammenhänge stoßen, erworbene Kenntnisse je aufs Neue erproben. Kunststile machen sichtbar, wie Menschen in verschiedenen Epochen auf unterschiedliche Weise ihre Welt gedeutet, den Zusammenhang von Gott und Welt zum Ausdruck gebracht, ihr Selbstverständnis und auch Selbstbewusstsein präsentiert und ihre Kenntnisse zum Beispiel aus der Antike wie aus aktueller Naturkunde einbezogen, physikalisch-bautechnische wie künstlerische Herausforderungen gelöst haben. Zu solchen Entdeckungsreisen gibt das Buch vielfältige Anregungen:

- durch Hinweise auf baustilbezogene typische Merkmale;
- durch exemplarische Veranschaulichung anhand ausgewählter Beispiele;
- durch ein Stichwortverzeichnis, das in die Fachterminologie einführt und auch für ungeübte »Kirchen-Erkunder« die wesentlichen Informationen bereitstellt.

Das finden Sie in diesem Buch:
- Einführende Informationen zu den einzelnen Baustilen mit Bildern und Zeichnungen helfen zu ersten Orientierungen auf dem Feld der Kirchenbaukunst.
- Detaillierter sind die Hinweise zu Figuren und Bildern, zu den elementaren Ausstattungsstücken im Wandel der Zeiten.
- Vor Ort beim Kirchenbesuch lassen sich rasch typische Merkmale identifizieren, und die Erläuterungen der Fachbegriffe helfen beim Lesen der örtlichen Kirchenführer.
- Im Rückblick dienen die Informationen und Zeichnungen der Erinnerung und Vergewisserung.
- Ausgewählte Reise-Tipps machen Lust auf weitere Erkundungen.

Somit steht Ihrer eigenen Entdeckungsreise in der Welt der kirchlichen Bilderwelt wohl nichts mehr im Wege!

»Was bedeutet die Figur?« – »Was erzählt das Bild?« – Wichtiges im Überblick

Wer hätte nicht schon selbst einmal vor einem Kirchenportal gestanden, die großartigen Skulpturen im Bogenfeld bewundert und sich gefragt, was dort eigentlich dargestellt ist und welche Bedeutung es wohl hat.

Vielleicht wanderte auch während eines schönen Orgelkonzertes der Blick zu den üppigen Deckenmalereien einer Barockkirche und man hätte gerne etwas mehr über die dort oben in luftiger Höhe abgebildeten Figuren und Szenen gewusst.

Und spätestens dann, wenn wir mit wissbegierigen Kindern eine Kirche erkunden und sie uns mit Fragen bestürmen, wer denn die oder jene Statue sei oder warum so viele kleine Engel auf den »Möbeln« sitzen, spätestens dann wird bewusst, wie sehr die

überlieferte Bildersprache unserer Kirchen in Vergessenheit geraten ist.

Höchste Zeit also, das Wissen aufzufrischen. Dazu finden Sie in diesem Kirchenführer kurz gefasste und übersichtlich angeordnete Texte und Zeichnungen. Sie wollen helfen, sich möglichst schnell, sozusagen »auf einen Blick« und gleich vor Ort über die wichtigsten Bildprogramme in den verschiedenen Stilepochen zu informieren.

Dabei bleiben sicherlich noch genügend Fragen offen, denn jede Kirche hat ihre eigene Geschichte und ihre ganz besondere regionale Prägung, die zu enträtseln lohnen. Dazu helfen dann örtliche Informationsquellen wie beispielsweise Kirchenführer weiter.

KIRCHEN SIND GESAMTKUNSTWERKE

Die gesamte Anlage von Kirchen einschließlich ihrer Ausstattung mit Bildern folgt genau festgelegten theologischen und liturgischen Programmen, die ausführlicher oder verkürzt verwirklicht sein können. Kirchen sind als Gesamtkunstwerke konzipiert und werden am besten auch als Ganzes wahrgenommen.

Ihre Bildfolgen sind so angelegt, dass sie von außen nach innen, vom Boden zur Decke und vom Eingang zum Altar hin mit zunehmender Bedeutung gelesen werden. Ihre Bedeutung und ihre Gewichtung nimmt also sowohl zur Höhe als auch zum Altarraum hin zu.

VIELE KIRCHEN SIND »GEOSTET« UND HABEN KREUZFÖRMIGE GRUNDRISSE

Grundelemente christlicher Symbolsprache sind das Licht und das Kreuz. Daher sind christliche Gotteshäuser traditionell nach Osten, zum Licht und zur aufgehenden Sonne *(ex oriente lux)* hin ausgerichtet. Damit folgen sie dem Wort Jesu: »Ich bin das Licht der Welt, wer mir nachfolgt, wird nicht im Finstern wandeln, sondern wird das Licht des Lebens haben« (Joh 8,12). Entsprechend liegt das große Hauptportal der meisten Kirchen im Westen, der in der Regel

gut beleuchtete Altarraum im Osten. Zusätzliche Eingänge können sich auf der Nord- und Südseite des Kirchenschiffes befinden.

Im Kircheninneren führt dann der Weg der Gläubigen entlang des Mittelschiffes hin zum Altar. Hier werden Eucharistie bzw. Abendmahl gefeiert und in katholischen Kirchen brennt hier das → »Ewige Licht«, das den Ort des → Tabernakels bezeichnet. Wurde in besonders prächtig ausgestatteten Kirchen zwischen Chor und Langhaus zusätzlich ein Querschiff eingefügt, dann wies der Grundriss dieser Kirchen die Form eines lateinischen Kreuzes auf.

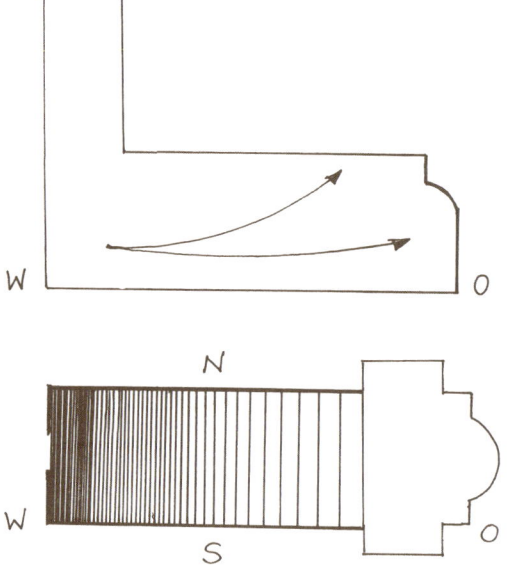

Abb. 1 *Weg und Blickrichtung vom Dunkel zum Licht, Schema*

Abb. 2 *Kreuzzeichen im Backsteinbau, romanische Kirche, Altenkrempe, Schleswig-Holstein*

DAS KREUZ – SYMBOL CHRISTLICHEN GLAUBENS

Das Kreuz ist Sinnbild für Jesu Leiden, Tod und Auferstehung, also für zentrale Inhalte des christlichen Glaubens. Das Kreuz bzw. Darstellungen der Kreuzigung sind in christlichen Kirche oft mehrfach anzutreffen: als Tischkreuz auf Altären, als monumentales Triumphkreuz von der Decke herabhängend, an der Wand oder in Schlusssteine und Taufbecken eingemeißelt. Das Kreuz ist auf Hochaltarbildern oder an den Kreuzwegstationen zu finden, in Bronze gegossen an den Portalen, an Tauf- und Weihwasserbecken, auf Osterkerzen appliziert, in das Holz der Kanzeln geschnitzt oder in Paramente gestickt. Auch auf Gedenksteinen und nicht zuletzt als Turmbekrönung auf vielen Kirchtürmen findet es sich. Das Kreuz als Zeichen der Passion Jesu und seiner Auferstehung ist in fast allen christlichen Kirchen gegenwärtig.

KREUZ ODER HAHN AUF DER TURMSPITZE

Schon von Weitem sind christliche Kirchen an den Zeichen auf der Kirchturmspitze oder auf dem Dachfirst zu erkennen. Regional ganz unterschiedlich kann außer dem Kreuz auch ein Hahn die Turmspitze zieren. Er erinnert an die dreimalige Verleugnung Jesu durch Petrus und ruft die Gläubigen zur Buße. Gelegentlich findet sich dort auch die Figur eines Heiligen, der Namenspatron der Kirche ist. Auch Sonne und Mond als Zeichen für den ganzen göttlichen Kosmos kommen vor.

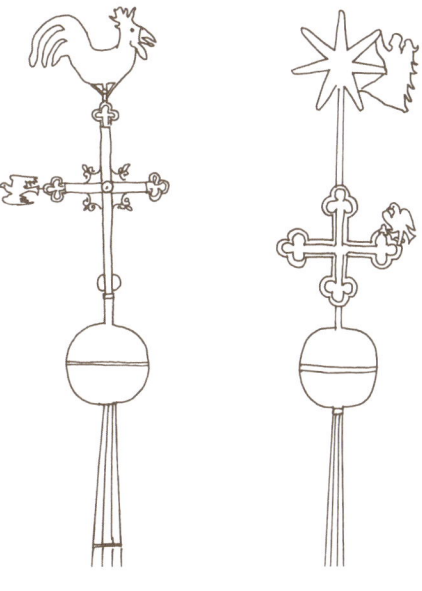

Abb. 3 *Kreuz und Hahn als Kirchturmbekrönungen, St. Lorenz, Nürnberg*

DIE KIRCHE VON AUSSEN – PORTAL UND SEITENEINGÄNGE

Bei einem ersten Rundgang um eine Kirche fallen vor allem die durch plastischen Schmuck und bildliche Darstellungen hervorgehobenen Eingänge auf. Zum einen wollen Kirchenportale durch ihre Höhe, Größe und weit zu öffnenden Türen die Gläubigen in die Kirche einladen, zum anderen mit ihren in Stein gehauenen oder in Bronze gegossenen Bildern und Figuren schon vor dem Eintritt in die Kirche auf religiöse Überlieferungen und biblische Inhalte einstimmen. Vor allem das Hauptportal erzählt im Bogenfeld über den Türen (→ S. 30, S. 83) oft von Jesus, von Maria und auch von Verheißungen der Bibel, seltener vom Leben und Wirken Heiliger. Manchmal, vor allem in neuerer Zeit, sind auch nur Symbole dargestellt (→ S. 320).

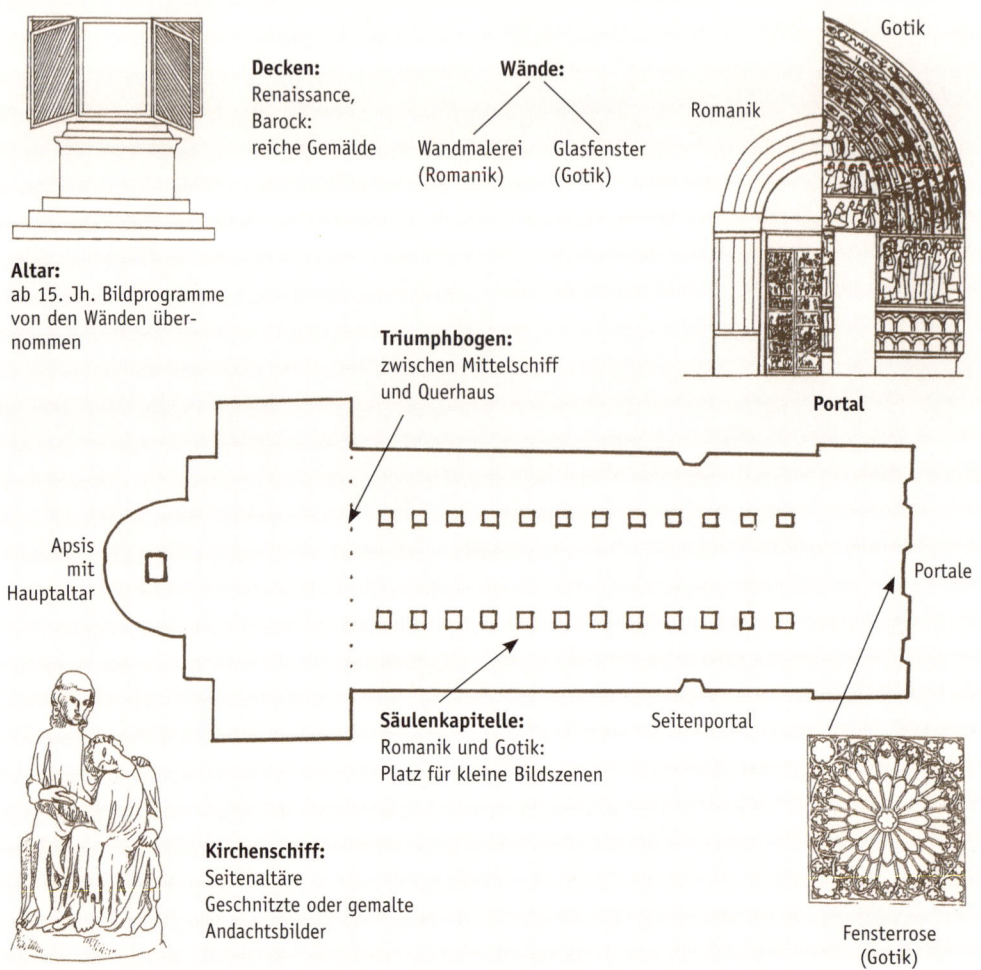

Decken:
Renaissance,
Barock:
reiche Gemälde

Wände:
Wandmalerei   Glasfenster
(Romanik)   (Gotik)

Gotik

Romanik

Altar:
ab 15. Jh. Bildprogramme
von den Wänden über-
nommen

Triumphbogen:
zwischen Mittelschiff
und Querhaus

Portal

Apsis
mit
Hauptaltar

Portale

Säulenkapitelle:
Romanik und Gotik:
Platz für kleine Bildszenen

Seitenportal

Kirchenschiff:
Seitenaltäre
Geschnitzte oder gemalte
Andachtsbilder

Fensterrose
(Gotik)

Abb. 4 *Im Überblick: Standorte theologischer Bildprogramme und liturgischer Ausstattungsstücke im Mittelalter*

STANDORTE IM KIRCHENINNEREN

Innen in den Kirchen wird das an den Portalen begonnene Bildprogramm noch viel reicher fortgeführt. Bevorzugte Standorte dafür sind je nach der Entstehungszeit Wände (Fresken-malereien), Glasfenster, Schlusssteine und Säulenkapitelle, Lettner und Decken, später auch Emporen und das Chorgestühl.

Auch an den beweglichen Ausstattungsstü-cken wie Altären, Taufbecken, Kanzel, Lese-pult (Ambo), Orgel finden sich reiche Bil-derfolgen, die es zu entschlüsseln gilt. Dazu können Andachtsbilder in vielerlei Gestalt und aus verschiedenen Epochen kommen, Heiligenfiguren und Votivbilder, Sakra-mentshäuser, Gräber, Vortragskreuze und die vasa sacra, d.h. die Gefäße, die für die Eucharistie/das Abendmahl und die Taufe gebraucht werden.

DARSTELLUNGEN AUS DEM ALTEN TESTAMENT, AUS DEM LEBEN JESU UND DER HEILIGEN

Bildfolgen in den Kirchen an Wänden und auf Altären wirken oft wie eine aufgeschlagene Bilderbibel. Sie erzählen aus dem Alten und Neuen Testament, von der Schöpfung und der Vertreibung aus dem Paradies bis hin zur Geburt Jesu, von deren Ankündigung durch den Engel Gabriel bis zur Flucht der heiligen Familie nach Ägypten, von Jesu Leidensweg in Jerusalem bis zur Auferstehung und Himmelfahrt. Die besondere Verehrung seiner Mutter Maria zeigt sich in Bilderzyklen, die von ihrer Geburt bis zu ihrer Aufnahme in den Himmel erzählen. Andere Zyklen sind dem Leben Heiliger gewidmet, die in den Kirchen verehrt werden bzw. nach denen die Kirche benannt ist.

SICH NICHT VON UNEINHEITLICHEN STILFORMEN VERWIRREN LASSEN

Viele Kirchen sind nicht einheitlich in *einem* Stil erbaut. Vor allem im Mittelalter dauerte es oft mehrere Generationen, bis ein Bau vollendet war. Vielleicht ist eine Kirche auch immer wieder vergrößert worden. Auch dabei kann sich der Baustil von Bauglied zu Bauglied verändert und auch weiterentwickelt haben.

Besonders Ausstattungsstücke wie Altar und Taufbecken können aus älteren Kirchen übernommen oder einer Mode gehorchend durch neuere im jeweils herrschenden Kunststil ersetzt worden sein. Vor allem in reicheren Städten wurden die Kirchen vielfach beschenkt und ihre Ausstattungen immer prachtvoller und damit auch uneinheitlicher.

Die Zeitangaben zu den einzelnen Epochen in den Überschriften dieses Buches sind als grobe Richtschnur zu verstehen. Sie orientieren sich an der Hauptblütezeit dieser Stilrichtung im deutschsprachigen Raum. So entwickelte sich die Gotik etwa in Frankreich schon um einiges früher, und die Renaissance hatte in Deutschland deutlich weniger und erst viel später prägenden Einfluss auf den Kirchenbau als in Italien, wo bereits das 15. Jahrhundert ganz im Zeichen der Renaissance stand.

VERÄNDERUNGEN DURCH DIE REFORMATION

Konsequent wurden Kirchen vor allem zur Zeit der Reformation und Gegenreformation verändert. In einigen Gegenden nutzten Protestanten zwar die alten Kirchen weiter, räumten aber zu prunkvolle Altäre, Andachtsbilder u.a. beiseite, ersetzten sie durch schlichtere Altäre oder verzichteten ganz auf sie. Dafür stellten sie neue Kanzeln auf und bauten Emporen, Gestühl und größere Orgeln ein.

In katholischen Regionen wurden im Zuge der Gegenreformation zahlreiche katholische Kirchen im prunkvollen Stil des Barock neu und einheitlich im Stil errichtet. Ältere Kirchen bekamen hin und wieder eine neue Fassade vorgesetzt und eine Ausstattung im Stile des Barock, d.h. sie wurden barockisiert.

Baustile auf einen Blick

Abb. 5 *Dom zu Minden, Romanik*

Ist die Kirche gedrungen, hat sie dicke, festungsartige Mauern, sind ihre Fenster eher klein und haben einen runden Bogen, dann ist sie wahrscheinlich eine **romanische Kirche**.

Eine **gotische Kirche** ist an größeren, oben spitz zulaufenden → Maßwerkfenstern zu erkennen. Die filigran emporstrebenden Mauern müssen oft außen durch ein Strebewerk gestützt werden.

Abb. 6 *Lorenzkirche, Nürnberg, Gotik*

Abb. 7 *St. Michael, München, Renaissance*

Kirchen aus der Zeit der **Renaissance** haben oft eine breite, waagerecht gegliederte Eingangsfront, an der große Heiligenfiguren zu sehen sind. Dreieckige oder halbrunde Segmentgiebel über dem Portal und den Fenstern sind ein weiteres Indiz.

Hat der Turm dagegen eine geschwungene Haube, sind die Sprossenfenster groß und unbemalt, ist die Fassade reich geschmückt und vielleicht leicht geschwungen, oder springen ihre Bauglieder sogar vor und zurück, dann könnte es sich um eine **Barockkirche** handeln.

Kirchen des 19. Jahrhunderts imitieren gerne längst vergangene Stile, zum Beispiel den gotischen, romanischen, barocken oder sogar den byzantinischen Stil. In Wirklichkeit entstanden sie in kurzer Bauzeit im 19. Jahrhundert. Wir nennen sie dann neugotisch, neuromanisch oder neubarock und, wenn sie antike Stile aufgreifen, auch klassizistisch.

Abb. 8 *Frauenkirche, Dresden, Barock*

Abb. 9 *St. Nikolaus, Bensberg, neuromanisch;*
Abb. 10 *St. Bernhard, Karlsruhe, neugotisch;*
Abb. 11 *St. Marien, Husum, klassizistisch*

Moderne Kirchen kommen vor allem in Neubaugebieten und Stadtrandgemeinden in sehr individuellen Formen vor. Jede scheint ihren eigenen Stil zu haben: mit bergendem Zeltdach oder nebenstehendem Turm (→ Campanile), in Quader- oder Kubusform, mit Glas-, Beton- oder Stahlfassaden. Sie können die Aufmerksamkeit durch weit ausschwingende oder extrem gewölbte Dächer auf sich ziehen oder sich ganz unscheinbar zwischen Hochhäusern verstecken.

Abb. 12 *St. Kilian, Schweinfurt, 1952–1953*

- Werfen Sie zunächst einen Blick auf die Außenansicht Ihrer Kirche. Vergleichen Sie an Hand der Übersicht (S. 16f.), welchem Stil Ihre Kirche am ehesten zuzuordnen wäre. Vor allem Fenster- und Portalformen, aber auch Fassaden und Grundrisse geben gute Hinweise.

- Schlagen Sie dann hier im Buch unter dem betreffenden Stil nach. Dort finden Sie – außen am Bau beginnend und Schritt für Schritt immer weiter ins Innere führend – die für die Epoche üblichen Darstellungen erklärt. Einen typischen Grundriss finden Sie am Anfang jedes Kapitels und charakteristische Standorte für Bildwerke auf Abb. 4, S. 14.

- Wichtig ist, sich bewusst zu machen, dass die Bilder und ihre Aufeinanderfolge nicht willkürlich entstanden, sondern immer einem theologisch festgelegten und von der Liturgie bestimmten Programm folgten. Entsprechend ergibt sich die nach der Bedeutung aufgebaute Leserichtung der Bilderfolgen. Altäre beispielsweise werden von links oben nach rechts unten gelesen, barocke Deckengemälde am besten von einem Standort im hinteren Teil des Kirchenschiffes aus (→ Zweiansichtigkeit).

Hinweise zu den Reise-Tipps in diesem Buch

Die Reise-Tipps am Ende der Kapitel in diesem Buch wollen und können keine Reiseführer ersetzen. Sie erheben auch keinen Anspruch auf Vollständigkeit. Sie machen vielmehr auf Orte mit beachtenswerten Kirchen im deutschsprachigen und angrenzenden Raum aufmerksam, an denen die in dem vorangegangenen Kapitel vorgestellten Stilmerkmale wiedererkannt werden können und in der je eigenen Gestalt, Baugeschichte und Ausstattung der einzelnen Kirchen anschaulich werden.

Im Vordergrund stehen dabei nicht die berühmten, großen Kirchenbauten. Für sie stehen in der Regel leicht zugängliche Erklärungen bereit. Gerade die weniger bekannten Kirchen sind es oft, die zu neuen und überraschenden Entdeckungen einladen.

Die Aufzählungen können Ihnen dazu entsprechende Tipps geben. Sie sind nach (Bundes-)Ländern und in alphabetischer Reihenfolge geordnet. Wenn Sie also zu einem bestimmten Baustil in einer Region interessante Kirchen suchen, dann lassen Sie sich doch durch die Ortsnamen dazu anregen. Sicherlich stoßen Sie so auf sehenswerte Kirchen in Ihrer engeren oder weiteren Umgebung, auf Ihnen bekannte und vertraute Orte, auf Kirchen, die Sie schon kennen und jetzt noch gezielter wahrnehmen werden, und auf solche, die für Sie neu sind – in jedem Fall auf Kirchen, die einen Ausflug oder eine Reise wert sind. Knappe Hinweise in den Reise-Tipps zeigen an, was Sie dort erwartet.

VOR- UND FRÜH-
ROMANISCHE KIRCHEN
(5.–10. JAHRHUNDERT)

Allgemeines zur Vor- und Frühromanik

Erst etwa 300 Jahre nach der Kreuzigung Jesu wurde das Christentum im Römischen Reich offiziell geduldet. Mit der Anerkennung der christlichen Religion unter Konstantin dem Großen 313 n.Chr. durfte der Kirchenbau im Westen und Osten des Römischen Reiches beginnen. Da christliche Gemeinden ihre Gottesdienste und liturgischen Feiern von da an in großer Gemeinschaft begingen, entsprachen vor allem die großräumige römische Basilika (Thron-, Markt- und Gerichtshalle) und der massive kuppelüberwölbte Zentralbau den Bedürfnissen. Nach dem Vorbild der römischen Basilika wurden die ersten Kirchen gebaut, so als erster offizieller christlicher Kultbau die von Kaiser Konstantin selbst beauftragte Lateranbasilika in Rom.

Die frühchristliche Basilika bestand aus einem lang gestreckten rechteckigen Langhaus, das durch Säulen in drei oder mehr Schiffe geteilt war. Das Mittelschiff, etwa

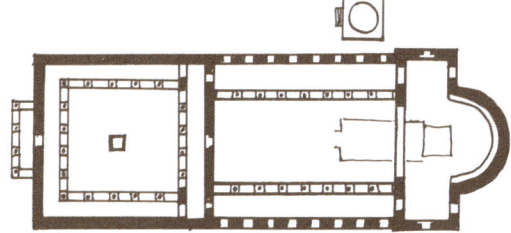

Abb. 13 *Außenansicht;* **Abb. 14** *Grundriss;* **Abb. 15** *Innenraum einer frühchristlichen Basilika*

doppelt so hoch und breit wie die Seitenschiffe, mündete im Osten in eine halbrunde Ausbuchtung, die → Apsis. Sie war der den Geistlichen vorbehaltene Raum. Dort stand der Bischofsstuhl und in der Mitte der Apsis, durch mehrere Stufen gegenüber dem Langhaus erhöht, der steinerne Altartisch.

Mit der Regierungszeit Karls des Großen setzte nördlich der Alpen eine neue, verbesserte Steinbaukunst für Sakral- und Profanbauten ein. Eines der wenigen erhaltenen Beispiele dieser sogenannten karolingischen Renaissance, die seit 790 n.Chr. errichtete Pfalzkapelle in Aachen, zeigt einen kunstvollen, außen sechsseitigen, innen achteckigen überkuppelten Zentralbau mit doppelgeschossigem Umgang nach spätrömisch-byzantinischem Vorbild. Bemerkenswert ist der angeschlossene Westbau, das sogenannte »Westwerk«.

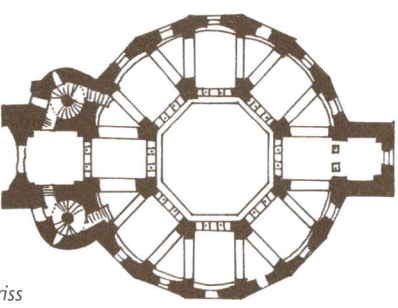

Abb. 16 *Pfalzkapelle, Aachen:* **a)** *Querschnitt;* **b)** *Grundriss*

So sehen frühromanische Kirchen außen aus

Abb. 17 *Klosterkirche St. Cyriak, Sulzburg, von Osten mit Blick auf die Apsis*

Westwerk

Die großen, noch erhaltenen frühromanischen Abteikirchen und Dome zeichnen sich durch einen im Westen vorgesetzten festungsartigen Vorbau aus. Es handelt sich dabei um Kirchen, die bei einem Besuch

Abb.18
Dom, Minden,
Westwerk

dem von Pfalz zu Pfalz reisenden Kaiser und seinem Gefolge die standesgemäße Teilnahme am Gottesdienst erlaubten. Das Obergeschoss enthielt die Kaiserloge mit dem Herrscherthron, → S. 22, Abb. 22.

Figurenfries

An manchen frühromanischen Kirchen haben sich unterhalb der Dachtraufe oder in das mächtige Mauerwerk eingearbeitet Reste archaisch wirkender Figurenfriese aus Sandstein erhalten. Ihre inhaltliche Deutung ist schwierig, denn oft sind heidnische Ornamente und Symbole mit christlichen und biblischen Darstellungen verwoben. Vermutlich waren sie als Bann und Abwehr des Bösen gedacht.

Abb. 19 *Figurenfries in St. Martin, Stuttgart-Plieningen, vor 1100:* **a)** *St. Martin mit dem Bettler;* **b)** *Zwei Löwen;* **c)** *Mensch mit Pfeil und Bogen vor Riesenvogel;* **d)** *Adam und Eva;* **e)** *Adam bei der Arbeit (als Baumeister?);* **f)** *Kain erschlägt Abel;* **g)** *Auferweckung des Lazarus*

So sehen frühromanische Kirchen innen aus

Beim Betreten frühromanischer Kirchen beeindrucken massive Wände und gedrungene Säulen. Der Blick wendet sich zur kleinen, halbrunden → Apsis im Osten mit dem Altar.

Kaiserthron und Chor

Der Westen war zum einen – mittelalterlicher Symbolik entsprechend – die Seite dämonischer Kräfte, denen es mit wehrhafter Bauweise entgegenzutreten galt. Zum anderen war das mächtige, von schmalen Treppentürmen flankierte Westwerk frühromanischer Kirchen zugleich Zentrum und Symbol weltlicher Macht.

Dort stand der Kaiserthron, erhöht auf einer Empore und ein bis zwei Stockwerke über dem unten im Kirchenschiff platzierten Volk. Von hier oben demonstrierte der Herrscher, umgeben von seinem Hofstaat, die weltliche Macht gegenüber dem Klerus im Chorraum im Osten am entgegengesetzten Ende des Kirchenschiffs.

Abb. 20 *Innenansicht, Klosterkirche St. Cyriak, Sulzburg (Außenansicht Abb. 17)*

Abb. 21 *Rotunde mit Apsis, Michaelskirche, Fulda, 820*

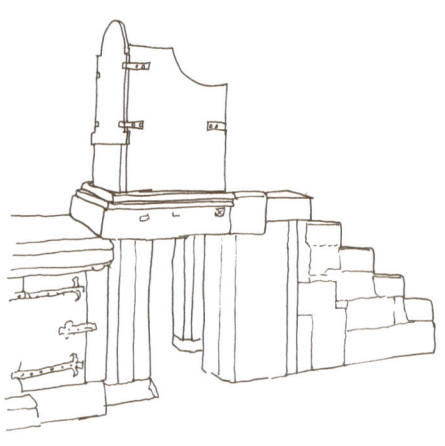

Abb. 22 *Kaiserthron, Pfalzkapelle, Aachen, um 800*

Krypta

In vielen, auch kleineren frühromanischen und romanischen Kirchen befinden sich unter dem Ostchor halb unterirdisch angelegte Kulträume. Sie sind niedrig, oft dreischiffig, gewölbt und von Säulen getragen. Weil sie oft nur halb in den Boden eingelassen sind, wurde der Boden des darüber liegenden Chorraumes eindrucksvoll um einige Stufen erhöht. In der Krypta werden Reliquien aufbewahrt oder sie dient als Grabstätte geistlicher oder weltlicher Würdenträger. In der Gotik wurde auf die Krypta aus kultischen oder architektonischen Gründen verzichtet.

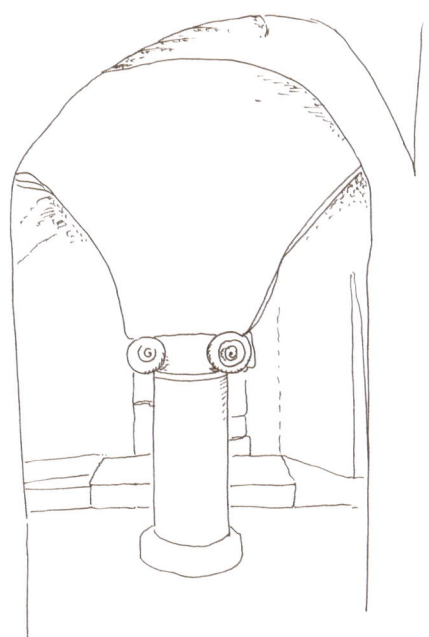

Abb. 23 *Krypta, Michaelskirche, Fulda, karolingisch, 820–822*

Säulen und Zahlensymbolik

Dicke, kurze Säulen mit Basis und Würfelkapitell säumen in Langhauskirchen im Stil der römischen → Basilika wie eine Allee den Weg vom Westen zum Chor im Osten. Tragen insgesamt 12 Säulen Gebälk und Dach, so wollen sie im Sinne der → Zahlensymbolik zum Beispiel an die 12 → Apostel oder die 12 Stämme Israels erinnern.

Auch sonst kommt Zahlen eine wichtige Symbolbedeutung zu. So entspricht zum Beispiel der Umfang des inneren Achtecks der Aachener Pfalzkapelle mit 144 Fuß (Summe von 12 mal 12) dem »Engelsmaß« des himmlischen Jerusalem aus der Offenbarung des Johannes (Offb 21,17).

Steinkreuze

Nur noch selten sind Kreuze aus frühromanischer Zeit erhalten. Oft sind es Steinkreuze in Krypten, die überdauert haben. Ein besonders eindrucksvolles Kreuz mit einem fein gearbeiteten bärtigen Männerkopf befindet sich in der Krypta im Dom zu Würzburg.

Abb. 24 *Steinkreuz, Krypta, Dom, Würzburg, karolingisch, 9. Jahrhundert*

Baden-Württemberg

Goldbach bei Überlingen/Bodensee, Sylvester-kapelle, einfacher Saalbau (9. Jahrhundert) mit Wandmalereien ähnlich St. Georg in Reichenau-Oberzell (um 950).

Konstanz, Marienmünster, nach Einsturz des karolingischen Schiffs (1052) neu errichtet (1089), salisch-frühromanischer Bau; um 1414 im Zuge des Konstanzer Konzils gotische Erweiterungen und Ausstattung; bedeutende Nachbildung des Heiligen Grabes (1260).

Reichenau-Mittelzell (Bodensee), Münster St. Maria und Markus, dreischiffige Basilika mit zwei Querschiffen und zwei Chören (Anfänge 8. Jahrhundert), Markusschrein mit Szenen aus dem Leben Jesu, www.reichenau.de.

Reichenau-Niederzell, St. Peter und Paul (799 geweiht), romanische Wandmalerei (1104–1126) in der Apsis.

Reichenau-Oberzell, St. Georg, dreischiffige Säulenbasilika (erbaut um 889), frühmittelalterlicher Bilderzyklus im Langhaus (um 1000, ottonisch).

Schienen (Bodenseeraum), Pfarr- und Wallfahrtskirche St. Genesius, dreischiffige, flach gedeckte Basilika ohne Querschiff (frühes 11. Jahrhundert, vermutlich schon zu karolingischer Zeit begonnen). Uhr des Dachreiters mit je einem Zifferblatt für Stunden und Minuten, gilt als eine der ältesten Uhren Deutschlands.

Sulzburg, St. Cyriak, dreischiffige Pfeilerbasilika mit Apsiden im Osten, eine der bedeutendsten frühromanischen Kirchen Süddeutschlands, älteste Kirche zwischen Freiburg und Basel (Ende 10. Jahrhundert, ottonisch).

Bayern

Würzburg, Marienkirche auf der Festung Marienberg (nicht zu verwechseln mit der Marienkapelle in der Innenstadt!), eine der ältesten Rundkirchen Deutschlands (706, merowingisch); um 1600 in eine Zentralkapelle im Stil der Renaissance umgebaut.

Hessen

Frankfurt-Höchst, Pfarrkirche St. Justinus, karolingisches Langhaus (um 840) mit bedeutenden Säulenkapitellen, spätgotischer Chor, Ausstattung u.a. spätgotisches Taufbecken, Kreuzigungsgemälde nach Holzschnitten Martin Schongauers.

Fulda, Michaelskapelle, karolingische Rotunde mit Krypta (um 820–1092) nach Vorbild des Hl. Grabes in Jerusalem, Friedhofskapelle der ehemaligen Benediktinerabtei; Wandbild über der Apsis zeigt Erzengel Michael, der die Seelen zu Christus leitet (11. Jahrhundert) .

Hersfeld, karolingische Stiftskirche, Ruine.

Seligenstadt, ehemals Abteikirche, karolingischer Bau (ab 831) mit Apsis über einer Ringkrypta, späterer Umbau; an den Arkadenpfeilern des Mittelschiffs auffallende Apostelstatuen, symbolisch als »Säulen« der Kirche.

Steinbach (Odenwald), Einhardsbasilika, aus karolingischer Zeit (um 827), noch erhalten: Mittelschiff, bruchsteingemauerte Gangkrypta und nördlicher Nebenchor.

Nordrhein-Westfalen

Aachen, Dom, karolingische Pfalzkapelle, um 800, Oktogon, ältester monumentaler deutscher Steinbau des Mittelalters, bedeutende Ausstattung, u.a. steinerner Karlsthron (8. Jahrhundert), Karlsschrein (1200–1215), UNESCO Kulturerbe, www.aachendom.de.
Corvey (Höxter), ehemals Abteikirche St. Stephanus und Vitus, dreischiffige romanische Basilika (Westwerk 842–844 und 1146–1159), später gotisierender Saalbau angeschlossen. Im Westwerk Reste karolingischer Wandmalerei, reiche Ausstattung im »Paderborner Barock«.
Minden, Dom, um 800 zunächst als einfache Saalkirche erbaut, im 9. Jahrhundert Errichtung einer ottonischen Basilika mit monumentalem Westwerk. Heute gotische Hallenkirche mit zum »Westriegel« reduziertem Westwerk. Romanisches Kreuz über dem Hauptaltar. Spätromanisches Apostelfries im südlichen Querschiff.

Rheinland-Pfalz

Trier, römische Palastbasilika, Anfang 4. Jahrhundert als kaiserlicher Prunksaal zu repräsentativen Zwecken erbaut, 1846 zur evangelischen Kirche bestimmt.

Schweiz

Mistail, St. Peter, karolingische Saalkirche mit drei Apsiden (um 800), eine der ältesten Kirchen der Schweiz mit bedeutenden Fresken.
Müstair, Kloster St. Johann, monumentaler Freskenzyklus (8. oder frühes 9. Jahrhundert) zur Erlösungsgeschichte Jesu und älteste Darstellung des Jüngsten Gerichts.

Riva, San Vitale, Baptisterium, achteckiger, aus Natursteinen errichteter Zentralbau um 550, im 9. Jahrhundert verändert.
Romainmôtier, Abteikirche der Cluniazenser, auf Klosterruinen aus dem 5. und 7. Jahrhundert zwischen 990 und 1028 aufgebaut. Dreischiffige romanische Rundpfeilerbasilika, Westbau mit gotischer Vorhalle. Ambo aus dem 8. Jahrhundert.

REISE-TIPPS

ROMANISCHE KIRCHEN (11.–13. JAHRHUNDERT)

Allgemeines zur Romanik

Die im 11. und 12. Jahrhundert in Mitteleuropa zur Ehre Gottes errichteten romanischen Ortskirchen, Dome und Klöster sind (bis auf wenige Ausnahmen aus karolingischer und → ottonischer Zeit) die ersten monumentalen Bauten nördlich der Alpen. In Grund- und Aufriss folgen sie dem antiken Vorbild der dreischiffigen → Basilika. Vor der → Apsis wird jetzt aber deutlich ein Querschiff eingeschoben, das sie vom Längsschiff abhebt. Das Kreuz wird so zur Grundform des Kirchenbaus. Architektonische Einzelformen nehmen zu: Eine Reihe von Bögen, Bändern, Pfeilern, Säulen und Türmen schmückt die Kirchen.

Westfassade der ehemaligen Benediktinerabtei Marmoutier (Maursmünster), Elsass

So sehen romanische Kirchen außen aus

EINZELTHEMEN

- **Mauerwerk** → S. 28f.
- **Portal** → S. 30

Mauerwerk

Abb. 25 Marmoutier (Maursmünster), Elsass, 11./12. Jahrhundert (rechts oben); **Abb. 26** St. Bonifatius, Freckenhorst, Anfang 12. Jahrhundert; **Abb. 27** St. Michael, Altenstadt bei Schongau, 12. Jahrhundert; **Abb. 28** St. Aposteln, Köln, Dreikonchenanlage, frühes 13. Jahrhundert (rechts unten; → Konche)

Architekturplastik

Figürliche romanische Kunst ist vor allem Architekturplastik: Die Steinmetzarbeiten außen an Portalen und innen an Säulenköpfen (→ Kapitelle) sind noch fest mit dem Mauerwerk (→ Relief) verbunden. Anfangs sind die Figuren noch kleinformatig und nur als Flachreliefs ausgebildet. Später werden sie größer und in der Gotik vom Halbrelief zu frei stehenden Skulpturen weiterentwickelt.

Rund- und Radfenster

Außer den kleinen, rundbogigen, schräg in die Wände eingeschnittenen Rundbogenfenstern kommen auch kreisrunde Fenster, sogenannte Radfenster mit speichenartig eingesetzten Stäben vor. Sie symbolisieren – ähnlich dem Kreis als der nie endenden Linie – das Weltall. Radfenster stehen somit auch für Gott, den Schöpfer, der ohne Anfang und Ende ist, und für die von ihm geschaffene Welt.

Abb. 29 *(oben links beginnend): **a)** Rundbogenfenster; **b)** Zwillingsfenster; **c)** Säulenportal; **d)** Löwenkopf von Wandfries, St. Martin, Stuttgart-Plieningen; **e)** vorgeblendete Rundbögen; **f)** vorgeblendete romanische Säulen; **g)** romanisches Radfenster; **h)** Giebel, Marienkirche, Lippstadt*

Portal

Das schlichte romanische Portal ist ein → Stufenportal mit Säulen im tiefen → Gewände. Diese Säulen versinnbildlichen die Offenbarungen Gottes, auf denen das geistige Gefüge der Kirche ruht. Zunehmend werden die Säulen zu Figuren weiterentwickelt, das Säulenportal wird dann zum gotischen Figurenportal; → S. 83, Abb. 100.

Das romanische Kirchenportal als Himmelstor

Zu den bedeutendsten Erfindungen der Romanik zählt die bildliche Ausgestaltung des Bogenfeldes zwischen Rundbogen und Türsturz (→ Tympanon) der Kirchenportale. Ihre skulpturalen Programme wurden nach theologischen Gesichtspunkten ausgewählt. Kirchliche Auftraggeber gaben das inhaltliche Programm vor und stellten den Handwerkern theologische Berater an die Seite.

Die **Bogenläufe (Archivolten)** zieren ornamentale Rankenmotive, auch Tierkreiszeichen oder Figuren. Sie beziehen sich immer auf das Gesamtprogramm des Tympanons. Fehlt das erzählende Bogenfeld, können die äußeren Bogenläufe auch Figuren tragen.

Das **Bogenfeld (→ Tympanon)** ist das inhaltliche Zentrum des Portals. Es gibt den festen Rahmen für bildnerische Gestaltungen. Vor allem zwei Themen bestimmen romanische Tympanonreliefs: Das Motiv der → *Majestas Domini* und *Weltgerichtsdarstellungen*. Christus ist hier nicht als Gekreuzigter, Leidender, sondern im Sinne der ›unbesiegten Sonne‹ (= sol invictus) als gekrönter Weltenherrscher, Auferstandener, Richter der Lebenden und Toten dargestellt.

Abb. 30 *Schlichtes romanisches Portal, Mainzer Dom (oben);* **Abb. 31** *spätromanisches Figurenportal (Goldene Pforte), Freiberger Dom, um 1230*

- Das Motiv der *Majestas Domini* (lat. = die Herrlichkeit des Herrn) zeigt Christus thronend in einem mandelförmigen Heiligenschein (Mandorla). Er sitzt als Weltenherrscher auf einem Thron oder auch auf einem Regenbogen. Die rechte Hand ist zum Segensgestus erhoben, die linke hält das Buch des Lebens (meist geschlossen; geöffnet symbolisiert es das Buch des Gerichts).
- *Weltgerichtsdarstellungen* erweitern das Motiv der Majestas Domini und zeigen, wie am Ende der Zeiten die guten Taten der Menschen mit der Aufnahme in den Himmel belohnt, die schlechten mit dem Sturz in die Hölle bestraft werden (Mt 25,31ff.).

Abb. 32 *Christus in der Mandorla, von zwei Engeln getragen, spätromanisches Tympanon am Hauptportal des Naumburger Doms, um 1230*

Christus thront als große, monumentale und frontal gestaltete Sitzfigur im → Bedeutungsmaßstab. Die ihn rechts und links umgebenden zwölf → Apostel oder Propheten nehmen an Größe und Bedeutung ab. Engel mit → Leidenswerkzeugen können neben ihm schweben, andere blasen mit Hörnern zum Weltgericht. Auch Schafe zu seiner (von Jesus aus gesehen) Rechten und Böcke zu seiner Linken symbolisieren die Zuweisung beim Gericht: auf der rechten Seite zum Paradies der Seligen, auf der linken zur Hölle der Verdammten. Gleichnishaft können auch die klugen und die törichten → Jungfrauen (vgl. S. 89) »Gute« und »Böse« versinnbildlichen (Mt 25,11ff.). Auf frühen Weltgerichtsdarstellungen begleiten Christus Stier und Adler, Löwe und Mensch (nach Offb 4,7) – das sind auch die Symbole der vier → Evangelisten –, aber auch Engel und in drei Reihen übereinander 24 Älteste, die nach der Offenbarung des Johannes (Offb 4,4) beim Weltgericht zugegen sein werden.

Abb. 33 *Tympanon mit thronendem Christus in der Mandorla und den Symbolen der vier Evangelisten, Schwarzrheindorf, 1170 (Mitte);* **Abb. 34** *Christus als Weltenrichter, Südportal, Stiftskirche Innichen, Südtirol, 13. Jahrhundert (unten)*

- *Portale von Maria* (→ Madonna) geweihten Kirchen zeigen auf ihrem Tympanon oft Darstellungen der *Marienkrönung*, der Szene der Verherrlichung Mariens nach ihrem Tod. Seit dem 12. Jahrhundert ist dies ein besonders auf französischen Tympanonreliefs beliebtes Thema (→ S. 85).
- An Seitenportalen können entsprechend dem Patronat im Tympanon auch Darstellungen von *Namenspatronen* auftreten.

Abb. 35 *St. Martin, mit Buch und Kirchenmodell, Mainzer Dom;* **Abb. 36** *Christus auf dem Regenbogen thronend, zwischen den Aposteln Petrus und Paulus (Kirchenpatrone), St. Peter, Salzburg*

Gliederung und Bildprogramm großer Portale im Mittelalter

Der von Säulen getragene Querbalken (Türsturz = Architrav) schließt das Bogenfeld nach unten ab. In der Frühromanik schmücken ihn oft sitzende Figuren der zwölf → Apostel. Wegen seiner Länge eignet er sich auch für erzählende Darstellungen. Wird auf ihm der Kampf gegen das Böse dargestellt, dann zeigt er, wie Höllenwesen ihr Unwesen treiben, und verweist auf den Sturz der Verdammten in die Hölle.

Ein stützender Pfeiler (→ Trumeau) kann bei Portalen bedeutender Kirchen, die Doppeltüren oder hoch und breit gewölbte Portalbögen haben, in der Mitte stehen. In der Frühromanik zeigt er phantastische Gestaltungen (Bestiensäule Abb. 42), in der Gotik oft Jesus oder Maria als stehende Figur, die Gläubigen zu Andacht und Gebet einladend (→ S. 85).

In den **Gewänden**, den rechts und links schräg eingeschnittenen Seitenflächen des Portals, finden sich in der Hoch- und Spätromanik Nischen- bzw. Gewändefiguren:

Links zeigen sie oftmals mahnende, den Gläubigen in Angst und Schrecken versetzende biblische Geschichten. Die Verurteilung von Todsünden (zum Beispiel von Habgier = Avaritia und Zügellosigkeit = Luxuria) wird oft in Personen dargestellt, die vom Teufel in Empfang genommen werden. In einer Bilderfolge wird zuweilen das Gleichnis vom reichen Mann gezeigt, unter dessen überladenem Esstisch sich der arme Lazarus seine Wunden von Hunden lecken lassen muss. Seine Seele wird in der nächsten Szene von einem Engel aus seinem Leib gezogen und in Abrahams Schoß = Paradies gebracht (Lk 16,19ff.; → Abb. 102).

Rechts finden wir Darstellungen aus dem Leben Jesu. In Leserichtung von links nach rechts und von unten nach oben können die Verkündigung an Maria und Mariae Heimsuchung (Maria besucht ihre Verwandte Elisa-

Abb. 37 *Engel mit Posaune, Apokalypse, Abteikirche, St. Sever, Frankreich, um 1050;* Abb. 38 *Gewände-figur, Portal in Chartres, um 1150;* Abb. 39 *Portalszene: Gott führt Adam Eva zu, Münster, Freiburg, 13. Jahrhundert*

beth) zu sehen sein, darüber die Anbetung des Jesuskindes durch die drei Könige, oben die Darstellung Jesu im Tempel und die Flucht der Heiligen Familie.

Oft fordern Heiligendarstellungen und Darstellungen der von Gott Erwählten die Eintretenden zu einem gläubigen Leben nach deren Vorbild auf.

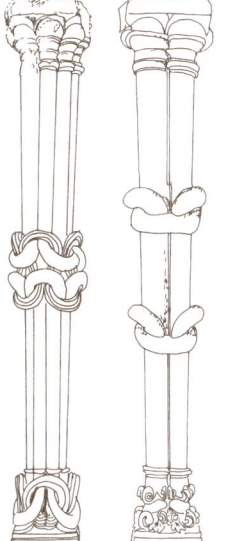

Abb. 40 *Löwe trägt Portalsäule mit Flechtknoten, der böse Geister schrecken soll, Dom, Modena, 12. Jahrhundert*

Romanische Knoten- und Bestiensäulen

Doppelsäulen, die in halber Höhe zu einem kunstvollen steinernen Knoten verschlungen sind, verweisen auf Säulen im Tempel Salomos oder auf die Synagoge. Seltener sind Säulen, die den Kampf zwischen Gut und Böse, zwischen Gläubigen und Ungläubigen als Jagdszene darstellen. Auf diesen sogenannten Bestiensäulen bekämpfen sich Priester und Ungläubige, verschlüsselt als → Jäger und gejagte Tiere.

Abb. 41 *Romanische Knoten- und Flechtwerksäulen*

So zeigt zum Beispiel die sogenannte Bestiensäule in der Krypta des Freisinger Doms den dramatischen Kampf eines Ritters mit einem Drachen und anderen fantastischen, bösartig erscheinenden Tieren auf allen vier Seiten der Säule. Bestiensäulen können auch als Mittelpfeiler großer Portale vorkommen.

Abb. 42 *Bestiensäule, Freising, Dom, Krypta*

Türen aus Holz und Bronze

Portaltüren aus Holz, vor allem aber aus Bronze können reichen Reliefschmuck tragen.

Die Bernwardstür am Dom in Hildesheim

Die zahlreichen Bildfelder der Bronzetüren des Doms zu Hildesheim sind typologisch (→ Typologie) mit einander gegenübergestellten Szenen aus dem Alten und Neuen Testament geschmückt.

Typologische Bilderfolge der Bronzetüren in Hildesheim

Leserichtung links oben beginnend: Sündenfall und Abstieg;
auf der rechten Seite von unten beginnend: Aufstieg und Erlösung

1. Erschaffung Adams:
   Gott hebt Adam vom Boden auf.
2. Gott führt Eva dem Adam zu.

3. Adam und Eva lassen sich von der
   Schlange verführen und werden
   schuldig.
4. Gott beschuldigt Adam und Eva, die
   sich verteidigen.
5. Die Menschen werden aus dem Paradies vertrieben.
6. Eva als Urmutter und Adam bei mühse-
   liger Feldarbeit.
7. Die Brüder Kain und Abel bringen Gott
   ihr Opfer dar.

8. Kain ermordet Abel und wird verbannt.

16. Christi Himmelfahrt:
    Christus erhebt sich von der Erde.
15. Der Engel berichtet den drei Frauen am
    Grab von der Auferstehung Jesu.
14. Der gekreuzigte Christus überwindet
    die Schuld der Menschen.

13. Pilatus verhört Christus, der sich nicht
    verteidigt.
12. Jesus wird in Gottes Haus gebracht.

11. Die Gottesmutter Maria wird von den
    drei Königen besucht.
10. Geburt Christi: Gott gibt seinen Sohn in
    die Welt, damit er mit seinem Opfertod
    die Sünden der Menschen sühnt.
9. Gabriel verkündet Jesu Geburt, den
   Anfang neuen Lebens.

Einander gegenüberstehende Reliefs der Bronzetüren
im Dom zu Hildesheim, 1015 (3. Feld von oben):
Abb. 43 *Adam und Eva lassen sich von der Schlan-*
ge verführen; **Abb. 44** *Kreuzigung Jesu*

Die Holztüren von St. Maria im Kapitol in Köln

Auch holzgeschnitzte Türen aus der Zeit der Romanik sind erhalten, z.B. die Türen von St. Maria im Kapitol (Köln). Sie erzählen aus dem Leben Jesu: Das beginnt auf dem linken Türflügel mit Szenen aus der Weihnachtsgeschichte nach den Evangelisten Lukas und Matthäus. Der rechte Türflügel zeigt Jesu Wirken bis hin zu seinem Leiden, Sterben, Auferstehung und Himmelfahrt.

Abb. 45 a) *Verkündigung an die Hirten;* **b)** *Anbetung der Könige;* **Abb. 46** *Jesus heilt einen Blinden: Holzreliefs der Tür von St. Maria im Kapitol, Köln, um 1065*

So sehen romanische Kirchen innen aus

MERKMALE IM ÜBERBLICK

- Große, in Holz geschnitzte Darstellungen des Gekreuzigten (→ Triumphkreuz)
- Karg geschmückter Raum
- Bildprogramme an Säulenkapitellen, Decken- und Wandmalereien
- Taufbecken aus Stein oder Bronze
- Einfache Steinaltäre
- In der Nähe der Altäre in die Wand eingelassene vergitterte Sakramentsnischen (→ S. 107) und →Piscina (Wasserabläufe)

Kaiserdom, Speyer, Mittelschiff mit Blick in den Chorraum

Der Kirchenraum der Romanik ist stärker gegliedert als die weite, offene, frühchristliche → Basilika. Erst allmählich, von Abschnitt zu Abschnitt, wandert der Blick zur → Apsis.

Auffallendstes Merkmal sind die Rundbögen. Aus der flachen Holzdecke der Basilika wird ein Tonnengewölbe.

Kreuz

Das wichtigste Thema des christlichen Bilderkreises ist die Darstellung Jesu am Kreuz. Die Theologie und Kunst in der Zeit der Romanik stellten nicht den leidenden Christus in den Vordergrund (wie dann in der Gotik), sondern den siegreichen, der mit seinem Sterben und Auferstehen den Tod überwunden hat.

In romanischen Kirchen sind monumentale holzgeschnitzte, farbig gefasste (→ Triumphkreuze, später auch Triumphkreuzgruppen, auf sogenannten Triumphbalken hoch oben zwischen Chor und Langhaus gut sichtbar angebracht. Maria und Johannes können als Begleitfiguren (→ Assistenzfiguren) beigegeben sein.

Das Haupt des Gekreuzigten ist geradeaus oder – vom Kreuz aus gesehen – nach rechts zur Seite geneigt. Er ist mit einer langen, gegürteten Tunika oder mit einem Lendentuch

*Monumentale romanische Kreuze: **Abb. 47** Ältestes bekanntes Kruzifix mit lebensgroßem Christus (geöffnete Augen), Enghausen, 890–900 (oben links); **Abb. 48** Gero-Kreuz: erstes bekanntes Kruzifix, das den toten bzw. sterbenden Christus zeigt (geschlossene Augen), Kölner Dom, 970–976 (oben rechts); **Abb. 49** Imerward-Kruzifix, Braunschweiger Dom, 1150*

gekleidet. Die fünf Leidensmale an der Seite, an Händen und Füßen sind deutlich erkennbar. Seine Füße sind nebeneinander und einzeln an das Holzkreuz genagelt (Viernagelkreuz).

Christus als Überwinder des Todes ist als erhabener Erlöser mit ruhigem Blick dargestellt. Trägt er eine Krone, so ist es die des sieghaften Königs. Selbst wenn er als Toter mit geschlossenen Augen dargestellt wird, sind die Gesichtszüge friedlich und klar.

Neben monumentalen Kreuzen mit dem Korpus des Gekreuzigten kommt das Zeichen des Kreuzes zum Beispiel an den zwölf bei der Kirchenweihe auf die Wand gemalten Weihekreuzen (→ Apostelkreuze) vor (→ S. 109, Abb. 162).

Weitere, schon früh in Kirchen wiederkehrende *Symbole* für Christus bzw. die Gegenwart Gottes sind:

- → Lamm mit Kreuz oder österlicher Siegesfahne
- Christusmonogramm (griech. X + P für Ch + R)
- Gleichseitiges Dreieck als Symbol für die → Dreifaltigkeit, auch als ineinander verwobene »Dreifaltigkeitsknoten«
- Hand Gottes
- Sonne

Abb. 50 *Lamm mit Kreuznimbus und Kreuzfahne;* Abb. 51 *Hand Gottes im* → *Kreis, Fresko, St. Climent in Tahull, Katalonien, 12. Jahrhundert;* Abb. 52 *Christusmonogramm, Mosaik, Taufkapelle in Albenga, Italien, 5. Jahrhundert*

Abb. 53 *Madonna des Bischofs Imad, Rundplastik aus Holz, Domschatz, Paderborn, 11. Jahrhundert;* **Abb. 54** *Maria mit dem Kind, Steinplastik, St. Maria im Kapitol, Köln, 1. Hälfte des 12. Jahrhunderts*

Figuren

Hölzerne Madonnen (Gottesmutter mit Jesuskind)

Neben dem gekreuzigten Christus ist Maria als Gottesmutter mit dem Kind schon in romanischer Zeit das am häufigsten dargestellte Bildthema in christlichen Kirchen.

Im 12. Jahrhundert überwiegt der streng frontal ausgerichtete, aus einem einzigen Holzblock ausgeschnittene, farbig gefasste Madonnentyp. Auf ihrem Schoß (Sitz der Weisheit – Sedes sapientiae) hält Maria das Kind, das – einem Herrscher ähnlich – starr auf den Betrachter blickt. Im Gegensatz zu späteren gotischen Madonnen (→ S. 129ff.) ist die Wirkung romanischer Madonnen erhaben, aufrecht, unnahbar und streng.

Figur des Erzengels Michael

Oft ist in der Nähe des Portals oder in der Vorhalle (→ Paradies) der Erzengel Michael (→ Engel) dargestellt. Er gilt als Verteidiger und Wächter an der Schwelle zum Kirchenraum, als christlicher Streiter gegen das Böse. Mit Schild und Lanze bewaffnet steht er triumphierend über dem besiegten Drachen.

Löwen in Wächterfunktion

Löwen treten in romanischen Kirchen vor allem in Wächterfunktion auf. Aus Stein gehauen können sie an Kirchenportalen rechts und links auf Stufen bzw. auf Sockeln liegen, auch als in Bronze gegossener Türzieher angebracht sein (→ S. 80, Abb. 95).

Schon in vorchristlicher Zeit galt der Löwe als Wächter und Hüter der Tore. In Mesopotamien bewachten sogar lebende Löwen lebensnotwendige Quellen und Brunnen.

Abb. 55 *St. Michael besiegt das Böse (Drachen), Vorhalle, St. Michael, Schwäbisch Hall, um 1200*

Abb. 56 *Südportal-Tympanon, Abteikirche Murbach, Elsass, um 1130: Löwen beschützen den Eingang*

Löwen können Säulen tragen, zu Füßen von Heiligen liegen. Auch manches Taufbecken steht auf kleinen Löwenfiguren (→ S. 52, Abb. 80).

Der Löwe ist auch das Symbol für den → Evangelisten Markus (→ S. 45, Abb. 66b). Als Sinnbild bedrohlicher, teuflischer Mächte können Löwen in romanischen Kirchen auch mahnende Bedeutung haben. Dann tragen sie Menschenleiber im Rachen oder zwischen den Tatzen (→ Abb. 58).

Säulenkapitelle

Das → Würfelkapitell (Kapitell = Säulenkopf), als neues Bauelement in der Romanik erfunden, bot auf seinen vier Flächen den idealen Bildträger für bildliche Darstellungen. Säulen mit Figuren-Kapitellen sind in der Unterkirche (→ Krypta), im Bereich des Chores, im Mittelschiff und in → Kreuzgängen romanischer Kirchen zu finden.

Außer geometrischen, pflanzlichen oder tierischen Zierformen sind auch Fratzen, phantastische Mischwesen und Dämonen zu sehen, die Rachen weit aufreißen und de-

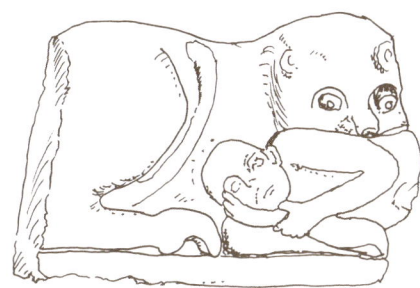

Abb. 57 *Löwen bewachen einen steinernen Bischofssitz (Kathedra), Augsburger Dom, um 1100;* Abb. 58 *Löwe, romanisches Steinbildwerk, Kaiserdom, Speyer, um 1100*

Abb. 60 *Doppellöwen mit gemeinsamem Kopf, Nikolaikirche, Eisenach, um 1190: Sie stehen für die Überwindung teuflischer Kräfte im Kirchenraum. Symbolisch hängen Lebensbaumblätter aus dem Maul.*

Abb. 59 a) *Romanische Säule mit Würfelkapitell, Schema;* **b)** *Karolingisches Kelchblockkapitell, Schema*

ren Schwänze ineinander verknäult sind. Sie gehen auf keltische und nordische Formüberlieferungen zurück. Ornamente und Figuren können ineinander verschmelzen. Sie können auch wie die Portalfiguren ursprünglich farbig gefasst gewesen sein.

Bandmuster, Pflanzen- und Tiermotive, Masken

Pflanzen- und Vogelmotive sind Hinweise auf das Paradies. Beliebt sind lange Zeit aus dem Keltischen übernommene, sich kunstvoll schlingende Bandmuster, die aus Mündern quellen. Sie zeigen die Erlösung des bedürftigen Menschen.

Der Adler neben dem Lamm ist Sinnbild für die Auferstehung.

Abb. 61 a) *Romanisches Bandmuster;* **b)** *Weintrauben und pickende Vögel, Ulrichskirche, Sangerhausen*

Abb. 61 c) *Löwe als Überwinder des Bösen, sündiger Mensch, der der Erlösung bedürftig ist, Stiftskirche, Gernrode, um 1050;* **d)** *Adler neben dem Lamm Gottes weist auf die Auferstehung, Westwand, Heiliges Grab, Stiftskirche, Gernrode, um 1050*

Weitere beliebte Bildmotive an Kapitellen

Mystische Mühle (→ Hostienmühle), sowohl symbolische Darstellung der Verknüpfung von Altem und Neuem Testament (das Samenkorn des Alten Testaments wird in der Mühle zum Mehl des Evangeliums gemahlen), als auch der Wandlung von Brot und Wein in Leib und Blut Christi in der Eucharistiefeier.

Abb. 62 *Mystische Mühle, St. Madeleine, Vézelay, 1150*

Szenen aus dem Leben Jesu wie Geburt, die Anbetung der Könige, Flucht nach Ägypten, Kreuzigung usf.

Malerei

Romanische Wand- und Deckenmalerei bevorzugt nicht das Einzelbild an beliebiger Stelle sondern den Gemäldezyklus. In ihm ist jedes Bild nach seinem Bedeutungsgehalt und einer langen Überlieferung folgend einem bestimmten Platz im Kirchenraum zugeordnet.
Romanische Gemäldezyklen werden von einem System rahmender und trennender

Abb. 63 *Gottesreichallegorie, Apsis, Dom zu Speyer, 1080. Gemeint ist die Prophezeiung des Jesaja über das Gottesreich: »Dann wohnt der Wolf beim Lamm, der Panther liegt beim Böcklein ...« (Jes 11,6ff.).*

Abb. **64** *und* **65** *Ornamentale Wandmalereien, Dorfkirche Rerik, Mecklenburg (links mit einem Weihekreuz im Kapitell)*

Ornamentbänder mit pflanzlichen, tierischen oder geometrischen Motiven gefasst. Sie folgen den architektonischen Raumelementen von Wand, Decke, Pfeiler bzw. Fenster, Türen und Nischen und heben sie hervor.

Ebenso finden sich Malereien, die Vorhänge und kostbare Wandverkleidungen (zum Beispiel Holztäfelung) vortäuschen.

Da die Farben monumentaler Wandmalereien aus verschiedenen gelben, braunen und roten Erden gewonnen wurden, ist der Farbeindruck insgesamt hell und erdig.

Malerei in der Apsis

In der den Abschluss des Chorraums (→ Chor) bildenden halbrunden Altarnische (→ Apsis) wurden bevorzugt Darstellungen der → Majestas Domini oder der → Deesis (Jesus am Kreuz zwischen Maria und Johannes) angebracht. Das Bild Christi als Weltherrscher erinnert an die Darstellungen im → Tympanon des Portals (S. 31).

Stilmerkmale romanischer Freskenmalerei

Die frontal dargestellten Figuren zeigen längliche, stilisierte Gesichter mit sprechenden großen Augen und klaren Konturen. In der Gebärdensprache der großen Hände mit eindeutig deklamatorischen Gesten (beten und segnen) ähneln sie ihren vermuteten Vorbildern aus der → ottonischen Buchmalerei. Attribute fehlen meist, doch können einfache Architekturkulissen und streng stilisierte Pflanzen ergänzt sein.

Umrisseinritzungen in den Wänden lassen auf ein Pausverfahren schließen, bei dem vielleicht vorher angefertigte große Entwurfszeichnungen auf den Putz mit Holzgriffeln durchgedrückt wurden.

Der Chorabschluss ist Zentrum und Höhepunkt bildlicher Darstellungen in romanischen Kirchen. Neben der in hieratischer Strenge erscheinenden → Majestas Domini als thronender Christus in der → Mandorla mit dem Kreuznimbus (→ Nimbus) finden sich auch Verknüpfungen mit der »traditio legis« (Übertragung der Schlüsselgewalt des Himmelreichs an Petrus, Mt 16,18) und Pfeiler, Bögen, Gewölbe mit farbigen ornamentalen und geometrischen Mustern.

An zentraler Stelle in Apsis und Kuppel kommen vor:

- Majestas Domini (Christus in seiner Herrlichkeit)
- Christus Salvator Mundi (Christus, der Retter der Welt)
- Lamm (Christus, das Lamm, das die Sünden der Welt trägt)
- Madonna

Den Rahmen bilden in der Abfolge mit abnehmender Bedeutung:

- Himmlisches und irdisches Paradies
- Wurzel Jesse (Stammbaum Jesu, der aus dem Stammvater Jesse bzw. Isai entspringt)
- Thron Salomos
- Evangelistensymbole
- Apostel- und Prophetengestalten
- Szenen aus dem Alten und Neuen Testament

Abb. 66 *Evangelistensymbole – in der Regel mit Flügeln dargestellt:* **a)** *Matthäus (Mensch bzw. Engel),* **b)** *Markus (Löwe),* **c)** *Lukas (Stier),* **d)** *Johannes (Adler); aus dem Pontifikale von Chartres, Anfang 13. Jahrhundert (s.a. Evangelistensymbole auf Tympana über Portalen, Abb. 33 und 34)*

Deckenmalerei

In der Frühzeit wurden dreischiffige Kirchen (→ Basilika) mit hölzernen, bemalten Flachdecken gedeckt, später eingewölbt mit Halbtonnen, in der Spätromanik mit Kreuzgrat- und Kreuzrippengewölbe vorgesehen. Auch Decken wurden in romanischen Kirchen bevorzugt als Bildträger genutzt. In kleineren Kirchen war ein blauer Sternenhimmel üblich. Oft sind Szenen aus dem Alten und Neuen Testament einander gegenübergestellt (→ Typologie).

An der noch gut erhaltenen bemalten Holzdecke von **St. Martin in Zillis** (Schweiz, um 1130) kommen auf den reich ornamentierten 153 Feldern neben biblischen Szenen auch Fabelwesen und Engel vor.

Abb. 67 *Deckenmalereien St. Martin, Zillis, um 1130:* **a)** *Fabelwesen als Sinnbild des Bösen (Randfeld Nr. 43);* **b)** *Der reiche Fischfang (Feld 10);* **c)** *Taufe Jesu (Feld 98);* **d)** *Jesus mit der Samariterin am Jakobsbrunnen;* **e–f)** *Szenen aus dem Leben des Hl. Martin: Alleinstehendes Pferd (Feld 147) und St. Martin teilt seinen Mantel mit dem Bettler (Feld 148);* **g)** *Versuchung durch den Teufel (Feld 99);* **h–i)** *Die Heilige Familie auf der Flucht nach Ägypten (Feld 81 und 82)*

Wandmalerei

Die erhaltenen romanischen, oft noch in der al secco Technik (auf trockenen Putz) gearbeiteten Wandmalereien, zeigen in fortlaufenden Bildergeschichten aufeinander bezogene Szenen (zyklische Ausmalung) aus dem Alten und Neuen Testament, auch Heiligenlegenden. Beliebte Themen sind Schöpfungsgeschichte und → Exodus (Auszug aus Ägypten) sowie Bilder aus dem Leben Jesu.

Abb. 68 *Christophorus, karolingische Wandmalerei, St. Peter, Mistail, Graubünden, Schweiz (oben links);* **Abb. 69** *Dreifaltigkeit, St. Jakob, Urschalling, Oberbayern, 12. Jahrhundert: ungewöhnlich die Darstellung mit drei Personen, von denen die mittlere weibliche Züge trägt (oben rechts);* **Abb. 70** *Heilung des Blinden, Freskenzyklus, Sant' Angelo in Formis, bei Capua, Ende 11. Jahrhundert (unten links);* **Abb. 71** *Auferweckung des Lazarus, Kathedrale von Chichester, Sussex, Südmauer des Chorseitenschiffes, 12. Jahrhundert (unten rechts)*

Fresken in der Bischofskapelle im Dom zu Gurk, Kärnten

Die Bischofskapelle des Gurker Doms zeigt einen gut erhaltenen Freskenzyklus mit typischem Bildprogramm der Romanik (um 1253–1278).

Das im spätromanischen → Zackenstil gearbeitete Bildprogramm zeigt an der Ostwand Maria auf dem Thron des Königs Salomo. Über Marias Haupt schweben sieben Tauben als Zeichen der sieben Gaben, mit denen sie ausgestattet ist (Abb. 72a). Allegorische Frauengestalten rechts und links bezeugen Marias Tugenden. Auch zwei Löwen stehen um den Thron. Sie verweisen auf den Erzengel Gabriel (→ Engel) und auf → Johannes den Täufer, die das Kommen Jesu wie Herolde ankündigten. Kleinere Löwen an den Stufen des Thrones versinnbildlichen die zwölf Jünger Jesu.

Die Fresken im Gewölbe zeigen das irdische Paradies mit einem Kreuz als Mittelpunkt, aus dessen vier Armen die vier Paradiesflüsse entspringen (Abb. 72b). Sie bilden den Rahmen für vier Szenen der Schöpfungsgeschichte: Erschaffung Adams, Gottes Gebot (Abb. 72c), Sündenfall, Vertreibung aus dem Paradies.

In den Gewölbezwickeln ergänzen Darstellungen von vier Naturelementen das Programm: Erde mit Garbe, Feuer mit Sonne, Wasser mit Fisch und Dreizack und Luft (Abb. 72d–e). Gegenüber sind die vier → Evangelisten als Künder des neuen Bundes zu sehen.

Im Bogenscheitel der Westwand ist über einem farbenprächtigen Glasbild des Gekreuzigten Gott Vater dargestellt, darüber der verklärte Christus in einer → Mandorla (Abb. 72f), rechts und links umgeben von je einem anbetenden Engel, darunter liegend die → Apostel Petrus, Jakobus und Johannes, links → Mose als Gesetzgeber, gegenüber der Prophet Elija.

An einer Schildwand ist die Verkündigung der Geburt Jesu an Maria zu sehen. Südwest-

Abb. 72 a) *Ostwand: Maria auf dem Thron Salomos (oben);* **b)** *und* **c)** *Östliches Gewölbe: Die vier Paradiesflüsse und Gottes Gebot an Adam und Eva, nicht vom Paradiesbaum zu essen (rechts);* **d–e)** *Zwickelfiguren: Elemente Feuer und Wasser (S. 49 rechts);* **f)** *Westwand: Verklärung Christi (S. 49 links), um 1253–1278*

Bischofskapelle in Gurk, Kärnten, Ostwand der Westempore

lich ist der Zug der Drei Könige abgebildet, nordwestlich der Einzug Jesu in Jerusalem, in der Laibung eines Gurtbogens ist Jakob mit der Himmelsleiter zu erkennen.

Im östlichen Gewölbe erscheint das Himmlische Jerusalem, das Johannes auf Patmos in einer Vision sah (Offenbarung des Johannes). Im Scheitel sieht man das → Lamm Gottes, das die Stadt erleuchtet. Es ist von den vier → Evangelistensymbolen umgeben (Engel = Matthäus, Löwe = Markus, Stier = Lukas, Adler = Johannes). Über den Stadttoren sind je drei → Apostel zu erkennen sowie → Engel mit Zepter und Planeten. Sie sind als Lenker des Sternenheeres zu deuten.

Auch die Eigenschaften Gottes finden sich in Zwickeln abgebildet: Ezechiel mit dem Rad (Symbol der Allgegenwart), Jeremia und das Töpfergleichnis (Allmacht), Jeremia mit der Rute (Gerechtigkeit).

In einem Medaillonband sind männliche und weibliche Heilige teilweise in höfischer Tracht zu sehen.

ROMANISCHE KIRCHEN (11.–13. JAHRHUNDERT)   49

Altarraum

Sakramentsnischen

Die steinernen Tischaltäre in der Romanik waren meist noch schmucklos. Seit dem 12. Jahrhundert wurden die Gefäße mit den Hostien in einer Wandnische in der Nordwand des Chors nahe dem Altar, in der meist mit Holztüren verschließbaren Sakramentsnische oder in Dorfkirchen auch in einem Schrank aufbewahrt (in der Gotik dann im frei stehenden Sakramentshaus).

Abb. 73 *Sakramentsnische Fischerkirche, Rust bei Freistadt, Oberösterreich*

Abb. 75 *Christus und Maria aus dem Apostelfries, Dom zu Minden, spätromanisch*

Abb. 74 *Romanisches Ziborium (Baldachin), St. Florian, Sillenstede*

In manchen alten Kirchen finden sich noch heute gemauerte *Baldachine* (→ Ziborien), die als steinerner Überbau optisch den Altar hervorhoben.

Chorschranken und Lettner

Steinerne oder hölzerne Gitter grenzten lange Zeit den Chor gegen die den Laien zugänglichen Teile der Kirche ab. Anfangs noch schmucklos, wurden sie später in der Gotik zu hohen, steinernen → Lettnern, die reichen Reliefschmuck tragen können. Diese Entwicklung setzt bereits Ende der Spätromanik ein. In der Spätgotik und Renaissance verschwinden sie wieder. Besonders kostbar gestaltete Einzelteile wanderten nach dem Abriss oft als Kunstwerke in andere Kirchen (vgl. Bassenheimer Reiter, Abb. 76).

Altarretabel

Wohl von der Wandmalerei und von → Reliquienschreinen sind die ersten gemalten Altaraufsätze abgeleitet: Die ältesten noch erhaltenen stammen aus der Zeit um 1250. Sie erinnern mit dreifacher (romanischer) Arkadenstellung und schwebenden Figuren vor Goldgrund an gemalte Wandarkaden im Chorraum.

Der **Bassenheimer Reiter** des Naumburger Meisters aus dem Lettner des Mainzer Doms schmückt die Pfarrkirche in Bassenheim bei Koblenz, der Rest wurde als Baumaterial für An- und Umbauten des Mainzer Doms verwendet.

Altar-Antependien

Schon in früher Zeit wurden Altartische an ihrer Vorderseite mit Stoffbehängen, sogenannten Antependien, verkleidet. Dies konnten später auch Altarvorsätze aus Metall, Holz oder Elfenbein sein.

Abb. 76 *St. Martin und der Bettler (Bassenhemer Reiter), Naumburger Meister, 1239*

Abb. 77 *Tafel vom sog. Magdeburger Antependium: Die Heilung des Besessenen, Elfenbein, um 970*

Auf der Mitteltafel der **Altarretabel** eines unbekannten westfälischen Meisters thront die Heilige Dreifaltigkeit in Form eines → Gnadenstuhls, auf den beiden Nachbartafeln sind Maria, Jesu Mutter, und der Apostel Johannes zu sehen. Sie erflehen vom richtenden Gott Gnade für die sündigen Menschen. Ihrer beider Namen sind in den Goldgrund eingestanzt, ebenso die Buchstaben → Alpha und Omega, mit eingeschriebenem Kreuz. Auch der Name Jesu ist auf der Mitteltafel in den Goldgrund eingepunzt. Über den Arkadensäulen und ebenfalls auf Goldgrund vervollständigen Engel mit → Deutegestus das himmlische Geschehen.

Abb. 78 *Unbekannter westfälischer Meister, Altarretabel aus der Wiesenkirche in Soest im Zackenstil, um 1260, heute Gemäldegalerie Berlin-Dahlem*

Ambo/Lesepult

In frühromanischen Kirchen wurde wie schon in altchristlichen Basiliken, von einem an oder vor den Chorschranken errichteten Lesepult (Ambo) aus die Heilige Schrift verlesen. Dies war um mehrere Stufen wie eine Lesebühne erhöht. Seit dem 4. Jahrhundert wurde von hier aus auch gepredigt. Ein aus romanischer Zeit erhaltenes Lesepult in der Evang. Stadtkirche Freudenstadt zeigt die vier Evangelisten mit ihren Symbolen, die das Pult tragen.

Abb. 79 *Lesepult, Freudenstadt/ Schwarzwald, 12. Jahrhundert*

Taufstein/Taufbecken

In romanischer Zeit sind Taufbecken aus Stein oder Bronze, seltener aus Holz gefertigt. Über einem gedrungenen Fuß kann sich das Becken in Form eines Kessels, eines Pokals oder einer Schale erheben. Es kann auf Löwenfüßen (→ S. 40) stehen oder von Personifikationen der vier → Paradiesflüsse getragen werden. Besonders bronzene Taufbecken können eine reiche reliefartige Ausgestaltung und meisterhaft in Szene gesetzte Bildprogramme aufweisen.

Abb. 80 *Romanischer Taufstein, Evang. Stadtkirche, Freudenstadt, 11. Jahrhundert, Sandstein (rechts oben);* **Abb. 81** *Taufbecken, St. Nikolaus, Bensberg, 12. Jahrhundert;* **Abb. 82** *Taufbecken, Dom zu Hildesheim, Bronze mit Taufdeckel, um 1230: Die vier Paradiesflüsse tragen das Taufbecken (unten, Mitte);* **Abb. 83** *Taufbecken, St. Bonifatius, Freckenhorst, 1129, mit Szenen aus dem Leben Jesu: hier Christus in der Mandorla, umgeben von Evangelistensymbolen, darunter: Ungeheuer, die die Mächte des Bösen symbolisieren, das durch die Taufe besiegt wird (unten, rechts).*

Das Taufbecken in Altenstadt, Oberbayern

Auf den schlichten Steinreliefs, die wegen ihrer künstlerischen und theologischen Bedeutung zu den wertvollen Beispielen Deutschlands zählen, ist der Taufritus das Bildthema. In großen nach unten offenen Halbkreisen sind vier Bildszenen zu sehen:

1. St. Michael (→ Engel) ist als Ritter im Kettenhemd dargestellt, wie er mit seinem Schwert dem unter ihm liegenden Drachen den »Lügengeist« austreibt. Die Szene erinnert an den früher üblichen Exorzismus vor der Taufe »Fahre aus, du unreiner Geist!« (ohne Abbildung).

2. Johannes der Täufer weist auf das im Medaillon abgebildete → Lamm Gottes, das »hinwegnimmt die Sünden der Welt«. Darüber sind zwei Vögel zu erkennen. Der rechte mit gebrochenem Flügel ist Sinnbild der mit der Sünde belasteten Seele, der linke eine → Taube als Sinnbild für den Heiligen Geist.

3. Im Bild von der Taufe Jesu im Jordan halten zwei Engel schützend einen Mantel um Jesus, als Zeichen seiner Würde als Gottessohn.

4. In der Darstellung Marias mit dem Kind streichelt Jesus die Wange seiner Mutter. Beide halten kreuzförmige Lilienstengel in Händen – Hinweis auf die durch die Taufe geschehende Sündenvergebung.

Dieses Bildprogramm wird in den vier darüberliegenden Bildzwickeln durch vier → Evangelistensymbole ergänzt. Sie sind mit Menschenkörpern ausgestattet und tragen → Mandorlen. In den unteren vier Zwickeln symbolisieren vier bärtige Männermasken, aus deren Mund Wasser fließt, die vier → Paradiesflüsse.

Abb. 84 *Taufbecken, Altenstadt, Anfang 13. Jahrhundert (von oben nach unten):* **a)** *Johannes der Täufer;* **b)** *Christus bei der Taufe im Jordan, von Engeln umgeben;* **c)** *Thronende Madonna mit dem Kind*

Das Taufbecken im Kiliansdom, Würzburg

Die fast vollplastischen Bronzereliefs des spätromanischen bronzenen Taufbeckens (1279) zeigen zwischen und unter architektonischen Rahmen ein Bildprogramm mit sechs Szenen der neutestamentlichen Heilsgeschichte:

Vorne im Bild:

Auferstehung Christi mit Stifter und Künstler	Jesus am Kreuz mit Maria und Johannes	Taufe Christi im Jordan

Rückseite:

Geburt Jesu	Christus als Weltenrichter	Sendung des Heiligen Geistes am Pfingsttag

Taufbecken im Würzburger Dom, 1279: Reliefs mit Auferstehung, Kreuzigung und Taufe im Jordan

Böden und Fenster

In seltenen Fällen, wenn trotz Umbauten und Anbauten noch Steinböden aus Anfängerbauten der Romanik erhalten sind, können noch Reste figürlich gestalteter Steinplatten zu sehen sein. Sie sind dekorativ, nach antikem Vorbild gestaltet und oft im Rapport (ein in sich immer wiederholendes Muster) verlegt.

Abb. 85 *Drachentondo, Münster, Basel, um 1170, Fußboden im Mittelschiff*

Glasfenster

Als schon im Zeitalter der Romanik Fensteröffnungen in Kirchen allmählich größer wurden, verschloss man sie mit verschiedenfarbigem Glas, das von Bleiruten gehalten wurde. Erst im 12. Jahrhundert und mit weiter zunehmender Größe der Fensteröffnungen kamen an gotischen Kathedralfenstern in Frankreich große Bildprogramme auf.

Die ältesten erhaltenen Glasfenster in Deutschland, die damit zugleich zu den ältesten vollständig erhaltenen Glasfenstern überhaupt zählen, sind die fünf Prophetenfenster des Augsburger Doms.

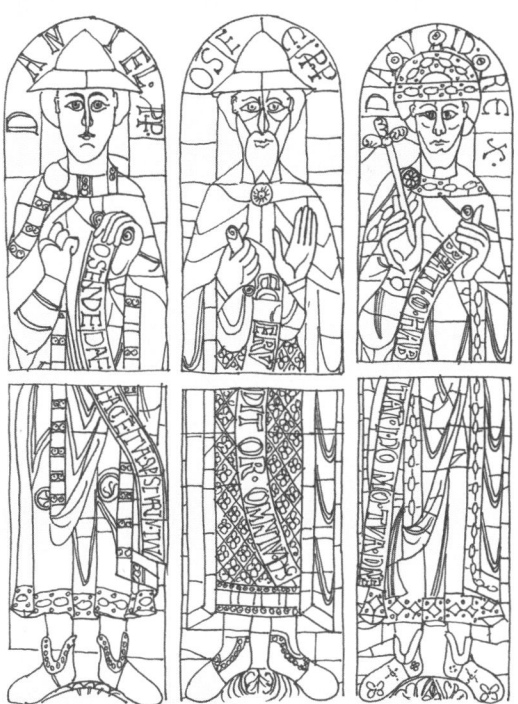

Abb. 86 *Prophetenfenster, Augsburger Dom, frühes 12. Jahrhundert: Daniel, Josef und David*

Klosterkirchen und Kreuzgänge in der Romanik

Seit dem frühen Mittelalter wurden zahlreiche Klöster nach der Ordensregel des → Hl. Benedikt von Nursia (um 500) errichtet. Es handelt sich dabei um von der Außenwelt abgeschlossene Orte, in denen Mönche oder Nonnen in abgeschiedener Gemeinschaft zusammenlebten.

Während Benediktiner ihre Klöster vorzugsweise in Höhenlagen errichteten, bauten → Zisterzienser lieber in abgelegenen Tälern. Bettelorden wie die Franziskaner und die Dominikaner dagegen zog es später zumeist in Städte, um Verbindung zur Bevölkerung zu suchen.

Zisterzienserbaukunst

Die Kirchen des 1098 in Burgund gegründeten Zisterzienserordens waren der Ordensregel folgend einfach, fast schmucklos und vor allem bilderlos mit geringem Aufwand, aber architektonisch-technisch vorbildlich gebaut. Äußeres Kennzeichen ist ihre turmlose Fassade. Nur ein kleiner Dachreiter krönt das Dach. Die schlichten Kirchen dienten überwiegend der Predigt und wurden Vorläufer städtischer Pfarrkirchen.

Auch die Kartäuser, die im Rahmen eines Klosters einsam in Einzelzellen mit je eigenem kleinen Garten lebten und arbeiteten, entwickelten ebenso wie im 13. Jahrhundert die Mönche des Deutschen Ritterordens Sonderformen. Während die Kartausen oft zwei Kreuzgänge hatten (ein zweiter als Klausur innerhalb der im Viereck angeordneten Einsiedlerzellen), vereinten Ritterorden Kloster und Burg zu mächtigen Klosteranlagen.

Der Kreuzgang

Nach dem den meisten Klosteranlagen zugrunde liegenden Ideal-Plan von Sankt Gallen (um 820) schließt sich zumeist im Süden an die Klosterkirche der überdachte quadratische oder rechteckige Kreuzgang an. Seine Außenwände bilden die der Klausur unterworfenen Wohn- und teilweise Wirtschaftsräume: den Kapitelsaal (Versammlungsraum), das Dormitorium (Schlafsaal) und das Refektorium (Speisesaal).

Nach der benediktinischen Regel »ora et labora« (»bete und arbeite«) gliederten acht Stundengebete den Tagesablauf der Mönche bzw. Nonnen. Dabei schritt die Ordensgemeinschaft tagsüber betend durch den Kreuzgang, nachts über die Treppe vom Dormitorium (Schlafsaal) zur Kirche.

Tagsüber diente der Kreuzgang – weil er der einzige taghell erleuchtete Raum war – vor allem als Raum für Gebet, Lektüre und Studium. In ihm wandelten die Mönche lesend, meditierend und betend oder sie saßen zum Studium auf Steinbänken entlang der Wände.

Abb. 87 *Bronnbach, Kloster-Innenhof mit Kreuzgang und Dachreiter*

Der Kreuzgang als spirituelles Kunstwerk

Zahlen und Maße

Bereits die Maße des St. Gallener Klosterplans sehen für die Klosterkirche und den Kreuzgang symbolische Einheiten vor.

Im Idealfall misst die Klosterkirche 200 Fuß (Länge) mal 40 Fuß (Breite), die Kreuzarme der Querschiffe sind je 20 Fuß breit, der quadratische Kreuzgang 100 mal 100 Fuß. Insbesondere der Zahl 40 kommt tiefe symbolische Bedeutung zu. Sie erinnert an die 40 Tage dauernde Sintflut und die Rettung der Arche Noah; an die 40 Jahre, die das Volk Israel durch die Wüste ziehen musste, bis es in das Gelobte Land kam; und 40 Tage verbrachte Mose auf dem Berg Sinai, bis er mit den Gesetzestafeln der 10 Gebote zurückkehrte.

Der ideale quadratische Kreuzgang hat vier Hofseiten. Sie erinnern an die vier Elemente, die vier Jahreszeiten, vier Bäche des Paradieses, vier Kardinaltugenden, große Propheten, Evangelisten usf.

Die Bilderwelt der Figurenkapitelle

Seit dem frühen 11. Jahrhundert boten in Kreuzgängen romanischer Klöster Säulen mit ihren Kapitellen Raum für großartige in Stein gemeißelte figürliche Bildgestaltungen. Vorher, in karolingischer Zeit, waren Würfelkapitelle meist bewusst schlicht und schmucklos gehalten, später in der Gotik überwog die Pflanzenornamentik.

In romanischer Zeit mischen sich christliche noch mit nicht-christlichen Figuren und pflanzlichen Stilisierungen. Sie breiten sich auch auf Kranzgesimse und Kragsteine aus, auf Gewölbezwickel und Säulenschäfte.

Noch stärker als die bildlichen Darstellungen auf den Säulenkapitellen der Kirchen schöpfen die der Kreuzgänge aus den biblischen Erzählungen des Alten und Neuen Testaments. Mit zahlreichen im Viereck umlaufenden Säulen eigneten sie sich zur Darstellung auch längerer biblischer Themenkomplexe.

Verwirrende Szenenfolge

Allerdings machen die Bilderfolgen, bedingt durch die vier Seiten der Kapitelle, beim Betrachten einen um die Säule herumführenden Standortwechsel nötig. Vielerorts sind daher die Szenen nicht immer chronologisch nacheinander dargestellt, sondern können auch widersprüchlich seitlich oder gegenüber angeordnet sein.

Da in der Spätromanik auch Doppelsäulen vorkommen, bieten deren ineinander übergehende Kapitelle Raum für breiter angelegte Doppelszenen. An ihren Schmalseiten können auch Nebenepisoden Platz finden (neben dem Einzug Jesu in Jerusalem etwa kann ein Jüngling auf einem Baum sitzend dargestellt sein, ein Hinweis auf die Zachäus-Geschichte).

Typologische Darstellung

In der Gegenüberstellung ausgewählter Szenen aus dem Alten und Neuen Testament wird entsprechend der typologischen Deutung bereits in Bildern des Alten Testamentes die Erlösung durch Christus im Neuen Testament angedeutet und vorweggenommen.

Sind zum Beispiel Adam und Eva nackt am Fuße des Baumes der Erkenntnis zu sehen (Gen 3,1–8), so erinnert das Bild an die ganze Schöpfungsgeschichte von der Erschaffung Adams bis zur Vertreibung aus dem Paradies (Gen 2–3).

In Gegenüberstellung werden die Geburt Jesu im Neuen Testament und Christus als der neue Adam, Maria als die neue Eva gedeutet: Aus der Sünde erwächst das Heil, das durch Maria mit der Geburt Jesu auf die Welt kam.

In der Szene, in welcher der gläubig allen Befehlen Gottes gehorchende Patriarch Abraham bereit ist, seinen Sohn Isaak zu töten, lässt sich aus typologischer Sicht bereits das Opfer Christi am Kreuz erahnen.

Wird die körperliche Kraft → Samsons dargestellt, der Löwen zerreißt, tausend Philister erschlägt usf., soll daran erinnert werden, wie stark der Glaube sein kann und trotz der Schmach der Passion Jesu über die Auferstehung bis zum Sieg über das Böse führen wird.

Ebenso wollen die Bilderzählungen von Daniel in der Löwengrube oder der Jünglinge im Feuerofen auf Tod und Auferstehung sowie auf die Kraft des Glaubens und des Gebetes verweisen.

Geburt, Passion und Auferstehung

Episch breit wird in Kreuzgängen auch aus dem Leben und der Passion Jesu erzählt. Beginnend mit der Verkündigungsszene (der Erzengel Gabriel erscheint Maria), der Heimsuchung (Maria besucht ihre Verwandte Elisabeth, die beiden Frauen umarmen sich), folgen die Geburt und Anbetung der Hirten und der drei Weisen, die dem Stern bis nach Betlehem gefolgt sind. Auch deren Traum wird dargestellt, in dem ein Engel sie warnt, zu Herodes zurückzukehren, der das Kind

töten wolle. Neben dem Einzug in Jerusalem, der Fußwaschung und dem Abendmahl kommen auch alle anderen Szenen der Passion bis hin zum leeren Grab zur Darstellung.

Geschichte, Allegorie, Fantasie – Das Wissen der Zeit

Wie an frühgotischen Portalen finden sich auch in spätromanischen und frühgotischen Kreuzgängen viele Darstellungen zum Beispiel aus der Überlieferung der Antike, aus Literatur und Sagenwelt, dazu moralisierende und das Böse abweisende Darstellungen in Form schreckenerregender schlangenartiger Bestien mit mehreren Leibern, die durchaus noch aus germanischer Zeit überliefert sein können.

Gewölbeschlusssteine

Rund gestaltete Scheiben, in denen sich die vorspringenden Rippen des Spitzbogens treffen, füllen die Bogenöffnungen. Auch auf ihnen sind reiche Bildszenen zu finden (→ S. 95).

Wandbilder an Kreuzgangwänden

Leider sind ursprüngliche Wandmalereien aus romanischer Zeit, bedingt durch die Witterungseinflüsse, nur ganz selten und bruchstückhaft erhalten. Sie wurden im 14. und 15. Jahrhundert oft im Stil der Gotik übermalt.

Zusammen mit den Kapitellskulpturen bildeten die reichen Wandmalereien an den Kreuzgangrückwänden eine überaus lebendige Bilderzählung, ähnlich einem großartigen, aufgeschlagenen Bilderbuch, das beim Umherwandeln betrachtet, bedacht und auch genossen werden konnte.

Licht und Schatten der Arkadenöffnungen

Auch in den weniger mit Bildschmuck ausgestatteten Kreuzgängen veränderte allein das durch die Arkadenöffnungen hereinfallende Licht im Wechsel der Tages- und Jahreszeiten mit seinen Schattenspielen immer wieder das Aussehen und lud zu meditativen Übungen ein. Diese Wirkung erhöhte sich in der Gotik, als durch das filigrane gotische Maßwerk die Licht- und Schattenspiele im Wechsel der Tageszeiten den Kreuzgang noch viel kunstvoller erleben ließen.

Abb. 88 *Kreuzgang, Stiftskirche, Königslutter, 1135*

Baden-Württemberg

Alpirsbach, Klosterkirche St. Nikolaus, romanische Anfänge im 11. und 12. Jahrhundert, spätere Um- und Anbauten, Wandmalerei in einer Altarnische (zeigt Jüngstes Gericht und die Kreuzigung), Hochaltar (um 1520), Chorgestühl.

Brenz an der Brenz (bei Ulm), romanische Dorfkirche, ehemalige Stiftskirche St. Gallus, Pfeilerbasilika.

Esslingen, Stadtkirche St. Dionys, frühromanischer Bau (um 800), im 13.und 14. Jahrhundert entstand heutige Basilika; spätromanische Pfeiler und bedeutende Glasfenster mit Szenen aus dem Alten und Neuen Testament.

Hirsau, Klosterruine, Baustil wurde zum Vorbild der »Hirsauer Schule«.

Klosterreichenbach (bei Beiersbronn), aus Buntsandstein errichtete romanische Klosterkirche (11. Jahrhundert).

Maulbronn, Klosterkirche der Zisterzienser (1178 geweiht), romanische Pfeilerbasilika (1147–1178), Chorschranke, später gotisches Netz- und Kreuzrippengewölbe sowie Wand- und Gewölbemalereien (1424) und Vorkirche (Paradies), gotischer Kreuzgang (13. Jahrhundert), www.maulbronn.de.

Nagold (Umgebung), Remigiuskirche, eine der ältesten Kirchen der Gegend mit Fresken zum Leben und der Passion Jesu im Langhaus (14. Jahrhundert).

Pforzheim, Altstädter Kirche, dem Hl. Martin geweihte, noch auf römischen Resten errichtete mittelalterliche Kirche, Tympanon mit schwer zu deutenden Reliefdarstellungen (1150), mittelalterliche Fresken.

Pforzheim, Schlosskirche St. Michael, romanische und gotische Steinmetzkunst.

Rottweil, Heilig-Kreuz-Münster, spätromanische Pfeilerbasilika (Anfänge 12. Jahrhundert), gotisches Gewölbe (1517), regotisiert (1840–1843), Altarkreuz (Veit Stoß), sog. Rottweiler Madonna u.a.

Stuttgart-Plieningen, St. Martin, Bogenfries mit figürlichen Darstellungen unter dem Dachgesims, älteste romanische Reliefdarstellungen im Stuttgarter Raum; → Abb. 19.

Bayern

Altenstadt, St. Michael, bedeutende romanische, dreischiffige Gewölbebasilika, drei parallele Ostapsiden, Taufbecken.

Altötting, Gnadenkapelle (8. Jahrhundert), Tauf- oder Pfalzkapelle aus karolingischer Zeit (eine der ältesten Zentralbauten Bayerns).

Augsburg, Dom (10. bis 12. Jahrhundert) mit gotischen An- und Umbauten zum Langhaus mit fünf Schiffen; bedeutende Kunstwerke u.a. fünf Prophetenfenster, gelten als älteste figürliche Glasmalereien Deutschlands (1140), Bronzetür (ottonische Kunst), gotische Schlusssteine und Gewölbemalereien im Mittelschiff, dort auch gemalter Wandfries (11. Jahrhundert), Gnadenbild (romanische Madonna mit Kind).

Bamberg, Dom St. Peter und Paul, Fürstenportal, 1210–1237, Bamberger Reiter, Kaisergrab von Tilman Riemenschneider (1499–1513) u.a.

Biburg, kreuzförmige Basilika, ehemals Benediktinerinnenklosterkirche, neben Altenstadt bedeutendster romanischer Bau Altbayerns.

Dettwang (Tauber), St. Peter und Paul, kleine romanische Kirche (Anfang 13. Jahrhundert) mit bedeutendem »Heilig-Kreuz-Altar« von Tilman Riemenschneider (1508) im Chorturm.

Ebermannstadt, Marienkapelle (14. Jahrhundert), ehemalige Wehrkirche, barockisiert.

Fraueninsel (Chiemsee), St. Maria, Klosterkirche der Benediktinerinnen.

Fraueninsel (Chiemsee), Torkapelle St. Michael und St. Nikolaus (12.–13. Jahrhundert) mit Fresken.

Freising, Mariendom, romanische Krypta mit Bestiensäule, barockisiert.

Füssen, St. Mang, frühromanische Krypta des Hl. Magnus mit Fresken.

Greding (Mittelfranken), St. Martin, klassische romanische Pfeilerbasilika mit Freskenresten.

Grünsfeldhausen (bei Bad Mergentheim), St. Achatius, Taufkapelle in Form einer seltenen Doppeloktogonanlage (Ende 12. Jahrhundert), Fresken im Chor: thronender Christus mit Heiligen, Engeln und Johannes d. Täufer.

REISE-TIPPS

Heilsbronn, Münster, Hohenzollerngrablege, u.a. Sarkophag des Markgrafen Georg Friedrich (1566–1573), reiche Ausstattung.

Isen, Chorherrenstift San Zeno (ab 1100), spätromanische Pfeilerbasilika mit dreischiffiger Krypta.

Karthaus-Prüll (bei Regensburg), Klosterkirche St. Vitus, gewölbte Hallenkirche aus ottonischer Zeit (1110 geweiht), später erweitert, barocke Ausstattung (seit 1601), stuckiert, figurenreicher Hochaltar, bemerkenswertes Chorgestühl.

Kastl, Abteikirche St. Peter (1129–1400), lang gestreckte Basilika mit drei Apsiden im Osten, hat ihren romanischen Charakter bewahrt; Gurte- und Rippenbemalung nach gotischem Muster, Ausstattung meistenteils barock.

Nürnberg, Margarethenkapelle, romanische Doppelkapelle auf der Kaiserburg (1200–1216), romanische Kapitelle.

Oberwittighausen (Bad Mergentheim), Kapelle St. Sigismund, Wehrkirche, unregelmäßiges Oktogon mit Zeltdach (Ende 12. Jahrhundert), noch älteres Portal mit schwer zu deutenden Flachreliefs; barocke Ausstattung, u.a. Hauptaltar im Knorpelstil (1650), Fresken zum Jüngsten Gericht.

Perschen (Nabburg), Pfarrkirche St. Peter und Paul, dreischiffige romanische Pfeilerbasilika mit gotischen Wandmalereien im Chor, u.a. die »klugen und die törichten Jungfrauen« (15. Jahrhundert).

Perschen (Nabburg), Friedhofskapelle St. Michael, kleiner romanischer zweistöckiger Rundbau (um 1160) mit unterirdischem Beinhaus und darüber Michaelskapelle mit bedeutenden Fresken (um 1165–1170), in der Kuppel Maria, in der Apsis Christus mit Mandorla als Weltenrichter.

Prüfening (Regensburg), ehemalige Klosterkirche St. Georg (1119 geweiht), dreischiffige gewölbte Pfeilerkirche, bedeutende romanische Wandmalereien (12. Jahrhundert) im Chorraum.

Regensburg, romanische Allerheiligenkapelle im Domkreuzgang, Reste der Wandmalerei (1164 von Bauleuten aus Como).

Regensburg, Abteikirche St. Emmeram, dreischiffige Pfeilerbasilika mit Chören (seit 1052), Vorhalle und Krypta (1170), Portalplastiken von Christus, St. Emmeram und St. Dionysius zählen zu den ältesten mittelalterlichen Plastiken Europas (um 1050); im Querhaus und erhöhten Dionysiuschor bemalte Holzdecke mit Bildern zur Bedeutung des Benediktinerordens (1660); im barocken Hauptaltar (E.Q. Asam) befindet sich der spätgotische Reliquienschrein des Hl. Emmeram (bedeutende mittelalterliche Goldschmiedekunst); Decken- und Wandgemälde, Grabplatten und Steinskulpturen (12.–15. Jahrhundert), barockisiert (Gebrüder Asam um 1730).

Regensburg, St. Jakob (Schottenkirche), hochromanische dreischiffige Basilika mit Querhaus und barocker Kassettendecke, schwer zu deutende frühe Portalplastiken (1185), Säulenkapitelle mit floralen und figürlichen Darstellungen, die Säulenbasen mit Tierköpfen geschmückt.

Regensburg, Niedermünster, dreischiffige hochromanische Basilika (12. Jahrhundert).

Urschalling (Chiemgau), St. Jakob, bedeutende romanische und gotische Fresken.

Waldersbach (Cham), Pfarrkirche St. Nikolaus und St. Maria, romanische gewölbte Hallenkirche (12. Jahrhundert) mit kostbaren romanischen Ornamentmalereien an Gurten und Rippen der Gewölbe; barocke Kanzel und Orgelprospekt.

Würzburg, Kiliansdom, bedeutende Ausstattung, u.a. Steinkreuz in der Krypta (karolingisch).

Würzburg, St. Burkard, ehemalige Benediktinerklosterkirche, Vorhalle und dreischiffiges Langhaus romanisch, gotisches Querhaus, romanischer Opferstock, Kopie von Riemenschneiders Ölberg (1511), im hochgelegenen Chor wertvolles Chorgestühl.

Berlin

Kleine romanische Dorfkirchen: **Marienfelde, Buckow, Britz, Dahlem, Tempelhof.**

Brandenburg

Havelberg, romanischer Dom (11. Jahrhundert), berühmt wegen seines figurenreichen Lettners mit Kreuzaltar für Laien (14. Jahrhundert), Relieffries mit Bildern zur Passion Christi.

Lehnin, Zisterzienserklosterkirche nach Vorbild rheinischer Romanik (um 1270), doppelgeschossige Seitenkapellen.
Pechüle (bei Treuenbrietzen), spätromanische Backsteindorfkirche mit bedeutender Predella eines gotischen Altarretabels, sog. »Böhmische Tafel« (um 1380) mit 16 doppelreihig angeordneten Szenen zur Passion Christi.

Bremen

Bremen, Dom St. Petri, Reste des frühromanischen Baus aus dem 11. Jahrhundert sind zwei Krypten mit pflanzlich und figürlich gestalteten Würfelkapitellen, Taufbecken aus Erz (1230) und Steinbildwerk »Christus als Weltenrichter«; im 13. und 16. Jahrhundert Umbauten, u.a. die Verbindung des Mittelschiffs mit einer gewaltigen Nordschiffhalle; neun

kostbar geschnitzte Chorgestühlwangen, Reliefs an der Orgelempore, Kanzel mit bekrönendem Christus als Sieger (1641), Epitaphe u.a.
Bremer Umland: Cuxhafen-Lüdingworth, Pfarrkirche St. Jacobus; **Dorum,** St. Urban; **Verden,** Pfarrkirche St. Johannis; **Loxstedt,** Pfarrkirche (Loxstedter Totentanz); **Wremen,** Pfarrkirche St. Willehad.

Hessen

Büdingen (Wetterau), Remigiuskirche (11. Jahrhundert), hölzerne Stützenpaare (15. Jahrhundert), Flachdecke mit ornamentalen Malereien.
Dietkirchen (Lahn), Stiftskirche (11. Jahrhundert), Emporenbasilika mit Doppelturmfassade, Flachdecke, Quaderbemalung, spätromanisches Taufbecken auf sechs Säulchen.
Eberbach (Rheingau), Klosterkirche der Zisterzienser (12. Jahrhundert), bedeutende Grabmäler, spätromanisches Lavabo, Kreuzgang.
Fulda-Petersberg, heute dreischiffige Kirche nach romanischen Anfängen (1479); Krypta (9. Jahrhundert) mit Resten von Malerei, romanischer Chorturm, seitlich des Triumphbogens und im Langhaus bedeutende romanische eingemauerte Reliefs von Christus, Maria, Bonifatius und thronende karolingische Herrscher.
Gießen-Schiffenberg, romanische Klosterkirche (12. Jahrhundert).
Homberg/Ohm, Evang. Pfarrkirche, dreischiffige romanische Basilika (frühes 13. Jahrhundert).
Ilbenstadt (Wetterau), romanische zweitürmige Klosterkirche (Mitte 12. Jahrhundert), heute barock ausgestattet.

Johannisberg (Rheingau), Kloster-, Schloss- und Pfarrkirche, erstes, Johannes dem Täufer geweihtes Kloster der Benediktiner im Rheingau (1130). Flach gedeckte romanische Pfeilerbasilika nach Vorbild des karolingischen Grundrisses der St. Albankirche in Mainz mit drei Apsiden und Kleeblattbogen über dem Nordportal. 1942 durch Bomben schwer beschädigt, 1945–1952 unter Leitung von Rudolf Schwarz in den strengen romanischen Formen authentisch im Stil des 12. Jahrhunderts wieder aufgebaut. Reste ehemaliger Ausstattung: Holzfiguren des Hl. Nikolaus (1350) und der Hl. Elisabeth (1530) sowie stehender Diakon als Pultträger aus Stein (um 1300).
Limburg, Dom, ehemalige Stiftskirche St. Georg (1211–1250), siebentürmiges Meisterwerk der rheinischen Spätromanik und Frühgotik, Fresken (13. Jahrhundert), Taufstein (1235).
Schlitz (Vogelberg), Evang. Stadtkirche (812 geweiht), karolingische Reste einer hochmittelalterlichen Basilika, weitere Bauglieder aus dem 11. bis 13. Jahrhundert, Stuckdecke (1638), Renaissancegrabstein statt Hochaltar.

REISE-TIPPS

Mecklenburg-Vorpommern

Altenkirchen (Rügen), dreischiffige Backstein-Säulenbasílika (13. Jahrhundert), romanischer Taufstein.

Bellin (bei Güstrow), Dorfkirche, spätromanischer Feldsteinbau (Ende 13. Jahrhundert), gewölbter Innenraum mit interessanten architektonischen und figürlichen Wandmalereien (13.–15. Jahrhundert).

Friedland-Brohm, romanische Feldsteindorfkirche.

Gadebusch, Stadtkirche St. Jakob und Dionysius, Backsteinbau einer spätromanischen dreischiffigen Hallenkirche, ältester städtischer Kirchenraum Mecklenburgs, Kreuzgewölbe, Malereien, Bronzetaufbecken (1450), Triumphkreuzgruppe u.a.

Güstrow, Dom, dreischiffige Pfeilerbasilika, 1865–1868 umgebaut, bemerkenswert: Barlachs »Schwebende« (1927).

Schaprade (bei Gingst), dreischiffige romanische Dorfkirche mit reichem Dekor, gotische Um- und Anbauten, Triumphkreuzgruppe (um 1500), frühbarocker Altaraufsatz, Kanzel, emblematische Emporenbrüstungsbilder (1700).

Niedersachsen

Buttforde (Ostfriesland), romanische Dorfkirche (12. Jahrhundert), reiche Innenausstattung (15. und 16. Jahrhundert).

Dornum (Ostfriesland), Klosterziegelbau, barocke Ausstattung.

Goslar, Marktkirche (12./13. Jahrhundert), bedeutende Glasfenster (um 1250), die das Martyrium der Heiligen Cosmas und Damian darstellen.

Goslar, Pfarrkirche Neuwerk (ab 1173), spätromanische Ausmalung im Chor.

Hildesheim, Dom St. Mariä (11. Jahrhundert), Bronzetür Bischof Bernwards (1015), Bernwardsäule und Bronzetaufbecken.

Hildesheim, St. Michaelis (ab 1010), bemalte Holzdecke (12./13. Jahrhundert) mit Propheten, Sündenfall, Wurzel Jesse u.a.

Marienhafe (Ostfriesland), St. Marien, dreischiffige Gewölbebasilika mit kreuzförmigem Querschiff (um 1250), im 19. Jahrhundert teilweise abgerissen; kunsthistorisch bedeutsam: Sandsteinrelief, Fries mit Bestiarien, Orgel (1710–1713).

Midlum (Ostfriesland), St. Pankratius, romanische Feldsteinkirche.

Pakens, Zum Heiligen Kreuz, kleine spätromanische Granitkirche mit Apsissaal und altem Gewölbe (13. Jahrhundert); interessante barocke Ausstattung: Altar (1691), über dem Gekreuzigten im Aufsatz Christus mit dem Satan in Gestalt eines Drachen kämpfend; Taufstein, dessen Taufschale drei tanzende Putten tragen (1679); Barockorgel mit bemalten Seitenflügeln (1664), links auf dem Orgelflügel eine gemalte Damenkapelle; Renaissancekanzel mit Oldenburger Wappen.

Pilsum (Ostfriesland), St. Stephanus, wehrhafte Kirche mit kreuzförmigem Grundriss (vor 1250), freigelegte Fresken.

Sande, St. Magnus, Backsteinkirche (13. Jahrhundert), ursprüngliches Gewölbe, Piscina (Ausgussbecken) und → Hagioskop in der Südmauer.

Schortens (Ostfriesland), St. Stephanus (1158), einschiffige Hallenkirche auf Sockel aus Granitquadern, gilt als älteste Kirche des Jeverlandes; steinerner Lettner (14. Jahrhundert) mit barocker Brüstung, figurenreicher spätgotischer Schnitzaltar mit 24 plastischen Gruppenbildern um die große Kreuzigungsgruppe (15. Jahrhundert); farbig gefasste, geschnitzte Kanzel (1642), Barockorgel (1686), bemalte Orgelempore (Christus und die Apostel).

Sengwarden, St. Georg, hochromanische Granitkirche, nach Kriegsschäden Backsteinmauerwerk ergänzt, dreigeschossiger barocker Altaraufsatz (17. Jahrhundert), klassizistische Kanzel (1904).

Sillenstede (Ostfriesland), St. Florian (1233), große Granitkirche mit guter Ausstattung, u.a. zwei baldachinartige Ziborien neben dem Apsisbogen, Heiligenfiguren in hochgelegenen Nischen der Ostwand., mittelalterlicher Taufstein mit Reliefs.

REISE-TIPPS

Bad Münstereifel, St. Chrysanthus und Daria, Benediktiner-Stiftskirche, romanische Pfeiler-basilika (11. und 12. Jahrhundert), fünf-schiffige Hallenkrypta, reiche Ausstattung, u.a. hölzerne Muttergottes (um 1330), Taufstein (1619), Hochgrab (14. Jahrhundert), Chorfres-ken, Dreisitz.

Beckum (bei Warendorf), Propsteikirche St. Stephanus und Sebastian, vierjochige Hallen-kirche (12. Jahrhundert), bedeutender Schrein der Hl. Prudentia (um 1230).

Billerbeck, Pfarrkirche St. Johannis (13. Jahr-hundert), spätromanisch-münsterländische Hallenkirche mit kunstvollem Hauptportal; 15. Jahrhundert gotischer Umbau, Sakramentsnische (1425), reiche Ausstattung, u.a. Osterleuchter.

Bonn, Münster und Pfarrkirche St. Martin, Bei-spiel rheinischer Spätromanik: Rankenfriese, Laubkonsolen, steinerne Chorstuhlwangen (um 1210), spätere Ausstattung, u.a. Wandmale-reien (13. und 14. Jahrhundert), Renaissance-Sakramentshaus (1619), Altäre (17. und 18. Jahrhundert), prächtige Rokokokanzel (um 1750); Kreuzgang mit drei zweigeschossigen Flügeln (12. Jahrhundert), Palmetten, Ranken, Blättern an Kapitellen.

Coesfeld, St. Jacobi, spätromanische Hallen-kirche, zerstört, nur romanisches Stufenportal erhalten, Neubau 20. Jahrhundert.

Dormagen-Knechtsteden (Niederrhein), Prä-monstratenser-Klosterkirche St. Maria und St. Andreas (12. Jahrhundert), u.a. bedeutende monumentale Malerei in der Apsis (um 1160), Christus in der Mandorla, umgeben von den Evangelistensymbolen, Apostelfiguren.

Dortmund, Evang. Marienkirche, romanische Basilika (1170–1220), Chor (1350–1360), nach Zerstörung Wiederaufbau, kostbare Ausstat-tung, u.a. bedeutender gotischer Marienaltar (Conrad v. Soest, um 1420).

Düsseldorf-Gerresheim, St. Margaretha, kreuz-förmige Basilika (1236 geweiht), achteckiger Vierungsturm; reiche Innenausstattung, u.a. Holzkruzifixus (um 970) von Erzbischof Gero, spätromanische Altarmensa, Reliquienschrein (um 1200).

Düsseldorf-Kaiserswerth, ehemalige Stiftskir-che St. Suitbertus, dreischiffige romanische Ba-silika (zweite Hälfte des 12. Jahrhundert), St. Suitbertusschrein im Kirchenschatz.

Emmerich, St. Martin, ehemalige Stiftskirche, romanisches Chorhaus mit Apsis und zwei Sei-tenchören, darunter dreischiffige Hallenkrypta, Reste romanischer Wandmalerei.

Essen, Münster, ehemalige Stiftskirche St. Maria, Cosmas und Damian, romanisches Atrium, otto-nischer Westbau (946), zweigeschossige Außen-krypta und Innenkrypta (1051), gotische Hallen (Langhaus und Chor, 1327); Werke aus otto-nischer Zeit, u.a. Kreuzsäule (10. Jahrhundert), siebenarmiger Leuchter (1000), »Goldene Ma-donna« aus Goldblech, ältestes rundplastisches Werk der abendländischen Kunst (um 980).

Essen-Werden, Pfarrkirche St. Lucius (995), 1063 durch dreischiffige Basilika ersetzt, 1862 zum Wohnhaus umgebaut, 1957–1959 in alter romanischer Form wiederhergestellt.

Freckenhorst (bei Warendorf), St. Bonifatius, ehemals frühromanische Stiftskirche, drei-schiffige Hallenkrypta (1090), bedeutender Taufstein (1129).

Gummersbach-Lieberhausen, Evang. Pfarrkir-che, spätromanische Kleinbasilika (12. Jahr-hundert), oberbergischer Typ der »sog. »Bun-ten Kirchen«, in der Spätgotik reich mit Wand- und Gewölbemalereien ausgestattet.

Herford, Evang. Münsterkirche, dreistufige Ba-silika aus ottonischer Zeit (1270/80), gotischer Hallenbau (14./15. Jahrhundert), reiche Aus-stattung, u.a. spätromanische Altarmensa, spätgotische Sakraments- und Lavabonische.

Iserlohn, Evang. Pankratiuskirche (»Bauernkir-che«), romanische Basilika mit gotischem Chor.

Kloster Steinfeld (Eifel), Abteikirche, ehemals erstes deutsches Prämonstratenser-Kloster, große kreuzförmige Gewölbebasilika (ab 1142) mit flankierenden Rundtürmen und achtsei-tigem Vierungsturm; romanische Michaelskapel-le über der Vorhalle im Westbau (vgl. Corvey). Innen: gotische Gewölbemalereien, Frührenais-sance-Arabesken an den Gurtbögen, reiche Ba-rockausstattung; Fresken in der Ursulakapelle (1170), Kreuzigungsgruppe (1340), bedeu-tendes Chorgestühl mit fantasievollen Figuren (Mitte 15. Jahrhundert); Kreuzgang mit Brun-nenhaus und romanischer Brunnenschale.

Köln, Pfarrkirche St. Andreas, Dominikanerkirche, dreischiffige spätromanische Basilika (Anfang 13. Jahrhundert), gotischer Chor (1414), ottonische Krypta unter dem Chor, romanische Westvorhalle, Löwenportal zur Sakristei (um 1200); moderne Glasfenster (Markus Lüpertz, 2005).

Köln, Kath. Pfarrkirche St. Aposteln (um 1200), Dreikonchenanlage mit umlaufender Zwerggalerie über romanischer Hallenkrypta, seit 1989 mit Wandgemälden.

Köln, Pfarrkirche St. Gereon (11. Jahrhundert); ehemals Stiftskirche, Zentralbau, nach dem Dom bedeutendste Kirche Kölns in Form eines Dekagon (Oval mit zehn Nischen), im 13. Jahrhundert Ausbau zu viergeschossigem überkuppeltem Dekagon in frühgotischen Formen; Verglasung von Manessier (1965); in der Taufkapelle Wandmalereien des 13. Jahrhunderts zum Leben und Wirken des Hl. Gereon, Fußbodenmosaike in der Krypta (11. Jahrhundert), in der Sakristei gotische Glasmalereien von Heiligen (1315), Glasgemäldezyklus im Obergaden des Dekagons (Georg Meistermann, 1979–1986).

Köln, Groß St. Martin, ehemalige Benediktiner-Klosterkirche, Dreikonchenanlage (Weihe 1172), Vierungsturm mit vier Flankentürmen.

Köln, St. Pantaleon, ehemalige Benediktiner-Abteikirche, ältester erhaltener Großbau des 10. Jahrhunderts in Köln, Zentralbau, flachgedeckter Saalbau mit eingeschlossener Taufkapelle und Sängertribüne, bedeutendes Westwerk, spätgotischer Lettner mit reichem Figurenzyklus; Ausstattung u.a. römischer Sarkophag, Tumba der Kaiserin Theophanu.

Köln, Kath. Pfarrkirche St. Georg, doppelchörige Pfeilerbasilika (1059/1188), Gabelkruzifix (14. Jahrhundert), Taufstein (1240), Farbfenster (Thorn-Prikkers).

Köln, Kath. Pfarrkirche St. Kunibert (1215–1247), spätstaufischer Beginn, Langhaus zeigt schon frühgotische Formen; bedeutende Ausstattung, u.a. spätromanischer Glasfensterzyklus, Wandmalerei in der Taufkapelle (Zackenstil, um 1250).

Köln, Kath. Pfarrkirche St. Maria im Kapitol, Dreikonchenchor, dreischiffige flachgedeckte Hallenkrypta (11. und 12. Jahrhundert), bedeutende holzgeschnitzte, ehemals farbig gefasste Türflügel (um 1050), Reliefs mit Szenen aus dem Leben Jesu.

Köln, St. Ursula, monumentale gotische Verkündigungsgruppe am Vierungspfeiler (1439).

Köln, St. Severin (dreischiffige Hallenkrypta), spätromanische Ausstattung, u.a. in der Chorapsis; im Chorgewölbe Kreuzigungsdarstellung (um 1260), reich geschnitztes Chorgestühl (Menschenköpfe, Tiere, Laubwerk, 13. Jahrhundert), im Schildbogen der Sakristei Wandgemälde (Kreuzigungsgruppe des Kölner »Veronika Meisters«, Anfang 15. Jahrhundert).

Köln, St. Maria Lyskirchen, »Kirche der Rheinschiffer« (1210–1220), romanische Wandmalereien in den Gewölben der Mittelschiffe mit Szenen aus dem Alten Testament (Nordseite), denen auf der Südseite Szenen aus dem Neuen Testament typologisch gegenüberstehen (um 1220–1250); im südlichen Turmgewölbe Szenen aus der Nikolauslegende.

Lemgo, Evang. Pfarrkirche St. Nikolai, Basilika (1210–1250), in Hallenkirche umgebaut, → Deesisdarstellung im Portaltympanon (1230), bedeutende Epitaphe (16. und 17. Jahrhundert).

Lügde (Lippe), St. Kilian, Typ der romanischen Kleinkirche Westfalens, Basilika mit nur zwei Jochen (1200), mit ornamentalen Wand- und Deckenmalereien der Soester Schule.

Marienfeld (Harsewinkel), 1185 begonnen, typische Zisterzienser-Romanik im Übergang vom Hoch- zum Spätmittelalter, erstes deutsches Domikalgewölbe (Spitzgewölbe).

Minden, Dom St. Petrus und Gorgonius, bedeutender romanischer Bau mit großem Westwerk (10. und 11. Jahrhundert), später Umbau zu gotischer Hallenkirche; »Mindener Kruzifix« (zweite Hälfte des 11. Jahrhunderts).

Möhnsee-Delecke (bei Soest), Drüggelter Kapelle (1227), dem Hl. Kreuz geweiht, gewölbter Zentralbau über zwölfeckigem Grundriss (Erinnerung an Grabkapelle in Jerusalem).

Mönchengladbach, St. Vitus-Münster, ehem. Benediktinerabtei (12. bis Ende 13. Jahrhundert), dreischiffige Hallenkrypta, Glasmalereien des mittleren Chorfensters (sog. »Bibelfenster«) mit Szenen des Alten und Neuen Testaments in typologischer Entsprechung.

Münster, Dom St. Paul, spätromanische Basilika, Westbau (1162), Doppelchoranlage (1218–1264), Paradies (Vorhalle) mit Statuen (1230–1240), spätgotischer Radleuchter, astronomische Uhr (1540).

Neuss, Stiftskirche St. Quirin, reich dekorierte spätromanische rheinische Kirche, Dreikonchenanlage nach Vorbild der Kölner Choranlagen Groß St. Martin und St. Aposteln, u.a. Gabelkruzifix (um 1360).

Nideggen (Eifel), ehemalige Benediktinerabtei, Pfarrkirche (Rotsandstein), dreischiffige romanische Basilika, flaschgedecktes Mittelschiff, romanische Kapitelle, Triumphkreuz, gotische Fresken im Chor (um 1250), drei gotische Holzskulpturen (Anfang 14. Jahrhundert): Mutter Gottes mit Kind (um 1330), Johannes d. Täufer, Katharina (mit Schwert und Rad), spätgotische »Gregoriusmesse«, Grabmäler u.a.

Paderborn, Dom St. Maria, St. Liborius und St. Kilian, romanisches Stufenportal »Rote Pforte« (um 1230), im Süden Paradiesportal (Figurenportal, um 1230/40), u.a. Skulpturenreihe der »klugen und törichten Jungfrauen«, spätromanische und frühgotische Kapitelldekorationen, reiche Ausstattung, u.a. Epitaphe aus Spätgotik, Manierismus, Renaissance und Barock.

Pulheim-Brauweiler (Erftkreis), St. Nikolaus und Medardus, ehemalige Benediktiner-Abteikirche, siebenschiffige Hallenkrypta (1048) nach Vorbild von Maria im Kapitol in Köln; großartiger romanischer Bau (bis 1215), romanische Portale mit Tierfiguren und Löwen als Wächtern, kostbare Innenausstattung, u.a. Chorschranken, steinernes Altarretabel mit Relief einer Sitzmadonna und stehenden Heiligen (1190).

Schwarzrheindorf (Bonn), St. Clemens und St. Maria, Doppelkirche (12. Jahrhundert); ursprünglich Zentralbau mit vier Kreuzarmen und Vierungsturm; bedeutende romanische Wand- und Deckenmalereien (Unterkirche 1151, Oberkirche um 1170).

Soest, St. Patrokli, große romanische Pfeilerbasilika, Paradiesvorhalle mit Tympanonrelief (1166), nach Kriegsschäden Wiederaufbau.

Soest, Evang. Pfarrkirche St. Petri (um 800), romanische Basilika mit »Kaiser-Empore« aus dem 12. Jahrhundert.

Rheinland-Pfalz

Andernach, kath. Stadtkirche Mariä Himmelfahrt (Liebfrauenkirche), dreischiffige gewölbte Emporenbasilika (1200–1220), romanische Fassade mit gut gestaltetem Portal; innen: Wandgemälde (13./14. Jahrhundert), Heilig-Grab-Gruppe, Anna Selbdritt (15. Jahrhundert), Astkreuz (Anfang 14. Jahrhundert), sog. »Ungarnkreuz«.

Bacharach, Evang. Pfarrkirche St. Peter, dreischiffige romanische Emporenbasilika (um 1230), Hängeschlusssteine in den Seitenschiffen, spätromanische Ausmalung.

Bad Breisig, Kath. Pfarrkirche St. Viktor, romanischer Satteldachturm, öffnet sich zum gedrungen dreigeschossigen Mittelschiff; im Chor hängende Schlusssteine; auffallend rot-weiße Außenbemalung nach Resten aus romanischer Zeit.

Boppard, Stiftskirche St. Severus, dreischiffig gewölbte Emporenbasilika, Wandmalereien zum Leben des Hl. Severus, bedeutender Kruzifixus der Stauferzeit (um 1225).

Enkenbach, ehemalige Klosterkirche St. Maria, spätromanische kreuzförmige Basilika (um 1225–1280), Vorhalle (Paradies) mit Löwen und Basilisken, geschmückte Kämpferplatten; reich und ebenfalls symbolisch geschmücktes Tympanon über Stufenportal (Lamm Gottes zwischen Vögeln und Tieren, als Symbol des Weltgerichts gedeutet).

Ingelheim, St. Remigius, erstmals 742 erwähnt, gehörte zu einem fränkischen Königshof. Romanischer fünfgeschossiger Turm (um 1230). Über dem Turmportal spätromanischer Türsturz mit Kreuzeslamm. Kirchenschiff und Chor 1739 erbaut, barocker Hochaltar und Kreuzigungsgruppe.

Kobern-Gondorf, spätromanische Matthias-Kapelle, Burgkapelle (nach 1221), für eine von Kreuzzügen mitgebrachte Reliquie errichtet; sechseckiger Rundbau mit Apsis, Umgang und gut gestalteten Pflanzen- und Tierkapitellen.

Koblenz, Evang. Pfarrkirche, ehemals Stiftskirche St. Florian, dreischiffige romanische Pfeilerbasilika (um 1100) mit Doppelturmfassade, später gotisch erweitert; im südlichen Vorchor Wandgemälde: Martyrium der Hl. Agatha und Hl. Marga-

REISE-TIPPS

retha (14. Jahrhundert), Schmerzensmann und Schweißtuch der Veronika (15. Jahrhundert).

Koblenz, Kath. Liebfrauenkirche, auf älteren Fundamenten errichtete spätromanische Pfeilerbasilika (Ende 12. Jahrhundert), im 13./14. Jahrhundert erweitert, reiche Ausstattung, u.a. ungewöhnlicher Renaissance-Marmoraltar mit Darstellung des Hl. Nikolaus (1680).

Koblenz, St. Kastor, ehemalige Stiftskirche; auf Fundamenten einer karolingischen Dreiapsidenkirche errichteter romanischer Bau, später weitere gotische Anbauten; reiche Ausstattung, u.a. Bronze- und Marmorkreuze, Kanzel mit Figur des Guten Hirten, der Evangelisten und Kirchenväter (1625), Apsisgemälde im Stil der Nazarener (19. Jahrhundert).

Mainz, Dom St. Martin und St. Stephan, dreischiffige romanische Gewölbebasilika (1081–1239) mit gotischer Kapellenreihe; mächtige Anlage nach dem Vorbild der alten Peterskirche in Rom. Bronzener Türflügel des Markusportals (10. Jahrhundert).

Maria Laach (Eifel), Abteikirche (1093–1250), Doppelchoranlage mit spätromanischem Baldachinaltar, dreiflügelige Vorhalle (Paradies) mit Skulpturenschmuck (um 1220), reiche Kapitelle und Friese, dreischiffige Krypta, Ziborium, www.maria-laach.de.

Mendig (bei Koblenz), Pfarrkirche St. Cyriakus, gewölbte romanische Pfeilerbasilika (12. Jahrhundert), 1852–1857 in dreischiffig neugotische Kirche umgebaut; frühgotische Freskenmalerei (um 1300).

Münstermaifeld (Eifel), ehemalige Stiftskirche St. Martin und St. Severus, romanisch-gotischer Übergangsstil, reich geschmückte romanische Blendarkaden, gotischer Figurenschmuck; »Münstermaifelder Goldaltar« (Antwerpener Arbeit um 1520) zeigt im fortlaufenden Zyklus die Heilsgeschichte vom Tempelgang Mariens bis zur Auferstehung; große »Gregorianische Messe« auf den Flügelaußenseiten.

Neuwied, Feldkirche, spätromanische Pfeilerbasilika aus Bruchstein (zwischen 1150 und 1200), mit Langchor, massivem viergeschossigem Turm und später hinzugefügten Seitenemporen (um 1500, mit Kreuzrippengewölben und reich verzierten Schlusssteinen). Von 1952 an nach und nach von Georg Meistermann mit neuen Glasfenstern ausgestattet. Schönes Ge-

samtensemble mit Pfarrhaus, umgebendem Friedhof und alter Gerichtslinde.

Niederehe (Eifel), einschiffige romanische Klosterkirche, mit reich ausgestatteter Apsis, Nonnenempore (um 1200), spätromanischer Tierfries, Triumphkreuz, Chorgestühl und Hochgrab (1625).

Otterberg, ehemalige Zisterzienser-Klosterkirche Mariä Himmelfahrt, schmucklose kreuzförmige gewölbte Basilika, romanische Anfänge, gotisch fortgeführt.

Sinzig, Kath. Pfarrkirche St. Peter, spätromanische kreuzförmige Emporenbasilika, reiche Architektur, gotischer Flügelaltar (1480).

Speyer, Dom St. Maria und St. Stephan, monumentale dreischiffige Pfeilerbasilika mit Querhaus und tonnengewölbtem Chor; größtes romanisches Bauwerk Deutschlands (1025 im Stil der Frühromanik begonnen), große Hallenkrypta (1030–1061), Grablege der Salier; im Langhaus zahlreiche Anspielungen auf mittelalterliche Zahlensymbolik (der Bau misst 444 Fuß, enthält viermal die Zahl 4, Sinnbild für das Leben; das Langhaus mit 70 Fuß enthält 10 mal die heilige Zahl 7 usf.); nach Zerstörungen mehrfache Um- und Anbauten, u.a. im 19. Jahrhundert Ausmalung im Stil der Nazarener (Johann Schraudolph, um 1853), www.dom-speyer.de.

St. Thomas an der Kyll (Eifel), gut erhaltene spätromanische Zisterzienserinnen-Klosterkirche (1222), spätromanische Altarmensa, gotischer Kruzifixus, sitzende Madonna (14. Jahrhundert), Steinkanzel.

Trier, Dom St. Peter, über römischem Unterbau (1016–1047) errichtet, mit abwechslungsreicher Fassade im Stil salischer Baukunst, drei Krypten, spätromanischer Ostchor, außergewöhnlich reiche Ausstattung, in der »Heiltumskammer« die bedeutendste Reliquie des Doms, der Heilige Rock.

Worms, Dom St. Peter, über ottonischen Resten Neubau, seit dem 11. Jahrhundert doppelchörige, kreuzförmige Basilika im Stil der Früh- bis Spätromanik; in der Nikolauskapelle Taufstein mit vier Löwen und Relief der Hl. Jungfrauen Embede, Warbede und Willebede; Ostchor mit Rokokoausstattung (1732–1756); bedeutender barocker Hochaltar von Balthasar Neumann (1739–1740).

Saarland

Merzig, Kath. Pfarrkirche St. Peter, ehemalige romanische Prämonstratenser-Stiftskirche, kreuzförmige Basilika (15. Jahrhundert), Kreuz-rippengewölbe; ab 1714–1740 barocke Innen-ausstattung, heutiger Westturm aus der ersten Hälfte des 18. Jahrhunderts.

Sachsen

Klösterlein Zelle (Erzgebirge), einschiffige romanische Kirche (1173) des ehemaligen Augustiner-Chorherrenstiftes, barocke Herrschaftsloge, reliefgeschmückter Kanzelalter; ehemals Sgraffitogemälde (um 1236), heute im Freiberger Dom.

Wechselburg, romanische Stiftskirche (1160–1180), dreischiffige Pfeilerbasilika, bedeutendes Kunstwerk (UNESCO), reich geschmückter Lettner (1230–1235) mit überlebensgroßer steinerner Triumphkreuzgruppe.

Sachsen-Anhalt

Drübeck, Klosterkirche (ab 1004), schöne Kapitelle.

Ermsleben (Harz), Klosterkirche des Benediktinerklosters Konradsburg, dreischiffige spätromanische Basilika, fünfschiffige Krypta mit reicher Ornamentik der Säulenkapitelle.

Gernrode, Stiftskirche St. Cyriakus, dreischiffige ottonische Flachdeckenbasilika (963 geweiht), Kapitelle mit reichem ornamentalem und figürlichem Schmuck, älteste Nachbildung des Hl. Grabes in Mitteldeutschland (zweite Hälfte des 11. Jahrhunderts).

Hadmersleben, Klosterkirche des Benediktiner-Nonnenklosters St. Peter und Paul, romanische Kapitelle in der Unterkirche, barocke Ausstattung (1699–1710); geschnitzte Altarfiguren (um 1698).

Halberstadt, Liebfrauenkirche, romanische Basilika (1140–1170), bedeutende reliefgeschmückte romanische Chorschranken (um 1200).

Halberstadt-Hamersleben, St. Pankratius, dreischiffige romanische Säulenbasilika (erste Hälfte 12. Jahrhundert), romanischer Ziborienaltar, plastischer Bauschmuck an Portalen und Kapitellen.

Ilsenburg, Kloster-, ehemalige Schlosskirche, dreischiffige romanische Basilika (Hirsauer Schule, 1078–1087).

Jerichow, romanische Stiftskirche (1172), Umbau im späten 12. Jahrhundert, Kapitelle in der Krypta.

Landsberg, Saalkreis, seltenes Beispiel einer zweigeschossigen Burgkapelle (um 1170).

Klostermansfeld, dreischiffige romanische Basilika (Ende 12. Jahrhundert).

Magdeburg, ehemals Kloster Unser Lieben Frauen, eine der bedeutendsten romanischen Klosteranlagen, Hallenkrypta aus dem 11. Jahrhundert, vierflügeliger Kreuzgang mit Brunnenhaus.

Merseburg, Dom St. Johannes der Täufer und St. Laurentius, frühromanische Bauglieder (1015–1042), spätgotisches Netzgewölbe im Hallenlanghaus (1510–1517), bedeutende, reichhaltige Ausstattung: spätromanische Triumphkreuzgruppe und Chorschranken, Fünfsitz (um 1490), Chorgestühl (1446), Renaissancekanzel (um 1520), Grabdenkmäler (17. und 18. Jahrhundert).

Naumburg, Dom St. Peter und Paul, romanisch (1213–1242) mit Ostlettner und Krypta, ab 1250 frühgotischer Westchor (zwölf lebensgroße Stifterfiguren, u.a. Eckehard II. und Uta des Naumburger Meisters) mit berühmtem Westlettner, Christus am Kreuz als Lettnerdurchgang, naturgetreue Steinmetzarbeiten von Früchten, Blättern und Rankenwerk, zeitgenössische Kapellenfenster (Neo Rauch, 2007), www.naumburg.de.

Quedlinburg, Stiftskirche St. Servatius, flachgedeckte Basilika (1017–1129), Hallenkrypta mit romanischen Kelchkapitellen und Gewölbefresken; berühmter Domschatz und einer der bedeutendsten Kirchenbauten der »Straße der Romanik«, www.quedlinburg.de.

Sangerhausen, Ulrichskirche, romanische Pfeilerbasilika, Tympanon, romanische Pfeilerkämpfer.

Schleswig-Holstein

Adelby, romanische Feldsteinkirche, 12. Jahrhundert, reiche Ausstattung, u.a. geschnitzter Kanzelkorb (1681) und 47 Emporenbilder (um 1780).

Altenkrempe, kleine spätromanische Backsteinbasilika (1200–1240) mit besonders schöner Backsteingestaltung im Inneren.

Amrum, St. Clemens (um 1200), bemerkenswerte Grabsteine von Seefahrern des 17. und 18. Jahrhunderts.

Bad Segeberg, St. Marien, dreischiffige ehemalige Augustinerchorherren-Klosterkirche (1156 bis Anfang 13. Jahrhundert), vielfiguriger Schnitzaltar (1515), Bronzetaufbecken, mit von vier Geistlichen getragener Schale, darauf Reliefs der Kreuzigungsgruppe und Apostel (1447).

Borby (bei Eckernförde), romanische Granitquaderkirche (um 1200), im Inneren spätromanischer Kalkstein-Taufstein mit Reliefszenen aus dem Leben Jesu und Barockaltar (1686).

Bosau, romanische Feldsteinkirche (11. bis 13. Jahrhundert), gotische Ausmalung; großes Triumphkreuz (Anfang 16. Jahrhundert) mit Engeln, die das Blut Christi auffangen; gotischer Dreiflügelaltar mit zwölf Aposteln und Christus in der Mandorla; Kanzel (1636).

Drelsdorf, romanische Feldsteinkirche (um 1200) mit bedeutender barocker Emporenkanzel (1600) und goldgeschmückter Ausmalung.

Eutin, spätromanischer dreischiffiger Backsteinbau, gotisch erweitert, schöne Renaissancekanzel, monumentaler siebenarmiger Bronzeleuchter (1444), Bronzetaufstein auf drei knienden Engeln (1511).

Garding, romanische Dorfkirche, Dreiflügelaltar (Martens van Achten, 1596), Taufstein aus schwarzem Marmor (1654), Abendmahlsbänke mit Artkanthuswerk (1705).

Gudow (bei Mölln), große Feldsteinkirche (12. Jahrhundert) mit reicher Ausstattung.

Hürup (Flensburg), spätromanische Feldsteinkirche mit reicher Ausstattung, u.a. Granittaufstein aus Jütland, Schnitzaltar der Dreifaltigkeit (Anfang 15. Jahrhundert).

Husby (Flensburg), spätromanische Feldsteinkirche, reiche Ausstattung, u.a. Erzengel Michael (um 1250).

Keitum (Sylt), spätromanischer einschiffiger Bau des frühen 13. Jahrhunderts mit spätgotischem Turm; romanischer Taufstein; Gnadenstuhlaltar (Ende 15. Jahrhundert).

Lübeck, Dom, 1173 gegründeter, von Romanik und Gotik geprägter Bau, Vorbild für den Backsteinkirchenbau in Norddeutschland; spätromanische Vorhalle (»Paradies«); bedeutende Innenausstattung, u.a. monumentales Triumphkreuz mit reichem gotischem Gesprenge (Bernt Notke, 1477), Lettner mit geschnitzter hölzerner Bühne, Marienaltar mit Einhornjagd (1506), »Schöne Madonna« (1506) und Renaissancekanzel (1568).

Lütjenburg, Michaeliskirche, einschiffiger Backsteinbau (um 1230) mit bedeutendem aus Alabaster, Marmor und Sandstein errichtetem Renaissancegrabmal der Reventlowschen Gruft (1608).

Mölln, St. Nikolai, dreischiffige spätromanische Gewölbebasilika mit Fresken (1200–1250), Triumphkreuz, »Stecknitzfahrerstuhl« (Frührenaissance).

Munkbarup (bei Flensburg), Laurentiuskirche (um 1200), romanischer Granitquaderbau, bedeutendes sechssäuliges Südportal, im Tympanon thronender Christus, umgeben von Petrus und Paulus, darüber im Scheitel der Löwenkampf zwischen Gut und Böse; Granittaufstein ebenfalls mit Löwenkampf; Alabasteraltärchen (1550) in Renaissancegehäuse ist ältester evang. Altar Schleswig Holsteins.

Nieblum (Föhr), St. Johannis, kreuzförmiger Backsteinbau des 13. Jahrhunderts mit spätromanischem Chor; mittelalterliche Ausstattung, u.a. Granittaufstein mit Darstellung von Löwenkämpfen (um 1200), Marienaltar (1480); auf dem Friedhof Grabsteine (17. bis 18. Jahrhundert), die in Reliefs vom Leben und Sterben der Seefahrer erzählen.

Norderbrarup, Saalkirche im Quaderbau (um 1200), Pietà, Gnadenstuhlaltar, Kruzifix und Bronzetaufstein (15. Jahrhundert).

Oeversee, Wehrkirche (12. Jahrhundert), spätgotische Bemalung, u.a. Mondsichelmadonna, Rankenwerk, Köpfe, Szenen und Stifterfiguren.

Oldenburg i. H., St. Johannis, dreischiffige romanische Basilika.

Oldenswort, spätromanische Dorfkirche mit gotischem Chor, einheitliche Ausstattung im Stil der Renaissance, Orgelempore (1592), Chorgestühl (1589), manieristisch gemalter Dreiflügelaltar (van Achten, 1592).

Ratekau, spätromanischer Feldsteinbau um 1200 mit wuchtigem Rundturm.

Ratzeburg, St. Georgsberg-Kirche, ehemals einschiffiger Feldsteinbau des Benediktinerkonvents aus dem 12. Jahrhundert, nach Zerstörung mit Ziegelbau erneuert (13. Jahrhundert), u.a.: frühgotisches Spitzbogenportal, spätbarocker Altar mit Kreuzgruppe und allegorischen Figuren von Glaube und Hoffnung, darüber von Engeln angebetete Dreifaltigkeitsgruppe (1720).

Schönkirchen (bei Kiel), kleine Feldsteinkirche mit Altar von Hans Gudewerdt d. J. (1653).

Sörup, Marienkirche, romanische Granitquaderkirche (Ende 12. Jahrhundert), gotländischer Sandsteintaufstein (Anfang 13. Jahrhundert), Triumphkreuz (14. Jahrhundert), Kanzel im Knorpelbarock (1663).

Tetenbüll, St. Anna, mit Logen und Emporen reich ausgestattet, Schnitzaltar (1523/1654).

Westerhever, Dorfkirche mit schönstem romanischen Steintaufstein der Gegend.

Witzwort, Dorfkirche, schöne, reich geschnitzte Kanzel (1515), Altar mit Abendmahlsbänken (1515).

Wyk (Föhr), St. Nikolai, romanische Backsteinkirche (Ende 13. Jahrhundert), dreiteiliger Altar mit Säulen, Ohrmuschelwerk und Reliefs mit Themen aus dem Leben und der Passion Jesu (1643), geschnitzte Emporenkanzel im Stil der Spätrenaissance und Eichenholzfigur des Hl. Nikolaus (1300).

Thüringen

Eisenach, Nikolaikirche, romanische dreischiffige Basilika (Ende 12. Jahrhundert), ehemalige Klosterkirche der Benediktinerinnen, Kapitellschmuck, spätgotischer Altar (Anfang 16. Jahrhundert).

Erfurt, Benediktiner-Klosterkirche St. Peter und Paul, frühromanische Kirche nach Hirsauer Muster einer Pfeilerbasilika.

Nordhausen, Dom, dreischiffige romanische Krypta mit Würfelkapitellen (12. Jahrhundert).

Paulinzella, Ruine der Benediktiner-Klosterkirche nach Vorbild der Hirsauer Schule (geweiht 1124).

Rohr, Dorfkirche mit Krypta (10. Jahrhundert), ehemals Kirchenburg mit ringförmiger Wehrmauer, gotisiert (ab 1572), im 17. Jahrhundert barocke Innenausstattung mit Emporen, Kanzelaltar und Orgel.

Österreich

Alt-Weitra (Niederösterreich), romanische Kirche, Vorbild für Kirchen der Region.

Feldkirchen (Kärnten), Maria Himmelfahrt.

Gurk (Kärnten), Dom (1140–1220), bedeutende Fresken im romanischen Zackenstil in der Westempore, → S. 48f.

Klein-Mariazell (Niederösterreich), Stiftskirche, um 1136 gestiftet, romanische Portale, 1750-80 barockisiert.

Kremsmünster (Mühlviertel), Benediktinerabtei, barockisiert.

Lambach (Mühlviertel), Benediktinerstift, Freskenzyklus (11. Jahrhundert).

Malta (Kärnten), Pfarrkirche Maria Hilf Assumptio, romanischer Bau, bedeutende Fresken um 1300.

Maria Gail (bei Villach), um 1090.

Matrei (Tirol), St. Nikolaus (12. Jahrhundert), Fresken.

Millstatt (Kärnten) ehemalige Stiftskirche St. Salvator und Allerheiligen (12. Jahrhundert).

Oberanna (Niederösterreich), Burgkirche, einschiffiges Langhaus mit Ost- und Westchor (vor 1125).

Ossiach (Kärnten), Stiftskirche, romanische Pfeilerbasilika, frühes 11. Jahrhundert.

Pürgg (Steiermark), St. Johannes-Kapelle mit bedeutenden romanischen Fresken, um 1160.

Rust (Neusiedler See), alte Fischerkirche mit Fresken.

Salzburg, Stiftskirche Nonnberg, romanische Krypta von 1043 erhalten, nach Brand mit Netzwerkgewölbe auf 18 Säulen gotisiert.

Schöngrabern (Niederösterreich), Pfarrkirche 13. Jahrhundert mit eigenwilligem Apsisschmuck.

Seckau (Steiermark), Stiftskirche, ehemals romanische Basilika (12. Jahrhundert), Kruzifix (1220) .

St. Paul im Lavantal (Kärnten), Stiftskirche, romanische Basilika Ende 12. Jahrhundert, gotisches Gewölbe.

St. Veit an der Glan (Kärnten), Stadtpfarrkirche Heiligste Dreifaltigkeit.

Stift Göss (Steiermark), Benediktinerkloster um 1020, romanische Krypta.

Stift Rein bei Graz (Steiermark), Zisterzienserkloster um 1129.

Tulln (Niederösterreich), romanische Pfeilerbasilika.

Viktring (Kärnten), Stiftskirche, Pfeilerbasilika, 1202 geweiht, Chor gotisch erweitert.

Völkermarkt (Kärnten), Stadtpfarrkirche Hl. Maria Magdalena, romanisches Westportal.

Wels (Oberösterreich), romanische Pfeilerbasilika (1150-1200) nur noch Westportal im Original.

Wildungsmauer, Bezirk Bruck an der Leitha (Niederösterreich), Filialkirche St. Nikolaus, Spätromanik (13. Jahrhundert), Turm und Sakristei 19. Jahrhundert.

Zitz, Bludesch (Vorarlberg), Filialkirche St. Nikolaus, spätromanisches Langhaus, gemauerter Turmhelm, Fresken (um 1330–40).

Zweinitz im Gurktal (12. Jahrhundert), sehenswerte Fresken

Schweiz

Amsoldingen (Berner Oberland), Propsteikirche St. Mauritius (um 1000).

Andermatt (Kanton Uri), St. Kolumban, spätromanisches Kirchlein (13. Jahrhundert).

Biasca (Sankt Gotthard), romanische Kirche St. Peter und Paul (um 1100), Wandmalereien aus dem 13.–17. Jh.).

Basel, Münster, spätromanisch-frühgotische Basilika (1170-1225) entstand über ottonischem Bau. Galluspforte mit thronendem Christus zwischen Petrus und Paulus sowie den Klugen und den Törichten Jungfrauen im Türsturz (1170-1180) gilt als bedeutendste romanische Bauskulptur der Schweiz, sehr schöne Säulenkapitelle, gotische Kanzel, Krypta.

Chur (Graubünden), Kathedrale (Spätromanik).

Erlenbach (Berner Oberland), bedeutende Fresken (11., 13.–15. Jahrhundert).

Genf, Kathedrale St. Pierre, 1160–1232 spätromanisch-frühgotische Bischofskirche mit sehenswerter Innenausstattung, u.a. Chorgestühl, sehr schöne Kapitelle in Langhaus und Chor.

Giornico (St. Gotthard), San Nicolao, bedeutende Kirche des Tessin aus dem 12. Jahrhundert, mit dreischiffiger Krypta, Kapitellskulpturen und spätgotischen Fresken in der Apsis (1478).

Landschlacht, St. Leonhardskapelle, kleiner romanischer Saalbau mit sehenswerten Wandmalereien (ab 11. Jahrhundert), u.a. Passionsfolge an der Südwand (um 1310), Leonhardsvita (um 1432).

Locarno (Tessin), S. Vittore, bedeutendste romanische Kirche des Tessin (1090–1110), romanischer Freskenzyklus aus dem 12. Jahrhundert, bedeutende Krypta.

Müstair, St. Johann, in der Mittelapsis Wandmalereien (1150–1170), u.a. Gastmahl des Herodes und Enthauptung Johannes des Täufers.

REISE-TIPPS

Muralto (Tessin), S. Vittore, zahlreiche Fresken aus verschiedenen Epochen; der älteste Zyklus stellt Szenen aus der Genesis dar, um 1150.

Neuchâtel (Neuenburg), Collégiale Notre-Dame, außen romanische Formen, innen frühgotisch, seit 1530 als reformierte Kirche umgestaltet durch Holzgalerien und Rundfenster. Romanischer Kreuzgang.

Payerne, Klosterkirche, 11. Jahrhundert, dreischiffige Rundpfeilerbasilika mit fünf Apsiden.

Schaffhausen, Münster, romanische Säulenbasilika (1104) , Fresken aus dem 15. Jahrhundert, Kreuzgang.

Sion/Sitten (Wallis), Burg Valeria, wehrhafte Burganlage mit der Jungfrau Maria geweihter Kirche – Notre Dame de Valère – am höchsten Punkt (1100–1240).

Spiez, Schlosskirche (10. Jahrhundert).

St. Pierre-de-Clages (Wallis), kleine romanische Kirche.

Stein am Rhein, Klosterkirche St. Georgen, flach gedeckte Säulenbasilika ohne Querschiff (um 1060).

Zillis (Graubünden), St. Martin, romanische Holzdecke, mit 153 bemalten Feldern, Anfang 12. Jahrhundert.

Zürich, Großmünster (12. Jahrhundert), Pfeilerbasilika mit Rundbögen und schönen Figurenkapitellen, zweigeteilte Krypta. Bronzetüren mit biblischen Darstellungen von Otto Münch (20. Jahrhundert).

Elsass

Andlau, ehemalige Klosterkirche, um 880 gegründet, Reste des romanischen Baus: Bedeutendes Westportal (12. Jahrhundert) mit Darstellungen von Adam und Eva, mit Ranken, Tieren und Figurenpaaren im Türgewände und Seitenflächen, Skulpturenfries an der Westfassade und Krypta (1030–1040).

Avolsheim, »Dompeter« (Domus Petri), südlich des Dorfes inmitten eines Friedhofs gelegen, kleine dreischiffige Basilika (1049 von Papst Leo IX. geweiht; vom Vorgängerbau, der bis ins 7. Jahrhundert zurückreicht, ist nichts erhalten), Ende 11. Jahrhundert Westturm mit Vorhalle ergänzt, interessantes Portal, mit Ornamenten verzierte Stürze der Seitenportale.

Avolsheim, Taufkapelle St. Ulrich (um 1000), kleiner Zentralbau, ehemals runder Kuppelbau über dem Grundriss einer Vierkonchenanlage (»Kleeblatt«), 1160 wurde ein auffälliger achteckiger Tambour aufgesetzt. Im Inneren sind romanische Fresken erhalten, im Kuppelfresko Christus, umgeben von den vier Evangelistensymbolen und dem Chor der Engel.

Lautenbach, Benediktiner-Abtei, Langhaus, Querhaus und Westwerk entstanden zwischen 1080 und 1155. Beachtenswert die kreuzgratgewölbte Vorhalle mit Figurenfriesen und romanischen Kapitellen.

Marmoutier (Maursmünster), Benediktinerabtei, Fassade, dreischiffige Vorhalle mit Kreuzgratgewölbe und Türmen aus dem 11. und 12. Jahrhundert.

Ottmarsheim, ehemaliges Benediktinerinnenkloster (1030–1049), achteckiger Zentralbau mit zweigeschossigem Umbau und Kuppel, an der Nordseite gotische Kapelle ergänzt.

Rosheim, St. Peter und Paul (12. Jahrhundert), kreuzförmige Kirche aus gelbem Sandstein, über der Vierung achteckiger Turm (16. Jahrhundert). Reich mit hervorragender Bauplastik geschmückte Kapitelle.

Surbourg, dreischiffige Basilika (um 1050) mit Vierungsturm. Im schlichten Langhaus verbinden Arkaden die Säulen (Würfelkapitelle) und Pfeiler.

GOTISCHE KIRCHEN (12.–15. JAHRHUNDERT)

Allgemeines zur Gotik

Die Kunst der Gotik begann um die Mitte des 12. Jahrhunderts in Frankreich und blieb bis zur Wende zum 16. Jahrhundert prägend. In Deutschland breitete sie sich erst im Laufe des 13. Jahrhunderts aus. Sie ist die vorherrschende Stilform des Hoch- und Spätmittelalters in Europa und zeigt eine neuartige Formensprache mit fließenden Formen, eleganten Baulinien sowie einer Fülle dekorativer pflanzlicher und figürlicher Details.

Ulmer Münster, Mittelschiff nach Osten

Gotische Kirchen streben – anders als die schweren in sich ruhenden romanischen Kirchen – scheinbar schwerelos in die Höhe. Darin und mit ihrer kostbaren Ausstattung wollen sie das in der Offenbarung des Johannes verheißene → Himmlische Jerusalem auf Erden versinnbildlichen und die Hoffnung der Gläubigen auf Erlösung von aller irdischen Not stärken.

Die himmlische Stadt – ihr Bild auf der Erde

In den Visionen der Johannesapokalypse wird am Ende von der Verheißung eines neuen Lebens erzählt:

»Ich sah, wie die Heilige Stadt, das neue Jerusalem, von Gott aus dem Himmel herabkam. Sie war festlich geschmückt wie eine Braut, die auf den Bräutigam wartet..., und der Engel trug mich auf die Spitze eines sehr hohen Berges. Er zeigte mir die Heilige Stadt Jerusalem, die von Gott aus dem Himmel herabgekommen war. Sie strahlte die Herrlichkeit Gottes aus und glänzte wie kostbarer Stein, wie ein kristallklarer Jaspis. Sie war mit einer sehr hohen Mauer mit zwölf Toren umgeben ...« (Offb 21).

Ermöglicht wird dieses Himmelwärts-Streben durch neuartige Baukonstruktionen. Zum einen durch neue Gewölbeformen (Kreuzrippen, Bündelpfeiler und Spitzbögen), zum anderen durch die Einführung des Strebewerks an der Außenseite, das die Gewölbelasten nach außen ableitet. So verloren Kirchenwände ihre Schwere und tragende Funktion. Wände konnten nun höher wachsen und zugleich großflächig durchbrochen werden.

Das bot Platz für große, farbig verglaste Fenster, die an die Stelle der Wandmalereien an den Langhauswänden romanischer Kirchen traten. Die Glasfenster wurden mithilfe von → Maßwerk gegen Winddruck stabilisiert und verwandelten das Kircheninnere je nach Tages- und Jahreszeit in einen farbenprächtigen, mystischen Lichtraum.

Für die damals durchschnittlich nur 150 cm messenden Menschen muss der Raumeindruck gotischer Kirchen mit ihren schwindelerregenden Höhen überwältigend gewesen sein, zumal im Kirchenschiff Sitzgelegenheiten fehlten. Großartige Licht-, Schatten- und Farbenspiele, hervorgerufen durch das durch die hohen Farbfenster einfallende Licht, wanderten je nach Tages- und Jahreszeit über Mauern und Steinböden. Sie schienen die Sinne in eine andere Welt zu entführen und waren zugleich Sinnbild jener Himmelsstadt, in der die Gläubigen allem Irdischen vorübergehend enthoben schienen.

Die Glasfenster: Paradiesisches Farbenspiel

Auch die Gestaltung der Glasfenster erinnert an Texte aus der Apokalyse:

»Die Mauer bestand aus Jaspis. Die Stadt war aus reinem Gold gebaut, das so durchsichtig war wie Glas. Die Grundsteine der Stadtmauer waren mit allen Arten von kostbaren Steinen geschmückt. Der erste Grundstein ist ein Jaspis, der zweite ein Saphir, der dritte ein Chalzedon, der vierte ein Smaragd, der fünfte ein Sardonyx, der sechste ein Karneol, der siebte ein Chrisolith, der achte ein Beryll, der neunte ein Topas, der zehnte ein Chrysopras, der elfte ein Hyazinth und der zwölfte ein Amethyst« (Offb 21,18–23).

GRUNDRISS

Die klassische gotische Kirche ist mit einem höheren Mittelschiff und zwei rechts und links anschließenden niedrigeren Seitenschiffen ausgestattet. Sie ist dreischiffig nach Vorbild der antiken Basilika erbaut. Ein Querschiff durchschneidet unmittelbar im Anschluss an den Chor das Langschiff und bildet mit ihm die Vierung, die nun zum geistigen Zentrum des gesamten Baus wird. Im Grundriss dieser Kirchen bildet sich ein Kreuz ab.

Der von *Säulen* gesäumte Weg führt wie in einer Allee bzw. auf einer antiken Prozessionsstraße vom Westeingang zum Altar, vom Dunkel zum Licht. Die → Kapitelle dieser Säulen können ein reiches ornamentales oder figürliches → Bildprogramm zeigen, das wesentlich zur reichen Ausgestaltung gotischer Kirchen beiträgt.

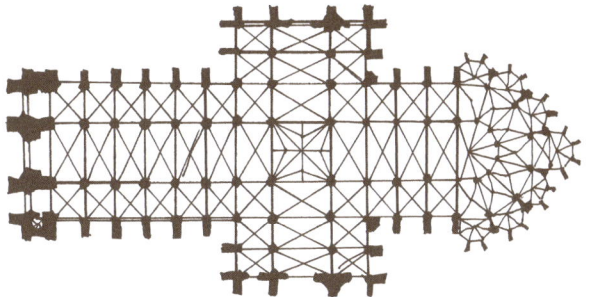

Abb. 89 *Grundriss einer gotischen Kirche*

Neben der Fassade ist der → *Chor* zentraler Gestaltungsteil des theologischen Programms. Ein Kapellenkranz kann den Chorraum umschließen. Er bot mehreren Priestern zugleich Gelegenheit, die Messe zu lesen, und bei großen Wallfahrten auch mehr Pilgern Platz.

SYMBOLE UND PERSONIFIKATIONEN

In den Steinfiguren der Bauplastik, in den Wand-, Altar- und Fensterbildern finden nicht nur biblische Überlieferungen und Glaubensaussagen ihren Ausdruck, sondern auch das gesamte weltliche Wissen jener Zeit. Man kann Kirchen von damals mit überdimensionalen steinernen Lesebüchern, sogar mit Bilderlexika vergleichen, in denen sich neben Persönlichkeiten des Alten und Neuen Testaments auch symbolische Gestalten finden, zum Beispiel für Laster und Tugenden, für Weisheit und Gerechtigkeit, für Jugend, Alter und Tod, für die Jahreszeiten und den Tierkreis, für die 12 Monate ebenso wie Hinweise auf die »schönen Künste«, auf Redensarten, Legenden, den Volksglauben und vieles mehr (→ S. 89).

In Frankreichs Kathedralplastik waren auch zeitgeschichtliche Bezüge ablesbar, wenn an der Königsgalerie unter oder über dem Rundfenster außer der Ahnenreihe der königlichen Vorfahren Jesu aus dem Alten Testament auch die Vorfahren der französischen Könige seit Karl dem Großen dargestellt wurden oder wenn sich verborgen an weniger prominenten Stellen lebende weltliche und geistliche Stifter abbilden ließen.

UMFANGREICHE BILDPROGRAMME

Wie schon in frühchristlicher und romanischer Zeit dienen christliche Kirchen und ihre Kunst nicht nur kultischen, sondern auch symbolischen und didaktischen Zwecken. Anstelle romanischer Dämonen- und Bestiendarstellungen rücken jetzt Abbildungen von Menschen immer mehr in den Vordergrund. Die Bilder- und Symbolprogramme beginnen im Westen mit dem Durchschreiten des als Himmelstor gedachten, um einige Stufen erhöhten Statuenportals, dessen figurenreiche → Tympana mit ihren → Weltgerichtsdarstellungen die Gläubigen an das Ende aller Zeiten erinnern sollten. Auch lebensgroße → Propheten- und Heiligenfiguren, die rechts und links im → Gewände des Mauerwerks unter Baldachinen standen, hießen Gläubige auf ihrem Weg in die Kirche willkommen.

ZAHLENSYMBOLIK

Als die Baumeister und Künstler im Mittelalter ihre Kirchen im Einklang mit den Gesetzen der Zahlensymbolik bauten und ausstatteten, folgten sie einer Vorstellung aus der Bibel: »Du aber hast alles nach Maß, Zahl und Gewicht geordnet« (Weish 11,21) und einer aus der Antike übernommenen Zahlensymbolik.

Die Zahlen, vor allem die einzelnen Faktoren, aus denen sie zusammengesetzt waren, galten im christlichen Weltbild als Daten der → Heilsgeschichte. Als symbolische Zahlen legte man sie sakralen Gebäuden, aber auch deren Ausstattung mit Skulpturen und Bildtafeln zugrunde.

Die Bedeutung der Zahlen

Drei Sie steht für die → Dreifaltigkeit (Gott Vater, Sohn und Heiliger Geist = »Trinität«) und für alles Göttliche (s. auch Neun).

Vier Sie deutet auf das Universum, auf den Menschen (vier Himmelsrichtungen, vier Elemente; → auch S. 57).

Fünf Sie steht für den Mikrokosmos Mensch. Zu denken ist auch an die fünf Wundmale Christi (oft dargestellt durch fünf Rosen), aber auch an den fünfzackigen Stern (als Pentagramm mit Abwehrwirkung).

Sechs Nach der alttestamentlichen Schöpfungsgeschichte schuf Gott Himmel und Erde in sechs Tagen: Die Sechs, bestehend aus der Summe von 1+2+3, durch die sie auch geteilt werden kann, galt als vollkommene Zahl.

Sieben Eine heilige Zahl. Sie setzt sich aus drei und vier zusammen, die das Göttliche und das Menschliche umfassen. Sie spielt vor allem in der Offenbarung des Johannes eine Rolle.

Acht Sie steht für die Auferstehung und Vollendung. In vielen christlichen Taufkirchen ist die Acht im achteckigen Grundriss (»Oktogon«) zu Grunde gelegt, sie symbolisiert die geistige Wiedergeburt durch die Taufe und den Neuen Bund.

Neun Dreimal die heilige Zahl Drei.

Zwölf Die heilige Zahl ist zusammengesetzt aus drei mal vier: zwölf Stämme Israels, zwölf Apostel. Gleiches gilt für alle Vielfachen von zwölf.

So sehen gotische Kirchen außen aus

Gotische Kirchen und Kathedralen sind hoch aufragende, von vielen Fenstern durchbrochene und trotz ihrer Höhe doch zierlich erscheinende Bauwerke. Die Haupttürme ragen mit ihrer Spitze weit nach oben in den Himmel.

MERKMALE IM ÜBERBLICK

- Fassade mit aufwendig gestaltetem Figurenportal und Rosenfenster
- Weit ausladendes Strebewerk
- Lichter Chor mit hohen Maßwerkfenstern
- Den ganzen Bau wie ein Netzwerk überziehender gotischer Ornamentschmuck mit Kreuzblumen und Krabben an → Fialen und → Wimpergen.

Dom St. Peter, Regensburg, Südseite

Mauerwerk

Fassade

Die prachtvoll gestaltete Schau-Fassade im Westen ist sowohl in der Höhe als auch in der Breite mehrfach gegliedert: Über einem oder drei Portalen erhebt sich die Galerie, darüber das Rosenfenster. Die Front wird von ein oder zwei Türmen flankiert. → Kathedralen haben ein großes einladendes Portal in der Mitte und zwei kleinere Eingänge seitlich. Sie spiegeln die Gliederung des dreiteiligen basilikalen (→ Basilika) Innenraums.

Strebewerk und Chor

Die im Vergleich zu romanischen Kirchen weniger wuchtigen Wände des Kirchenschiffs werden von außen durch ein starkes Strebewerk gestützt, das nicht nur die hohen Mauern verstärkt, sondern auch den Schub des gotischen Rippengewölbes auffängt. Im Osten schließt der Chor das mächtige Gebäude mit hohen Maßwerkfenstern ab.

Abb. 90 *Gotische Fassade, St. Lorenz, Nürnberg;* **Abb. 91** *Aufsicht: Strebewerk;* **Abb. 92** *Portal, Schema;* **Abb. 93** *Spätgotisches Fenster, Obere Pfarre (rechts), Bamberg*

Maßwerk

Ein weiteres, untrügliches Kennzeichen gotischer Kirchen ist das → Maßwerk, ein
schon von weitem erkennbarer geometrisch
aus Kreisbogen konstruierter Bauschmuck,
der nicht nur die großen Fenster gliedert
und schmückt, sondern auch zahlreiche Au-
ßen- und Innenflächen der Kirche.
Zum Bauschmuck gehören außer dem Maßwerk eine Fülle zumeist stilisierter pflanzlicher Elemente, sogenannte → Krabben und
→ Kreuzblumen, die nicht nur Spitztürmchen (Fialen) und → Wimperge überziehen,
sondern auch viele spätgotische Ausstattungsstücke im Kircheninneren dekorativ
verfeinern.

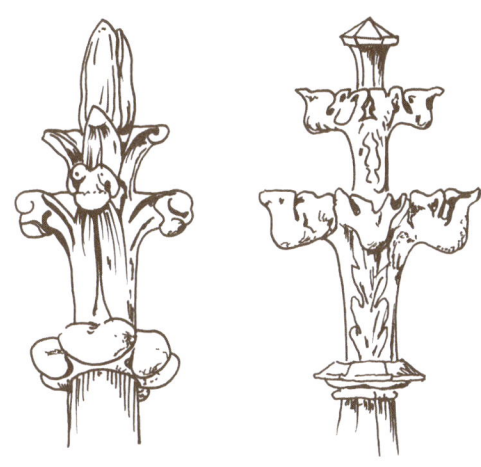

Abb. 94 a und b) *Kreuzblumen*

Abb. 94 c) *Fiale,* **d)** *Wimperg (mit Kreuz, Kreuzblumen und Krabben)*

Dämonen abweisende Wasserspeier an Dächern und Türmen und Löwen als Türzieher

Die mit grotesken, oft sogar obszön anmutenden Tier-, Teufels-, Fabel- oder Phantasiegestalten geschmückten, hoch oben am Dachrand sitzenden Wasserspeier dienen nicht nur zur Ableitung des Wassers von Dach und Wand, sondern hatten offenbar auch eine symbolische Funktion. Sie sollten vor Naturgewalten und Dämonen schützen. Ihnen liegt wohl die Absicht zugrunde, alles Teuflische, Böse vom Gotteshaus abzuwehren und zugleich die Menschen vor dem Einfluss des Bösen zu schützen.

In ähnlicher Weise erinnern kupferne Türzieher in Gestalt von Löwenköpfen (Löwentürklopfer) an die Dämonen abweisenden Löwen in der romanischen Kirchenkunst, → S. 40ff.

Fensterrosen über Portalen

Die großen, runden Fensterrosen, auch Rosen-, Rosetten- oder Radfenster genannt, stehen in der Mitte über den Westportalen großer gotischer Kirchen. Oft durchbrechen sie auch an beiden Seiten des Querschiffs die Wand. Sie leiten gedämpftes Licht ins Kircheninnere, das dadurch in leuchtende Farbtöne verwandelt wird. Ihre Scheiben strahlen vor allem in den Symbolfarben Rot, Blau und Goldgelb und Weiß (→ S. 126).
Drei Formen dieser Fenster sind zu unterscheiden:
- Einfaches Rundfenster mit oder ohne Maßwerk
- Radfenster mit speichenförmigen Unterteilungen
- Fensterrose mit reichem Maßwerkschmuck

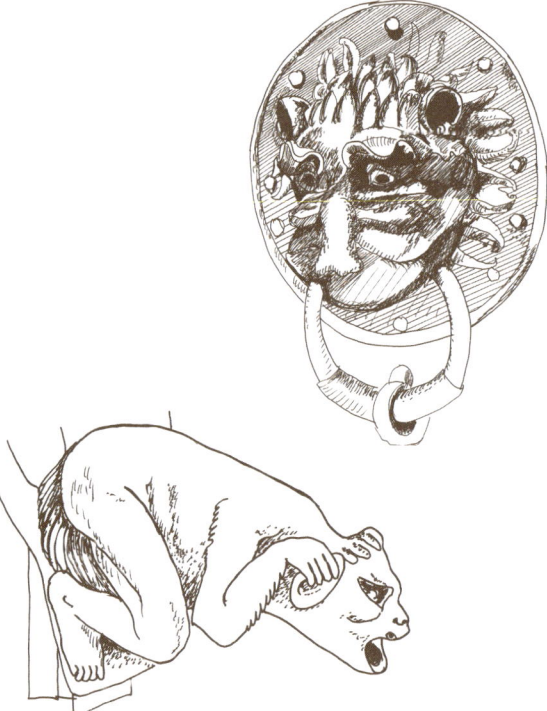

Abb. 97 a) *Rundfenster*

Abb. 95 *Türzieher, St. Lorenz, Nürnberg*
Abb. 96 *Wasserspeier, Kathedrale, Reims*

Abb. 97 b) *Radfenster*

Die Fensterrose ist ein sinnfälliges Symbol für das ewig sich drehende göttliche Weltenrad, das die Unendlichkeit und Ewigkeit darstellt. So wie die Sonne für wärmendes, heilbringendes Licht sorgt, steht die Fensterrose für göttliches Licht.
Wie die Steinfiguren an den Portalen waren auch die Speichen der Fensterrosen ursprünglich in Farben gefasst.

Abb. 98 *Fensterrose, St. Lorenz, Nürnberg*

Gemälde an Kirchenaußenwänden

Selten erhalten sind außen an Kirchen angebrachte Wandgemälde. Besonders beliebt war die überlebensgroße Darstellung des Hl. Christophorus des Patrons ser Reisenden und Pilgernden, vor allem entlang der Pilgerrouten.

Das um 1460 entstandene großformatige Wandbild an der Choraußenseite der Pfarrkirche St. Jakob in Wasserburg am Inn zeigt in Form eines → »Lebensbaumes« in typologischer Gegenüberstellung von Szenen aus dem Alten und aus dem Neuen Bund die Erlösung durch Überwindung von Sünde und Tod durch den Kreuzestod Christi. Interessant sind die in den Rahmen und die verschiedenen Szenen eingearbeiteten erläuternden Schriftbänder.

St. Jakob, Wasserburg/Inn, Fresko mit dem Baum des Lebens an der südöstlichen Außenmauer

Kalvarienberg

Seit dem 15. Jahrhundert entstanden, beeinflusst durch Passions- und Ölbergandachten, im Außenbereich überlebensgroße plastische Passionsdarstellungen aus Stein, z.B: »Jesus betet im Garten Gethsemane«.

Sonderform: Backsteingotik

Wegen des Fehlens von geeignetem Stein (Sandstein) vor allem in der norddeutschen Tiefebene entstanden dort Kirchenbauten in Ziegelbauweise aus gebrannten, glasierten und unglasierten roten Ziegeln. Dieser Sonderstil der Gotik (Blütezeit seit dem 12. Jahrhundert) entwickelte mithilfe von gebrannten Formsteinen aus Ton eigene Stilformen der seriellen plastischen Gestaltung. Dazu wurden auch figürlich geformte und gebrannte Glasurziegel wie Bandornamente verarbeitet. Durch das Fehlen des Steinmetzschmuckes (Krabben, Kreuzblumen etc.) wirkt das Mauerwerk der Backsteingotik insgesamt geschlossener und zurückhaltender als das anderer gotischer Kirchen.

Abb. 99 a) *Kalvarienberg, Ölbergszene, Obere Pfarre, Bamberg, Ende 15. Jahrhundert;*
b) *Figurenschmuck der Backsteingotik, Nikolaikirche, Wismar: Glasurziegel im Blendgiebel über dem südlichen Seitenportal zeigen abwechselnd Maria und den Hl. Nikolaus. Darunter, ebenfalls sich wiederholend, ein Fries aus das Böse abweisenden Drachen- und Fratzenfiguren, 15. Jahrhundert*

Portale

Mit der Fassadengestaltung am Haupteingang im Westen beginnt das reiche theologische → Bildprogramm gotischer Kirchen, das sich an den kleineren Seitenportalen an den Nord- und Südseiten in einfacherer Form fortsetzt. Am Ende des Mittelalters schwand die Bedeutung der Bauplastik zugunsten einer immer wichtiger werdenden Ausgestaltung der Altäre im Kircheninneren.

Portalgliederung

Je nach Größe und Bedeutung der Kirche ist nicht nur die Fassade mehrfach vertikal und horizontal gegliedert, sondern auch das Portal. Dessen Bogenfeld über den Türen (→ Tympanon) wird vom spitz und schräg zulaufenden → Gewände begrenzt. Die umlaufenden Bogenläufe großer und hoher Portale (Archivolten) sind ebenso wie alle anderen Portalzonen, zum Beispiel die Gewände, reich mit Figuren oder Ornamenten geschmückt.

Abb. 100 *Aufbau eines Hauptportals im Westen, Schema*

Christusgestalt am Portal (Hauptportal)

Frühe Portalfiguren stellen oft das Wort Jesu dar »Ich bin die Tür. Wer durch mich eingeht, der wird selig werden« (Joh 10,9). Dieses Thema findet sich in Variationen:

- Christus als Lehrer mit dem Evangelienbuch in der Hand (→ Abb. 105), auf dessen Worte er hinweist (französische Kathedralplastik);
- Christus als Richter am Gerichtsportal weist auf die Wiederkehr Christi (z.B. Bamberger Dom);
- Christus als Spross des Hauses Juda, sofern dessen Könige dargestellt sind und Jesus selbst am Mittelpfeiler;

Abb. 101 *Weltgerichtsdarstellung, Notre Dame, Chartres, Westportal, um 1220*

- Christus inmitten von alttestamentlichen → Propheten einerseits und den zwölf → Aposteln andererseits;
- auch neben Schöpfungsbildern kann Christus an Portalen stehen.

Jüngstes Gericht und Seelenwägung (Hauptportal)

Das große Portal im Westen, der Eingang zur »Himmelsstadt«, steht oft unter dem Leitgedanken des → Jüngsten Gerichtes und der Seelenwägung. Damit fordert der Eintritt durch das Portal die Gläubigen auf, sich gute und schlechte Taten bewusst zu machen.

Zentrale Figur im Bogenfeld (→ Tympanon) ist wie schon an manchen einfacheren romanischen Weltgerichtsportalen Christus als Weltenrichter, umgeben von Engeln mit Kreuz und anderen → Leidenswerkzeugen (»Arma Christi«).

Auf weiteren Szenen wird offenbar, was die Menschen erwartet. Zum Zeichen der Gleichheit vor Gott sind sie nackt, haben alle Attribute ihres sozialen Standes verloren. Gerechte erhalten nach dem Urteil Gewänder. Sünder bleiben nackt (Symbol der Sünde, vor allem der Unkeuschheit).

Gelegentlich sind die Seligen auch im Schoße Abrahams dargestellt, die Verdammten dagegen aneinandergekettet, wie sie gerade in den Höllenschlund getrieben werden.

Im Angesicht von Darstellungen des Jüngsten Gerichtes mit ihrem Hinweis auf den biblischen Weltenrichter wurde im Mittelalter oft vor der sogenannten Gerichts-

Abb. 102 *Die Seligen im Schoß Abrahams, Sebalduskirche, Nürnberg, Weltgerichtsportal, 1209–1215;*
Abb. 103 *Weltgerichtsdarstellung, Obere Pfarre, Bamberg, Ausschnitt: Verdammte werden in den Höllenschlund getrieben, 14. Jahrhundert;*
Abb. 104 *Jüngstes Gericht, Kathedrale, Bourges, Tympanon, um 1270*

Säule auch weltliches Recht gesprochen. Die an manchen Portalen in der Sockelzone angebrachten Steinbänke zeugen von diesen Verhandlungen.

Szenen aus dem Leben Jesu und Mariens (Hauptportal)

Zentrale Bildthemen der großen Eingangsportale waren außer dem schon zu romanischer Zeit üblichen Weltgericht mit dem thronenden Christus nun auch immer zahlreicher kleine Szenen und Figurengruppen aus dem Leben Jesu, u.a. Geburt, Leidensgeschichte, Auferstehung und Himmelfahrt.

Kirchen, die Maria, der »Mutter Gottes«, geweiht sind und deshalb »Marienkirche« oder »Zu unserer Lieben Frau« heißen, haben ein Marienportal. In dessen Mitte und hervorgehoben sind die Mutter Gottes thronend mit dem Kind oder andere Szenen aus ihrem Leben dargestellt (→ Marienleben).

Jesus und Maria als Pfeilerfiguren zwischen Doppeltüren (Trumeaufiguren)

An großen Portalen mit zwei Eingangstüren kann am Mittelpfeiler eine große von einem Baldachin überhöhte, überlebensgroße Christus- oder Marienfigur stehen. Sie ist oft ergänzt durch kleinere szenische Darstellungen aus dem Leben Jesu, der Maria oder dem Leben Heiliger, die in besonderem Zusammenhang mit dem jeweiligen Kirchenbau standen (Kirchenpatrone). Symbolische Darstellungen der → Tugenden und Laster, der Wissenschaften und → Monatsbilder, d.h. alles, was zum Weltbild und Wissensstand der Zeit gehörte, vervollständigen das Programm.

Abb. 105 *Christus, Portalpfeiler der Kathedrale von Amiens*

Abb. 106 *Maria, die Mutter Gottes, am Mittelpfeiler des Haupteingangs des Freiburger Münsters. Zu ihren Füßen der schlafende Jesse, der Stammvater Jesu, 1280–1290*

Gewändefiguren (Patriarchen, Prophe-
ten und Könige) am Hauptportal

Der reiche Skulpturenschmuck an den großen Portalen im Westen sollte die Gläubigen auf das Betreten der »Himmelsstadt«
(Offb 21,18ff., → S. 74) einstimmen. Entsprechend begrüßen den Eintretenden Be-
wohner himmlischer Regionen, zum Beispiel die Figuren der Patriarchen, Propheten
und Könige des Alten Testaments. In gotischen Figurenportalen sind sie an die Stelle der romanischen Säulen getreten (→ S.
30).

Abb. 107 *Melchisedek (Kelch und Weihrauchfass),*
Abraham (mit Isaak), Mose (mit Gesetzestafel),
Samuel (mit Opferlamm), Nordportal, Chartres

Kirchenpatrone oder Schöpfungs-
geschichte (Seitenportale)

Die kleineren Portale an Nord- und Südseiten tragen oft gemäß ihrer Verwendung den
Namen »Gerichtsportal« oder »Brauttüre«.
Sie sind mit einfacherem Skulpturenschmuck versehen. Oft wurden sie → Kir-

Baldachinbekrönungen über frei stehenden Figuren

Während in der Romanik die Architekturplastik in Form des Reliefs noch eng mit
der Wand verbunden war, stehen in der
Gotik die Figuren zunehmend frei vor der
Wand und werden vollplastisch gearbeitet.
Um sie vor den mächtig aufragenden
Wänden dennoch genügend zur Geltung
zu bringen, wurden sie mit Baldachinen
überhöht. Diese dreidimensionalen Vari-
anten des Spitzbogens heben die Statue
wie ein architektonischer Rahmen hervor.

Abb. 108 *Baldachinfigur, Schema; vgl. auch*
Abb. 107, 109, 116, 118, 119

chenpatronen gewidmet und mit Darstellungen aus deren Leben geschmückt.
Oder es können Szenen der Schöpfungsgeschichte abgebildet sein. Besonders nördlich der Alpen sind Darstellungen der einzelnen Tage und Episoden der Schöpfungsgeschichte beliebt.

Das Westportal von St. Ägidien in Heiligenstadt

Auch wesentlich schlichter, nur mit wenigen Figuren ausgestattete Portale, wie das von St. Ägidien in Heiligenstadt, können sehr beeindrucken. In dem profilierten → Gewände mit steiler Giebelrahmung finden sich je zwei Figuren rechts und links. Im Giebelfeld über dem flachen Türsturzbogen sind drei Figuren angebracht. Die mittlere ist Maria mit dem Kind unter einem Baldachin und ganz oben in der Spitze des Portals die Taube als Symbol des Heiligen Geistes. Rechts neben ihr der → Kirchenpatron, der Hl. Ägidius.

Abb. 109 *Westportal, St. Ägidien, Heiligenstadt, 13. Jahrhundert*

	Taube	
	Baldachin	
kniender König	Maria mit dem Kind	Hl. Ägidius (Hirschkuh)
zwei weitere Könige mit		Hl. Veit (Kessel, Vogel)
Geschenken		Hl. Katharina (Rad und Schwert)

Die Kapitellfiguren des Westportals zeigen links außen beginnend folgendes Programm:

Unter erstem König: Engel tragen betende Seele zum Himmel

Unter zweitem König: Das Opfer Kains und Abels (Lamm und Garbe als Opfer), Gott Vater agiert am Opfertisch

Unter kniendem König: Abraham wird von Engel am Opfertod seines Sohnes gehindert

Unter Maria: Engel breitet auf der Konsole unter Maria Schriftband aus und vertreibt einen Drachen

Unter dem Hl. Ägidius: Musizierender Engel

Unter Hl. Veit: Flucht der Hl. Familie

Unter Hl. Katharina: Helmzier, Wappen

An den Türbogenenden kämpfend der Hl. Georg und der Erzengel Michael

Abb. 110 *Konsole mit Flucht nach Ägypten, unter der Figur des Hl. Veit, Westportal, St. Ägidien, Heiligenstadt*

Abb. 111 *Ölbergszene im Giebelfeld, Südportal, St. Ägidien, Heiligenstadt*

Aber auch Szenen aus der → Passion Jesu, etwa die Ölbergszene, finden sich über den Seitenportalen, zum Beispiel im Giebelfeld des Südportals von St. Ägidien, Heiligenstadt.

Abb. 112 *Tetramorph (»Viergestalt«), Südportal, Wormser Dom, 1130–1150*

Tetramorph und Erzengel Michael

An die Stelle der üblichen vier einzelnen den → Evangelisten zugeordneten Symbole – Engel (Matthäus), Löwe (Markus), Stier (Lukas) und Adler (Johannes) – kann bis in das 12. und 13. Jahrhundert auch die wortwörtliche Veranschaulichung der Vision des Ezechiel Ez 1,5ff. und der Apokalypse (Offb 4,6ff.) im sogenannten Tetramorph (griech. »Viergestalt«) vorkommen.

Auf dem Wormser Beispiel reitet die triumphierende Kirche auf dem Tetramorph, einem Mischwesen aus den vier Evangelistensymbolen.

Wie schon in romanischen Kirchen → S. 40 können auch in gotischen Kirchen nahe dem Eingangsportal oder in der Vorhalle große Darstellungen des *Erzengels Michael* aufgestellt sein. Er gilt als der Bezwinger alles Bösen und ist mit gezücktem Schwert oder in dem Moment zu sehen, wenn er das Böse in Gestalt eines Teufels oder Drachen mit der Lanze durchbohrt (vgl. auch Erzengeldarstellungen im Rokoko, S. 266, Abb. 376).

Abb. 113 *Erzengel Michael, Lorenzkirche, Nürnberg*

Personifizierungen

Ecclesia und Synagoge

Gelegentlich stehen auch Ecclesia (= christliche Kirche) und Synagoge (= Judentum) als zwei Frauengestalten einander gegenüber. Sie haben ihren Platz nicht nur an Portalen, sondern auch in Vorhallen oder rechts und links von Kreuzigungsdarstellungen.
Ecclesia, mit Krone, Kelch und Siegesfahne ausgestattet, versinnbildlicht das siegreiche Christentum und steht stets auf der rechten, der hervorgehobenen Seite (→ S. 126).
Die → *Synagoge* hingegen, mit sinkender Krone, verbundenen Augen (steht für das Nichterkennen der christlichen Wahrheit) und zerbrochener Lanze (symbolisiert das überwundene Judentum) befindet sich auf der linken Seite.
Oft steht die Synagoge auch vom Kreuz abgewandt, während Ecclesia sich Christus zuwendet und sein Blut im → Kelch auffängt.
Solche Darstellungen erinnern uns daran, dass die Geschichte des Christentums auch von Verachtung und Verfolgung der Juden begleitet war.

Südportal, Straßburger Münster, um 1230:
Abb. 114 *Ecclesia;* **Abb. 115** *Synagoge*

Die klugen und die törichten Jungfrauen

Oft finden sich Darstellungen des biblischen Gleichnisses von den »klugen und törichten Jungfrauen« (Mt 25,1–13). Die klugen Jungfrauen warten mit brennenden Öllampen (Symbol für Gottesliebe) auf den Bräutigam (Jesus als Weltenrichter), während

Abb. 116 *Die klugen und die törichten Jungfrauen, Westfassade, Straßburger Münster, Ende 13. Jahrhundert*

Abb. 117 *Schemazeichnung der sieben Tugenden: Glaube, Liebe und Hoffnung als christliche Tugenden, dazu die vier aus der Antike übernommenen Kardinaltugenden Klugheit, Tapferkeit, Gerechtigkeit und Maß*

die törichten Jungfrauen ihre Öllämpchen vorzeitig ausbrennen ließen – häufig die Lampen zum Boden gewendet – und den Bräutigam verpassen.

Verkörperungen der Tugenden

Auch die sieben Tugenden werden gerne als Figurenreihe im Gewände großer Portale dargestellt. Aus der Antike übernommen sind:
- *Klugheit* (Prudentia) mit Buch, Schlange (Mt 10,16), Spiegel, zwei Gesichtern (Januskopf)
- *Stärke/Tapferkeit* (Fortitudo) mit Rüstung, Schwert, Löwe, Säule
- *Gerechtigkeit* (Justitia) mit Waage, Schwert, Krone, Augenbinde
- *Maß* (Temperantia) mit zwei Gefäßen für Wein und Wasser, brennender Fackel und zum Löschen einen Krug Wasser, Zügel, Schwert in der Scheide

Hinzu kommen die drei christlichen Tugenden:
- *Glaube* (Fides) mit Kreuz, Kelch und Gesetzestafel
- *Liebe* (Caritas) als Mutter mit Kindern, Lamm, Fackel, flammendem Herz, Bettlern
- *Hoffnung* (Spes) mit Taube, Anker, Krone, Fahne, zum Himmel gerichtetem Blick

Ergänzt wird oft auch die Demut als Taube.

Lockender Apfel und »Fürst der Welt«

Mit dem am Anfang der Bibel erzählten Sündenfall der ersten Menschen wurde der reife Apfel zum Sinnbild der Verführung (→ Adam und Eva; → Sündenfall). Entsprechend lockt in Skulpturenzyklen an Kirchenportalen und in Vorhallen des späten 13. Jahrhunderts der Teufel als »Fürst der Welt« mit einem Apfel. Während seine Vorderseite einen freundlich lächelnden jungen gekrönten Höfling vorgaukelt, zeigt sein von Schlangen, Kröten und Ungeziefer zerfressener Rücken die Folgen von Sünde, Wollust und Verführung und macht so deutlich, wie sehr die irdische Welt dem Tod verfallen ist.

»Frau Welt« als Sinnbild irdischer Verführung und Eitelkeit

Ähnlich lockend wie der »Fürst der Welt«, mit lieblich höfischer Gestalt auf der einen Seite und von allerlei Gewürm zerfressener, verwesender Rückenpartie auf der anderen, wird eine Frau als Sinnbild diesseitiger Eitelkeit und Verführung dargestellt und als mahnender Hinweis auf die Vergänglichkeit alles Irdischen verstanden (vgl → S. 237).

In Straßburg steht der Fürst der Welt neben den törichten Jungfrauen. Ihnen bleibt die neben dem Verführer abgebildete Himmelstür verschlossen.

Abb. 118 Fürst der Welt und törichte Jungfrau, Westfassade, Straßburger Münster, Ende 13. Jahrhundert; Abb. 119 Luxuria, Symbol weltlicher Anfechtung, Verkörperung der Wollust, nur notdürftig mit Bocksfell bedeckt. Der daneben abgebildete Engel bietet Sündern lächelnd die Möglichkeit der Erlösung, Freiburger Münster, 1280–1310

Darstellung der Wissenschaften (»Sieben freie Künste«)

Die aus der Antike übernommene Darstellung der »Sieben freien Künste« taucht in der Gotik im Zusammenhang mit dem Wissensstand der damaligen Welt auf. Sie wurden personifiziert und als weibliche Gestalten mit Attributen versehen:
- Grammatik mit Rute
- Rhetorik mit Tafel und Griffel
- Dialektik mit wirren Haaren, mit Skorpion und Schlange
- Arithmetik mit Rechenbrett
- Geometrie mit einem Zirkel
- Musik mit Musikinstrument
- Astronomie mit einem Astrolabium

Abb. 120 Grammatik mit Rute und Buch (rechts); Abb. 121 Musik schlägt ein Glöckchen (links); beide Königsportal, Chartres

Abb. 122–123 *Pfeilerfiguren zu den vier Lebens-*
altern mit Konsolbildern zu den vier Sinnen,
Jung St. Peter, Straßburg

Darstellungen der vier Lebensalter und der Sinne

Zum großen Kanon der in der Kathedral-
kunst dargestellten mittelalterlichen Kenntnisse des Lebens und der Welt gehören auch
Darstellungen der vier Lebensalter, Kindheit, Jugend, Zeit der Reife und des Al-
ters.
In Jung St. Peter in Straßburg sind vier Figuren zu sehen:
- Eine Mutter mit einem kleinen Kind auf
  dem Arm,
- ein junges Mädchen
- ein Ritter im Mannesalter
- und ein alter Mann.

Die Konsolfiguren unter ihren Füßen stellen
der Reihe nach die vier Sinne dar:
- Sehen – Ein Adler schaut in die Sonne
  (unter der Mutter mit dem Kind)
- Schmecken – Ein Knabe beißt herzhaft
  in einen Apfel (unter dem jungen Mädchen)
- Hören – Ein alter Mann lauscht (unter
  dem Ritter)
- Fühlen – Ein Hund beißt eine Nonne in
  die Wade (unter dem Greis)

Abb. 124 a–d) *Konsolfiguren: Vier Sinne,*
Jung St. Peter, Straßburg

Monatsbilder und Tierkreiszeichen

Oft von einem → Vierpass-Maßwerk einge-
rahmt finden sich Monatsbilder als kleine
Reliefs bevorzugt in den unteren Sockelzo-
nen vor allem französischer Portale. Sie zeigen anschaulich in zwölf Bildern oder zu
Vierteljahreszyklen zusammengefasst jah-
reszeitlich übliche oder bedingte Beschäf-
tigungen.

Januar:	Januskopf, Festmahl, sich am Feuer Wärmender
Februar:	Beschneiden von Büschen und Bäumen
März:	Felder bestellen (Umgraben, Pflügen), Säen oder Fischfang
April:	Falkenjagd, Blumenpflücken, Feldarbeit
Mai:	Ritter auf Pferden, Falken- jagd, Musizierende
Juni:	Obst und Heuernte
Juli:	Kornernte
August:	Ernte
September:	Weinlese und Keltern, Dreschen, Jagd
Oktober:	Jagd, Ernte, Schweinemast
November:	Holz sammeln, Schlachtfest
Dezember:	Wildschweinjagd

Wie die Monatsbilder sind auch die zwölf
Tierkreiszeichen beliebte Bildthemen. Aus
astrologischer Sicht sind sie an Monatsbilder gebunden und Bestandteil damals
üblicher enzyklopädischer Weltbilddarstel-
lungen. Wie eine Kette von Medaillons können sie Weltgerichts-Bilder auf dem Bogenfeld der Portale (→ Tympanon) umgeben,
später auch in Augenhöhe gut erkennbar
angebracht sein. Sie sind als Hinweis auf
die Zeit zu deuten, in der sich Gottes Heilsplan vollzieht. Wegen der Zahl 12, die als
heilige Zahl gilt (→ S. 76), werden Monats-
und Tierkreisbilder gerne auch den zwölf →
Aposteln oder zwölf → Propheten an Kirchenportalen zugeordnet.

Abb. 125 *Medaillonbilder der Tierkreiszeichen Waage und Skorpion,
darunter Landarbeiten für die
Monate August (Ernte) und
September (Keltern)*

So sehen gotische Kirchen innen aus

MERKMALE IM ÜBERBLICK

- Die weiten und hochgewölbten Kirchenschiffe sind reich mit Bauschmuck ausgestattet
- Freskenzyklen und hohe Maßwerkfenster stellen die Heilsgeschichte dar
- Große Triumphkreuze beherrschen den Altarraum
- Haupt- und Seitenaltäre in kostbarer Maler- oder Schnitzarbeit zeigen oft mehrere Ansichten (Wandel- bzw. Flügelaltäre) mit Darstellungen aus dem Alten und Neuen Testament bzw. berichten aus dem Leben Heiliger
- Der Typus des Andachtsbildes entsteht
- Kunstvoll gestaltete Reliquienschreine, Taufbecken und andere Gegenstände vervollständigen die kostbare Innenausstattung gotischer Kirchen

Abb. 126 *Dominikanerkirche, Regensburg;*
Abb. 127 *Wiesenkirche, Soest: Blick in das gotisches Kreuzrippengewölbe (rechts)*

BAUPLASTIK IM KIRCHENRAUM

Im Scheitelpunkt des Gewölbes: Der Schlussstein

Selbst in großer Höhe und manchmal sogar an Orten, die von Gläubigen nicht eingesehen werden konnten, wird mit der bildnerischen Ausgestaltung der Schlusssteine im Scheitelpunkt gotischer Gewölbe das an den Portalen und Vorhallen begonnene heilsgeschichtliche und didaktische Programm fortgesetzt.

Beliebte Motive auf Schlusssteinen

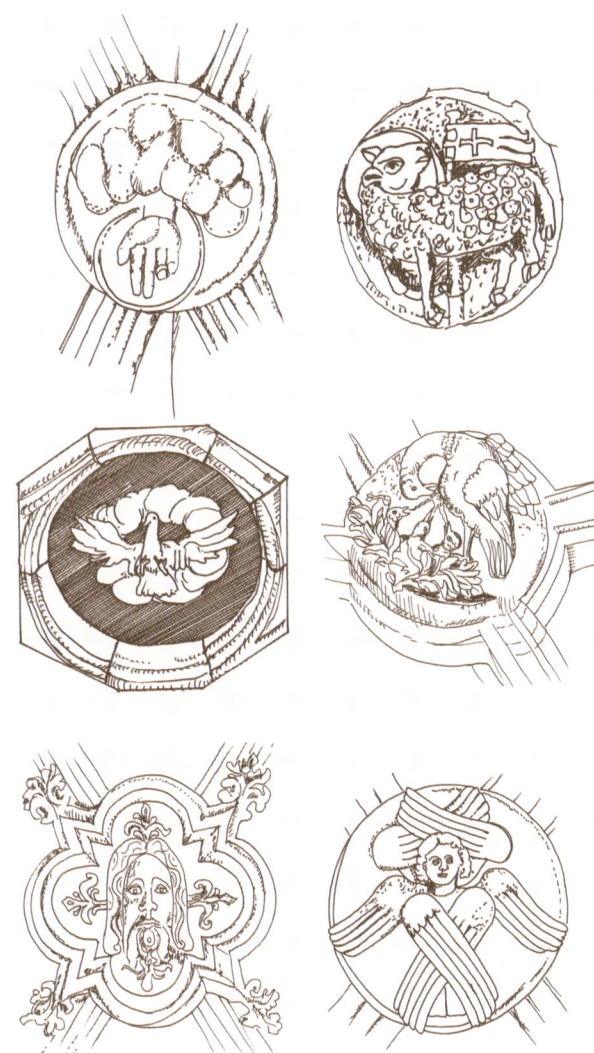

- Hand Gottes, die sich Christus bei der Auferstehung hilfreich aus der Wolke entgegenstreckt
- Christus mit dem Segensgestus, mit der Siegesfahne über dem Grab
- Lamm mit der Kreuzfahne
- Taube als Symbol des Heiligen Geistes
- Pelikan als Symbol aufopfernder Liebe
- Löwe, der seinen Jungen Atem einbläst (Symbol der Auferstehung)
- Maria, durch eine Rose verkörpert
- später (in evangelischen Kirchen) auch die → Lutherrose
- Engel der Verkündigung, Verkündigungsszene
- Cherubim, → Engel mit 4–6 Flügeln aus dem Alten Testament
- Kreuzigung und Kreuz, → Schweißtuch der Hl. Veronika
- → Evangelisten mit ihren Symbolen und Attributen
- Heilige Männer und Frauen, oft als Halbfiguren
- Sonne, Mond, Gestirne
- in den Bürgerkirchen der Städte auch geschmückte Wappen der verschiedenen Zünfte

Abb. 128 *Schlusssteine:* **a)** *Hand Gottes;* **b)** *Lamm Gottes, beide St. Lorenz, Nürnberg;* **c)** *Taube (hier:* → *Himmelsloch, das an Pfingsten erinnert), Pfarrkirche Eggenfelden, Rottal;* **d)** *Pelikan, Erfurter Dom;* **e)** *Christuskopf vor Lilienkreuz, St. Lorenz, Nürnberg;* **f)** *Geflügeltes Engelwesen (Cherub)*

Abb. 128 *Schlusssteine:* **g)** *Schmerzensmann, Stiftskirche, Herrenberg;* **h)** *Auferstehender Christus, St. Lorenz, Nürnberg;* **i)** *Gestirne, Jung St. Peter, Straßburg;* **j)** *Schweißtuch der Hl. Veronika, Stiftskirche, Herrenberg;* **k)** *Färberschlussstein, Barfüßerkirche, Erfurt;* **l)** *Gnadenstuhl, umgeben von Evangelistensymbolen, St. Nikolai, Stralsund;* **m)** *Jesu Schulgang, Frauenkirche, Nürnberg;* **n)** *St. Georg kämpft mit dem Drachen; Schlusssteine der Zünfte:* **o)** *Hutmacher,* **p)** *Goldschmiede,* **q)** *Metzger, alle Kaufmannskirche, Erfurt, 1291–1368*

Schluss- bzw. Gewölbesteine können auch als vollplastische → »Abhänglinge« gestaltet sein oder als biblische Szenenfolgen.

Abb. 128 r–t) *Hängende Schlusssteine aus dem Innenchor der Nikolaikirche, Jüterborg, 1488*

Abb. 128 u) *Wildmann mit kursächsischem Wappen,* **v)** *Sündenfall; beides Schlusssteine im Chor, Marienkirche, Torgau, nach 1500*

Gemeißelte Pflanzenwelt

An Giebeln und Kapitellen, auf Simsen und Konsolen, an Rund- und Bündelpfeilern entwickelte sich in gotischen Kirchen eine paradiesische Pflanzenwelt. Bis zu dreißig verschiedene Pflanzen- und Blumenarten konnten in großen Kathedralen nachgewiesen werden.

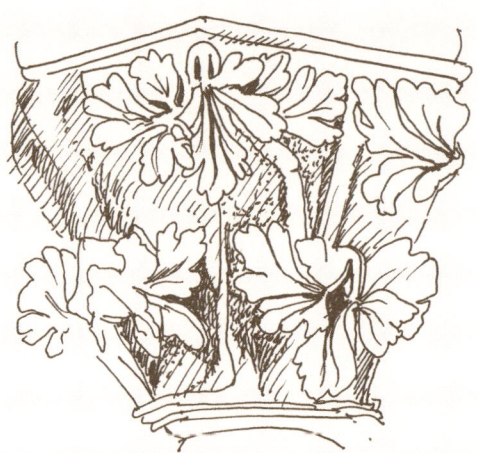

Abb. 129 *Pflanzen-Kapitell, Naumburger Dom*

– *Rose, Lilie, Distel* und *Weißdorn* und vor allem *Heilpflanzen* weisen auf die Volksmedizin etwa zur Zeit der Hildegard von Bingen hin.

Während in der Frühzeit romanischer Baukunst noch stilisierte, aus der antiken Kunst übernommene Pflanzen wie Akanthus, Palmette und Palmettenfächer, Wellenranke und Rankenbaum überwogen, finden sich nun naturalistisch fein ausgearbeitetes Blattwerk, Früchte und Heilpflanzen, die botanisch genau wiedergegeben sind, zum Beispiel Öl- und Granatapfelbaum, Eiche und Birnbaum, Maulbeere und Feigenbaum, Haselstrauch und Efeu.

– Vielen *Kräutern* wurde zudem eine Dämonen abwehrende Wirkung zugeschrieben.
– Sind *Beeren, Weintrauben, Feigen* und *Äpfel* abgebildet, können sie über den reinen Schmuck hinaus auch symbolisch bedeutsam sein, zum Beispiel die Weintraube als Erinnerung an das Abendmahl/die Eucharistie, der Weinstock als Hinweis auf Christus (»Ich bin der Weinstock, ihr seid die Reben«, Joh 15,1ff.).
– *Kriechblumen, Krabben* und *Kreuzblumen* schmücken in dekorativer Fülle stilisierte und zum Ornament gewordene Blattgebilde, auch außen an der Kirche die Kanten und Spitzen von → Fialen und → Wimpergen an → Lettnern und Altaraufbauten. Im weitesten Sinn wollen sie an den Paradiesgarten der biblischen Schöpfungsgeschichte erinnern.

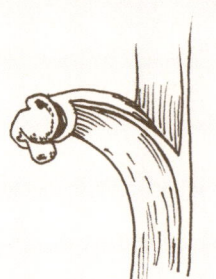

Abb. 130 *gotische Bau-ornamente:*
a) *Krabben,*
b) *Kriechblumen,*
c) *Kreuzblumen*

Abb. 131 *Rankenbaum im Tympanon einer Chorumgangspforte,
Magdeburger Dom, 1223–1230*

Vom Rankenbaum und Rankengeflecht zum
Lebensbaum: Oft zeigt das florale Ornament
auch spiralförmig gedrehte Äste und Zweige,
die sich an einem Hauptstamm wie zu einem
belaubten Baum oder stilisierten Gebüsch
mit Früchten verbinden. Tiere ernähren sich
von deren Blättern und Beeren, Trauben
und Äpfeln. Als Rankenbäume beschirmen
sie im Schöpfungsgarten (Gen 2) allerlei
Getier, gelegentlich auch Adam und Eva.
Seit Urzeiten gilt der Baum nicht nur als
Spender von Früchten und Schatten, er gilt
als »Baum des Lebens« (Gen 2,9).

Biblische Szenen an Säulenkapitellen und in Wandzwickeln

Anders als noch die abweisende dämonische
Bildwelt der Romanik (→ S. 33f., S. 41) zeigen gotische → Kapitelle an ihren vier Schild-

Abb. 132 a) *Zwickelfiguren: Adam und Eva mit der
Frucht, der Schlange und dem Paradiesbaum*

Häufige Motive

- Adam und Eva im Paradies, Sünden-
  fall und Vertreibung
- Selige im Garten Eden
- Tiere, die sich vom Lebensbaum
  nähren
- Noah, der die Arche baut
- Mose vor dem Dornbusch
- Wurzel Jesse = Stammbaum Jesu
- Architektur des Himmlischen
  Jerusalem
- Engel Gabriel, der Maria die Geburt
  des Gottessohnes verkündigt
- Maria und Elisabeth
- Maria auf dem Esel nach Ägypten
  reitend
- Christus, der triumphierend in
  Jerusalem einzieht
- Christus als Weltenrichter

Abb. 132 b) *Zwickelfiguren: Wurzel Jesse, Domkreuzgang, Worms, 1488;* **Abb. 133** *Christus als Weltenrichter, Sandsteinrelief, Schlosskirche, Wittenberg, um 1400*

seiten nun Gegenbilder des Dämonischen. Es sind fein durchgearbeitete, beredte und gestenreiche Darstellungen aus dem Alten und Neuen Testament. Die Leichtigkeit und Freiheit der Darstellung lässt gestalterische Anregungen aus den im Mittelalter beliebten geistlichen Mysterienspielen vermuten.

Fabelwesen in der Bauplastik

Wie in der romanischen Bauplastik (→ S. 41f.) können auch in gotischen Kirchen Fa-

bel- und Mischwesen Positives wie Negatives symbolisieren. Sie tummeln sich an → Kapitellen, auf Konsolen, an Portalen und auf steinernen Baldachinen. Als grässlich anzusehende Chimären und Monster glotzen sie mit starrem Blick auf den Betrachter herab. Der mit seinem Blick tötende → Basilisk, die → Aspis als Königin der giftigen Schlangen und Drachen stehen für das Böse, während → Einhorn, → Greif und Phönix das Gute verkörpern.

Abb. 134 *Aspis und Löwe, Südportal, Nikolauskapelle, Wartenberg bei Erding, 13. Jahrhundert;* **Abb. 135** *»Domteufel« inmitten floraler Kapitellornamentik, St. Madeleine, Vézelay, 1130–1140*

Tiere und Fabelwesen

Einhorn

Unter den bekanntesten und beliebtesten Tieren (Phönix, Adler, Pelikan und Löwe) nimmt das Einhorn in der christlichen Symbolik eine vorrangige Stellung ein. Mit seinem einzelnen Horn gilt es als unbesiegbar und symbolisiert damit einerseits Christus, den ebenfalls Unbesiegbaren, andererseits als Symbol der Reinheit, Keuschheit und Jungfräulichkeit Maria, die »Mutter Gottes«. Diese Deutung geht auf eine überlieferte Legende zurück, der zufolge das Einhorn in seiner Kraft und Wildheit nur gefangen werden kann, wenn es seinen Kopf in den Schoß einer Jungfrau bettet. Diese Szene ist seit dem 13. Jahrhundert an → Kapitellen, Konsolen, Chorgestühlen abgebildet und kommt zum Beispiel auch in vielen der beliebten Darstellungen des Paradiesgärtleins (→ S.133) vor.

Abb. 136 *Einhorn, Altar der Reglerkirche, Erfurt, um 1460*

»Phönix aus der Asche«
als Auferstehungssymbol

Dieser sagenhafte Vogel der Ägypter, der sich der Überlieferung nach selbst verbrennt und aus der Asche verjüngt wieder aufersteht, ist ein in der christlichen Bildersprache des Mittelalters beliebtes Zeichen für Tod und Auferstehung Christi, ganz allgemein auch Symbol für das ewige Leben.

Abb. 137 *Hl. Georg kämpft mit dem Drachen, St. Georg, Bocholt, um 1480*

Drache als Verkörperung des Bösen

Als Sinnbild des Bösen verkörpert der Drache alles Teuflische, ja den Satan selbst. In der christlichen Symbolik steht er für Sünde und Tod und verweist so indirekt auf die Erlösungstat Christi. Er kann in verschiedener Form auftreten, zum Beispiel als echsenartiges Wesen mit mächtigen Flügeln.

Der apokalyptische Drache mit sieben Köpfen steht für die sieben Todsünden (Offb 12). Er wird vom Erzengel Gabriel und vom Hl. Georg bekämpft und bezwungen, ist Attribut der Hl. Margarete und anderer → Heiliger – immer in der Bedeutung des Bösen, das der christliche Glaube besiegt und bezwungen hat.

Schlange

Wo immer die Schlange auftaucht, erinnert sie an den Sündenfall von Adam und Eva im Garten Eden (Gen 2) und hat damit negative Symbolbedeutung. Zu Füßen der Maria gilt sie – und damit das Böse – als überwunden. Gelegentlich verbinden sich Drachen- und Schlangensymbolik, zum Beispiel wenn der apokalyptische Drache mit mehreren dünnen Schlangenschwänzen um sich schlagend vom Erzengel Michael bekämpft und erschlagen wird (→ S. 219, Abb. 306).
Häufig erscheint die Schlange als Sinnbild der überwundenen Erbsünde bei Maria mit dem Jesuskind; beim Kind Jesus; bei Jesus als Überwinder des Bösen in Gestalt von Basilisk und Aspis, in der gleichen Bedeutung auch auf Kreuzigungsdarstellungen am Fuß des Kreuzes.

Als Sinnbild des Heils und Hinweis auf die Kreuzigung Jesu ist → Mose mit erhöhter eherner Schlange zu deuten.
Schlangen zerfressen die verführerischen Körper des »Fürsten der Welt« und der »Frau Welt« (→ S. 90f.) und deuten an Grabmälern auf die Vergänglichkeit des irdischen Lebens hin.
Als Symbol der Klugheit ist die Schlange als ein Sinnbild der → Tugenden zu deuten.
Die Schlange über dem Kelch (»Giftbecher«) ist Attribut und Erkennungszeichen des Evangelisten und Apostels Johannes.
Zertreten Heilige giftige Schlangen, gilt dies als Sinnbild überwundenen Heidentums.
Die Schlange, die sich in den Schwanz beißt, wird seit ältester Zeit als Symbol des ewigen Kreislaufes der Zeit und damit der Ewigkeit gedeutet (→ Kreis).

Figuren- und Ornamentschmuck an Lettner und Chorschranken

Abb. 138 *Gotischer Westlettner im Naumburger Dom, Mitte 13. Jahrhundert;* **Abb. 139** *Detail des Naumburger Westlettners: Durchgänge rechts und links unter dem Kreuz Christi*

Nicht nur Schlusssteine und Kapitelle, sondern auch die als Lesepult dienende und begehbare Brüstung oder die trennende Wand zwischen Chor und Mittelschiff (Lettner), welche die Bereiche von Klerus und Laien trennten, bot viel Platz für reichen pflanzlichen oder figürlichen Skulpturenschmuck, ebenso für Szenenfolgen aus dem Leben Jesu oder eines Heiligen.

Abb. 140 *Engel der Chorschranke, Klosterkirche, Gustorf, um 1160 (oben links);* **Abb. 141** *Propheten Jona und Hosea, Chorschranke, Bamberger Dom, um 1235 (oben rechts);* **Abb. 142** *Chorschranke, Liebfrauenkirche, Halberstadt, Ausschnitt (unten links);* **Abb. 143** → *Deesis aus dem Naumburger Dom, Naumburger Meister zugeschrieben, um 1240, Dommuseum Mainz (unten rechts)*

Steinfiguren an den Wänden und Konsolfiguren

Zu den in Stein gearbeiteten Skulpturen in Kirchen des späten Mittelalters gehören auch alle Bildwerke, die hoch und frei stehend auf Konsolen, gelegentlich unter steinernen Baldachinen vor Wänden im Chor, im Langhaus oder in Kapellen und Krypten angebracht waren oder einen Seitenaltar schmückten.

Dazu zählen zum Beispiel Darstellungen des *Gnadenstuhls*, auf dem Gott Vater sitzend seinen gekreuzigten Sohn im Schoß hält und zugleich die Taube als Symbol des Heiligen Geistes zu sehen ist. Auch die beliebten Figuren der drei heiligen Jungfrauen – am häufigsten Barbara, Katharina und Margarete, aber auch andere Kombinationen sind möglich –, Darstellungen des *Weltenrichters, Johannes des Täufers* mit dem Lamm auf dem Arm oder die Standfiguren weltlicher *Herrscher* und ihrer Gattinnen (wie die berühmten *Stifterfiguren* im Naumburger Dom) sind diesem Kreis zuzuzählen. Sogar Konsolsteine, auf denen Standfiguren frei stehend oben an Wänden angebracht sind, können (→ Abb. 149) selbst noch einmal figürlich gestaltet sein.

Abb. 144 *Gnadenstuhl, Seitenkrypta, Dom zu Fritzlar, um 1300 (oben links);* Abb. 145 *Hl. Katharina mit Rad und Schwert, Langhaus, Severikirche, Erfurt, um 1365;* Abb. 146 *Johannes der Täufer, Querhaus, Severikirche, Erfurt, um 1365;* Abb. 147 *»Dreijungfrauenstein«, Hll. Barbara, Katharina, Agnes, Lorenzkirche, Nürnberg, um 1410 (links unten);* Abb. 148 *Selbstbildnis des Bildhauers Niklas von Hagenau, Straßburger Münster, Ende des 15. Jahrhunderts (rechts)*

Abb. 149 a) *Simson den Löwen bezwingend, Konsole im Chor, Nordhausen, Dom, um 1300;* **b)** *Konsole mit Darstellung eines Löwen, der seinen Kindern den Lebensatem einhaucht, Marienkapelle, Würzburg*

An weniger prominenter oder sogar versteckter Stelle können nun auch in Stein gemeißelte *Baumeisterporträts* vorkommen (→ Abb. 148). Diese Selbstdarstellung der Baumeister hängt mit ihrem zunehmenden Selbstbewusstsein zusammen, das sie ebenso wie Maler und Bildschnitzer aus der in frühmittelalterlicher Zeit noch üblichen Anonymität heraustreten und ihre Werke signieren ließ.

Chorgestühl

Vor allem in der Spätgotik bietet das → Chorgestühl viel Fläche für reiche Holzschnitzereien. Ursprünglich nur den Klerikern sichtbar, schildern sie eine Welt durchaus auch voll Eitelkeit und derben Humors bis hin zu roher Gewalt.

Abb. 150 *Reste des Chorgestühls der Nikolaikirche, Anklam (heute in der Marienkirche), 1. Hälfte des 15. Jahrhunderts*

Abb. 152 *Musizierende Engel auf einem Zweisitz, Dom zu Havelberg, 1430*

Abb. 151 *Musizierende Engel im Chorgestühl, Mariendom, Erfurt, um 1350*

Im 13. Jahrhundert entwickelten sich aus der Kathedra (Sitz) des Bischofs und den hervorgehobenen Plätzen der Priester (Subsellien) die zu beiden Seiten des Chores aufgestellten Sitzreihen für die Mitglieder einer mönchischen Gemeinschaft bzw. die Mitglieder eines Dom- oder Kollegiatkapi-

tels. Dieses sogenannte Chorgestühl besteht aus einer unteren und einer oberen Sitzreihe vor einer hohen hölzernen Rückwand, dem Dorsale. Es ist durch Blendwerkarkaden gegliedert und oft mit Baldachinen bekrönt. Zwischen dem 14. und 16. Jahrhundert entstanden die schönsten und mit viel Aufwand geschnitzten Chorgestühle, die teils reichen Ornamentschmuck, aber auch figürliche Darstellungen tragen können, zum Beispiel Persönlichkeiten aus dem Alten und Neuen Testament, oder musizierende Engel.

Besonders drollige, oftmals sogar unflätige, geschnitzte Darstellungen von Menschen,

Abb. 153 *Pflanzen- und Bestienornamentik im Chorgestühl des Münsters Bad Doberan, 14. Jahrhundert;* Abb. 154 *Hl. Martin, Gestühlwange, Georgenkirche, Wismar (heute St. Nikolai);* Abb. 155 *Misericordie*

Tieren oder Fabelwesen zieren die *Misericordien* (»Barmherzigkeit«). Das sind kleine Holzstützen an den hochgeklappten Sitzflächen, die das stundenlange Stehen während der liturgischen Gebete erleichterten. Sie zeigen die niederen Instinkte der Menschen und sind – manchmal, romanischer Tradition folgend – auch als Abwehrzauber gedacht.

Tabernakel, Sakramentsschränke und Sakramentshäuser

In ihnen stand das Gefäß mit den Hostien der Eucharistiefeier. Waren sie in der Romanik noch in Sakramentsnischen an der Nordwand nahe dem Altar angebracht oder die Hostiengefäße anfangs auch in bemalten und mit Schnitzwerk verzierten Sakramentsschränken aus Holz aufbewahrt, so erhielten Sakramentsschränke und -häuser in der Gotik eine reichere architektonische Ausgestaltung.

Mit der Zeit ganz aus der Wand heraustretend, entstand bald ein auf einem pfeilerartigen Sockel aufgestellter durchbrochener, vergitterter Schrein. Durch das Gitter waren die Gefäße geschützt, konnten aber gesehen werden. Eine turmartige mehrgeschossige Bekrönung im gotischen Stil schloss das Sakramentshaus nach oben ab. An seinen Seiten zeigte es Darstellungen des Leidens, Todes und der Auferstehung Christi. In den verschiedenen Etagen können reich gestaltete Szenen und Figuren aus dem Alten und Neuen Testament abgebildet sein. Im 17. Jahrhundert wurden Sakramentshäuser überflüssig, weil das Konzil zu Trient die Unterbringung der Hostien direkt auf dem Altar anordnete. Daraus entwickelte sich dann der → Tabernakel.

Abb. 156 *Sakramentsschrank, 1510/1520, Museum für das Fürstentum Lüneburg (oben);*
Abb. 157 a) *Spätgotisches Sakramentshaus, Klosterkirche, Loccum, nach einem Stich aus dem 19. Jahrhundert (rechts);* **b)** *Kain-und-Abel-Relief vom Sakramentsturm, Große Marienkirche, Lippstadt, 1523 (links)*

Abb. 158 *Evangelistensymbole auf floralem Untergrund, Nikolaikirche, Jüterbog, um 1500*

Fresken

Vor allem in frühgotischer Zeit, ehe noch die Wände hochgotischer Chöre von hohen Fenstern durchbrochen wurden, waren dort reiche Wandmalereien üblich. Sie zeigten meist in typologischer (→ Typologie) Gegenüberstellung Szenen aus dem Alten Testament (Genesis: Schöpfung, Sündenfall, Vertreibung) und dem Neuen Testament (Geburt, Passion und Auferstehung oder Wunder- und Heilungsgeschichten aus dem Leben Jesu). Vielfach waren die Decken auch mit üppigen floralen Motiven und eingestreuten Evangelistensymbolen, mit Engeln etc. geschmückt.

Immer wieder ist *Christus in der Vorhölle* – symbolisiert durch das riesig weit aufgerissene Maul eines drachenähnlichen Ungeheuers – dargestellt. Die auf eine Vision des Nikodemus in den → Apokryphen zurückgehende Vorstellung zeigt Christus, wie er in

Abb. 159 *Christus in der Vorhölle, St. Jakob, Urschalling, Oberbayern, 1380;* **Abb. 160** *Hl. Christophorus, nördliche Turmseite, St. Nikolai, Wismar, um 1490*

die Vorhölle niedersteigt, d.h. zu jenem Aufenthaltsort der Seelen, die weder im Himmel noch in der Hölle sind, den Teufel besiegt und Adam und nach ihm alle anderen Seelen an der Hand aus dem Höllenschlund heraus führt.

Im Westen, aber auch Norden oder Süden vieler Kirchen fand sich Platz für oft überdimensional große Darstellungen des *Hl. Christophorus*, der das Christuskind auf Schultern trägt (→ S. 135; S. 47, Abb. 68), im Turmbereich auch oft für Totentanzdarstellungen (→ S. 146, Abb. 225).

Auch szenische Darstellungen nicht biblischen Inhaltes konnten an Wänden abgebildet sein. Etwa die sogenannte *Gregorsmesse,* bei der – der Legende nach – Papst Gregor dem Großen anlässlich einer Messe auf dem Altar der auferstandene, seine Wundmale zeigende Christus erscheint.

Abb. 161 *Gregorsmesse, Fresko der Abteikirche Ottmarsheim, Elsass, um 1460*

Weihekreuze (Apostelkreuze): In katholischen Kirchen sind an den Langhaus-, oft auch an Chorwänden zwölf meist mit roter Farbe auf die Wand gemalte Weihekreuze, umfangen von einem roten Kreis, zu finden. Sie markieren die Stellen, an denen eine neue Kirche, bzw. ein Anbau geweiht wurde.

In gotischer Zeit können Weihekreuze auch die Hand Gottes oder das Gesicht Jesu mit der Dornenkrone in dem sie umgebenden Kreis zeigen. Im Barock werden Weihekreuze statt mit Farbe plastisch mit Stuck aufgetragen und können dann auch mit Engelköpfen und dicken floralen Rahmen geschmückt sein (→ S. 236, Abb. 341).

Abb. 162 *Gotische Weihekreuze auf Langhaus- und Chorwänden*

Abb. 163 *Langhaus-Chorgaden, Wandmalerei, St. Marien, Lübeck, 13. Jahrhundert*

»Bunte Pfeiler« – **Säulenaltäre:** Wurden in großen Kirchen mehr Altäre benötigt, als Nischen oder Kapellen vorhanden waren (in Stralsund gab es 56 Nebenaltäre), wurden auch einfache Altartische vor kostbar in Form eines Altarbildes bemalte Pfeiler gestellt. Leider sind diese figürlichen Wandmalereien nur noch selten erhalten (→ S. 119, Abb. 176a+b).

Fenster

Auch die großflächigen farbigen Glasfenster gotischer Kirchen und Kathedralen sind Teil der Heilsbotschaft, die das ganze Kirchengebäude außen und innen als Haus Gottes auf Erden symbolisierte. Lichtdurchlässig und bis zu 40 Metern hoch versuchen sie die Vision des Johannes (Offb 21) vom überirdischen Lichtglanz Jerusalems in die Wirklichkeit umzusetzen.

Ihre alles überstrahlende Leucht- und Symbolkraft erhalten diese Fenster einerseits aus den im Gegenlicht flimmernd aufleuchtenden und symbolträchtigen Farben Rot, Blau, Gelb und Grün, aber auch verstärkt durch die dunkle, sie wie ein Rahmen umgebende Wand. Mit ihren bildlichen Darstellungen aus dem Alten und Neuen Testament, mit überlebensgroßen Darstellungen von Heiligen unter filigranen Architektur-Baldachinen, mussten sie den Gläubigen im überwiegend dunklen Kirchenraum wie göttliche Offenbarungen erscheinen.

Das steinerne Maßwerk, das die Fensteröffnungen aus Gründen der Stabilität gliedert, besteht aus senkrechten, bis zum Bogenansatz aufragenden gemauerten Streben und geht dann in → Drei- oder → Vierpässe, bzw. in der Spätgotik in Fischblasen- oder Flammenmaßwerk über.

Abb. 164 *Verschiedene Fenster- und Maßwerkformen der Gotik*

Viele der großen Fenster wurden von Adel, Klerus, aber auch von Bürgern und Handwerkern gestiftet. Sie zeigten nicht nur wie in einer Enzyklopädie das Wissen der Zeit, sondern auch Stände- und Zunftwappen, bzw. auch die Wappen bedeutender Patrizierfamilien.

Abb. 165 *Hll. Dionysius und Lampertus mit Stifterpaar, Chorfenster (Ausschnitt), Evang. Stadtkirche St. Dionys, Esslingen (links oben);* **Abb. 166** *Gott der Schöpfer der Gestirne und Lebewesen, Elisabethkirche, Marburg (rechts oben);* **Abb. 167 a)** *Hl. Kunigunde, Augustinermuseum, Freiburg;* **b)** *Christus als Weltenrichter mit dem Schwert des Gerichts, das aus seinem Mund kommt (nach Offb 1,16 und 2,16), Besserer Kapelle, Ulmer Münster*

Dom St. Peter, Regensburg, Glasfenster im Hauptchor

Goldgelbes Glas: Die Verwendung von Blattgold, dem edelsten, beständigsten und kostbarsten Metall auf Altären und Bildwerken des Mittelalters, versinnbildlichte göttliche Vollkommenheit, Ewigkeit und himmlisches Licht. Ein → Goldgrund ist glänzend, aber undurchdringlich. Er kann Zeichen für göttliche Herrlichkeit sein und Bildszenen betonen, die der irdischen Alltäglichkeit enthoben sind. In den großen gotischen Glasbildern übernimmt leuchtendes Goldgelb diese Symbolik.

Kreuz

Bedeutendstes Ausstattungsstück jeder christlichen Kirche war auch in der Gotik das große, weithin gut sichtbare Kreuz. Besonders kostbar gestaltet ist das spätgotische Kreuz, das in der Regel als *Triumphkreuz*, zum Zeichen des Sieges Christi über Sünde und Tod über dem Kreuzaltar vor der Vierung (wo sich Lang- und Querhaus kreuzen) hing.

Abb. 168 *Veit Stoß, Triumphkreuzgruppe mit Dreinagel-Christus, unter dem Kreuz Maria und Johannes, St. Sebald, Nürnberg, 1520*

Dornenkrone und Assistenzfiguren

Im Gegensatz zu romanischen Darstellungen (→ S. 38f.) zeigt das gotische Kreuz – von der Mystik beeinflusst – das Leiden Jesu in schonungsloser Weise und will Mitleiden und Erbarmen hervorrufen. Oft sind an den Holzenden die Zeichen der → Evangelisten (Matthäus = Engel; Markus = Löwe; Lukas = Stier; Johannes = Adler) angebracht. Christus trägt die Dornenkrone, die Wundmale sind deutlich erkennbar, sein Gesicht ist oft schmerzverzerrt. Rechts und links ist er von zwei sogenannten *Begleit-* oder → *Assistenzfiguren* umgeben, von seiner Mutter Maria und von Johannes, seinem Lieblingsjünger. Die Szenerie gemahnt an Jesu Worte an seine Mutter und an Johannes: »Frau, das ist dein Sohn« und »Das ist deine Mutter« (Joh 19,26–27).

Abb. 169 *Dreinagel-Christus, umgeben von Gott Vater mit Heilig-Geist-Taube, je rechts und links einem Engel und unten am Fuß des Kreuzes Adam, auf seine Erlösung und Auferstehung hoffend, Lettner der Basilika Heilig Kreuz, Kloster Wechselburg*

Adams Schädel unter dem Kreuz

Gelegentlich ist in typologischer (→ Typologie) Deutung Adam, der von Gott geschaffene erste Mensch, zu Füßen des Kreuzes abgebildet, oder es weist nur ein Schädel auf diese Verbindung hin. Theologisch verdichtet wird dies in der Legende ausgedrückt, dass Adam auf dem Hügel von Golgota (übersetzt: Schädelstätte) begraben worden sei und nun durch das herabfließende Blut erlöst wird (→ Abb. 169).

Abb. 170 *Baumkreuz, Basilika St. Lorenz, Kempten, Allgäu, 1350;* **Abb. 171** *Gabelkreuz, St. Maria im Kapitol, Köln, um 1300–1340*

Dreinagel-Christus

Während die Figur Christi (Corpus) auf romanischen Kreuzen noch sehr streng, eher archaisch, entweder mit langem schlichten Gewand oder mit glatt herabfallenden Falten des Lendentuches als König und Sieger über den Tod mit nebeneinander an das Holz genagelten Füßen dargestellt wurde (Viernagel-Christus, → S. 38f.), kam in der Gotik die Form des Dreinagel-Christus auf, dessen beide Füße übereinander genagelt waren. Der Corpus wird dadurch bewegter, Christus wirkt nicht mehr hoheitlich-aufrecht, sondern im Leiden gekrümmt.

Baum- und Gabelkreuze

Zuweilen wurde in der Spätgotik das Holzkreuz zum *Ast-, Baum- oder Gabelkreuz* gestaltet. Es spielt auf den → Lebensbaum (Gen 2,9) an und ordnet so den Gekreuzigten symbolhaft in den großen Zusammenhang des Heilsgeschehens ein – eine in einer Zeit von Seuchen und Pestepidemien für die Betrachter tröstliche und hoffnungsvolle Botschaft.

Abb. 172 *Kreuzigungsgruppe aus bemaltem Kalksandstein, Marienkirche, Anklam, frühes 15. Jahrhundert; heute in der dortigen Kreuzkirche*

Dom, Lübeck, Lettner mit Triumphkreuzgruppe von Bernt Notke, 1477

Kalvarienberg

Vor allem auf gemalten Darstellungen der Kreuzigungsszene nimmt gegen Ende des 15. Jahrhunderts die Zahl der Personen, die um das Kreuz versammelt sind, zu. Solche Panoramen werden auch »Kalvarienberg« genannt (von lat. calvaria = Schädel, Schädelstätte).

»Kalvarienberge« schildern in vielen kleinen Szenen das Leiden Jesu am Kreuz. Sie dienen nicht mehr nur der symbolischen Darstellung wie das Triumphkreuz.

Maria sinkt ohnmächtig um, Johannes stützt sie, Maria Magdalena kniet weinend am Kreuzesstamm (→ Matthias Grünewalds Isenheimer Altar, Abb. 178f.). Auch weitere Frauen, die Mutter Jakobus' des Älteren und Johannes' des Evangelisten können abgebildet sein.

Die Soldaten, die um Jesu Rock würfeln, sind zu sehen; der bekehrte Hauptmann zu Pferd oder Longinus mit Lanze weisen auf den Gekreuzigten. Rechts und links sind auf dem Hügel oft vor weiter Landschaft die beiden Kreuze der Schächer aufgestellt, eine Volksmenge drängt heran.

Zu Füßen des Kreuzes können auch → Heilige, zum Beispiel der Hl. Franziskus dargestellt sein und kleine, anbetende Stifterfiguren.

Kalvarienberg, Predigerkirche, Erfurt, um 1350

INRI-Inschrift

Über Jesus am Kreuz ist oft die Inschrift *INRI* zu lesen. Es ist die abgekürzte lateinische Aufschrift, die Pilatus anbringen ließ: Jesus Nazarenus Rex Judaeorum (Jesus von Nazaret, König der Juden).

Altäre

Altäre der Gotik rücken in Schnitzwerk und Malerei christliche Überlieferungen ins Blickfeld der andächtigen Betrachter. Sie spiegeln die geistigen und religiösen Vorstellungen ihrer Zeit. Zugleich zeigen sie – wie der ganze Kirchenbau – die Meisterschaft der Handwerker, die sie im Auftrag der Kirche oder reicher adeliger oder bürgerlicher Stifterfamilien herstellten.

Liturgisch gesehen wurde für die Messfeier zuerst nur der → Altartisch (mensa = Tischplatte und stipes = Träger) benötigt. Mit zunehmendem Reliquienkult kam ein Behältnis für → Reliquien hinzu, das zur Schau gestellt wurde. Mit einer hinter dem Altar aufgestellten, geschnitzten oder bemalten Bilderwand, dem Altarretabel (→ Retabel) wurde der gotische Altar mehr und mehr zum kostbar gestalteten Schautisch für die Wandlung des »Leibes Christi« und für Reliquien.

> Der leitende Bildschnitzer oder Maler plante und entwarf, lieferte den Entwurf (das Visier) und war für pünktliche Fertigstellung und Aufstellung in der Kirche ebenso zuständig wie für die korrekte Bezahlung der Mitarbeiter, seiner Gesellen. Das konnten Fassmaler und Vergolder, Kistler, Schreiner sein, ein Schmied für die Angeln und ein Glaser, falls der Altar auf der Rückseite verglast werden sollte.

Nachdem die Wände gotischer Kirchen von großflächigen Fenstern durchbrochen waren und dadurch weniger Platz an Langhauswänden für Fresken zur Verfügung stand, entwickelte sich der Bildtypus des gerahmten, mehrteiligen geschnitzten oder gemalten Altarretabels, auf dessen Seiten wichtige heilsgeschichtliche Darstellungen ihren Platz fanden.

Zuerst wurde auf Holz, später auf Leinwand, die auf Holzgrund gespannt war, gemalt. Mit der Zeit entstanden große zwei-, drei- oder mehrteilige, sogenannte Flügel- bzw. Wandelaltäre (Diptychon, Triptychon oder Polyptychon), die regional verschieden sowohl gemalt als auch geschnitzt sein können, aber auch in Mischform vorkommen: als geschnitzte Altäre mit bemalten Flügeln.

Große gotische Altäre zeigen ein von der Spitze des → Gesprenges bis zur → Predella reichendes Gesamtprogramm. Zu den beliebten Themen der Bilderwelt gotischer Altäre gehören neben den Darstellungen der Heilsgeschichte auch Legenden von Kirchenpatronen und Diözesanheiligen (= Schutzpatron des Bistums).

Abb. 173 *Einfacher Flügelaltar, Schema*

Der Flügelaltar

Der Flügelaltar besteht aus folgenden Teilen:
- Direkt oberhalb des *Altartisches* (Mensa) befindet sich der *Altarfuß* (Predella). Die Predella ist häufig mit geschnitzten oder gemalten Darstellungen versehen. Sie kann auch dreigliedrig sein (→ Abb. 173) oder sogar klappbare Flügel haben.
- Über der Predella folgt im auffälligen Mittelteil der *Altarschrein,* entweder ein mächtiger Holzkasten für Schnitzwerke oder eine große gerahmte Tafel als Malgrund. An den aus Fichten- oder Föhrenholz gefertigten Kastenschrein sind einfache oder doppelte, geschnitzte oder gemalte *Flügelpaare* angesetzt, gelegentlich zusätzlich auch feste Standflügel, die den Altar im geschlossenen Zustand breiter erscheinen lassen und an den Seiten Platz für → »Schreinwächter« bieten.
- Ganz oben findet sich an vielen Altären der geschnitzte *Altaraufsatz* (Gesprenge) zur Bekrönung des Ganzen. In seiner frühen Form besteht er meist aus drei oder fünf einzelnen Türmen, die in → Fialen enden. Später wird reiches Sprengwerk zu einer einheitlichen, meist vergoldeten Bekrönung (auch Astwerk).

Abb. 174 *Gotischer Flügelaltar mit Gesprenge, Schema*

Schreinfiguren und Schreinwächter

Der frühe gotische Schnitzaltar zeigt in einen Holzschrein eingestellte Einzelfiguren. Bemalt und teilweise vergoldet scheinen sie im Altarschrein wie auf einer heilsgeschichtlichen Bühne zu agieren. Kleinere Figuren im Schreingewände fordern zum Nähertreten und genauen Betrachten auf. Rechts und links können vorbildliche Ritterheilige (zum Beispiel die beiden Apostel Petrus und Paulus, auch der Hl. Florian) als sogenannte Schreinwächter stehen. Die Flügel erzählen aus dem Leben Jesu und der Maria und vom Leben und den vorbildlichen Taten der Heiligen.

Abb. 175 *Hl. Georg als Schreinwächter, St.-Wolfgangs-Altar von Michael Pacher, Pfarrkirche, St. Wolfgang, 15. Jahrhundert*

Später treten an die Stelle geschnitzter Heiligenfiguren im Schrein oder auf den Flügeln auch gemalte Darstellungen, etwa Szenen aus der Christus- und Mariengeschichte
oder aus dem Leben des Kirchenpatrons,
dem der Altar geweiht ist, oder auch Ereignisse der lokalen Kirchengeschichte.

Säulenaltäre: Mit zunehmendem Bedarf an
Altären wurden anfangs auch Altartische
vor Säulen aufgestellt und die Bilder direkt
auf die Säulen gemalt (→ S. 110 und Abb.
163).

Malerei am Altar

Der frühgotische Tafelaltar mit gemalten
Bildseiten erzählt in kleinen, gleich großen
übereinander angeordneten Bildzeilen den
Ablauf biblischer Ereignisse. Er wird von
links oben nach rechts unten gelesen und
zeigt Themen oder Szenenfolgen aus dem
Alten und Neuen Testament (Schöpfungsgeschichte, Leben Jesu, Marienleben, Leben
von Heiligen, Märtyrern und Kirchenpatronen; Beispiel für diese Art der Bilderfolge
→ S. 120, Abb. 177).
Flügel- bzw. → Wandelaltäre konnten auch
je zwei Flügelpaare rechts und links haben.
Sie konnten zweimal aufgeklappt werden
und boten insgesamt Platz für bis zu neun
Bildern.
Altäre konnten von allen Seiten betrachtet
werden, denn auch ihre Rückseite war mit
(einfacheren) Bildern gestaltet.

Abb. 176 a) *Säulenaltar-Bemalung: Kreuzigung
mit Sonne und Mond. Seitlich Apostel, darunter die
Verkündigung an Maria, umgeben von Heiligen-
figuren, St. Marien, Anklam;* **b)** *Bunter Pfeiler mit
Muttergottes und der Hl. Dreifaltigkeit sowie den
Aposteln Petrus und Paulus, St. Nikolai, Stralsund*

Abb. 177 *Andachtsbild mit 12 Szenen aus dem Leben Christi (frühe Malerei auf Leinwand, sog. »Tüchleinbild«), kölnisch, um 1450–1460*

Das *Tüchleinbild* zeigt nach einigen Szenen zur Jugend Jesu (Verkündigung, Geburt, Anbetung der drei Könige) folgende Szenen der Passion:
- Das letzte Abendmahl
- Christus am Ölberg mit den schlafenden Jüngern
- Anklage vor Pilatus
- Dornenkrönung und Verspottung
- Kreuztragung
- Kreuzigung
- Kreuzabnahme
- Grablegung
- Auferstehung

Häufige Motive

Neben Szenen aus der Passionsgeschichte sind weitere erzählende Begebenheiten aus der Lebensgeschichte Jesu beliebt, zum Beispiel:
- Maria besucht Elisabeth
- Darbringung im Tempel
- Josefs Traum
- Die Flucht nach Ägypten
- Der Betlehemitische Kindermord
- Der zwölfjährige Jesus im Tempel
- Jesus heilt einen Blinden
- Auferstehung des Lazarus

Auf dem *Altarfuß* (Predella) gotischer Altäre finden sich oft folgende Themen:
- Wurzel Jesse,
- Der liegende Stammvater
- Halbfiguren der zwölf Apostel
  → S. 122, Isenheimer Altar
- Figuren der Kirchenväter
- Figuren der Evangelisten
- Szenen der Könige
- Halbfigur des Schmerzensmannes
- Christus Salvator
- Beweinung und Grablegung

Isenheimer Altar

Am Beispiel des Isenheimer Altars von Matthias Grünewald (Museum Unterlinden Colmar, 1505–1516), lassen sich die verschiedenen Schauseiten eines → Wandelaltars, der sowohl Schnitzfiguren als auch ein durchdachtes Gemäldeprogramm zeigt, gut demonstrieren.

Abb. 178 *Isenheimer Altar, Werktagsseite. Linker Seitenflügel: Hl. Sebastian. Mitte: Kreuzigung. Rechter Seitenflügel: Hl. Antonius der Einsiedler. In der Predella Beweinung (oben);* **Abb. 179** *Isenheimer Altar, erste Öffnung. Linker Seitenflügel: Verkündigung. Mitte: Engelkonzert, Maria mit dem Kind. Rechter Seitenflügel: Auferstehung. In der Predella: Beweinung (unten)*

Abb. 180 *Isenheimer Altar, zweite Öffnung. Linker Seitenflügel: Hl. Antonius mit dem greisen Eremiten Paulus in der Wüste. Im Mittelschrein Schnitzfiguren: Hl. Antonius, seitlich die beiden Kirchenväter Augustinus und Hieronymus. Rechter Seitenflügel: die Versuchung des Hl. Antonius in Gestalt angstmachender Fabeltiere. Im nun geöffneten Predellenschrein: Jesus mit den zwölf Aposteln*

Schnitzereien am Altar

Im **Kastenschrein** stehende geschnitzte Figuren sind aus Lindenholz, auch Zirbelkiefer, Pappelholz und Weidenholz, regional auch aus Nussbaum oder Eichenholz. Zu unterscheiden sind Dreifiguren- und Fünffigurenschreine sowie in der Spätgotik → Wandelaltäre für große Chorhäuser. Zunehmend werden im Spätmittelalter kastenartige Raumvorstellungen mit perspektivisch erfasstem Naturraum verbunden.

Frühgotisch: Grundlage und Frühform des Kastenaltars ist der einfache Altaraufsatz, ein Schrank mit bemalten oder reliefartig geschnitzten Flügeltüren, die sich öffnen lassen. Ursprünglich diente er dazu, kostbare Reliquien aufzunehmen, später um nach einem bestimmten Programm wie ein Bilderbuch betrachtet zu werden, bei dem – werktags geschlossen – nur einfache Bil-

der an den Außenflügeln zu sehen sind. Sonn- und feiertags dagegen wird er geöffnet und zeigt die feierlicheren, kostbarsten Seiten. Die Bilderfolge konnte zuweilen auch passend zum Jahreslauf umgewandelt werden, zum Beispiel Geburt und Kreuzigung Jesu entsprechend dem Weihnachtsfest bzw. der Passionszeit.

Spätgotisch: Diese Schnitzaltäre (1400–1530) sind meist → Wandelaltäre mit mehreren Flügeln. In ihrem gesamten Aufbau, mit → Fialen, → Wimpergen und Türmen des reich geschmückten geschnitzten → Gesprenges und mit den Konsolen und Baldachinen der Figuren erinnern sie immer mehr an die Architektur einer gotischen Kirche. Der Schrein mit großen Schnitzfiguren sowie das hoch aufragende Gesprenge und in den meisten Fällen auch die → Predella bilden das unveränderlich feststehende Gehäuse. Die beweglichen beidseitig bemalten

Flügelpaare können entsprechend dem Festkreis der Kirche verschiedene Zustände zeigen. Auf der bemalten Altarrückwand ist oft eine drastische Weltgerichtsdarstellung zu sehen.

Im **Gesprenge** gotischer Flügelaltäre sind in der Regel die großen übergreifenden Themen des Glaubens dargestellt:
Im Hauptgesprengeturm der auferstandene Christus oder St. Michael als Himmelsfürst, die Kreuzigung, Christus als Schmerzensmann oder → Gnadenstuhl.
Im Gesprenge von Marienaltären: Dreifigurengruppe der »Anna selbdritt« (Maria, ihre Mutter Anna und das Christuskind) oder Zweipersonentyp mit Krönung der Maria durch Gottvater und Christus mit der Taube als Symbol des Heiligen Geistes.
Eine Sonderform ist der *Baldachinaltar:* In ihm sind frei stehende Holzskulpturen in einer Gruppe ohne Schrein aufgestellt.

Malerei

Trotz der im Vergleich zur frühgotischen Zeit kleineren Wandflächen wurden in vielen gotischen Kirchen weiter Bilderfolgen in Freskotechnik an Wände gemalt. Bevorzugt wurden Malereien in Chorgewölben angebracht. Auch sie folgen dem üblichen Themenkanon, angefangen bei der Schöpfungsgeschichte mit Adam und Eva, Vertreibung, über apokalyptische Weltgerichtsdarstellungen, Abbildungen des Himmlischen Jerusalem hin zu Schlüsselszenen aus dem Neuen Testament zu Jesu Leben: Verkündigung an Maria, Geburt, Passion und Auferstehung, Himmelfahrt.

Abb. 181 *Gesprenge des Heilig-Blut-Altars von Tilman Riemenschneider, St. Jakob, Rothenburg ob der Tauber*

Stilistische Veränderungen der Formensprache

Den bildnerischen Darstellungen außen an Kirchenmauern und Portalen entsprechend zeigen auch die umfangreichen Bildprogramme im Kirchenschiff, an Wänden, Decken und Fenstern, an → Lettnern (→ S. 102f.), auf Altären, Kanzeln, Taufbecken und Kapitellen, einen tiefen heilsgeschichtlichen und didaktischen Sinn und Zusammenhang.
Im Laufe der Zeit, ab 1300, wurde die Formensprache immer bewegter, geschwungener, eleganter, und die Figuren lösten sich zunehmend von der Wand. Immer individueller entwickelten sich bis weit ins 14. Jahrhundert auch die Körperlichkeit, die Gestik und die Porträthaftigkeit der Gestalten, und es bildeten sich immer neue bildnerische Motive aus. Diese neue Selbstsicherheit der Künstler zeigt sich zum Beispiel auch in Bildern, die Züge ihrer Porträts tragen.

Naturdarstellung statt Goldhintergrund

Meister Bertram, Verkündigung, Altar von St. Petri, Hamburg (Grabower Altar), 1383

Mit Zunahme der Naturdarstellung und Weltzuwendung verschwand mehr und mehr der anfangs in sakralen Kunstwerken übliche Goldhintergrund, der das Göttliche des dargestellten Geschehens unterstreichen sollte. Nach und nach wurde er durch landschaftliche Elemente ersetzt, die anfangs noch nicht perspektivisch gelöst, sondern wie Versatzstücke, wie eine Kulisse in die Bilder eingefügt wurden. Mit der Hinwendung zur Natur- und Pflanzenwelt war nicht mehr nur die Ideenwelt der Religion bestimmend. Die Erweiterung der mittelalterlichen Geisteswelt (Enzyklopädien, Erfindungen) wurde auch in den Ausstattungen der Kirchen und insbesondere der Tafelmalerei sichtbar.

Martin Schongauer, Geburt Christi, um 1480

Wie in der Portal- und Skulpturenplastik fand auch in der Malerei die Wendung vom Linear-Strengen zum Erzählerisch-Individuellen statt. Die Figuren zeigten mehr persönliche Züge und Bilder wurden mit einer Fülle von Geschehnissen angereichert, um damit das persönliche Miterleben des Gläubigen anzusprechen. Bereits im 13. Jahrhundert hatte die Neuentdeckung der Natur begonnen und zeigte sich auch in den geschnitzten und gemalten Bildprogrammen der Altäre.

Wie die Bildprogramme zu lesen sind

In gotischen Kirchen werden die Besucher ursprünglich von gedämpftem Licht empfangen. Langsam treten die gemeißelten, gemalten und geschnitzten Bildprogramme an Decken, Wänden, Fenstern und auf Altaraufsätzen und anderen Ausstattungsstücken ins Bewusstsein. Wer die Bilder vergleicht, wird Unterschiede bezüglich ihrer Größe, Beleuchtung und ihres Standortes in der Kirche feststellen. Mit diesen Unterschieden wurde auf die größere oder geringere Bedeutung der dargestellten Personen oder biblischen Szenen innerhalb der Heilsgeschichte hingewiesen.

So sind Christus- und Marienbilder entsprechend ihrer herausragenden Rolle in der Heilsgeschichte immer an zentralen, hervorgehobenen und vor allem auch gut ausgeleuchteten Standorten im Kirchenschiff, zumeist im Osten, zum Beispiel in der Apsis, im Chorraum oder in der Mitte des Triumphbogens zu finden. Auf Altären nehmen sie die Mitte des Hauptbildes ein oder finden sich in herausragender Position auf Altarbekrönungen (→ Gesprenge), auf Schalldeckeln von Kanzeln u.a. Entsprechend stehen in der Hierarchie nachgeordnete Figuren an entfernteren, weniger herausgehobenen Standorten.

Bildergeschichten auf gotischen Altären entstanden nicht nur für Analphabeten. Bei den Lesungen aus der Bibel sollten die Bilder der biblischen Ereignisse und biblischen Personen wie in einem Buch anzusehen sein. So sollten sie wichtige biblische Inhalte sinnfällig machen. Da die lateinische Liturgie überwiegend Priestersache war, beschränkte sich die Teilnahme des Volkes am Gottesdienst weitgehend auf das Anschauen biblischer Bilder. Viele Vorlagen für große Wandbilder wurden aus Handschriften übernommen, die mit Bildern verziert waren. In dieser Tradition stehend weisen christliche Kirchen schon früh Wandmalereien auf.

Im → byzantinischen **Bilderstreit** im 8./9. Jahrhundert ging es um die Frage, ob Bilder zum christlichen Glauben nicht dem alttestamentlichen Bilderverbot (»Du sollst dir kein Bildnis machen«) widersprechen. Er wurde theologisch 787 n. Chr. durch das zweite Konzil von Nicäa gelöst: Bilder wurden – mit Rückgriff auf die Argumentation des Kirchenlehrers Johannes von Damaskus (gest. 754) – zugelassen: Gott wolle von denen, die an Christus glauben, in der Gestalt Jesu von Nazareth gesehen werden. Christus ist sozusagen das Bild Gottes; deshalb sind auch bildliche Darstellungen möglich.

In Westeuropa waren neben Vorlagen aus Handschriften die Bildreliefs frühchristlicher römischer Sarkophage aus dem 4. und 5. Jahrhundert eine reiche Bildquelle. Auf ihnen waren neben dem lehrenden und heilenden Christus zum Beispiel auch der Einzug in Jerusalem oder die Begegnung mit Zachäus abgebildet. Ebenso konnten in Goldblech getriebene Szenen aus dem Neuen Testament als Vorlagen für mittelalterliche Wandmalereien dienen.

Bedeutungsmaßstab: Wichtiges wird groß, Unwichtiges klein dargestellt. Personen erscheinen also je nach ihrer geistlichen Bedeutung größer oder kleiner.

Rangfolge: Gemäß den überlieferten Ordnungsprinzipien werden Bildwerke stufenweise von oben nach unten in folgender Reihenfolge aufgebaut und gelesen:

Gott Vater (»Allherrscher«),
Heiliger Geist, Lamm Gottes, Maria
↓
Engel – Evangelisten – Kirchenväter
↓
Märtyrer – Propheten – Patriarchen
↓
Heilige
↓
Fromme Beter und Stifter

Raumsymbolik (rechte und linke Seite): Für das Verständnis der mittelalterlichen Bildprogramme ist es wichtig, die symbolische Bedeutung des Unterschieds zwischen rechter und linker Seite zu kennen. Die Seitenverteilung gilt jedoch nicht aus der Sicht des Betrachtenden, sondern immer aus der Sicht Gottes bzw. Christi, eines Heiligen oder des ranghöchsten Kirchenfürsten. Im Kircheninnern bedeutet, vom Bischof bzw. von der Apsis aus gesehen, die rechte Seite mehr als die linke. Rechts werden beispielsweise die Evangelien verlesen, links »nur« die Episteln.

Farbensymbolik mittelalterlicher Tafelbilder: Schon in vorchristlicher Zeit wurden bestimmten Farben symbolische Bedeutungen zugeschrieben. Ohne deren Kenntnis ist auch der Sinngehalt mittelalterlicher Altar- und Tafelmalerei nicht verständlich.

Gold	verkörpert die Allmacht Gottes. Der metallische Eigenglanz symbolisiert das ewige Licht Gottes, die Ewigkeit und die Unsterblichkeit.
Weiß	steht für göttliches Licht (Verklärung), Reinheit, Unschuld; Christus und Engel sind oft in weißen Gewändern dargestellt. Als Farbe des ungebrochenen Lichtes symbolisiert es auch absolute Wahrheit und Erleuchtung.
Rot	ist die Farbe des Blutes (Opferblut, Passion, Märtyrer), der Liebe, der Macht (Herrscherpurpur, Engel um Gottes Thron).
Blau	ist die Farbe des Himmels, der Luft, Symbol der Wahrheit, des Glaubens und der Treue. Marias Mantel ist blau und zeichnet sie als Himmelskönigin aus.
Violett	als Mischfarbe aus Blau und Rot symbolisiert die göttliche Liebe und göttliche Wahrheit. Es ist die Gewandfarbe Christi auf Passionsbildern, Zeichen der Vollendung seiner → Inkarnation, liturgische Farbe der Advents- und Weihnachtszeit, auch Zeichen der wahren Weltherrschaft Christi.
Rosa	als Mischfarbe aus Rot und Weiß verkörpert Liebe und göttliche Weisheit und ist auch Fleischfarbe (Inkarnat, → Inkarnation).
Gelb	ist Ersatzfarbe für Gold, Sonnenlicht, aber auch negative Symbolfarbe für Neid, Eifersucht.
Grün	steht für die Natur, für irdisches Wachstum und auch für Auferstehung, für den Kosmos, das Paradies.
Braun	ist die Farbe der Erde (lat. humus = Erde, humilitas = Demut/Armut), Farbe der Einsiedler und Bettler.
Schwarz	zeigt Finsternis, Trauer und Hoffnungslosigkeit. In seltenen Fällen trägt Judas einen schwarzen → Nimbus.
Grau	ist die Farbe der Auferstehung; als Weltenrichter trägt Christus ein graues Gewand.

	Papst *Rechte Seite* ↓	Kaiser/König *Linke Seite* ↓
	Gott Vater ↓ Christus, Maria, Heilige, Bischof …	
Hand	rechte Hand; Segensgestus (Christus, Kind), auch: Hoheitsgestus	
Weltgericht	Schafe (ab 9. Jahrhundert), Selige	Böcke (Verdammte)
Jungfrauen	kluge → Jungfrauen	törichte Jungfrauen
Kreuzigung	bekehrter Schächer	nicht bekehrter Schächer
Wächter (Kreuz)	wachsam emporschauend Blick nach oben	schlafend zusammengesunken
Maria/Johannes	Ehrenplatz für Maria als Mutter Christi Ecclesia (Kirche Christi) Sonne	Jünger Johannes Synagoge Mond, der Licht von der Sonne erhält, also im Rang unter der Sonne steht
Engel	Michael, höchster Erzengel	übrige Engel
Schutzmantel	Vertreter der Geistlichkeit	übriges Volk
Männlich/weiblich	Adam	Eva
Ehepaare	Mann	Frau
Stifter	männliche Familienmitglieder	weibliche Familienmitglieder
Kirchenraum	Nordseite = Evangelienseite/Frauenseite	Südseite = Epistelseite/Männerseite

Darstellungen der Dreifaltigkeit – Gnadenstuhl (Trinitätssymbole)

Hin und wieder sind aus gotischer Zeit auch gemalte Trinitätsdarstellungen (→ Dreifaltigkeit) erhalten. Die Symbolik knüpft an die Geschichte von Jesu Taufe (Mk 1,10ff.) an:

- an die Stimme des Vaters aus dem Himmel,
- an die Person des Sohnes als Täufling,
- an den in der Taube symbolisierten Heiligen Geist.

Auch auf vielen Verkündigungsszenen (der Engel Gabriel kündigt Maria die Geburt Jesu an) sind Gott Vater, die Taube und drei goldene Strahlen zu sehen. In Darstellungen des sogenannten Gnadenstuhls hält Gott Vater den Gekreuzigten im Schoß. Über beiden schwebt der Geist in Gestalt einer Taube.

Abb. 182 *Gnadenstuhl, Wiesenkirche, Soest, 13. Jahrhundert (oben);* **Abb. 183** *Gnadenstuhl, Damenstiftskirche St. Cornelius und Cyprian, Bad Buchau, um 1510 (links unten);* **Abb. 184** *Dreifaltigkeit, Miniatur, Landgrafenpsalter, 1212 (rechts)*

Zur Entwicklung der Trinitätsdarstellungen

Ab dem 10. Jahrhundert findet man die Dreifaltigkeit als drei nebeneinander sitzende Personen dargestellt. Ab dem 13. Jahrhundert begegnen sie auch als eine Gestalt mit drei Köpfen oder drei Gesichtern, was jedoch als »ungeheuerlich« bald verboten wurde.

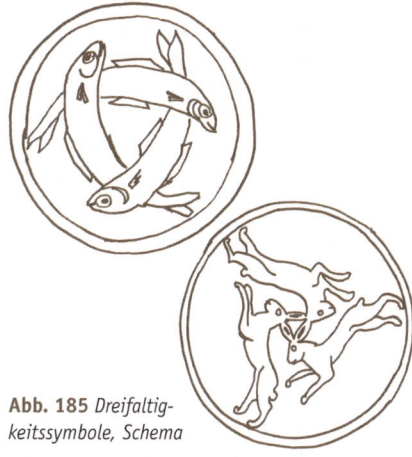

Abb. 185 *Dreifaltigkeitssymbole, Schema*

Später wird es üblich, den Heiligen Geist als Taube zu symbolisieren. Sie trägt oft wie Vater und Sohn den gekreuzten Heiligenschein (Kreuznimbus).
Oft, in Verbindung mit anderen Darstellungen, kommen auch weitere symbolische Darstellungen vor: drei sich schneidende Kreise, drei Engel, der → Gnadenstuhl; ab dem 17. Jahrhundert wurde das gleichseitige Dreieck mit dem Auge Gottes bevorzugt.

Abb. 186 *Meister Bertram, Verkündigung: Gott Vater sendet auf einem Lichtstrahl das Kind mit dem Symbol des Kreuzes als Hinweis auf die Passion und eine Taube als Symbol des Heiligen Geistes (→ Foto, S. 124)*

Marienbilder

Neben Christusbildern sind Bilder von Maria, der Mutter Gottes, oder Szenen aus ihrem Leben wichtigstes Bildthema vieler gotischer Kirchen. Vor allem seit im 12. Jahrhundert, als zahlreiche Kirchen unter ihrem Patronat gegründet wurden (Marienkirche, Frauenkirche, Kirche Unserer Lieben Frau, Notre-Dame), schmücken Madonnenbilder und Darstellungen aus dem Leben der Maria diese Kirchen. Mit wachsender Marienverehrung wurde das Thema bereichert und variiert, d.h. es wurden Szenen aus dem Marienleben auch unabhängig vom Leben Jesu dargestellt. Der Höhepunkt dieser Entwicklung lag um 1500, danach kamen in Renaissance und Barock keine weiteren Themen hinzu.
Die vielen Darstellungen des Marienlebens finden sich nicht nur auf Bogenfeldern über den Türen, den → Tympana von Portalen (→ S. 85), sondern nun auch auf gemalten Altären, die ähnlich den → Vesperbildern in Seitenkapellen zur Andacht einluden.

Motive aus dem Marienleben

- Anna und Joachim, die Eltern der Maria
- → Anna Selbdritt
- Geburt Mariens, immer in einem Innenraum dargestellt
- Tempelgang, Verlobung Mariens
- Verkündigung an Maria
- Heimsuchung (Besuch bei der Verwandten Elisabeth)
- Geburt Christi; Maria im Wochenbett
- Anbetung der Hirten
- Anbetung der Drei Könige
- Beschneidung Jesu

Abb. 187 *Anna Selbdritt, Holzskulptur, St.-Anna-Kapelle, Steinhausen, um 1500*

- Darbringung Jesu im Tempel
- Flucht nach Ägypten
- Heilige Familie
- Heilige Sippe
- Zwölfjähriger Jesus im Tempel
- Hochzeit zu Kana
- Kreuzigung
- Kreuzabnahme
- Beweinung
- Grablegung
- Erscheinung des Auferstandenen vor seiner Mutter
- Pfingsten
- Tod Mariens
- Himmelfahrt Mariens
- Krönung Mariens
- Sieben Freuden Mariens
- Sieben Schmerzen Mariens
- Kreuzweg

Abb. 188 *Marientod, spätgotisches Relief, St. Johannes Baptist, Berg am Starnberger See, um 1500*

Mariensymbole und Zeichen für ihre Jungfräulichkeit Marias sind u.a.:
- Der brennende Dornbusch
- Die verschlossene Quelle
- Der verschlossene Garten (Paradiesgärtlein) → S. 133, Abb. 197; S. 175, Abb. 242
- Der blühende Stab Aarons
- Maria mit der Lilie

Abb. 189 *Spätgotischer Marienaltar, Seitenflügel links oben: Verkündigung; rechts oben: Heimsuchung; rechts unten: Geburt; links unten: Anbetung; Mitteltafel: Marienkrönung, Lambertikirche, Münster*

Schöne Madonnen, Muttergottes-Darstellungen mit Jesuskind (Madonnenbilder)

Gegenüber den strengeren Muttergottes-Darstellungen in der byzantinischen und romanischen Kunst wandelt sich gegen Ende des Mittelalters (um 1400) das Marienbild hin zu den »schönen« Madonnen. Sie zeichnet ein weicher, S-förmiger Schwung ihrer Figur aus, ein schmiegsamer Faltenwurf und vor allem ein ideal-schöner, fast lyrischer Ausdruck mütterlicher Zärtlichkeit. Gelegentlich kommen Darstellungen der stillenden Maria (Maria lactans) vor.

Marienkrönung

Die letzten Szenen in der Reihe der Darstellungen sind die dem Tod und der Verherrlichung Mariens gewidmeten Bilder. In der Frühgotik (dem späten 12. Jahrhundert) vor allem in Frankreich als → Tympanonrelief vorkommend, sitzt Maria neben Christus, der ihr die Krone aufsetzt – oder ein Engel überbringt die Krone. In der Spätgotik in Deutschland auch auf Glasbildern beliebt, empfängt Maria kniend die Krone. Sie wird ihr von Christus und Gottvater gemeinsam aufs Haupt gesetzt, vgl. auch Abb. 189.

Abb. 190 *Schöne Madonna, Seeon, Chiemsee (oben links);* Abb. 191 *Schöne Madonna, Schema (oben rechts);* Abb. 192 *Madonna aus Weiler bei Rottenburg, um 1340 (unten links);* Abb. 193 *Madonna aus der Liebfrauenkirche, Arnstadt, um 1415–1420 (unten rechts)*

Abb. 194 *Marienkrönung, Schnitzaltar von Michael Pacher, Alte Pfarrkirche, Gries bei Bozen, 1471–1475*

Marientod

In der aus der byzantinischen Kunst übernommenen Darstellung liegt Maria mit gekreuzten Armen auf dem Bett, um das die klagenden → Apostel versammelt sind. Christus steht mit der – als kleines Kind dargestellten – Seele der Verstorbenen auf dem Arm inmitten der Szene (→ Abb. 188).

Maria auf der Mondsichel (Immaculata)

Die von Licht umflossene und von Engeln getragene Mutter Gottes steht auf der Mondsichel oder Erdkugel und steigt vom Himmel herab. Ursprung dieses Motivs ist die Vision von der Himmelsfrau aus der Offenbarung des Johannes (Offb 12). Waren früher andere Themen dargestellt (Begegnung von Joachim und Anna, den Eltern Mariens an der Goldenen Pforte des Tempels, der Jessebaum = Stammbaum Jesu), wird Maria auf der Mondsichel ab 1500 immer häufiger.

Abb. 195 *Maria auf der Mondsichel, Illustration aus: Speculum Humanae Salvationis (»Heilsspiegel«), 15. Jahrhundert*

Rechtfertigungsbilder

Sie stellen Maria als Mittlerin und Fürbitterin dar. Nach dieser Vorstellung hat auch Maria Anteil am Erlösungswerk Jesu. Maria steht auf einem Rasenstück (irdischer Bereich), Jesus und Gott Vater (himmlischer Bereich) sind ihr gegenüber in eine Wolke gehüllt. Hinter ihr und verdeckt von ihrem schützend gehaltenen Mantel (→ Schutzmantelmadonna) schart sich die Menschheit. Gott Vater hat das Richtschwert gezogen, Jesus hält das Schwert fest und weist auf seine Seitenwunde.

Auf dem Schwert sitzend die Taube als Symbol des Heiligen Geistes, wie Gott Vater und Sohn mit einem Kreuznimbus (→ Nimbus) ausgezeichnet.

Maria weist auf ihre Brust zum Zeichen, dass sie den Gottessohn genährt hat, um damit Gnade für die Menschen zu erbitten.

Das auffallend wehende Lendentuch Jesu, das beide Bildhälften zu verbinden scheint, kann als weitere Verstärkung seiner Geste des Sprechens gedeutet werden (→ Pneumazipfel).

Abb. 196 *Rechtfertigungsbild, aus dem Marienaltar von Sebastian Dayg, Münster, Heilsbronn, 1510*

»Hortus conclusus« – Darstellungen des Paradiesgärtleins

Wie eng religiöse und profane Traditionen in der gotischen Kunst zusammengehören, zeigen die um 1400 aufkommenden Tafelbilder mit Darstellungen der Maria, der Mutter Gottes im Paradiesgärtlein. Sie gehen auf das Hohelied (4,12) zurück, in dem der Bräutigam spricht: »Ein verschlossener Garten bist du, meine Schwester Braut, ein verschlossener Garten, ein versiegelter Quell.«
Im übertragenen Sinne ist Maria als Jungfrau, als »hortus conclusus« gemeint. Umgeben von einer Hecke (Madonna im Rosenhag), einer mit Zinnen bekrönten Mauer oder einem Zaun mit verschlossenem Tor (Sinnbild der Jungfräulichkeit) sitzt sie mit dem Kind auf einem Rasenstück voll religiöser Pflanzensymbole und oft umgeben von → Heiligen und heiligen Jungfrauen.
Vielfach ist das Thema verknüpft mit dem Paradiesgarten der alttestamentlichen Schöpfungsgeschichte einerseits und dem neuen höfischen Lust- und Liebesgarten andererseits.
Zu den damals geläufigen Marien- und marianischen Pflanzensymbolen (Rot der Rose mit Blut Christi verbunden, das Weiß der Lilie mit Reinheit) gehören neben dem Brunnen auch der sechseckige Tisch, der entsprechend mittelalterlicher Zahlensymbolik auf die Zahl der Schöpfungstage weist.

Abb. 197 *Paradiesgärtlein des Oberrheinischen Meisters, Städel Museum, Frankfurt, um 1400*

Die Welt der Heilpflanzen auf Marienbildern

Auf Christus- und Mariendarstellungen weisen Heilpflanzen darauf hin, dass die Menschen durch den Opfertod Christi erlöst worden sind. Viele Pflanzen sind wegen ihrer Schönheit oder ihres Duftes, wegen ihrer Heilkraft vor allem Maria, der Mutter Gottes, gewidmet, zum Beispiel Lavendel, Frauenmantel, Frauenschuh, Gänseblümchen (der Heilkraft wegen auch Marienblümchen genannt), Kamille (gegen Frauenleiden), → Lilie als Zeichen jungfräulicher Unschuld und Reinheit (→ Pflanzensymbolik). In der Mystik des Mittelalters wurde die Rose das bevorzugte Attribut der Himmelskönigin. Der verschlossene Garten (Paradies), in dem Maria sitzt, ist von Rosen umgeben. Besonders die Pfingstrose, die Rose ohne Dornen, steht symbolisch für Maria.

Heiligenbilder

Vierzehn Nothelfer

Die »himmlischen Helfer in der Not« sind die Gruppe von vierzehn Heiligen mit ihren Attributen, die vor ihrem Märtyrertod Gott gebeten haben sollen, den Menschen, die in ihrem Namen bitten, besondere Hilfe und Erhörung zu schenken.

Achatius	in Ritterrüstung, mit Dornenzweig oder Krone und Kreuz (Todesangst, Krankheit)
Ägidius	mit einer Hirschkuh (Beschützer des Viehs und der Hirten, hilft bei der Beichte)
Barbara	mit dem Turm und drei Fenstern (Patronin der Bergleute, der Gefangenen und Sterbenden)
Blasius	mit zwei gekreuzten Kerzen (Halskrankheiten)
Christophorus	mit dem Jesuskind auf der Schulter (schützt gegen unvorbereiteten Tod)
Cyriakus	mit einem Dämon oder Teufel an der Kette und dem von ihm geheilten Mädchen, im Diakonsgewand (Besessenheit und Verfolgungswahn)
Dionysius	mit dem abgeschlagenen Haupt (Kopfschmerzen)
Erasmus	mit der Winde (Bauchschmerzen)
Eustachius	mit dem Hirsch (hilft in jeder Not)
Georg	mit dem Drachen (hilft in jeder Not, Schutzheiliger der Reiter und Schutz der Haustiere vor Seuchen)
Katharina	mit dem Rad (Kopf- und Zungenleiden, hilft stillenden Müttern zu Milchfluss)
Margarete	mit einem Drachen (hilft Gebärenden, Schutzpatronin der Bauern)
Pantaleon	mit den aufs Haupt genagelten Händen, Attribute eines Arztes und Nagel (Helfer bei allen Krankheiten, Patron von Ärzten und Hebammen)
Vitus (Veit)	mit dem Hahn (Krankheiten wie Epilepsie, Tollwut, Hysterie, dämonische Besessenheit, Bettnässen)

Je nach lokaler Tradition wird manchmal einer der Heiligen ersetzt durch *Dorothea, Florian, Leonhard, Nikolaus, Wolfgang o.a.*

Abb. 198 *Vierzehn-Nothelfer-Altar, Münster, Heilsbronn, 1498*

Die bis ins 13. Jahrhundert zurückgehende Verehrung erhielt 1445/1446 starken Auftrieb, nachdem einem fränkischen Schäfer ein kleines Kind mit einem Kreuz auf der Brust zusammen mit vierzehn anderen Kindern erschienen war und um eine Kapelle als Wohnung gebeten hatte. Später wurde an dieser Stelle eine Wallfahrtskapelle errichtet und im Barock darüber Balthasar Neumanns berühmtes »Vierzehnheiligen« (zwischen Bamberg und Lichtenfels) erbaut (→ S. 205, Abb. 281).

Hl. Christophorus

Riesenhafte Darstellungen des Hl. Christophorus (griech. »Christusträger«) kommen bereits im 11. Jahrhundert vor. Als einer der 14 Nothelfer und Schutzpatron der Pilger und Reisenden wird er als bärtiger Mann mit einem Baumstamm als Wanderstab dargestellt, der das Christkind mit der Weltkugel in der Hand auf der Schulter über einen Fluss trägt. Christophorusdarstellungen sind gelegentlich auch außen an Kirchenwänden oder als vollplastische Figuren im 14.und 15. Jahrhundert besonders beliebt.

Die Darstellung als hünenhafter Fährmann geht auf eine mittelalterliche Legende zurück. Sie berichtet von einem Riesen, der nur dem mächtigsten Herrscher der Welt dienen wollte. Nachdem ein Einsiedler ihn im christlichen Glauben unterwiesen und ihm den Auftrag gegeben hatte, Menschen über einen reißenden Fluss zu tragen, bittet eines Nachts ein kleines Kind, es über den Fluss zu setzen. Je weiter der Riese das Kind trägt, desto schwerer wird seine Last, bis er mit letzter Kraft das andere Ufer erreicht. Da gibt sich das Kind als Christus zu erkennen, tauft den Riesen auf den Namen Christophorus und lässt zum Zeichen seines Segens den Fährmannsstab erblühen und Früchte tragen (→ Abb. 68, 160 und 198).

Abb. 199 *Hl. Nikolaus, St. Andreas, Karlstadt/Main;*
Abb. 200 *Hl. Jakobus, Jakobskirche, Nürnberg*

und Muschel ist der Schutzpatron der Pilger nach Santiago di Compostela.

Bilderzyklen zum Leben des Hl. Franziskus (Franz von Assisi)

Mit dem raschen Ausbreiten des Franziskanerordens im Mittelalter wurde auch das Leben des Hl. Franz v. Assisi (gest. 1226) in Franziskanerkirchen, sogenannte »Bettelorden- oder Barfüßerkirchen«, in Bilderfolgen, zum Beispiel auf Glasfenstern, oft dem Leben Jesu gegenübergestellt.

Andachtsbilder

Unter dem Einfluss der → Mystik entstand in der Spätgotik (im frühen 14. Jahrhundert) eine eigene Bildgattung: die des privaten Gnaden- und Andachtsbildes. In ihm drückt sich ein gewandeltes Gottesverständnis aus: Gott, seine himmlischen Heerscharen und → Heiligen rücken den Menschen näher.
Anders als in der vorher üblichen Darstellungsform des mehrteiligen Figurenzyklus

Hl. Nikolaus und Hl. Jakobus

Sie kommen in vielen Kirchen, die ihnen geweiht sind, als lebensgroße holzgeschnitzte und farbig gefasste Konsolfiguren vor. Der Legende zufolge verteilte der Hl. Nikolaus Gold an die drei armen Nachbarsmädchen, damit sie heiraten konnten. Der Hl. Jakobus mit Pilgerstab, Wandertasche, Trinkflasche

Stilwandel an Marien- und Heiligengewändern

Ein wichtiges Indiz der Zuordnung eines bestimmten Kunststils oder einer Werkstatt ist zum Beispiel die Bearbeitung der Gewandfalten von Heiligenfiguren.

Der Muldenfaltenstil etwa wird den Jahren 1200–1230, dem Übergang vom romanischen zum gotischen Gewandstil, zugeordnet. Die Gewänder sind in kleinteilige Falten gelegt und bilden jeweils zwei charakteristische Mulden neben den Graten.

Zwischen 1240–1260 wird die zeitgenössische Kleidung detailgetreuer wiedergegeben. Die Dargestellten haben natürlichere

Bewegungen und ihre Körperproportionen stimmen. Aufrecht stehende Körper tragen Gewänder mit schweren Röhrenfalten. Manchmal lassen sich Stoffe und Materialien sogar genau bestimmen.

Mit »weichem Stil« wird die Stilstufe zwischen 1400–1430 charakterisiert. Weich fallende, rhythmisch bewegte Gewandfalten, ohne scharfe Grate zeichnen diesen Stil aus und sind typisch für die Gattung der »schönen Madonnen« (→ S. 131), die ganz natürlich im liebevollen Umgang mit dem Kind dargestellt sind (→ S. 190ff.).

Abb. 201 *Unterschiedliche Faltenwürfe:* **a)** *kleinteilige Parallelfalten;* **b)** *Röhren- und Hakenfalten;* **c)** *Faltenkaskade;* **d)** *Faltenbündel;* **e)** *durchlaufende Schwungfalten;* **f)** *Ypsilon-Falten;* **g)** *Schüsselfalten;* **h)** *Faltenwirbel;* **i)** *Ohrenfalten*

(Portalplastik) bekommt nun die Einzelfigur oder die kleine Figurengruppe mehr Bedeutung.

Die meist aus Holz, seltener aus Stein gefertigten, später auch gemalten Andachtsbilder spätmittelalterlicher Kirchen belegen intensive Jenseitsbezogenheit und schwärmerische Verehrung heiliger Figuren. Sie laden die Gläubigen zur verweilenden Betrachtung ein.

Vor diesen Andachtsbildern, die Jesus, Maria und die Heiligen sehr menschlich und als Leidende darstellen und damit eben zum Mitleiden anregen, suchten Gläubige als Bittsteller in hingebungsvollem Gebet Hilfe und Stärkung. Sie sehnten sich aus ihrer irdischen Not dem Jenseits entgegen und suchten in der privaten Andacht eine persönliche Beziehung zu Gott.

Pietà – Marienklage (Vesperbild)

Das Vesperbild (ad vesperam = am Abend) ist nach einer traditionellen Gebetzeit benannt. Es bringt Marias Leid und Trauer über den Tod ihres Sohnes zum Ausdruck und weckt das Mitleiden des Betrachters. Anders als in der Frühgotik wird jetzt die fassungslos im Leid erstarrte Maria dargestellt.

Neben den in Stein gehauenen, gegossenen (Steingut) oder gemalten Marienfiguren, auf denen Maria ihren toten Sohn auf dem Schoß hält, finden sich auch andere Darstellungen, die an das Geschehen am Abend des Karfreitags erinnern: Jesus als »Schmerzensmann«, die Christus-Johannes-Gruppe, die Schutzmantelmadonna, die Bedürftige und Schutzsuchende unter ihrem Mantel vereint (→ S. 139, Abb. 209f.).

Christus-und-Johannes-Gruppen

Besonders innig wird nach einer Episode der Abendmahlsszene Christus mit dem an sei-

Abb. 202 *Christus-Johannes-Gruppe, Kloster Adelhausen, Freiburg i.Br., um 1300–1350 (Museum Liebighaus, Frankurt am Main);* **Abb. 203** *Marienklage (Vesperbild), 14. Jahrhundert;* **Abb. 204** *Christus in der Rast, niederländisch, Utrecht Museum, um 1500*

ner Brust ruhenden Jünger Johannes darge-stellt. Die vor allem in (Frauen-) Klöstern der Dominikaner und Franziskaner in der Zeit der Mystik beliebten Darstellungen zeigen den Kopf des Johannes mit geschlossenen Augen an der Schulter Jesu liegend, die Hände ineinandergelegt. Im übertragenen Sinn zeigen sie das Einssein des Menschen mit Gott.

Schmerzensmann, »Erbärmdebild« – Die Leidenswerkzeuge

Aus dem majestätischen Gottessohn des Früh- und Hochmittelalters wurde in der Gotik der leidende, den Menschen darin sehr nahestehende Gekreuzigte und Schmerzensmann. Dessen Hilfe konnte man anflehen, wenn man selbst in Not war. Das »Erbärmdebild« zeigt Christus mit allen Leidensmalen.

Besondere Aufmerksamkeit wurde bald auch der Darstellung der Leidenswerkzeuge (»Arma Christi«) zuteil. Gemeint sind jene bis zu 30 verschiedenen Gegenstände, die in der Passion Jesu, also bei der Geißelung, der Dornenkrönung und der Kreuzigung eine Rolle gespielt haben.

Abb. 205 *Schmerzensmann mit Leidenswerkzeugen, Münster, Heilsbronn, 1346;* **Abb. 206** *Schmerzensmann, umgeben von Leidenswerkzeugen, Schema (unten)*

Die Leidenswerkzeuge in der Kunst des späten Mittelalters

– Das Kreuz, die Kreuznägel und die Kreuzesinschrift INRI
– Silberlinge, Hahn, Kanne für die Handwaschung von Pilatus, Schweißtuch der Veronika
– Stricke, Würfel, Rutenbündel, die Geißelsäule, Geißel und Dornenkrone
– Lanze, Rohr mit Essigschwamm, Essigeimer, Zange, Leiter, Hammer

Auf manchen Darstellungen gehören sogar die Wundmale Jesu zu den »Arma Christi«.

Nachbauten des Heiligen Grabes

Im weiteren Sinne zur Gruppe spätgotischer Andachtsbilder zählen architektonische Darstellungen des Heiligen Grabes. Dem Evangelium (Mk 16,1–6) nachempfunden handelt es sich um steinerne Grabnachbildungen und selbstständige, meist als Rundbauten angelegte Grabkapellen oder Grabeinbauten in Kirchen. Sie dienten der Erinnerung an die Grablegung Jesu und waren oft würdiger Aufbewahrungsort für Reliquien. Möglicherweise auf Anregung christlicher Osterspiele in Kirchen können Szenen des Ostergeschehens zum Beispiel als Relief abgebildet sein oder drei Frauen und ein oder zwei Engel sowie schlafende Grabwächter das Grab mit dem toten Christus umstehen.

Abb. 207 *Heiliges Grab, Münster, Konstanz;* Abb. 208 *Heiliges Grab, Münster, Freiburg, um 1330*

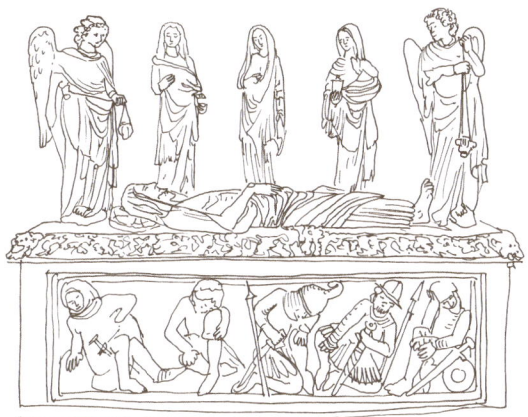

Schutzmantelmadonnen

Zur Gruppe der Andachtsbilder sind auch Schutzmantelmadonnen zu zählen. Es handelt sich um Mariendarstellungen mit einem weiten, gelegentlich von Engeln gehaltenen und ausgebreiteten Mantel, unter dem zu beiden Seiten Gläubige der verschiedensten Stände versammelt sind und Schutz erhalten.

Auch Christus und Gott Vater sowie Heilige können das Schutzmantelmotiv zeigen.

Im späten Mittelalter kommt das Motiv auch als Pestbild vor, dann deuten vom Himmel zuckende Blitze (Pfeile) den Zorn Gottes an, vor dem Maria die Menschen schützen soll.

Abb. 209 *Schutzmantelmadonna, Pestbild, Neustift, Brixen, 1485;* Abb. 210 *Schutzmantelmadonna, Liebfrauen, Ravensburg, 1480/90 (heute: Berlin, Skulpturensammlung, Staatliche Museen Preußischer Kulturbesitz)*

Das Schweißtuch der Hl. Veronika

Aus einer älteren Legende, nach der Jesus Veronika geheilt hatte, entwickelte sich im 13. Jahrhundert die Legende vom Schweißtuch der Veronika, das sie bei der Kreuztragung Jesus reichte und mit dem Abdruck seines leidenden, dornengekrönten Antlitzes zurückerhielt (vera ikon = wahres Bild). Es wird in Rom im Petersdom als Reliquie verehrt und vielfach auf Gemälden, zum Beispiel auf Predellen, dargestellt.
Das Tuch kann außer von Veronika auch von Engeln gehalten sein.

Abb. 211 Die Hl. Veronika mit dem Schweißtuch, Meister der Hl. Veronika, London, National Gallery, um 1420

Was noch beachtenswert ist

- Taufstein, Taufbecken
- Kanzel
- Reliquiare, Reliquienschreine usw.
- Grabmäler
- Aufschwör- und Totenschilde
- Emporenbrüstungen
- Orgeln
- Astronomische Uhren
- Monstranzen
- Leuchterengel
- Fastentücher
- Skelett- und Totentanzdarstellungen

Taufstein, Taufbecken

Vor allem im Norden, wo es an Sandstein mangelte, wurden Taufbecken, die dort auch Fünte genannt werden, aus Bronze, später aus Zinn gegossen. Ursprünglich reich mit Bildern zum Taufgeschehen und zur Wassersymbolik (zum Beispiel Taufe Jesu, die vier

→ Paradiesflüsse) geschmückt, kamen bis zum 16. Jahrhundert auch einfachere Ausstattungen in Pokalform mit architektonischer Blendgliederung in Form von Maßwerk in Mode. Vielfach wurden aus den romanischen Vorgängerkirchen Taufsteine übernommen (→ S. 52, Abb. 80ff.).

Abb. 212 Taufbecken (Bronze), Heiligenstadt, St. Kilian, 1507

Kanzel

Nach dem Verzicht auf die Lettner, die auch als Lesepult gedient hatten, kamen bewegliche Predigtstühle in Gebrauch, bis im 15. Jahrhundert feste, steinerne Kanzeln üblich wurden. Sie lehnten sich an Vierungspfeiler oder an Säulen im Langhaus an. Um den Pfeiler herum führte eine mit Brüstung versehene Treppe zum Kanzelaltar hinauf. Ein Schalldeckel sorgte für gute Verständlichkeit. In der Renaissance und im Barock werden Kanzeln dann immer aufwendiger gestaltet (→ S. 229, Abb. 321).
Gelegentlich sind in Kirchen noch Lesepulte aus gotischer Zeit erhalten. Sie können schlicht gehalten sein, oder eine stehende Figur, ein Engel oder Diakon hält das Pult. Auch ein Adler oder andere Figuren können das Pult schmücken.

Reliquiare und Reliquienschreine

In katholischen Kirchen werden Reliquien, d.h. Teile oder Partikel der Gebeine von Heiligen, in besonders kostbar ausgestalteten Behältnissen, sogenannten Reliquiaren, aufbewahrt und teilweise zur Schau gestellt. Die großen Reliquienschreine, zum Beispiel der Dreikönigschrein in Köln, der Elisabethschrein in Marburg und der Marienschrein im Dom zu Aachen, sind Zeugnisse hoher mittelalterlicher Goldschmiedekunst.

Abb. 213 *Kanzel, St. Valentin, Kiedrich im Rheingau, 1493;* **Abb. 214** *Adlerpult*

Abb. 215 *Marienschrein, Dom, Aachen, 1236*

Abb. 216 *Tilman Riemenschneider, Grabmal des Rudolf von Scherenberg, Dom, Würzburg, 1496–1499*

Grabmäler

Im Mittelalter sind nur Grabmäler, die sich in Kirchen befinden, künstlerisch gestaltet. Zuerst sind es Märtyrergräber in der → Krypta, später auch die Gräber hoher Geistlicher im → Chor, die Gräber von Gründern und Stiftern auch im übrigen Kirchenraum. Manche Kirchengründungen wurden von Herrschern vorgenommen, um eine würdige Grablege für sich und ihr Haus zu haben (zum Beispiel Münster Heilsbronn).

Wichtigste Formen sind die einfache in den Boden eingelassene steinerne oder bronzene Platte oder die Tumba, ein rechteckig über dem Grab sich erhebender Sockel mit aufliegender Grabplatte, über dem sich im Spätmittelalter auch ein baldachinartiger Überbau erheben kann.

Während auf frühen steinernen oder bronzenen Grabplatten Tote idealisiert, in noch jugendlichem Alter und typisiert dargestellt sind, d.h. ohne individuelle Züge, nur als Bischof, Abt oder Ritter erkennbar, werden sie später auf kastenförmigen Grabmälern vollplastisch liegend, auch mit Wappen und Schoßhunden zu Füßen abgebildet. Pompöse Bischofsgräber ebenso wie königliche oder adelige Grabstätten gaben Gelegenheit zu immer anspruchsvolleren künstlerischen Ausgestaltungen.

Aufschwör- und Totenschilde

Insbesondere reichsstädtische Kirchen sind oft mit einer Fülle weiterer kostbarer Kunstwerke ausgestattet. Es sind vielfach Stiftungen bekannter und reicher Familien, auch der Zünfte und dienen auch als Gedenktafeln. Zu ihnen gehören etwa die runden, meist hölzernen Aufschwör- und Totenschilde, die an bedeutende Bürger und ihre Spendefreudigkeit erinnern wollen.

Abb. 217 *Aufschwörschild, St. Jakob, Nürnberg*

Emporenbrüstungen mit spätgotischer Flachschnitzerei

Um in Kirchenräumen mehr Platz zu schaffen oder eine höfische Gemeinde bzw. in Klöstern Nonnen, Mönche und den Klerus von der Gemeinde abzusondern, wurden in manchen Kirchen steinerne Galerien, bzw. hölzerne Emporen eingebaut. Auf weit in den Raum ragenden Westemporen fanden Sängergruppen und die Orgel Platz. In frühgotischer Zeit wurden die Felder von Emporenbrüstungen aus Holz mit ornamentaler Flachschnitzerei, bevorzugt mit floralen Motiven, geschmückt.

Abb. 218 *Spätgotische Flachschnitzerei auf Feldern der Emporenbrüstung, Alte Stephanuskirche, Gräfelfing bei München*

Orgeln

Nur wenige Orgeln aus der gotischen Zeit sind heute noch bespielbar.
Eine der ältesten aus dem letzten Viertel des 14. Jahrhunderts ist die kleine bemalte Chororgel in Sion. Auf den Flügeltüren sind Maria mit ihrer Mutter Anna links und der auferstandene Christus rechts mit der Siegesfahne zu sehen, der Maria begegnet.

Astronomische Uhren

Große, kunstvoll verzierte mechanische Uhren, die außer der Uhrzeit auch Mondphasen, Sonnenstand und die jeweiligen Stellungen großer Planeten anzeigten, wurden etwa ab dem 14. Jahrhundert gebaut und auch in Kirchen zumeist im Westen des Langhauses aufgestellt.
Abgesehen von ihrer naturwissenschaftlichen Bedeutung (Astronomie) sollten sie auch die Vergänglichkeit der Zeit symbolisieren. Um dies zu verdeutlichen, durchlaufen zum Beispiel einmal in 24 Stunden menschliche Figuren von der Kindheit zum Tod die Uhr.

Abb. 219 *Schwalbennestorgel in Notre-Dame de Valère, Sion, Schweiz, 1390/1435 (gilt als älteste spielbare Orgel der Welt)*

Besondere Uhren

Das Glockenspiel der Uhr in *St. Marien in Rostock* (1472) mit wählbaren Chorälen ertönt noch heute zu jeder vollen Stunde. Zweimal am Tag um 12 und 24 Uhr ziehen hier die Apostel vorbei. Außer dem Hauptuhrwerk und dem Glockenspiel enthält die Uhr ein Kalenderwerk, einen Apostelumgang und die Stundenglocke.

An der Weltzeituhr im *Paulus-Dom zu Münster* (1540) treten um 12 Uhr unter Glockenklang die Heiligen Drei Könige auf, verneigen sich vor Maria mit dem Kind. Auf ihrem 24-Stunden-Zifferblatt dreht sich nur ein einzelner Zeiger, der Sonnenzeiger, linksherum und bestimmt die Stunden. Zur vollen Stunde trompetet das »Tutenmännchen«, zugleich dreht Chronos die Sanduhr um und die Figur des Todes schlägt das Stundenviertel. Den Rundgang der Figuren rahmen zwei Gemälde ein, auf denen Bürger Münsters dem Treiben zusehen. Unter ihnen der Maler selbst (Ludger Tom Ring) sowie die Konstrukteure der Uhr.

Abb. 220 *Astronomische Uhr (Ausschnitt), St. Marien, Rostock*

Monstranzen

Kostbares Material und Edelsteinbesatz sollen den Wert der aufbewahrten Hostien verdeutlichen. In der Hochgotik nimmt die Goldschmiedekunst Anregungen aus Architektur und Skulptur auf. Beispielsweise bilden sogenannte Turmmonstranzen wie kleine Architekturmodelle das Bild des → Himmlischen Jerusalem ab. Diese großen und gut sichtbaren liturgischen Gefäße für die geweihte Hostie gehen auf den früher bekannten Reliquienbehälter zurück, wurden aber erst seit der Einführung des Fronleichnamsfestes (1264) allgemein üblich. Über einem Ständer mit Knoten zum Tragen (wie bei einem Kelch) ruht auf einer Plattform ein Zylindergefäß, das die Hostie aufnehmen soll. Zwei Strebepfeiler tragen den über der Hostie schwebenden Baldachin, auf dem eine Madonnenfigur stehen kann, die wiederum durch einen auf Strebepfeilern getragenen Baldachin überhöht wird. Die Spitze gotischer Monstranzen ziert häufig ein Kreuz, das an die Einsetzung des Sakraments durch Christus und seinen Opfertod erinnern soll.

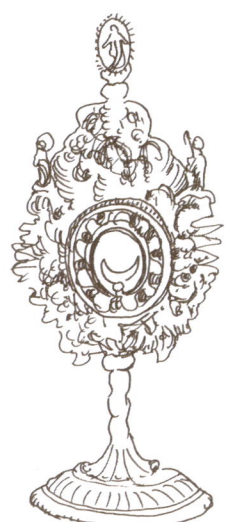

Abb. 221 *Monstranz, Schema*

Leuchterengel

Monumentale Kerzenleuchter bzw. Kerzenständer in Form von Engeln oder in menschlicher Gestalt, rechts und links neben dem Altar aufgestellt, ersetzen die im frühen Mittelalter üblichen hohen siebenarmigen Leuchter aus Bronze, die neben mächtigen ringförmigen Kronleuchtern, sogenannten Radleuchtern, den Altarraum beleuchten.
In einigen Fällen sind heute erhaltene Sandsteinleuchter aus dem 14. Jahrhundert auch Restbestandteile früherer Chorschranken.

Abb. 222 *Gotischer Leuchterengel, Große Marienkirche, Lippstadt;* **Abb. 223** *Messdiener und Novize, Sandsteinleuchter, Dom zu Havelberg, aus der Chorschranke, um 1300*

Fastentücher

Während der Fastenzeit verhüllte ein Leinentuch den Hochaltar. Auf Feldern im Schachbrettmuster waren Passionsszenen und andere biblische Geschehnisse dargestellt. Erstmals ist 895 in der Lebensbeschreibung des Abtes Hartmut von St. Gallen von einem Fastentuch die Rede. Seit dem 13. Jahrhundert lässt sich dieser Brauch in ganz Europa nachweisen. Eines der größten Tücher (in Gurk) zeigt 50 Bildfelder mit Szenen aus dem Alten Testament und 49 aus dem Neuen Testament. Es ist 9 × 9 m groß und auf naturfarbenes Leinen gemalt.

Abb. 224 *Fastentuch, Meister Konrad von Friesach, Bild V/73: Jesus am Jakobsbrunnen, Gurk, Dom, Österreich, 1458*

Skelett- und Totentanzdarstellungen

Das Motiv der Vergänglichkeit wird im 14. und 15. Jahrhundert, einer Zeit mit Kriegen und wiederkehrenden Pestepidemien in Europa, auch bildnerisch ein wichtiges Thema. Das Totentanzmotiv entsprang dem Volksglauben, wonach Tote um Mitternacht ihre Gräber verlassen. Die lebensgroßen, nebeneinander aufgereihten Figuren einzelner Stände und Berufe mit unterschiedlich reicher Kleidung sind mit dem durch ein Skelett symbolisierten Tod konfrontiert. Sie bringen zum Ausdruck, dass im Tod alle Menschen gleich sind.
Der Gedanke an den nahenden Tod wurde damals nicht verdrängt, sondern sein Schrecken sollte durch Hoffnung auf göttliche Erlösung und ein besseres Leben im Jenseits überwunden werden.

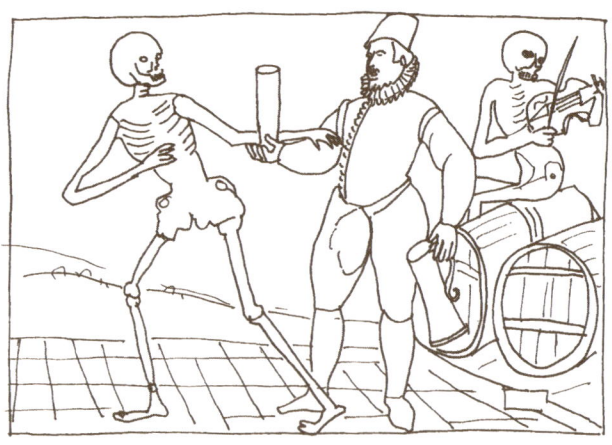

Abb. 225 *Totentanz: Tod und Wirt, Kloster St. Mang, Füssen, 1602*

Baden-Baden, Kath. Stiftskirche (13. Jahrhundert), fast 6 m hohes Sandstein-Kruzifix (1467, von Nikolaus Gerhaert van Leyden); Sakramentshaus.

Breisach, Stephansmünster, kreuzförmige Basilika (romanische Anfänge ab 1200), gotischer Bau 13. bis 16. Jahrhundert; Lettner (1500), berühmter Breisacher Schnitzaltar des oberrheinischen Meisters »H.L.« (1526), er stellt die Marienkrönung dar; Wandgemälde mit Darstellung des Jüngsten Gerichts (Martin Schongauer, um 1450–1545).

Freiburg, Münster Unserer Lieben Frau, Basilika aus rotem Sandstein in früh- bis spätgotischen Formen (1200–1513), eintürmig mit durchbrochenem Turmhelm aus Stein; Vorhalle, ehemals Gerichtshalle; im Inneren: zierliches Maßwerk, Glasfenster aus verschiedenen Epochen, Hochaltar (Hans Baldung Grien, 15512–1516).

Friedrichshafen-Eriskirch, Pfarrkirche Unserer Lieben Frau (1410–20), gotische Wandmalereien im Chor mit Szenen aus dem Alten Testament; Werke des Bildschnitzers Meister von Eriskirch (um 1420).

Königsfeld, St. Nikolaus, Kirchenschiff und Sakristei (13. Jahrhundert), spätgotischer Freskenzyklus, im 17. und 18. Jahrhundert mit Emporen und Gestühl versehen.

Konstanz, Dreifaltigkeitskirche der Augustinereremiten, turmlose Bettelordenkirche mit Fresken zur Geschichte der Augustiner-Regel (1417).

Lautenbach (bei Oberkirch), einschiffige spätgotische Wallfahrtskirche mit schönem Netzgewölbe, Wappenschlusssteinen, Lettner und zahlreichen Darstellungen der Maria; spätgotischer Flügelaltar (um 1490); 59 bemalte Glasscheiben im Chor und Langhaus.

Meersburg (Bodensee), Unterstadtkapelle, kleiner spätgotischer Saalbau, Chorgewölbe (1535 farbig gefasst), kostbare Ausstattung.

Memmingen, Frauenkirche, gotische Malerei (1460).

Niederrottweil, St. Michael, gotischer Altar des oberrheinischen Meisters »H.L.«.

Radolfzell, Stifts-, Pfarr- und Wallfahrtskirche Unserer Lieben Frau, spätgotisch (1436 begonnen), Hausherrenkapelle im Stil des Rokoko.

Rottenburg-Ehingen, ehemalige Stiftskirche St. Moritz, dreischiffige Basilika mit reichen Malereien an den Rundpfeilern (16. Jahrhundert).

Rottweil, Münster (ab 1300), Innenausstattung neugotisch, bedeutende gotische Steinmetzkunst des Kapellenturms.

Salem (Bodensee), Münster, Zisterzienserkirche (1285–1319, 1414 geweiht), Sakramentshaus (1494); mit 27 Altären einmaliges Ensemble frühklassizistischer Raumausstattung in Süddeutschland.

Schopfheim, St. Michael, spätgotischer Saalbau (1482), spätgotische Fresken im Chorturm.

Schwäbisch Gmünd, Heiligkreuzkirche (ab 1320).

Schwäbisch Hall, St. Michael, dreischiffiges Langhaus (1427–1456), gut erhaltene Ausstattung, u.a. Hochaltar, Seitenaltäre, Tabernakeltürmchen aus Sandstein; seltene Darstellung der Grablegung Jesu (Langhaussüdwand) aus Stein und Holz, romanische Turmvorhalle mit Säulen und Ornamenten im Bogenfeld (11./12. Jahrhundert).

Tiefenbronn (Pforzheim), Pfarrkirche St. Maria Magdalena, gotische Pfeilerbasilika, Wandmalereien, bedeutender Magdalenenaltar (»Tiefenbronner Altar«,1431).

Überlingen, Münster St. Nikolaus, spätgotischer Sakralbau (1424–1576) mit reicher Skulpturenausstattung; fünfstöckiger Hochaltar mit 23 lebensgroßen und über 50 kleinen Schnitzfiguren (Jörg Zürn, 1613–1616), Ölberg (1470–1493).

Überlingen, St. Jodok, kleine Saalkirche der Jakobsbruderschaft (1424–1462), Jakobuszyklus und »memento mori« (beide Bilderzyklen um 1460).

Ulm, Münster (ab 1377), höchster Kirchturm der Welt (161 m), bemerkenswertes Chorgestühl, Sakramentshaus, Schmerzensmann (Hans Multscher), Bessererkapelle, www.ulm.de.

Villingen, Liebfrauen-Münster, romanisch ab 1130, hochgotischer Chor und Erweiterung im 15. Jahrhundert, 1701 barockisiert; spätgotische Kanzel, sog. Naegelinskreuz (14. Jahrhundert) in der Turmhalle.

Amberg, Stadtpfarrkirche St. Martin, spätgotischer dreischiffiger Raum mit schlanken Rundstützen und Gewölberippen, umlaufende Steinemporen, Maßwerkfenster; in der Steinhauser-Kapelle wertvolles Tafelbild »Die Hl. Helena sucht nach dem Kreuz Christi« (um 1500, dem Münchner Maler Jan Pollock zugeschrieben), Ausstattung teilweise neugotisch.

Aschaffenburg, Stiftskirche St. Peter und Alexander, romanische, gotische und barocke Bauglieder, reiche Kunstschätze, u.a. »Christi Beweinung«, das letzte Werk des Malers Matthias Grünewald.

Augsburg, St. Anna-Kirche, in den Kirchenraum integriert die Grabkapelle der Fugger, die als frühes Bauwerk der Renaissance gilt; Goldschmiedekapelle mit gotischen Fresken (um 1420).

Augsburg, St. Ulrich und Afra, spätgotisch (1474–1500), mit reicher Renaissance- und Barockausstattung, u.a. mächtiger vergoldeter Hochaltar

Bamberg, Dom, zahlreiche Bildwerke aus gotischer Zeit.

Bamberg, St. Jakob, Chorherrenstiftskirche mit barocker Fassade.

Berching, St. Lorenz, im Chor ein Steinrelief mit dem Haupt Christi (1400); Tafelbilder in Seitenaltären (um 1515), u.a. ein Zyklus der Laurentiuslegende, 1680 umgestaltet.

Creglingen, Herrgottskirche (1386–1396), gotische Kapelle mit dem bedeutenden aus Lindenholz geschnitzten Marienaltar von Riemenschneider (1505–1510), weitere Altäre und seltene Totenschilde.

Donauwörth, Stadtpfarrkirche Zu unserer Lieben Frau, dreischiffige gotische Halle (1444), spätgotische Wandmalereien (Heiligenfiguren mit Stifterwappen).

Ebrach (Steigerwald / Franken), ehemalige Stiftskirche der Zisterzienserabtei, bedeutende dreischiffige, frühgotische gewölbte Basilika auf kreuzförmigem Grundriss mit Kapellenkranz (1200–1285); große Fensterrose, reiche Innenausstattung seit dem späten 18. Jahrhundert im Stil des französischen Klassizismus, Rokokogitter, reich gestaltete Altäre.

Hassfurt (Main), Ritterkapelle, Westportaltympanon um 1430.

Ingolstadt, Liebfrauenmünster (ab 1425), spätgotisches Netzrippengewölbe, Hochaltar (1560–72).

Landsberg, Stadtpfarrkirche Mariä Himmelfahrt, gotische Pfeilerbasilika, bedeutende Glasfenster (15. und 16. Jahrhundert), linkes Passionsfenster wird Hans Holbein d.Ä. zugeschrieben; 1678 barockisiert.

Landshut, St. Martins-Basilika (1389–1500), weltweit höchster gotischer Backsteinturm, spätgotische Hallenkirche, Terrrakottafiguren, Sandsteinhochaltar, Sandsteinkanzel (um 1429).

Lauingen (Dillingen), Martinsmünster, große dreischiffige spätgotische Stadtpfarrkirche mit zierlichem Netzgewölbe, spätgotische Fresken, u.a. Adam und Eva unter dem Baum der Erkenntnis (1522), Kreuzweg-Stationenbilder.

Lindau, St. Peter (12. Jahrhundert), reiche Wandmalereien im Stil des spätgotischen Realismus, Wandmalerei an der Nordwand (Passion Christi) wird dem jungen Hans Holbein d.Ä. (um 1465–1524) zugeschrieben.

München, Frauenkirche, spätgotische Hallenbacksteinkirche zu »Unserer Lieben Frau« (1468–1488), frühgotischer Schmerzensmann, Madonna im Ährenkleid (Jan Pollack, 1510).

Neumarkt (Oberpfalz), Stadtpfarrkirche St. Johannes Baptist, spätgotische dreischiffige Hallenkirche (Neubau um 1400), reiche Figurenausstattung (17. und 18. Jahrhundert), Grabdenkmäler (16. und 17. Jahrhundert).

Nördlingen, St. Georg, große Hallenkirche der Spätgotik (1427–1451), dreischiffiges Langhaus, barocker Hochaltar mit Kreuzigungsgruppe (1683); Taufstein, Sakramentshäuschen, steinerne Kanzel (1499), barockisierter Hochaltar.

Nürnberg, St. Lorenz (1250–1477), Fassade mit gotischem Rosenfenster, »Engelsgruß« (Veit Stoß), Sakramentshäuschen (Adam Kraft).

Nürnberg, St. Sebald (1230–1379), Erweiterung der spätromanischen Pfeilerbasilika durch hochgotische Seitenschiffe, gotische Ausstattung auch im Bildersturm erhalten: Glasmalereien, Steinreliefs (Veit Stoß, 1499)

Nürnberg, Frauenkirche (Peter Parler, 1352–1358), erste gotische Hallenkirche Frankens, Zentralbau, reicher Figurenschmuck der Vorhalle, Kunstuhr mit »Männleinlaufen«, www.nuernberg.de

Regensburg, Dom St. Peter (1260–1525), dreischiffige hochgotische Basilika mit drei Chören, reicher Portal-, Außen- und Innenschmuck, Türme erst im 19. Jahrhundert, Buntglasfenster (ab 12. Jahrhundert), zahlreiche bedeutende Skulpturen, u.a. kunstvolle Gewölbeschlusssteine, steinerne Kanzel (1482), Verkündigungsgruppe (Erminoldmeister, um 1280), barocker Hochaltar aus Silber und vergoldetem Kupfer (1695 und 1785).

Regensburg, Dominikanerkirche St. Blasius, frühgotische Bettelordenkirche.

Rothenburg ob der Tauber, Stadtpfarrkirche St. Jakob (um 1400–1436), reiche Ausstattung, u.a. der bedeutende Heilig-Blut-Altar (Tilman Riemenschneider).

Straubing, Stadtpfarrkirche St. Jakob, hohe dreischiffige gotische Backsteinkirche mit 20 umlaufenden Seitenkapellen, reiche Ausstattung: u.a. Reste spätgotischer Glasmalereien, Sakramentshäuschen (Ende 15. Jahrhundert), im neugotischen Hochaltar sind Schreinfiguren und Flügeltafeln eines spätgotischen Altars (um 1485) verarbeitet; barocke Seitenaltäre u.a. mit Malereien der Gebrüder Asam; reich dekorierte Barockkanzel mit krönender Jakobusfigur.

Stuppach (bei Bad Mergentheim), Pfarrkirche, »Maria-Schnee-Altar«, berühmtes Werk Grünewalds (Mathis Gothart Nithard), auch »Stuppacher Madonna« genannt (um 1520).

Velburg, St. Wolfgang, ehemalige Wallfahrtskirche (1467), drei spätgotische Flügelaltäre, geschnitzter Hochaltar mit den Heiligen Wolfgang, Sebastian und Willibald, im Schrein in den gemalten Flügeln die vier Kirchenväter mit Evangelistensymbolen (1460/70); im 18. Jahrhundert Langhaus barock ausgestaltet, Rosenkranzmadonna im Chor.

Volkach (Main), Wallfahrtskirche »Maria im Weinberg«, spätgotische Kirche am Ende eines Kreuzweges durch Weinberge; bedeutende Kunstwerke, u.a. Gnadenbild, realistisch dargestellte Pietà (14. Jahrhundert), Tilman Riemenschneiders »Maria im Rosenkranz« (1521/22), »Anna Selbdritt« (aus Riemenschneiders Werkstatt); dazu Fresken, drei Meter hoher Kruzifixus mit Maria und Johannes (1555), »Heilig Grab Christus« (um 1770).

Wemding, Pfarrkirche St. Emmeram, ehemals dreischiffige Basilika (14. Jahrhundert), im 18. Jahrhundert barockisiert; einschiffiger Raum, Stuckmarmoraltäre (Dominikus Zimmermann).

Würzburg, Marienkapelle (1377–1479), figurenreiche Tympana über den Portalen, u.a. bemerkenswerte Verkündigungsszene am Nordportal (1430–1440).

Berlin

Berlin, Marienkirche, dreischiffige Hallenkirche (um 1270 begonnen), gotischer Backsteinbau, gotisierende Westturmhaube (1789/90, von Langhans); reiche Ausstattung, in der Turmhalle 22 m langes spätgotisches Totentanz-Fresko (1485), Barockkanzel (Andreas Schlüter, 1703).

Berlin, Nikolaikirche, frühgotische Hallenkirche, Chor (14. Jahrhundert), Umbau durch Schinkel (1807 bzw.1876–1878 durch Blankenstein), heute Ausstellungsraum.

Berlin-Dahlem, alte Dorfkirche St. Annen-Kirche, 14. Jahrhundert.

Brandenburg

Bad Wilsnack (bei Havelberg), Wallfahrtskirche (1400), dreischiffige Hallenkirche, Türen des Schreins zur Aufbewahrung des »Wunderblutes« zeigen die Darstellung der Gregorsmesse; wertvolle Glasmalereien im Chor.

Bernau (nördlich Berlin), Stadtkirche St. Marien (15. und 16. Jahrhundert), Hochaltar, einer der bedeutendsten Flügelaltäre (sechs Flügel) der Mark Brandenburg (um 1520) mit Darstellungen der Marienkrönung, der Nikolauslegende, 32 Szenen aus dem Leben Jesu u.a.

REISE-TIPPS

Brandenburg, Dom St. Peter und Paul, romanische Anfänge, Lettnerwand mit Eingängen zur Krypta mit gedoppelten Wandsäulen, gotische Weitergestaltung (ab 1400), reich mit Wandmalereien ausgestattete zweigeschossige »Bunte Kapelle«, »Böhmischer Altar«, Triumphkreuzgruppe.

Brandenburg, Katharinenkirche, dreischiffige spätgotische Backsteinhallenkirche (15. Jahrhundert), mit Renaissancehaube.

Brandenburg, Gotthardkirche, romanischer Turm, spätgotische Hallenkirche mit Triumphkreuzgruppe und Bronzetaufbecken.

Chorin (Uckermark), Zisterzienser Klosterkirche, dreischiffige Pfeilerbasilika (1273–1344), Meisterwerk der Backsteingotik, beeindruckende Westfassade als Schaugiebel.

Doberlug-Kirchhain (Niederlausitz), Klosterkirche der Zisterzienser, frühgotischer Backsteinbau, kreuzförmige Pfeilerbasilika, Chorgitter mit Triumphkreuzgruppe, polychrome Raumfassung (1906), Hauptaltar (1520).

Frankfurt/Oder, Marienkirche, weiträumige Halle mit fünfschiffigem Langhaus und dreischiffiger Halle im Querschiff (14. Jahrhundert), Portal der Nordvorhalle (Backsteinbau) zeigt bedeutenden Skulpturenschmuck aus Sandstein mit dem Programm der »Goldenen Pforten«, durch die der Herrscher empfangen wurde.

Herzberg (Niederlausitz), Stadtkirche, dreischiffige Backsteinhallenkirche (14. Jahrhundert), großartige Gewölbemalereien (15. Jahrhundert), Bildprogramm im Chor: Jüngstes Gericht, im Mittelschiff Themen aus dem Marienleben.

Jüterbog, St. Nikolai, 15. Jahrhundert, bedeutende Ausstattung, u.a. gut erhaltene Wand- und Deckenmalereien in der südlichen Kapelle.

Luckau (Niederlausitz), Stadtkirche St. Nikolai (14. Jahrhundert), dreischiffiger Hallenchor, spätgotisches Parallelrippennetz im Mittelschiff; nach Brand (1644) barocke Neuausstattung, u.a. Sandsteinkanzel, Orgel (1674), Pfeiler schmückende Epitaphien, Stuben und Logen auf der nördlichen Empore für reiche Bürger mit tapezierten Wänden und Öfen.

Plaue, ehemals spätromanischer Backsteinsaal, im 16. Jahrhundert in zweischiffige gewölbte gotische Halle umgebaut, Wandmalereien aus dem 15. Jahrhundert; bedeutende Grabmäler (17. Jahrhundert).

Prenzlau, Hauptpfarrkirche St. Marien, große Hallenkirche (13. Jahrhundert bis Ende 14. Jahrhundert), 1945 bis auf prachtvollen Maßwerkgiebel über der Ostwand völlig zerstört, seit 1970 Wiederaufbau.

Schneeberg, St. Wolfgangskirche, spätgotische Hallenkirche (1515–1540); auf einem der großen Reformationsaltäre von Lucas Cranach d.Ä. (1539) ist symbolisch das evangelische Glaubensbekenntnis auf zwölf zu einem Altar zusammengefügten Bildtafeln dargestellt.

Ziesar, Burgkapelle (1470 geweiht), interessantes Kielbogenportal, reiche illusionistische Gewölbemalereien, Votivrelief aus Kalkstein mit Sitzfiguren von Petrus, Ägidius, Paulus, Andreas und Wenzeslaus (1470).

Zinna, ehemalige Klosterkirche, frühgotische kreuzförmige Pfeilerbasilika (Baubeginn 1220).

Zodel (bei Görlitz), gotische Dorfkirche (um 1300).

Bremen

Bremen, Ratskirche »Unser Lieben Frauen« (13. Jahrhundert), in dem unter dem Nordschiff liegenden quadratischen Raum mit Kreuzgewölbe Freskenmalereien; im Schiff barocke Kanzel, Fenster (Manessier, 20. Jahrhundert).

Hamburg

Hamburg, St. Petri (13. – 14. Jahrhundert), eindrucksvoller dreischiffiger Backsteinbau.

Hamburg, St. Jacobi (14. Jahrhundert), sehenswerte Orgel von 1689.

REISE-TIPPS

Alsfeld, Walpurgiskirche, gotische Kirche mit Fresken (15. Jahrhundert), romanischer Taufstein, spätgotischer Schnitzaltar, Sakramentsnische, Chorgestühl, Emporenmalereien (Renaissance).

Altenberg (Lahn), Prämonstratenserinnenkloster, Stiftskirche, einschiffiges Langhaus (13. Jahrhundert), Wandgemälde: Marienkrönung mit Apostelreihe unter Kuppelbaldachinen, die das Himmlische Jerusalem symbolisieren.

Büdingen (Wetterau), spätgotische Schlosskapelle.

Eberbach (Rheingau), Klosterkirche der Zisterzienser.

Eltville (Rheingau), Kath. Pfarrkirche St. Peter und Paul (1350–1425), zweischiffige Hallenkirche, an der Nordseite Ölberggruppe, in der Vorhalle gut erhaltene Wandmalereien, u.a. Jüngstes Gericht.

Erbach (Eltville), Rheingau, Kath. Pfarrkirche St. Markus, spätgotische dreischiffige Hallenkirche (1477–1506), barocke Ausstattung.

Frankfurt, St. Bartholomäus, »Dom«, nach romanischen Anfängen gotische Um- und Anbauten, ungewöhnlicher Grundriss durch breites Querhaus, Mittelpfeiler des Nordportals mit Madonnenstatue (1370); reiche Ausstattung nur zum Teil ursprünglich, teils auch im Historismus gesammelt, u.a. »Sippenaltar« (1500), »Maria-Schlaf-Altar aus Stein (1434), »Heilig-Grab-Altar (1442).

Frankfurt, St. Leonhard, spätromanische Anfänge, fünfschiffige Basilika mit Stern- und Netzgewölbe, maßwerkverzierte Emporenbrüstungen; im »Salvatorchörlein« offenes Gewölbe mit hängendem Schlussstein (mit Christus an der Martersäule); Wandmalereien, u.a. »Wurzel Jesse«.

Frankfurt, Liebfrauenkirche (um 1500) mit hängenden Schlusssteinen, spätgotischer Schnitzaltar aus Antwerpener Schule, Fresken von Jörg Ratgeb.

Friedberg, Stadtkirche (ab Mitte 13. Jahrhundert), dreischiffige Hallenkirche, u.a. spätgotischer Sakramentsturm, Lettner.

Gelnhausen, Marienkirche, Übergangsstil von Romanik zur Gotik (12.–13. Jahrhundert), nach innen offener, achteckiger Vierungsturm, Portale mit tiefgestaffelten Arkadenbögen und Tympana mit Darstellungen der Kreuzigung, segnendem Christus und thronender Madonna u.a.; Lettner mit Reliefdarstellungen zum Thema Jüngstes Gericht; im Chorgewölbe Deckenmalereien; reiche spätgotische Innenausstattung.

Hanau, Marienkirche (15. Jahrhundert), Wappen-Schlusssteine, u.a. im Chor auferstandener Christus als Gärtner; im 16. Jahrhundert Umbau zur Predigtkirche; spätgotische Gestühlwangen (neben Heiligen u.a. auch zeitgenössische Hanauer Grafen abgebildet).

Hirzenhain, Klosterkirche mit dreischiffiger Halle, spätgotischer Lettner (1440–1448), spätgotische Skulpturen, Grabmäler der Frührenaissance.

Kiedrich (Rheingau), Pfarrkirche St. Dionysius und Valentinus, eine der eindrucksvollsten spätgotischen Kirchenbauten am Mittelrhein mit hervorragender Ausstattung, u.a. gotische Altäre, Lettner, älteste in Deutschland erhaltene Orgel, ursprüngliches gotisches Kirchengestühl.

Kiedrich (Rheingau), Totenkapelle St. Michael (Karner), im Obergeschoss Kapelle, reiche bauplastische Gestaltung, spätgotischer Leuchter mit Mondsichelmadonna.

Lich, Stiftskirche, spätgotische Hallenumgangskirche (Seitenschiffe gehen um den Chor herum), Sakramentsnische in Renaissancerahmung, Fürstenloge, barocke Kanzel, Grabmäler.

Limburg, Dom, siebentürmige Stiftskirche St. Georg und Nikolaus (13. Jahrhundert), Verbindung von rheinischer Spätromanik mit französischer Frühgotik, Fensterrose im Westen mit Evangelistensymbolen; einheitliche spätromanisch-gotische Ausstattung, u.a. Taufstein auf Säulen und Denkmal des Stiftsgründers, Sakramentshaus mit Madonnenstatue im Gesprenge, spätromanische Chorschranken.

Lorch (Rheingau), Pfarrkirche St. Martin, reich ausgestattet, u.a. gotischer Hochaltar, gotisches Taufbecken, Sakramentshaus, Triumphkreuz.

Marburg, St. Elisabeth (1235–1283), über dem Grab der Hl. Elisabeth erbauter gotischer Sakralbau, reiche Ausstattung, Schrein der Heiligen mit Schmucksteinen.

Oberursel (Taunus), Pfarrkirche St. Ursula, asymmetrische Hallenkirche, barocke Ausstattung mit Hochaltar, frühbarocker Kanzel.

Ortenberg (Wetterau), dreischiffige evangelische Stadtkirche, reich geschmücktes Südportal, spätgotisches Sterngewölbe mit Rankenmalerei, gotische Ausstattung.

Schotten (Vogelberg), Liebfrauenkirche (14. Jahrhundert), kurze Hallenkirche, gotisches Taufbecken auf vier Löwenkonsolen und bedeutender »Schottener Altar« (um 1400) mit Darstellungen des Marienlebens und auf der Werkstattseite Bilder der Passion.

Simmern, Evang. Pfarrkirche St. Stephan, ehemalige gotische Schlosskirche, dreischiffige Hallenkirche mit Maßwerkemporenbrüstungen, prunkvolle Grabdenkmäler bis zur manieristischen Spätrenaissance.

St. Goar, Pfarr- und ehemalige Stiftskirche mit dreischiffiger Emporenhalle (11. und 15. Jahrhundert), zahlreiche Wand- und Deckenmalereien, Steinkanzel.

Wetzlar, Stiftskirche (»Dom«), bedeutende Westfassade, Portaltympanon mit Marienkrönung und Anbetung der Könige; unter einem Baldachin Madonna als Pfeilerstatue; Fresken im Südquerhaus.

Mecklenburg-Vorpommern

Ahrenshagen (bei Riebnitz-Damgarten), Dorfkirche mit interessanter Ausstattung, u.a. Wandgemälde zum Alten und Neuen Testament im Chorgewölbe (1330/40), Triumphkreuzgruppe (15. Jahrhundert), Pastorengestühl (16. Jahrhundert).

Anklam, Pfarrkirche St. Marien, dreischiffige gotische Hallenkirche.

Bad Doberan, Münster, bedeutendes Werk der Backsteingotik (1294–1368), wertvolle Ausstattung, u.a. geschnitzter Hochaltar, Kelch- und Reliquienschrank, Madonna auf der Mondsichel, Sakramentshaus, weitere Altäre, u.a. Kreuzaltar, Grabmäler und Glasmalereien aus dem 14. Jahrhundert.

Barth, Stadtkirche St. Marien, dreischiffiger gotischer Backsteinbau, gotisches Backsteintaufbecken, neugotisch umgestaltet; Altarziborium.

Basedow (bei Malchin), Dorfkirche mit spätromanischem Feldsteinchor, wertvolle Renaissanceausstattung.

Bergen (Rügen), ehemalige Klosterkirche St. Marien, romanische kreuzförmige Pfeilerbasilika (ab 1180), später zur gotischen Hallenkirche erweitert, Wandmalerei im nördlichen Querhausflügel (vor 1200) und Chor, reiche Ausstattung.

Bobbin (bei Sagard), Dorfkirche, gotischer Feldsteinbau, kreuzrippengewölbter Rechteckchor, Taufstein (1300), bemalte Sakramentsnische mit Kreuzigungsgruppe und Engeln, barocke Ausstattung, u.a. Altar (1668), Kanzel mit bemalten Brüstungsfeldern und Patronatsloge (um 1662), reich mit geschnitzten Fruchtgehängen und Knorpelwerk versehen; Beichtstuhl mit emblematischen Brüstungsbildern (1745).

Brandshagen (bei Stralsund), Dorfkirche (14./15. Jahrhundert), im Chor Reste szenischer Ausmalung, u.a. Adam und Eva arbeitend, Kalksteintaufbecken (1300), Triumphkruzifix (15. Jahrhundert).

Bützow, Stiftskirche St. Maria, Johannes Evangelist und Elisabeth, frühgotischer Hallenbau, Kreuzrippengewölbe, Kelchkapitelle mit Weinlaub und Kämpfer mit Menschen- und Tiermasken, gute Ausstattung, u.a. Hochaltar (1503).

Crivitz (bei Schwerin), Stadtkirche, Wandmalereien, u.a. Inschriftenfelder mit Knorpelwerk gerahmt (Anfang 16. Jahrhundert).

Demmin, Stadtpfarrkirche St. Bartholomäus, eintürmige dreischiffige gotische Hallenkirche mit großem Kruzifix (16. Jahrhundert), neugotische Renovierung und teilweise neue Ausstattung.

Gnoien (bei Teterow), St. Marien (Ende 13. Jahrhundert), Neubau 1445, Wandmalerei (um 1300) mit Darstellung des Jüngsten Gerichts, Szenen aus dem Leben Jesu, gotischer Taufstein, spätgotischer Flügelaltar.

Greifswald, Domkirche St. Nikolai, dreischiffige gotische Basilika mit Kreuzrippengewölbe, Wandmalerei (14./15. Jahrhundert), im 19. Jahrhundert klassizistisch und neugotisch verändert, sehenswerte Pastorenbildnisse (16.-19. Jahrhundert).

REISE-TIPPS

Greifswald, Pfarrkirche St. Marien (um 1360), Wandmalereien im Turm (1411), mittelalterliche Einrichtung ging verloren; Farbigkeit der Innendekoration wieder hergestellt.

Groß Kiesow (bei Greifswald), gotische Dorfkirche mit Blendgiebel (13. Jahrhundert), Renaissancekanzel.

Groß Mohrdorf (bei Stralsund), Dorfkirche (13. Jahrhundert) mit guter Ausstattung, u.a. Wand- und Gewölbemalereien, figürliche Darstellungen (14. Jahrhundert), gemauertes Sakramentshaus, barocker Altar und reich geschnitzte Kanzel mit Mose als Stütze (1702).

Güstrow, Dom St. Maria, St. Johannes Evangelist und St. Cäcilia, dreischiffige Backsteinbasilika (13.–15. Jahrhundert), Hochaltar (um 1500), Kreuzigungsgruppe, zwölf lebensgroße Apostelfiguren (manieristisch um 1530); reiche nachreformatorische Ausstattung: Kanzel, Taufstein aus Sandstein mit Alabaster, aufwendige Renaissancegräber und Epitaphe; schwebender Engel von Ernst Barlach (1926/27).

Güstrow, Stadtpfarrkirche St. Marien, fünfschiffige Backsteinbasilika (14. bis 16. Jahrhundert) mit reicher Ausstattung, spätgotischer Hochaltar (Jan Borman, 1522), Triumphkreuzgruppe, Tafelbilder, Kanzel, Ratsgestühl, Orgelempore und Orgelprospekt sowie Epitaphe (16. Jahrhundert).

Kessin (bei Rostock), Dorfkirche, quadratischer Feldsteinchor mit reicher dekorativer Wand- und Deckenmalerei (13. Jahrhundert), an der Chornordwand figürliche Malerei (14. Jahrhundert), sonst Backstein, einige figürliche Ausstattungsstücke (Ende 13. Jahrhundert) und Triumphkreuzgruppe (1500).

Kirch Baggendorf (bei Grimmen), eindrucksvolle Feldstein-Dorfkirche mit Wandmalerei am Triumphbogen und barocker Ausstattung.

Ludorf (bei Röbel), gotische Dorfkirche, Zentralbau mit hufeisenförmiger Apsis, spätere Gruft- und Kapellenanbauten, Kreuzrippengewölbe, Ausstattung weitgehend aus dem 19. Jahrhundert.

Malchin, Stadtkirche St. Maria und Johannes, dreischiffige Backsteinbasilika, mit Kreuzrippengewölbe, in der Marienkapelle sterngewölbt; ehemaliger Hochaltar mit Doppelflügeln (16. Jahrhundert), Triumphkreuzgruppe, Kanzel (1571) mit geschnitzten Evangelistenfiguren,

Epitaphe, Memento-mori-Gemälde (1742) und astronomische Uhr.

Malchow, (Mecklenburger Seenplatte), Klosterkirche, Innenausstattung neugotisch.

Neukloster (bei Wismar), ehemalige Klosterkirche St. Maria und St. Johannes Evangelist, kreuzförmiger Backsteinbau (Mitte 13. Jahrhundert), Oberfenster des Chores aus spätromanischer Zeit (vor 1245), Grisaillemalerei.

Parchim, Pfarrkirche St. Georgen, dreischiffige gotische Hallenkirche, Kreuzrippengewölbe, Schmerzensmann, Kanzel (1580).

Parchim, Pfarrkirche St. Marien, romanisch-gotische Backsteinhallenkirche, wertvolle Ausstattung, u.a. Schnitzaltar mit apokalyptischer Madonna (um 1500), Bronzetaufbecken mit Christus- und Apostelfiguren am Kessel (1365), reiche Intarsien und Schnitzereien an der Orgelempore (1601).

Pasewalk, Pfarrkirche St. Nikolai, Saalkirche, im 16. Jahrhundert zur dreischiffigen Halle umgestaltet, neugotische Ausstattungsstücke (1828).

Plau, Stadtkirche, gut erhaltene frühe Backsteinkirche nach westfälischem Vorbild (Mitte 13. Jahrhundert), schönes Bronzetaufbecken, Kronleuchter u.a.

Rerik, Stadtpfarrkirche, frühgotische dreischiffige Backstein-Hallenkirche (1250), Reste mittelalterlicher Malerei, sonst barocke Ausstattung.

Ribnitz-Damgarten, ehemalige Klosterkirche der Klarissinnen, rechteckiger Raum (1393 geweiht), neugotisch restauriert mit Einbauten von Seitenlogen, Altar, Orgel, Kanzel (1835–1840), ältere Ausstattungsstücke: Altar (um 1700), Triumphkreuz (15. Jahrhundert), Chorgestühl (1500), Dominasitz (18. Jahrhundert), sechs Bildtafeln zu je zwei biblischen Themen (seltene Art von Andachtsbildern, 16. Jahrhundert).

Richtenberg, Stadtkirche St. Nikolai, Backsteinbau mit Blendgiebel (Kreuz) im Osten (13.–15. Jahrhundert), spätgotische Malerei mit Rankenwerk, Aposteldarstellungen am Triumphbogen (15. Jahrhundert), Kanzel (18. Jahrhundert), hölzerne Epitaphe.

Röbel (Mecklenburg), St. Marien, dreischiffige Hallenkirche (13.–15. Jahrhundert), durch Blenden gegliederter Staffelgiebel, am Gewände der Priesterpforte Laubkapitelle, ornamentale Bemalung der Rippen, spätgotischer Schnitzaltar mit Mondsichelmadonna im Schrein, Schnitzfiguren und Tafelbildern zu Heiligenlegenden, Triumphkreuzgruppe (15. Jahrhundert), Figuren von Maria und Christus als Schmerzensmann (16. Jahrhundert), restliche Ausstattung neugotisch ergänzt (1850).

Rostock, Marienkirche, gotischer Bau (um 1500 abgeschlossen), bedeutende und sehenswerte Ausstattung, u.a. großes Erz-Taufbecken (1290), mehrere gotische Altäre.

Rostock, Petrikirche, querschifflose Backsteinbasilika (Ende 14. Jahrhundert), nach Zerstörung neu ausgestattet.

Rostock, Klosterkirche Zum Hl. Kreuz, ehemaliges Zisterzienserkloster, Backsteinbau im Stil der Bettelordenkirchen (Anfang 14. Jahrhundert), Reste von Wandmalereien (Jüngstes Gericht und Gethsemane, 15. Jahrhundert), reiche Ausstattung, u.a. Hochaltar mit figurenreicher Kreuzigung (15. Jahrhundert) und Tafelbildern, u.a. seltene Darstellung der »Hostienmühle«; Sakramentsturm (14. Jahrhundert), Triumphkreuzgruppe; über 50 Grabplatten teilweise mit Ritzzeichnungen (14. bis 16. Jahrhundert).

Sanitz (Rostock), Feldsteindorfkirche (13. Jahrhundert) mit Wandmalereien (13./14. Jahrhundert), Sakramentsschrank (15. Jahrhundert), reiche barocke Ausstattung, u.a. Altar mit Gethsemanebild, Kanzel mit Flachreliefs.

Schwerin, Dom St. Maria und St. Johann, mit älterer Sandsteinplatte im Mittelschrein (1495), bronzenes Taufbecken (um 1400), Messing- und Kalksteingrabplatten, zahlreiche Epitaphe, teilweise holzgeschnitzt (16. Jahrhundert), neugotische Einbauten, Orgel.

Steffenshagen (bei Bad Doberan), Dorfkirche, dreischiffige Stufenhalle, figürliche Formsteine am Gewände der Priesterpforte, romanischer Taufstein, Triumphkreuzgruppe.

Sternberg (Mecklenburg), Stadtkirche St. Maria und Nikolaus, fünfjochige kreuzrippengewölbte Backsteinhallenkirche (13./14. Jahrhundert) mit später angebauter Hl. Blut-Kapelle, Vorhalle, spätgotische Schnitzerei (1492), reiche ornamentale und figürliche Bemalung.

Stralsund, St. Nikolai, dreischiffige kreuzrippengewölbte Backsteinbasilika mit Chorumgang (13./14. Jahrhundert), besonders reich ausgestattete Taufkapelle; wertvolle Ausstattung, u.a. ornamentale und figürliche Wandmalereien (14./15. Jahrhundert), Retabelmalereien an den Langhauspfeilern (14. Jahrhundert), mehrere Schnitzaltäre, u.a. »Junge-Altar«, gotisches Triumphkreuz, Renaissancekanzel (1611), barocker Hochaltar (Andreas Schlüter), astronomische Uhr (1394), Reliefs vom Nowgorodfahrer-Gestühl.

Stralsund, St. Jakobikirche, Backsteingotik (um 1400).

Stralsund, St. Marien, Backsteingotik im Kathedralstil (1382 bis 15. Jahrhundert), 32 m hohes Hauptschiff, Netz- und Sternengewölbe, hölzernes Taufgehäuse (1738) mit reichem Schmuck in Form eines Baldachins, Kronleuchter, Stellwagenorgel (1653–1659).

Tarnow, Dorfkirche (Anfang 14. Jahrhundert), zweischiffige Hallenkirche, reiche Ausstattung u.a. Logen und Emporen (17. Jahrhundert) mit emblematischen Malereien.

Teterow, Pfarrkirche St. Peter und Paul, dreischiffige Hallenkirche, reich gegliederte Priesterpforte, Wandmalereien im Chorgewölbe (14. Jahrhundert) u.a. Jüngstes Gericht, Marienkrönung, Szenen der Genesis und zum Leben und der Passion Jesu; Flügelaltar (1430) mit Marienkrönung und Tafelbildern, gotischer Taufstein, monumentale Triumphkreuzgruppe (um 1500), Kanzel aus der Renaissance, übrige Ausstattung um 1880.

Tribsee, Stadtkirche St. Thomas, monumentale Backsteinbasilika (um 1500), bedeutender Schnitzaltar mit Darstellung der Hostienmühle (1430), Ausmalung, Kanzel, Emporen, Gestühl (um 1861–1869).

Waren (Müritz, Mecklenburger Seenplatte), Backsteingotik, Innenausstattung (18. Jahrhundert).

Wismar, Pfarrkirche St. Nikolai, dreischiffige Backsteinbasilika (ab 1381), Chorumgang und Kapellenkranz, monumentale Giebel, mit Friesen, Rosetten aus Formsteinen und aus Modeln gepressten figürlichen Reliefziegeln verziert; Wandbilder, u.a. Hl. Christophorus, Wurzel Jesse und Schmerzensmann; gotischer Taufstein, spätgotische Triumphkreuzgruppe, Schifferaltar mit Madonna im Strahlenkranz, spätgotische Chorschranken, zahlreiche aus anderen Wismarer Kirchen übernommene Ausstattungsstücke,

REISE-TIPPS

Wolgast, St. Petri, spätgotische Basilika mit fünfseitigem Chorumgang, Sterngewölbe (1720), Ausstattung im 18. Jahrhundert weitgehend durch Brand zerstört; bronzener Renaissanceepitaph, Zinkguss einer Nachbildung des knienden Taufengels von Bertel Thorvaldsen (Anfang 19. Jahrhundert), Totentanzbilder (nach Holzschnitten Hans Holbeins), ehemalige Emporenbrüstungen der Wolgaster St. Gertrauden-Kapelle jetzt Rückenlehnen eines Gestühls (1700).

Wusterhausen (Wolgast), Dorfkirche, dreischiffige spätgotische Hallenkirche, Ausmalung (13.–15. Jahrhundert), Wandmalerei mit sechs Bildern an der Triumphbogenlaibung, Barockaltar (1650) mit Darstellungen zur Passion und Malereien zum Marienleben auf den Flügeln, Taufstein (13. Jahrhundert), Renaissancekanzel.

Niedersachsen

Buxtehude, St. Petri, norddeutsche Backsteingotik (um 1300), spätmittelalterlicher Passionsaltar, reich geschnitztes Gestühl, barocke Kanzel.

Lüneburg, St. Johanniskirche, Backsteingotik, fünfschiffige Stufenhallenkirche mit Seitenschiffkapellen (ab 1289).

Lüneburg, St. Michaelis, ehemals Klosterkirche, Renaissancekanzel (1602).

Lüneburg, St. Nikolaikirche (ab 1406), fünfschiffige Basilika mit überhöhtem Mittelschiff, bedeutende Ausstattung.

Lüneburger früh- und spätgotische Heideklöster, ihre Klosterkirchen mit großen Nonnenemporen waren zugleich auch Pfarrkirchen,
– **Wienhausen,** Wandmalereien, Nonnenchorbemalung.
– **Klosterkirche Leine,** um 1400.
– **Ebstorf,** Glasmalereien im Kreuzgang, Malerei (1385–1396).
– **Walsrode**
– **Isenhagen**

Norden (Ostfriesland), Ludgerikirche, romanisches Langhaus (13. Jahrhundert), gotisches Querhaus und Chor (1318–1481), spätgotisches Chorgestühl, Arp-Schnitger-Orgel (1686–1688).

Ohrdorf, ursprünglich romanische Feldsteinkirche (Wehrkirche) mit Wandmalereien (14. Jahrhundert), Kassettendecke mit biblischen Themen, bemalte Emporenbrüstungen.

Oldorf (Jeverland), spätromanische und gotische Backsteinkirche, ungewöhnliches Sandsteintaufbecken (1498), spätmittelalterlicher geschnitzter und farbig gefasster Flügelaltar mit 13 Szenen vom Leben und Sterben Jesu mit Auferstehung und Jüngstem Gericht (Kreuzigungsaltar).

Otterndorf (Stader Land), reich im Bauernbarock ausgestattet.

Uelzen, St. Marienkirche (1292 geweiht), dreischiffige Backsteinhallenkirche.

Verden, Dom, dreischiffige gotische Hallenkirche (1290–1490), Kreuzgang und prachtvoll geschnitzter Levitenstuhl.

Visselhövede, Dorfkirche, Malerei im Chor (spätes 15. Jahrhundert).

Wiarden (Friesland), Kirchenbau (12. Jahrhundert), seltene Wandmalereien (15. Jahrhundert): im Chor Figuren der Apostel, an der Nordwand Wandbild des Hl. Christophorus.

Nordrhein-Westfalen

Aachen, Kornelimünster, ehemalige Abteikirche (Ende 14. Jahrhundert bis Anfang 16. Jahrhundert), fünfschiffig, mit Abtsemporen, reiche Ausstattung.

Attendorn, Kath. Pfarrkirche St. Johannes der Täufer, sog. »Sauerländer Dom« (um 1353), reich ausgestattete Hallenkirche.

Bad Honnef, St. Johann Baptist, dreischiffige spätgotische Hallenkirche (15. und 16. Jahrhundert), Netz- und Sterngewölbe mit Ranken-malerei, Sakramentshaus, farbig gefasstes Heiliges Grab (1514).

Dortmund, Reinoldikirche, Pfeilerbasilika (13. Jahrhundert bis 1450), zerstört, Wiederaufbau, reiche Ausstattung, u.a. spätgotische Reliquienschreine, Chorfenster (nach 1945 von Gottfried von Stockhausen).

Düsseldorf, St. Lambertus, romanische Basilika durch gotische Hallenkirche ersetzt (1350–1394), Innenausstattung, u.a. gotisches Sakramentshaus mit Fülle von Figuren; Reste von Wandmalerei, zahlreiche Gräber, u.a. manieristisches Wandgrab Herzog Wilhelm V.

Frauenberg, Pfarrkirche St. Georg, romanische und gotische Bauabschnitte (10 bis 15. Jahrhundert), gotische Wandfresken, gemalter Flügelaltar aus der Kölner Schule (um 1480), bedeutendes Kruzifix (1160) mit originaler Farbfassung, thronende Madonna (14. Jahrhundert) und Taufstein (12. Jahrhundert).

Gummersbach-Lieberhausen, Chor- und Wandmalereien (spätes 15. Jahrhundert), u.a. Weltgericht, Seelenwaage, St. Georg, Kreuzigung, Heilige und Passionsszenen, im Stil der »bunten Kirchen«.

Kalkar (Niederrhein), St. Nikolai, Hallenkirche, Backsteinbau mit drei parallelen Satteldächern (1409–1501), von ehemals 15 Altären heute noch sieben; wertvolle Ausstattung an Holzschnitzwerken (Kalkarer Schule), u.a. Hochaltar (1488–1500), im Schrein Darstellung der Passion mit 208 Figuren, die Flügel zeigen in 20 Bildfeldern das Leben Jesu (Jan Joest, 1506–1508); Altar der sieben Schmerzen Mariens (Heinrich Douvermann, 1519–1522).

Kempen, Propsteikirche St. Maria, Ausstattung aus dem 15. und 16. Jahrhundert: Altäre der Antwerpener Schule, Sakramentshaus (1461), reich geschnitztes Chorgestühl, schmiedeeiserner Kronleuchter mit Doppelmadonna (1508).

Köln, Dom St. Peter und Maria, romanische Vorgängerbauten, gotischer Neubau für den »Dreikönigsschrein« (13. Jahrhundert), Hochchor (1331 vollendet); 1560 vorläufige Einstellung der Bauarbeiten, Weiterbau nach alten Plänen ab 1842 im Geiste der deutschen Romantik und im Stil französischer Kathedralgotik; reiche Innenausstattung aus allen Jahr-hunderten einschließlich großartiger Fenster, zuletzt das Fenster Gerhard Richters 2007.

Kornelimünster, Klosterkirche, breiter fünfschiffiger, aus drei Vorgängerkirchen vereinter gotischer Kirchenraum (15. und 16. Jahrhundert), bemalte Gewölbe, Skulptur des Hl. Kornelius (1460) auf einem Sockel mit Figuren von Stiftern, Pilgern und Engeln, Tabernakel (Rest der ehemaligen Rokokoausstattung), gotische Steinfiguren, Bilder, Grabmäler.

Lemgo, Evang. Pfarrkirche St. Marien, Bauplastik (14. Jahrhundert), gotische Ausmalung, Renaissanceorgel (1587–1613).

Linnich (Jülich), St. Martin, dreischiffige Backsteinhalle (Ende 15. Jahrhundert), drei figurenreiche Antwerpener Schnitzaltäre (16. Jahrhundert).

Marienfeld (Harsewinkel), ehemalige Zisterzienserklosterkirche, spätromanischer Saalbau in verputztem Backstein (ab 1185), erstes deutsches Domikalgewölbe (Spitzgewölbe), im Mönchschor originaler Ziegelfußboden, Piscina aus Stein, hochgotischer Kreuzgang, Sakramentshaus.

Marienheide-Müllenbach, spätromanische Wehrkirche, gotische Wandfreskenreste.

Münster, Stadt- und Marktpfarrkirche St. Lamberti, bedeutende Hallenkirche (1375–1450), Wurzel Jesse am Hauptportal, neogotischer Turm (1887–1898) nach Vorbild des Freiburger Münsters mit hoch oben aufgehängten »Wiedertäuferkäfigen«.

Nottuln, St. Martin, spätgotische Hallenkirche (1489 begonnen), Orgelprospekt (1719–1721).

Nümbrecht-Marienberghausen, einschiffiger Saalbau, im Querschiff spätgotischer Wandbildzyklus (zweite Hälfte des 15. Jahrhunderts), im Stil der »bunten Kirchen«.

Odenthal-Altenberg (Rheinisch-Bergischer Kreis), ehemalige Zisterzienser-Abteikirche St. Mariä Himmelfahrt (»Altenberger Dom«), bedeutender gotischer Sakralbau nach französischem Vorbild (1259–1379), heute Simultankirche für evangelische und katholische Gottesdienste, Fenster in »Grisaille«-Malerei (spätes 13. Jahrhundert), Westfenster zeigt Darstellung des Himmlischen Jerusalem, bedeutendes Beispiel deutscher Glasmalerei des 15. Jahrhunderts; kostbare Ausstattung, u.a. Sandstein-Sakramentshaus (1480), flämische Doppelmadonna (um 1530).

Paderborn, Dom, St. Maria, Kilian und Liborius (12./13. Jahrhundert), einer der größten Dome Deutschlands, Drei-Hasen-Fenster.

Soest, Evang. Pfarrkirche St. Maria zur Höhe, dreischiffige Hallenkirche mit nur zwei Jochen (um 1220/1230), bedeutende Wandmalereien, Altaraufsatz mit Darstellung des Kalvarienberges (1475), Scheibenkreuz (um 1200).

Soest, Evang. Pfarrkirche Maria zur Wiese (14. bis Anfang 16. Jahrhundert), gotisches Figurenportal um 1400, reiche Ausstattung, mit Malereien, Fenster (»Westfälisches Abendmahl«), Figurenschmuck, Schnitzaltäre aus dem 15. Jahrhundert.

Wesel, Evang. Willibrordikirche, fünfschiffige spätgotische Halle mit Chorumgang und Kapellenkranz, nach Zerstörung wieder errichtet, ursprünglich 38 Altäre, nach Reformation nur Grabmäler geblieben.

Wiedenest (bei Bergneustadt/Oberbergischer Kreis), Evang. Kirche, kleine dreischiffige Pfeilerbasilika (12. Jahrhundert), in Querschiff und Chor Wandgemälde (15. Jahrhundert), u.a. Jüngstes Gericht, Apostelreihen, Passionszyklus, im Stil der »bunten Kirchen«.

Xanten, Dom und ehemalige Stiftskirche St. Viktor, Chor mit fünfschiffigem Langhaus (1190–1517), umfangreiche Ausstattung, u.a. Schrein des Hl. Viktor, Renaissancehochaltar, im südlichen Seitenschiff Marienaltar (1529, von H. Douvermann) mit reich geschnitzten Darstellungen aus dem Marienleben und Wurzel Jesse in der Predella, gotische Glasfenster im Chor, Chorgestühl und Dreisitz.

Rheinland-Pfalz

Ahrweiler (Eifel), Pfarrkirche St. Laurentius (13. Jahrhundert), dreischiffige Hallenkirche mit Emporen, Blattwerkkapitelle an Pfeilern, Freskenmalereien (14. und 15. Jahrhundert), u.a. Jüngstes Gericht, Gnadenstuhl, Taufe Jesu; historisierende Wandbilder (um 1903).

Arnsheim, Evang. Pfarrkirche, ehemalige Wallfahrtskirche zum Hl. Blut (1431 bis Anfang des 16. Jahrhunderts); stattlicher dreischiffiger Bau mit reicher Ausstattung, z.B. Fratzenkonsolen und spätgotische Rankenmalerei an den Gewölben.

Bingen, Kath. Pfarrkirche St. Martin, einschiffige spätgotische Kirche (1403), später weitere Anbauten; Ausstattung: mittelrheinische Plastiken und dreiteiliger Flügelaltar mit fünf Bildern zum Marienleben, www.bingen.de.

Burg Eltz, Burgkapelle, 1327.

Driesch (Eifel), gotische Wallfahrtskirche Mater Dolorosa, riesiger Altar im Südchor mit dreistöckigem Aufbau im spätbarocken Knorpelwerk, vergoldeten Säulen und volkstümlicher Darstellung der Kreuzigung (1672, von Bartholomäus Hammes).

Großbundenbach (bei Zweibrücken), Evang. Pfarrkirche mit reichen Deckenmalereien (1330–1340) im vierteiligen Gewölbe des unteren romanischen Turmgeschosses.

Kaiserslautern, Stiftskirche St. Martin und Maria (Mitte 13. Jahrhundert), im gotischen Stil errichtete Hallenkirche.

Kastellaun, Evang. Pfarrkirche, dreischiffiges basilikales flach gedecktes Langhaus (frühes 14. Jahrhundert), Kreuzrippengewölbe über den Seitenschiffen, Kanzel (1686), Doppelgrabmal des Grafen Sponheim (1337 gestorben).

Kleinfischlingen, Evang. Kirche, Chorwandmalereien (um 1500), u.a. Verkündigung.

Koblenz, Liebfrauenkirche, gotische Pfeilerbasilika.

Lambrecht, Klosterkirche (14. Jahrhundert), Schlusssteine im Chor, reiche Wandmalerei unter den Chorfenstern.

Landau, Evang. Stiftskirche, dreischiffige Basilika, doppelgeschossige Sakristei mit Deckenmalereien, u.a. Auferstehung, Gnadenstuhl, Schmerzensmann und Heilige.

Linz am Rhein, alte Kath. Pfarrkirche St. Martin, spätromanisch, spätgotisch veränderte Emporenbasilika, figürliche Wandmalereien im Mittelschiff (1230–1240), Sakramentshäuschen im Chor (Anfang 16. Jahrhundert).

Lorch, St. Martin, gotischer Schnitzaltar.

Oberwesel, ehemals Stiftskirche Unserer Lieben Frau, Lettner, Chorgestühl, Goldaltar (um 1350).

Mainz, St. Stephan, gotische Hallenkirche, berühmt wegen ihrer Chagallfenster.

Meisenheim, Evang. Schlosskirche, ehemalige Johanniterkirche, dreischiffige spätgotische Hallenkirche (1479–1504), reich ausgestattet; kunsthistorische Besonderheit: das Gewölbe der Grabkapelle als freischwebendes Netz, aus Stein gestaltet; im Zentrum erscheint Maria mit dem Kind, umgeben von den Symbolen der vier Evangelisten.

Oberndorf, Simultankirche St. Valentin mit zahlreichen gut erhaltenen spätgotischen Wandmalereien (15. Jahrhundert), u.a. Jüngstes Gericht, kluge und törichte Jungfrauen, Salome vor Herodes, Marientod, David und Salomo, Propheten und Verkündigung an Maria.

Oberwesel, Kath. Pfarrkirche St. Martin.

Offenbach, Evang. Pfarrkirche, ehemals spätromanisch, zentralbauähnliche, kreuzförmige gewölbte Basilika (1225 bis 14. Jahrhundert); reich gestaltetes Tympanon des Westportals; im Inneren figürlich gestaltete Kapitelle und Schlusssteine.

Offenbach-Hundheim, »Hirsauer Kapelle«; Malereien im Chor (um 1250).

Oppenheim, Evang. Katharinenkirche, bedeutender gotischer Bau am Rhein (13./14. Jahrhundert), dreischiffig mit prachtvoller Außengestaltung, u.a. rosenförmig gestaltetes Maßwerk an Fenstern.

Prüm (Eifel), ehemalige Abteikirche, dreischiffige gotische barockisierte Basilika; Figurengruppen aus Resten spätgotischer Altäre (beachtlich der Realismus der Dargestellten), dunkler Säulen-Hochaltar mit Übergang zu Rokokoformen, barockes Chorgestühl, Sandsteinkanzel (1590), Prunkgrab Lothar I. (1878).

Sobernheim, Evang. Pfarrkirche, spätgotische Hallenkirche (1482), spätgotische Ausmalung; Sakramentsschrein, Taufstein, Blendmaßwerk; moderne Glasgemälde (Georg Meistermann, 1963/65).

Trier, Liebfrauenkirche, älteste gotische Kirche in Deutschland (13. Jahrhundert), Zentralbau, reiche Ausstattung.

Unkel (Neuwied), Kath. Pfarrkirche St. Pantaleon, dreischiffige Hallenkirche mit Netzgewölbe, reiche Ausstattung.

Zell-Merl (Mosel), frühgotische St. Michaelskirche mit fünfteiligem Hochaltarretabel (um 1520/30, aus einer Antwerpener Werkstatt).

Saarland

Medelsheim (bei Blieskastel), St. Martin, bemaltes gotisches Sandsteinretabel (um 1430), noch im alten Zustand: Kreuzigungsgruppe, Apostel Petrus und Paulus, Hl. Martin mit Pferd und Bettler.

Saarbrücken, Evang. Stiftskirche St. Arnual, klassische gotische Kirche in Form einer kreuzförmigen Basilika nach Vorbildern in Trier und Frankreich (12. Jahrhundert) mit Kreuzgewölben, Säulen auf blattwerktragenden Konsolen, reich mit Tierfiguren und Wappenschilden geschmückten Gewölbeschlusssteinen der Seitenschiffe; gotischer Taufstein (1475).

Saarbrücken-Kölln, Evang. Pfarrkirche St. Martin, Typ der saarländischen Dorfkirche aus dem 14. Jahrhundert, spätgotische dreischiffige Stufenhalle, Sterngewölbe und Schlusssteine; Sakramentsschrein mit Kreuzigungsrelief, Kanzel (1600) mit Fischblasenmaßwerk, im Chor

Wandgemälde (15. Jahrhundert): Jüngstes Gericht, mit Darstellungen von Sonne, Mond, Planeten, den vier Erdteilen, Szenen aus dem Leben des Hl. Martin.

St. Wendel, Kath. Pfarr- und Wallfahrtskirche St. Wendelinus, gotische Kirche, dreischiffig ohne Querhaus (14./15. Jahrhundert), reiche Portalplastik, Christus als Weltenrichter, im Mittelschiff Gewölbemalereien (1464), reiche Ausstattung, u.a. Tumba des St. Wendelinus.

St. Wendel-Niederkirchen, dreischiffige spätgotische Stufenhalle (16. Jahrhundert), Gewölbekonsolen im Chor mit phantastischen Figuren.

Tholey, Benediktinerklosterkirche St. Mauritius, frühgotische dreischiffige querschifflose Basilika (1260–1310), Fenster zu alttestamentlichen Themen.

Annaberg-Buchholz, St. Annenkirche, große Hallenkirche im Stil obersächsischer Spätgotik (1499–1525) mit Schlingrippen- und Schleifensterngewölbe, gute Ausstattung: Tür am nördlichen Seitenschiff, wertvoller geschnitzter Knappschaftsaltar, hundert Emporentafeln.

Bautzen, Dom St. Peter, vierschiffige Hallenkirche mit abgeknicktem Umgangschor (1303 und 1497), 1640 nach Brand Neuausstattung; Orgelprospekt und Emporen im Jugendstil (1908); seit 1524 Simultankirche (kath. Gottesdienste im Chor, evang. im Langhaus); hölzernes Kruzifix (1714, von Permoser), im Langhaus Renaissancealtar (1644) und Fürstenloge (1673–1674).

Borna, Stadtkirche St. Marien, berühmter über 10 m hoher »Bornaer Altar« (1511), Mittelschrein mit drei geschnitzten Wandlungen: »Heimsuchung«, acht Reliefs der Kindheitsgeschichte Jesu, acht Bilder zur Passion, Albrecht Dürers »Großer Passion« als Vorbild folgend.

Chemnitz, Jakobikirche, dreischiffige spätgotische Hallenkirche (1350–1365), mit Hallenumgangschor.

Chemnitz, spätgotische Schlosskirche, dreischiffige Hallenkirche mit Sterngewölbe (1514–1526), Hauptportal in Form eines Triumphbogens mit monumentaler Astwerk- und Figurendekoration: oben ein von musizierenden Engeln umgebener Gnadenstuhl, darunter Madonna mit den beiden Johannes, rechts und links Benedikt und Scholastika, darunter das Stifterpaar mit zwei Äbten; innen berühmte, 360 cm hohe, im spätgotischen Realismus gestaltete Geißelsäule (Hans Witten, 1515) mit Christus und den ihn Geißelnden; Altäre, u.a. vier Gemäldetafeln von Lukas Cranach d.Ä.

Chemnitz-Ebersdorf, Stiftskirche und ehemalige Wallfahrtskirche »Zu unserer Lieben Frauen«, nach spätromanischem Saalbau entstand spätgotischer Chor und Langhaus (1410–1420) sowie eine zweigeschossige Nordkapelle mit Maßwerkgewölbe (1460–1470); reiche Ausstattung, u.a. hohes geschnitztes Kruzifix (Hans Witten, 1513), Flügelaltar mit Maria, Barbara und Dorothea im Mittelschrein (15. Jahrhundert).

Döbeln, Stadtkirche St. Nikolai, seit 1479 spätgotische Hallenkirche mit einem der bedeutendsten Schnitzaltäre Sachsens, sechsflügeliges Werk des »Meisters des Döbelner Hochaltars« (1516/17) mit volkstümlicher Bilderfolge, u.a. zum Leben des Kirchenpatrons, dem Hl. Nikolaus; in der Marienkapelle »Döbelner goldene Pforte« mit reichem Gewändeprofil.

Dörnthal (bei Freiberg), Wehrkirche (14. Jahrhundert) mit Chor (1539); vorkragendes Befestigungsgeschoss mit Gießluken und Schießscharten (15. Jahrhundert); Kassettendecke, mit Heiligenbildern und Rosenmotiven; Kanzel (17. Jahrhundert) mit blau-rot-weißer Schablonenbemalung, Sandsteintaufbecken (1619) mit dem ungewöhnlichen Motiv von Kindern in Taufkleidung.

Freiberg, Dom, Pfarrkirche St. Marien (1487–1512), dreischiffige, spätgotische, obersächsische Hallenkirche mit Emporenausbuchtungen um Pfeiler (obersächsische Emporen); ehemals farbig gefasstes Portal (1230–1235), »Goldene Pforte« mit reichem ikonografischem Bildprogramm; reiche Ausstattung, u.a. spätgotische »Tulpenkanzel« (1510), Bergmannskanzel (1638), deren Korb von einem Bergmann getragen wird, Triumphkreuzgruppe (1230), Apostelzyklus (1500), Silbermannorgel.

Görlitz, Stadtkirche St. Peter und Paul (1423–1497), fünfschiffige spätgotische Hallenkirche (15. Jahrhundert), neugotisch beendet; spätgotische Krypta mit Netz- und Sterngewölbe, barocke »Görlitzer Sonnenorgel« mit strahlenförmig um Sonnengesichter angeordneten Orgelpfeifen (1703).

Görlitz, Frauenkirche (1449–1486), dreischiffiger spätgotischer Hallenbau, reicher figürlicher Schmuck des spätgotischen Doppelportals; Netzgewölbe, Wandmalerei, Empore mit Maßwerkbrüstung, »Schwalbennestorgel« mit hölzerner Maßwerkbrüstung, Konsolenfiguren.

Görlitz, Dreifaltigkeitskirche, ehemalige Franziskaner-Klosterkirche, einschiffiges Langhaus mit noch originaler spätgotischer Ausstattung, u.a. Mönchsgestühl (1484), Grablegungsgruppe (1492), Christus in der Rast (um 1500), im alten Kreuzgang Wandmalereien eines Engelskonzerts (1430); Hochaltar (barock 1713).

Görlitz, Hl. Grab (1481–1504), zweigeschossige, gotische Heiligkreuzkapelle mit einer Pietà (um 1500); ein Riss in der Nordwand versinnbildlicht das Erdbeben zur Todesstunde Jesu; Grabkapelle als Nachbildung des Hl. Grabes in Jerusalem.

Großrückerswalde (bei Marienberg), Wehrkirche (Mitte 15. Jahrhundert); unter tief herabgezogenem Schindeldach mit Dachreiter, der Wehrgang mit Schießscharten; drei Emporen (1594, 1690, 1753).

Kamenz, Hauptkirche St. Marien, spätgotische vierschiffige Hallenkirche aus Granit (1400–1480) mit kostbarer Ausstattung, u.a. großer spätgotischer Flügelaltar (Marienaltar, Ende 15. Jahrhundert), Michaelsaltar mit dem Hl. Michael als Seelenwäger (1498), große Kreuzigungsgruppe im Triumphbogen (15. Jahrhundert).

Lauterbach (bei Marienberg), spätgotische Wehrkirche der Dörfer der Grenzregion (14./15. Jahrhundert), auf dicken Bruchsteinmauern (ursprünglich mit Schießscharten ausgestattet) das hölzerne Obergeschoss mit Wehrgang und Schindeldach; Kassettendecke (1623) mit Darstellungen der zwölf Apostel und vier Evangelisten; eine der ältesten Orgeln Sachsens (1620–1630); 1906 erfolgte Umsetzung der Kirche und Nutzung als Friedhofskirche.

Leipzig, Nikolaikirche, ursprünglich als romanische Kaufmannskirche errichtet (1165), im 15. und 16. Jahrhundert Umbau zur dreischiffigen spätgotischen Hallenkirche, klassizistische Innenausstattung (ab 1781).

Leipzig, Thomaskirche, spätgotische obersächsische Hallenkirche mit dreischiffigem Langhaus (Chor 1213–1223), gotischer Hochaltar (um 1520), Renaissance-Ausstattung (Emporen, Taufstein u.a.).

Leipzig-Pegau, spätgotische Laurentiuskirche mit sehenswerter Ausstattung, in der romanischen Kapelle Grabmal des Markgrafen Wiprecht v. Groitsch (um 1230) als fast vollplastische Figur gearbeitet, die Umrandung ursprünglich mit 223 geschliffenen Edelsteinen verziert.

Meißen, Dom, kreuzförmige Basilika (13. Jahrhundert), dreischiffige Hallenkirche (14. Jahrhundert), Türme neugotisch (1904–1908), »Aposteltreppe« mit farbig gefasstem Figurenschmuck am Westportal der Fürstenkapelle (1400), im Hohen Chor Stifterfiguren des Naumburger Meisters (um 1260), Kreuzaltar aus Cranachs Werkstatt (1534).

Panschwitz-Kuckau (bei Kamenz), Zisterzienserinnen-Klosterkirche Marienstern, dreischiffige spätgotische, turmlose Hallenkirche (ab 1259), mit barocker Innenausstattung (1720).

Pirna (sächsische Schweiz), Stadtkirche St. Marien, spätgotische Hallenkirche (1502–1546) mit Stern-, Netz- und Rippengewölbe, Schleifen- und Hobelspanrippen (architektonische Kuriosität); Spätrenaissance-Altar (1610–1612, von Michael und David Schwenke), spätgotische Kanzel (1525), Steinemporen.

Schneeberg, St. Wolfgangskirche, dreischiffige spätgotische Hallenkirche (1515–1540), bedeutender Reformationsaltar (Lucas Cranach d.Ä., 1539) zeigt auf zwölf zum Flügelaltar zusammengestellten Bildtafeln symbolhaft das evangelische Glaubensbekenntnis.

Seiffen, Dorfkirche, achteckiger barocker Zentralbau mit Zeltdach, darüber barocker Glockenturm; zwei umlaufende Emporen (1777–1779) und bemerkenswerter Glashängeleuchter aus den dortigen Glashütten.

Torgau, Marienkirche, spätgotische Hallenkirche (1390), bedeutende Ausstattungsstücke, u.a. im linken Seitenschiff Gemälde »Die 14 Nothelfer« (Lucas Cranach d.Ä.), barocker Hochaltar, Renaissancekanzel.

Torgau, Schlosskirche, erster protestantischer Kirchenneubau, Wandpfeilersaal mit Netzrippengewölbe über zwei Emporengeschossen (1544 von Luther geweiht), Kanzel mit Bildern von Lucas Cranach.

Wurzen, Dom St. Marien, nach romanischen Anfängen (Pfeilerbasilika) und einem Brand (1470–1490) gotischer Bau, u.a. Chöre mit spätgotischem Zellengewölbe und Emporenumgang (1510–1550); heutige Ausstattung nach Restaurierung (1928–1932) bemerkenswert expressionistisch.

Zittau, Kreuzkirche, gotischer Bau auf quadratischem Grundriss (1410); die Kirche wurde 1990 als ständiger Ausstellungsort für die berühmten Zittauer Fastentücher angekauft, die lange als verschollen galten.

Zwickau, Dom und Stadtkirche St. Marien, dreischiffiger spätgotischer Bau mit reichem Fassadenschmuck, z.B. gotisches Astwerk, Strebepfeiler mit Kielbögen (15. Jahrhundert); reiche Innenausstattung, u.a. geschnitzter Marienaltar (1479, Michael Wolgemut aus Nürnberg), fünf Meter hohes geschnitztes Hl. Grab (1507), Pietà (1502), Sandsteinkanzel mit Renaissancedekoration (1538).

Zwickau, Katharinenkirche (15. Jahrhundert), dreischiffige, spätgotische Hallenkirche mit Netz- und Sternengewölbe, Altar aus der Werkstatt Lucas Cranachs d.Ä. (1517), Auferstandener Christus mit der Siegesfahne am nördlichen Chorpfeiler (1498), Sandsteinkanzel (1538).

Sachsen-Anhalt

Bad Kösen, Klosterkirche des Zisterzienserklosters Pforta, dreischiffige Basilika, ungewöhnlich die um 1300 errichtete Westfassade mit monumentalem Bildprogramm im Giebelfeld.
Diesdorf (bei Salzwedel), Stiftskirche, große dreischiffige Backsteinbasilika (1170).
Halberstadt, Dom St. Stephanus (1239–1491), hochgotische Kathedrale nach französischem Vorbild; romanische Triumphkreuzgruppe (um 1200) aus ottonischem Vorgängerbau.
Havelberg, Dom St. Marien, ehemals romanischer Bau nach Brand in gotischen Gewölbebau verwandelt (um 1279); wertvolle Ausstattung, u.a. Lettner mit 20 Reliefs, 14 Chorgestühl-Sandsteinfiguren (1396–1411).
Magdeburg, Dom St. Mauritius und Katharina (ab 1209 bis Anfang 16. Jahrhundert), prachtvolle Ausstattung, u.a. Figurenkapitelle, Chorgestühl, bedeutende Skulpturen, eine in Bronze gegossene Tumba des Erzbischofs Ernst von Wettin (Peter Vischer d.Ä., 1495), Kanzel der Spätrenaissance (1595–1597).
Magdeburg, Kloster Unser Lieben Frauen, geschlossen erhaltene Klosteranlage mit ältestem erhaltenen Brunnenhaus.
Mansfeld, Schlosskapelle, eindrucksvoller einschiffiger Bau mit umlaufenden Steinemporen (15. Jahrhundert), reiche Ausstattung, u.a. Taufstein, Flügelaltar aus dem Umkreis Lucas Cranach d.Ä.
Sangerhausen, Jakobikirche, spätgotisch (14. und 15. Jahrhundert), Ausstattung u.a. Chorgestühl aus 16. Jahrhundert mit Flachschnitze-

reien, spätgotischer Taufkessel mit hölzernem, von der Decke herabhängenden Deckel, stellt die Taufe Christi dar (um 1700).
Schulpforta, ehemalige Zisterzienser-Klosterkirche, dreischiffige kreuzförmige turmlose Basilika, ursprünglich mit Flachdach (ab 1140), monumentaler Mittelschiffgiebel mit figürlichem Schmuck, bedeutende Ausstattung, u.a. freistehende Stifterfiguren, großes farbig gefasstes Triumphkreuz, Dreisitz.
Stendal, Dom St. Nikolaus, dreischiffige weite Halle (ab 1423), einzigartige Glasmalereien in Chor, Querhaus und südlichem Seitenschiff an 22 Fenstern (1425–1470).
Stendal, St. Marien (um 1450), spätgotische, doppeltürmige Hallenkirche, reiche Ausstattung, u.a. Hochaltar (1471), Chorschranke, astronomische Uhr unter der Orgelempore (um 1580).
Tangermünde, Stephanskirche, dreischiffige Backsteinhallenkirche (1375), nach einem Brand Innenausstattung der Spätrenaissance.
Wittenberg, Stadtkirche St. Marien, bedeutende spätgotische Hallenkirche, kostbare Ausstattung der Reformationszeit, u.a. gemaltes Altarretabel von Lucas Cranach d.Ä. (1539), wichtiges Lehrbild der Reformation mit Darstellungen von Abendmahl, Taufe, Beichte und Predigt mit abgebildeten Reformatoren Luther und Melanchthon.
Wittenberg, Lutherstadt, Schlosskirche (um 1500), an der hölzernen Tür des Nordportals (heute Bronze) Luthers Thesenanschlag 1517.

Schleswig-Holstein

Burg (Fehmarn), St. Nikolai, gotische dreischiffige Hallenkirche (1513 vollendet), beachtenswerte Altäre, kelchartiges Bronzetaufbecken mit Löwenfüßen (1391).

Cismar, Kloster, bedeutender gotischer Flügelaltar (1310–1320) im Chor der ehemaligen frühgotischen Backsteinkirche.

Eckernförde, St. Nikolai, dreischiffige spätgotische Backstein-Hallenkirche (ab 1450) mit Malereien im gotischen Chor, Chorgestühl; Hauptwerk der reichen Ausstattung ist der mehrgeschossige Schnitzaltar von Hans Gudewerdt d.J. (1640) im Stil des Knorpelbarock.

Flensburg, Marienkirche, dreischiffige gotische Hallenkirche (1284 bis 14. Jahrhundert), Malereien im Chor: Jüngstes Gericht, Marienlegende und Themen des Alten Testaments; reiche Ausstattung, u.a. mächtiger geschnitzter Hochaltar (1598), reliefgeschmückte Emporenkanzel (1579), Bronzetaufbecken (1591), zahlreiche kostbare Epitaphe (17. Jahrhundert); seltener Jugendstilaltar in der Taufkapelle (1906), drei Trinitätsfenster an der Ostwand (1959/60).

Flensburg, Nikolaikirche, gotische Backstein-Hallenkirche mit stark überhöhtem Mittelschiff (1390–1490), Bronzetaufbecken mit kesselförmiger, von vier Evangelisten getragener Schale (1497), 12 m hoher bemalter und vergoldeter Orgelprospekt (1604–1609) sowie einer der im Norden seltenen großen, mit Säulen, Engeln und Rocaillewerk geschmückten Rokokoaltäre (1749).

Flensburg, Heilig-Geist-Kirche, gotischer gelber Backsteinbau (1386), Hauptschiff mit figürlichen gotische Malereien.

Heide, St. Jürgen (15. Jahrhundert), barocker, reich dekorierter Altaraufsatz, dessen Spitze in einer Öffnung der später eingezogenen Kassettendecke verschwindet.

Lübeck, Marienkirche (1250–1350), dreischiffige Basilika, nach französischen Vorbildern errichtet, drittgrößte Kirche Deutschlands, Vorbild für norddeutsche Backsteingotik; Ausstattung: prunkvoll vergoldeter Marienaltar (1518) mit Szenen aus dem Marienleben und der Passion, Chorschranken und Sakramentshaus, Bronzetaufbecken, ehemals monumentaler gemalter Totentanz (zerstört).

Lübeck, Jakobikirche, gotische Stufenhallenkirche (1250 bis Ende 14. Jahrhundert), Altäre, zwei Orgeln und Leuchter, ehemals Kirche der Schiffergesellschaft.

Lübeck, Katharinenkirche, dreischiffige turmlose Backsteinbasilika (1300–1370), eindrucksvollste Fassade der Lübecker Kirchen, u.a. Nischenfiguren von Ernst Barlach (1930–1932) und Gerhard Marcks (1947/48).

Meldorf, St. Johannis (»Meldorfer Dom«), dreischiffige Gewölbebasilika mit Querschiff (1250–1300), bemerkenswert der Wechsel von glasierten und unglasierten Ziegeln, Deckenmalereien (14. Jahrhundert); gotischer Bilderzyklus mit Geschichten aus dem Alten und Neuen Testament, reich geschnitztes Chorgitter (1603), spätgotischer Hauptaltar (1520), achtsitziges Chorgestühl (15. Jahrhundert), Spätrenaissance-Emporenkanzel (1601/02).

Neustadt, Stadtkirche, dreischiffige gotische Basilika, Wandmalereien (13. Jahrhundert), Barockaltar (1643), der ursprünglich für den Schleswiger Dom angefertigt wurde.

Preetz, dreischiffige gotische Klosterkirche (1325–1340), spätbarocker Hauptaltar (1743), gotischer Schreinaltar im Nonnenchor, Torso des bedeutenden Altars von Dänischenhagen (H. Gudewerdt d.J.,1656), reich geschnitztes Nonnengestühl mit 70 Sitzen, Kanzel (1634).

Ratzeburg, Dom, kreuzförmige, dreischiffige Pfeilerbasilika (1160–1220); Auffallend plastisch-ornamentale Gliederung des Südervorhalle-Giebels; zwei gotische Dreisitze im Chor, bedeutende geschnitzte Renaissance-Emporenkanzel (1576), Schranken des Renaissancetaufsteins mit geschnitztem Taufdeckelturm (1577, heide von H. Matthes)

Rendsburg, gotische Marienkirche, dreischiffige Backsteinhallenkirche (1286), Gewölbemalereien (um 1330); der Hauptaltar (1649) ist ein bedeutendes Beispiel des Manierismus.

Schleswig, Dom St. Petri, nach romanischen Anfängen (Petri Portal, Querschiff, Löwenplastiken in der Sakristei um 1100) gotische Hallenkirche (bis 1270); »Bordesholmer Altar« (Hans Brüggemann, 1514–1521); das 12 m breite und 7 m hohe Altarwerk enthält fast 400 aus Eichenholz geschnitzte Figuren; Barockaltäre (Jürgen Ovens, 1669), Grüfte, Gemälde; 33 farbige neugotische Fenster (1888 und 1894).

Schobüll (Husum), frühgotischer Backsteinbau mit Triumphkreuzgruppe (1240), Altar mit acht Maßwerkfenstern im Vorsatz (Ende 15. Jahrhundert), Kanzel mit vorspringendem Schalldeckel mit Putten und bekrönender Erlöserfigur (1735, von J. Sünksen).

Arnstadt, Liebfrauenkirche, romanisch-gotische Kirche mit hochgotischem Hallenchor (Ende 13. Jahrhundert), Hauptaltar aus der Werkstatt des Meisters vom Erfurter Regleraltar, Doppeltumba aus der Werkstatt der Parlerfamilie in Prag.

Arnstadt, Oberkirche, spätgotischer Bau, Emporenraum (14. Jahrhundert) mit bemalter Holztonne, barocker Fürstenstand, Altar und Kanzel (erste Hälfte 17. Jahrhundert).

Eisenach, Georgenkirche, ehemals gotische Hallenkirche (1515), später älteste protestantische Predigträume, reiche Farben- und Formenvielfalt im Inneren, Kanzel (1676), barocke Kreuzigungsgruppe, Orgel, drei Emporengeschosse.

Erfurt, Reglerkirche, ehemals Stiftskirche der Augustiner-Chorherren, dreischiffige gotische Basilika (14. Jahrhundert) mit hölzerner Wölbung, spätgotischer Wandelaltar.

Erfurt, Dom, auf romanische Vorgängerkirche (um 1154) folgte hochgotischer Bauabschnitt (14. Jahrhundert) nach Vorbild der Sainte-Chapelle in Paris, mit farbenprächtiger Verglasung des Chorhauptes und zweischiffiger Unterkirche; reiche Ausstattung, aus romanischer Zeit: Stuckmadonna (1160), Leuchterfigur des Hl. Wolfram; aus gotischer Zeit: Chorgestühl, Fenster, Heiliges Grab der Unterkirche, Flügelaltar mit Einhornjagd, Sakramentshaus; barocker Hochaltar.

Erfurt, Severikirche, fünfschiffige gotische Hallenkirche mit Dreiturmfassade (13./14. Jahrhundert); Severussarkophag (1365) mit Darstellung der Legende des Heiligen, spätgotische Flügelaltäre, Alabasterrelief des Hl. Michael als Drachentöter (1467), Taufstein.

Erfurt, Dominikaner- bzw. Predigerkirche, große und hohe gotische Hallenkirche (1278–1380), Chorschranken mit Bild des Kalvarienbergs (1350–1360), Madonna im »weichen Stil« der Gotik.

Erfurt, Wigbertikirche, spätgotisch und einschiffig, mit Sternengewölbe, Barockausstattung.

Erfurt, Ägidienkirche (Krämerbrücke) mittelalterliche Ausstattung dieser Wegekapelle.

Erfurt, Barfüßerkirche, Chor mit Fenstern aus dem 14. Jahrhundert, nach der Zerstörung 1944 wieder hergestellt (sie zeigen Szenen aus der Leidensgeschichte Jesu und dem Leben des Hl. Franziskus).

Heiligenstadt, Martinskirche (ab 1304), am Nordportal Tympanon mit Darstellung des Hl. Martin; Figurenkapitelle und Konsolen.

Heiligenstadt, St. Ägidien, langgestreckte gotische Hallenkirche mit reicher Ausstattung, u.a. barocker Hochaltar (1691), 14 Nothelfer-Altar (1638), Chorgestühl (17. Jahrhundert).

Mühlhausen, St. Marien, hochgotischer fünfschiffiger Hallenbau (14. Jahrhundert), imposante Querhausfassaden im Stil französischer Kathedralplastik mit einem die mittelalterliche Reichsidee symbolisierenden Bildprogramm (es zeigt neben Christus als Weltenrichter und der Anbetung der Hl. Drei Könige auch Figuren von Kaiser Karl IV., seiner Gemahlin, einem Höfling und einer Hofdame); Glasfenster, reiche Ausstattung.

Mühlhausen, Blasiikirche, frühgotischer Chor, gotische Fensterscheiben, geschmiedetes Chorgitter (ersetzt seit 1640 den Lettner).

Nordhausen, Dom, über romanischer Krypta (12.–16. Jahrhundert); gotische Hallenkirche mit reich geschnitztem Chorgestühl (14. Jahrhundert), barocker Hochaltar.

Römhild, Stadtkirche, spätgotische doppelchörige Hallenkirche (1447) mit steinernen Emporen; Altar und Bemalung (um 1670), bedeutende Bronze-Grabmäler in der Gruftkapelle (aus der Werkstadt Peter Vischers aus Nürnberg, 15. und Anfang 16. Jahrhundert).

Saalfeld, St. Johannis, Stadtkirche mit klassischen hochgotischen Schmuckformen, z.B. Außenempore über Westportal und Tympanon, Sterngewölbe im Chorraum (15. Jahrhundert).

Weimar, Stadtkirche Peter und Paul (Herderkirche), spätgotische Hallenkirche, barockisiert (18. Jahrhundert).

REISE-TIPPS

Anger (südlich Salzburg), Pfarrkirche St. Mariae Himmelfahrt, spätgotischer Zentralbau (1447–1500).

Braunau (Oberösterreich), Stadtpfarrkirche St. Stephan, spätgotisch (1439–1466).

Bregenz (Bodensee), Martinskapelle mit mittelalterlichen Wandmalereien (ab 1340).

Eferding (Oberösterreich), Stadtpfarrkirche (1451-1505), doppelarmige Wendeltreppe.

Eggelsberg (Oberösterreich), zweischiffige Pfarrkirche (1420–14369).

Eisenerz (Steiermark), Pfarrkirche St. Oswald, größte Kirchenburg der Steiermark, beachtenswerte Westempore (1513–1517).

Freistadt (Mühlviertel), Katharinenmünster (um 1270).

Friesach (Kärnten), Dominikanerkirche, Langchor (erste Hälfte 14. Jahrhundert).

Gerlamoss, Georgskirche (zweite Hälfte 15. Jahrhundert), bedeutender Freskenzyklus.

Graz, Leechkirche, älteste, frühgotische Kirche in Graz (1240).

Graz, Stadtpfarrkirche, Erweiterung einer Kapelle (1440) Ende 15., Anf. 16. Jahrhundert zur spätgotischen Hallenkirche ausgebaut. Fassade barock, im südlichen Seitenschiff ein Tafelbild von Tintoretto.

Imbach bei Senftenberg (Niederösterreich), Pfarrkirche, zweischiffige gotische Hallenkirche (um 1285 geweiht).

Kefermarkt (Mühlviertel), spätgotischer Flügelaltar.

Königswiesen, Pfarrkirche Mariä Himmelfahrt (12.-16. Jahrhundert).

Kufstein (Tirol), Liebfrauenkirche, barockisiert.

Kundl (Tirol), St. Leonhard auf der Wiese (1480–1512).

Landeck (Tirol), Pfarrkirche Mariä Himmelfahrt (15. Jahrhundert).

Lienz (Tirol), Pfarrkirche St. Andrä.

Maria Saal (Kärnten), Wallfahrtskirche Mariä Himmelfahrt (1430–1459), spätgotischer Kirchenbau inmitten einer Kirchenburg, dreischiffig. Freskenzyklus von 1490 im Gewölbe des Mittelschiffs und Drei-Königs-Fresko an der Chornordwand.

Maria Straßengel bei Graz (Steiermark), dreischiffige Wallfahrtskirche 14. Jahrhundert, durchbrochener Turmhelm, an Chorfenstern gotische Glasmalereien.

Mariazell (Steiermark), berühmteste steirische Wallfahrtskirche (um 1200), silberner Gnadenaltar (1519) von Joseph Emmanuel Fischer von Erlach, Kapelle im 17. Jahrhundert barockisiert.

Obermauern (Tirol), Zu Unserer Lieben Frau (15. Jahrhundert), Fresken.

Pischelsdorf am Engelbach (Oberösterreich), Pfarrkirche, schöner Chor und reiches Sternengewölbe (1392–1419).

Salzburg, Stiftskirche St. Peter (1130–1143), barockisiert.

Salzburg, Franziskanerkirche zu Unserer Lieben Frau (13. Jahrhundert).

Schwaz (Tirol), Pfarrkirche (1460–1492), vierschiffige Kirche mit zwei gleichrangigen Hauptschiffen.

Seckau (Steiermark), Benediktinerstift (12. Jahrhundert), nach Brand im gotischen Stil erneuert, Kapellen mit bedeutenden Kunstwerken. Moderner Freskenzyklus zur Apokalypse von Herbert Boeckl (1952–1960).

St. Leonhard im Lavantal (14. Jahrhundert), Glasfenster.

St. Peter in der Au (Niederösterreich), spätgotische, dreischiffige Wehrkirche mit Netzrippengewölbe und Chor (14. Jahrhundert).

Stift Göß (Steiermark), gegründet 1020, spätgotischer Bau über frühromanischer Krypta, in der Michaelskapelle frühgotische Fresken im Zackenstil.

Stift Lilienfeld (Niederösterreich), 1202 gegründetes Zisterzienserstift mit spätromanisch-frühgotischer Pfeilerbasilika, schöner gotischer Chor, später barockisiert.

St. Marein bei Knittelfeld (Steiermark), gotisches Figurenportal.

St. Vincenz (Kärnten), Heiligenblut.

St. Wolfgang (Salzburger Land), »Pacher Altar« (1471–1481).

Steyr (Mühlviertel), Stadtpfarrkirche zum Hl. Ägid und Hl. Koloman.

Stift Neuberg an der Mürz (Steiermark), Zisterzienser-Klosterkirche, nicht barockisiert.

Thörl (bei Villach), Pfarrkirche St. Andä (zweite Hälfte 15. Jahrhundert), gotische Fresken.

Villach (Kärnten), St. Jakobskirche, Spätgotik.
Wien, Stephansdom, bedeutende Ausstattung: Hochaltar von Tobias Pock (1640), Hochgräber, spätgotischer Orgelfuß, Kanzel mit Selbstbildnis des Baumeisters und Steinmetzes Anton Pilgram.

Wien, Maria am Gestade (»Stiegenkirche«), einschiffige spätgotische Kirche, die in ihrer steilen Proportionierung auf die enge bauliche Umgebung reagiert (1394–1427), durchbrochener Turmhelm von Michael Knab, siebenjochiges Langhaus, heller Chor, Gewölbe von zusammenhängendem Rautennetz überzogen.

Schweiz

Arosa (Graubünden), Bergkirchlein (1492) schöne alte Orgel.
Ascona (Tessin), S. Maria della Misericordia (1399–1442), bedeutender spätgotischer Freskenzyklus zum Alten und Neuen Testament im Chor (15. Jahrhundert).
Baden (Aaargau), Kloster Königsfelden (1300–1330), 11 einzigartige Glasfenster im Chor mit Szenen aus dem Leben Jesu, der Apostelgeschichte und dem Leben des Hl. Franziskus, von Mitgliedern des Hauses Habsburg gestiftet.
Basel, Münster, Säulenkapitelle im Hochchor mit Darstellungen aus der Bibel und Sagenwelt.
Basel, Martinskirche (um 1287–1398), älteste Pfarrkirche Basels.
Basel, St. Peter, interessante Fresken im Schiff und der Eberler-Kapelle (1400–1500). Ab 1421 leitet Matthäus Ensinger, Baumeister am Ulmer und Straßburger Münster den Bau des spätgotischen Berner Münsters.
Bern, Münster (1421–1588), bedeutendes Figurenportal.
Bern, Französische Kirche, Dominikanerkirche, (Ende 13. Jahrhundert).
Bissione (Luganer See), Wallfahrtskirche S. Maria dei Ghirli (13.–14. Jahrhundert, im 17. Jahrhundert barockisiert), imposante Treppenanlage, Fresken mit Szenen aus dem Leben Johannes des Täufers, an der Außenwand Jüngstes Gericht (um 1400).
Brione (Verzasca, Locarno), S. Maria Assunta, Fresken im Stil Giottos zum Leben Christi (1350).
Burgdorf (Berner Land), Stadtkirche (1471–1490).
Chur, Martinskirche.
Chur, Kathedrale, reiche spätgotische Ausstattung (15. Jahrhundert), Sakramentshaus, Hochaltar, Katharinenaltar u.a.

Ernen (Wallis), St. Georg (15.–16. Jahrhundert).
Fribourg, Franziskanerkirche, Flügelaltar von Albrecht Nentz (1481) und Fresken der durch weiße und rote Nelken gezeichneten Nelkenmeisterschule (1480–1520).
Fribourg, Kathedrale St. Nicolas (2. Hälfte des 13. Jahrhunderts begonnen), beachtlicher Ausstattung.
Goms, Münster, beeindruckender Flügelaltar des Luzerners Jörg Keller (1509).
Kappel am Albis, Zisterzienserabtei, Chorfenster mit blau und rotgrundigen Scheiben zeigen Heiligenfiguren (frühes 14. Jahrhundert).
Königsfelden, Klosterkirche, bedeutende vom Habsburger Königshaus gestiftete Glasmalereien (1325–1330).
Landschlacht, Leonhardskapelle, Fresken der Passion (1350) und späterer Leonhardszyklus (1432).
Lausanne, Kathedrale (1173–1232) über Resten einer karolingischen Basilika errichtet, »Apostelpforte«, Fensterrose (9 m Durchmesser) im südlichen Querhaus (um 1240).
Münchenbuchsee (Bern), St. Johannes, bedeutende Glasfenster des 13. Jahrhunderts.
Oberwinterthur, St. Arbogast, Fresken nach Art der Manesse-Liederhandschrift (1340).
Raron, Burgkirche St. Romanus, barockisiert.
Saanen (Berner Oberland, 1460–1480), bedeutende Fresken.
Zürich, Großmünster, Bronzetüren mit biblischen Darstellungen (Otto Münch, 1950).
Zürich, Frauenmünster, Hochgotik des 14. Jahrhunderts, berühmt auch durch die Glasfenster von Marc Chagall, ab 1967.

KIRCHEN IN DER RENAISSANCE (16.–17. JAHRHUNDERT)

Allgemeines zur Renaissance

Die Zeit zwischen etwa 1420–1600 ist vom Humanismus, von neuen Erfindungen, der zunehmenden Entdeckung der Natur und Eroberung der Welt ebenso geprägt wie von der Suche nach dem idealen Menschen und – besonders in Architektur und Kunst – nach dem idealen Maß. Das führte nach der radikalen Abwendung von der Gotik zur Rückbesinnung auf das »Goldene Zeitalter« der Antike und zum Wiederaufleben ihrer klassischen Kunstformen. Die Renaissance nahm von Italien ihren Ausgang, wo sie sich auch am stärksten ausprägte.

In Deutschland kommt es in der hier deutlich später einsetzenden Renaissance zu weniger Kirchenneubauten, da viele der alten gotischen Kirchen nur mit neuen Ausstattungsstücken, mit Renaissancealtären, Taufbecken und Kanzeln im neuen Stil, zum Beispiel im → Knorpelstil, modernisiert oder in evangelische Kirchen umgewidmet wurden.

Abb. 226 *Grundriss: Wandpfeilerkirche (links);* **Abb. 227** *Grundriss: Zentralkuppelbasilika (oben);* **Abb. 228** *Zentralkuppel-Basilika, Schema (rechts)*

St. Michael, München, Fassade

KIRCHEN IN DER RENAISSANCE (16.–17. JAHRHUNDERT)

Neubauten werden jetzt als Saalkirchen in harmonischen Proportionen mit Kapellennischen und Emporen realisiert (→ Grundriss S. 167, Abb. 226). Gelegentlich wurden auch nur Renaissancefassaden vor alte Kirchen gesetzt.

Vernunft und Geometrie bestimmen die neue Architektur. Klare, klassische Proportionen, vergleichsweise schlichte Formen, zum Beispiel der Halbkreis für Bogenformen, und horizontale Steinbänder (Gesimse) betonen die Außen- und Innenraumgestaltung. Alles scheint nach den neuen Gesetzen der Perspektive und ihren sich verkürzenden Proportionen in einem Fluchtpunkt zusammenzulaufen.

Neu errichtete Saalbauten streben nicht mehr in die Höhe, stattdessen wurde der Typ der Wandpfeilerkirche mit flacher oder halbrunder Kassettendecke ausgebildet. Auch Zentralbauten können die basilikale Form (→ Basilika) alter Kirchen ablösen. In deren kuppelüberdachten Räumen von harmonischen Ausmaßen wird der Blick weder in einer Achse nach Osten noch himmel-wärts gelenkt, sondern er ruht in Harmonie oder kreist im Rund. Diese Bauten symbolisieren den Weltbezug des Renaissancemenschen.

Auch kleinere Kirchen wurden nach Einführung der Reformation nun mit Orgeln zur Unterstützung des Gemeindegesanges ausgestattet. Kastengestühl ermöglichte das geduldige Zuhören selbst bei nun länger dauernden Predigten, und Emporen boten den vielen Zuhörern in evangelischen Kirchen bei nur einem, am Sonntag stattfindenden Gottesdienst genügend Platz.

Der Stil der **Spätrenaissance**, ihrer übersteigerten Formen wegen auch **Manierismus** genannt, äußert sich vor allem in überreichen ornamentalen Schmuckelementen, die Kircheninnenräume überziehen und sich bewusst den Bestrebungen nach Harmonie und klassischer Einfachheit der Hochrenaissance widersetzen. → Roll-, → Beschlag- und → Knorpelwerk kann Kanzelsäulen ebenso überziehen wie Altäre und sonstige Ausstattungsstücke.

So sehen Renaissancekirchen außen aus

MERKMALE IM ÜBERBLICK

- Breit gelagerte Saalbauten nach antikem Vorbild (→ Wandpfeilerkirchen)
- Säulen oder Pilaster, Dreiecks- oder Segmentgiebel heben schlicht gehaltene Portale und Fenster hervor
- Frei stehende Statuen in Nischen schmücken die an sich strenge Fassade
- Christus-, Heiligenfiguren, ein goldenes Kreuz oder das Trigramm IHS im Strahlenkranz können Fassadengiebel krönen

EINZELTHEMEN

- **Fassade** → S. 171
- **Portal** → S. 173

Abb. 229 *St. Michael, München, 1583–1597, erster Renaissancekirchenbau nördlich der Alpen*

Abb. 230 *Spätrenaissancefassade (Manierismus), Stadtkirche Bückeburg, 1613–1615*

Abb. 231 *Fensterbekrönungen nach antikem Vorbild; von links nach rechts:* **a)** *Dreiecksgiebel,* **b)** *Segmentgiebel,* **c)** *Dreiecksgiebel verkröpft;* **Abb. 232** *Renaissancekapitelle:* **a)** *dorisch,* **b)** *ionisch,* **c)** *korinthisch*

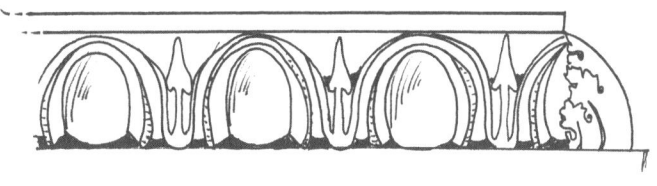

Abb. 233 *Antikisierende Schmuckelemente:* **a)** *Akanthus und* **b)** *Eierstab*

Fassade

Die Breitenwirkung der mehrgeschossigen Renaissancefassade ist durch ausladende, waagerechte Gesimse zusätzlich verstärkt. Der hohe Dreiecksgiebel kann seitlich mit → Voluten und → Obelisken geschmückt sein.

Wandnischen mit frei stehenden Statuen von Heiligen, Kirchenvätern oder Kirchenpatronen lockern die an sich strenge Fassade auf. Hinzu können in der Spätrenaissance manieristische Ornamente wie → Rollwerk und → Beschlagwerk kommen, die Fenster-, Türrahmen und Säulen bedecken. Schlichte Holzportale und rechteckige Sprossenfenster können durch Dreiecks- oder Segmentgiebel betont sein.

Portal

Renaissancekirchen haben nicht mehr die dicken Mauern mittelalterlicher Kirchen. Die tiefen → Gewände mit ihren dekorativen plastischen Darstellungen an Portalen (→ S. 83ff.) entfallen. Hohe, schlichte Holz- oder Bronzetüren führen in die Kirchen. Sie können von einem einfachen oder gesprengten Dreiecks- oder Segmentgiebel überdacht sein. Ebenso kommen rechts und links vom Portal rahmende Säulenstellungen vor (→ S. 171, Abb. 234 und 235).

Abb. 234–236 *Renaissanceportale, Schemata*

Die Fassade von St. Michael in München

An der Fassade von *St. Michael in München* (1583–1597; → Abb. 229 bzw. Foto S. 168) sind folgende Figuren von oben nach unten dargestellt:

Salvator mundi
Christus als Retter der Welt,
mit Weltkugel, Segensgestus unter dem Kreuz

Theodovalda   **Otto**   **Theodo**
(drei legendäre bayerische Landesfürsten eröffnen den Reigen der weltlichen Herrscher)

Tassilo I.	**Herzog Otto I.**	**Rupprecht III.**		**Karl der Große**	**König Christoph III.**	**Herzog Albrecht IV.**
(um 600)	(1180–1183)	(1398–1410)		(768–814)	(1439–1448)	(1465–1508)

Kaiser Maximilian I. und Ludwig IV.		**Herzog Albrecht V.**	**Herzog Wilhelm V.**	**Kaiser Karl V. und Ferdinand I.**	
(1493–1519)	(1314–1347)	(1528–1579)	(1579–1597)	(1519–1556)	(1556–1564)

Erzengel Michael
als Sieger über den Satan

Aus der Fassade von St. Michael: **Abb. 237** *Herzog Albrecht V.;* **Abb. 238** *Kirchenstifter Herzog Wilhelm V. mit dem Kirchenmodell;* **Abb. 239** *Erzengel Michael, »Herzog der himmlischen Heerscharen«, als Sieger über den Satan, Bronzegruppe von Hubert Gerhard, 1588*

So sehen Renaissancekirchen innen aus

Wohltuende Klarheit, harmonische Ausgewogenheit ihrer Bauglieder, klassische Maße und helle, meist hellgraue Wände sind die hervorstechenden Kennzeichen im Inneren von Renaissancekirchen. Die → Wandpfeilerkirchen werden von flachen oder tonnenförmigen Kassettendecken nach oben abgeschlossen. Seitenwände werden durch verstärkende Wandpfeiler mit ionischen oder korinthischen, der Antike nachempfundenen Kapitellen (→ S. 170) gegliedert.

St. Michael, München, Innenansicht mit Blick zum Hochaltar

- Rückbildung des Querhauses, Ausbildung von gliedernden Wandpfeilern an Längswänden, Einbeziehung von Emporen, alles schmucklos und hell
- Kassettendecken und mit Symbolen geschmückte Stuckdecken
- Strenge Dekoration nach antiken Vorbildern, zum Beispiel dorische, ionische, korinthische Säulenkapitelle an Wandpfeilern
- Figuren Heiliger frei stehend und erhöht in Wandnischen: unbemalte Gewändefiguren aus glatt poliertem Marmor oder Stuck in antiker Pose
- Schlichte Altarretabel aus Holz, weniger Seitenaltäre (Verzicht auf Vesperbilder)
- In der Spätzeit (Manierismus) Schnitzaltäre in Knorpelwerktechnik
- Schlicht gestaltete Taufbecken, meist aus Bronze
- Holzgeschnitzte und oft farbig gefasste Kanzeln mit Kanzeltüren und auffallend gestalteten Aufgängen
- Orgeln mit drei- oder fünftürmigem Aufbau, versehen mit reich geschnitztem Schleierwerk und Ornamenten
- Kastenförmige Beichtstühle
- Zunahme monumentaler, repräsentativer Grabmäler

EINZELTHEMEN

Abb. 240 *Wandpfeilerkirche mit Kassettendecke, Innenansicht;* **Abb. 241** *Wandpfeilerbasilika mit Nischen und Emporen, Schema (rechts)*

Stuckdecken und Bilder

Die flachen, auch leicht gewölbten Decken bzw. Tonnengewölbe in Kirchen der Renaissance zeigen Stuckreliefs. Sie können rein ornamentaler, dekorativer Art nach Vorbild der italienischen Renaissance sein, oder sie können zum Beispiel in Wallfahrtskirchen, die Maria geweiht sind, die Symbole der *Lauretanischen Litanei* zeigen.

Die Lauretanische Litanei

Seit dem 16. Jahrhundert wurde vom italienischen Wallfahrtsort Loreto ausgehend die Lauretanische Litanei verbreitet. In diesem Wechselgebet mit der immer wiederkehrenden Anrufung Mariens wird die jungfräuliche Mutter Gottes mit Sinnbildern aus dem Alten Testament, besonders solchen aus dem Hohelied, belegt und verherrlicht. An weißen Stuckdecken finden sich häufig in weißem Stuck gearbeitete Symbole. Maria wird demnach in Bildern beschrieben wie:
- eine Rose
- Sonne und Mond
- ein versiegelter Brunnen (Lebensbrunnen)
- ein verschlossener Garten (Paradies)
- ein fleckenloser Spiegel
- ein Turm Davids
- ein verschlossenes Tor
- die Bundeslade
- der brennende Dornbusch
- Lilie, Palme oder Ölbaum
- ein Stern, Zypresse und Zeder

Abb. 242 *Mariensymbole, Stuckdecke im Chor der Wallfahrtskirche Mariä Himmelfahrt, Aufkirchen am Starnberger See*

Neben marianischen Bildprogrammen kommen gegen Ende der Renaissance an Kirchendecken auch trinitarische Bildprogramme auf ornamentierten Feldern vor.
In der Wallfahrtskirche Aufkirchen beispielsweise findet sich eine ungewohnte Darstellung der → Dreifaltigkeitslehre im stuckierten Rundornament.

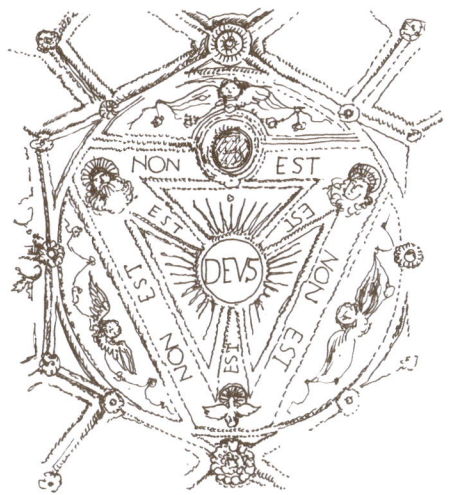

Abb. 243 *Dreifaltigkeitssymbol mit lateinischer Inschrift, Wallfahrtskirche Mariä Himmelfahrt, Aufkirchen am Starnberger See, Langhausdecke*

Abb. 244 *Antragsstuck der Spätrenaissance/Früh-barock, Kuppel der Wallfahrtskirche Maria Birnbaum, um 1650*

Abb. 245 *Beschlag- und Rollwerk*

Abb. 246 *Adam und Eva, Gebot und Sündenfall, Gewölbemalerei, St. Marien, Pirna, 1546*

Vielfach – und regional sehr unterschiedlich – werden später auch an Gewölbezwickeln, an Langhauswänden und anderen freien weißen Flächen teils figürliche, teils ornamentale Stuck-Dekorationen angebracht. Im Vergleich zu den später im Barock verspielten Formen sind diese Dekorationen eher streng und ernst. In der Regel sind sie den damals in Mode gekommenen Ornamentvorlagenbüchern entnommen.

Mehr und mehr nehmen in der an sich schlichten und flächigen Innenraumgestaltung nun Sonderformen des Stucks überhand. An Decken und Wänden, an Säulenschäften und Emporenbrüstungen werden glatte Flächen mehr und mehr durch sich scheinbar einrollende Beschläge aus Stuck hervorgehoben. Fratzen und stilisierte Engelköpfe können das → *Beschlag-* und → *Rollwerk* auflockern, sie können aber auch so üppig auftreten, dass die gesamte Stuckinnendekoration eher schwerfällig und überladen wirkt (→ S. 185, Abb. 261).

Malereien

Malereien nach graphischen Vorlagen

In manchen alten Kirchen wurde der Bestand an romanischen und gotischen Chormalereien in der Renaissance nicht mit weißer Farbe überstrichen, sondern noch erweitert. So wurden etwa Gewölbezwickel im Langhaus und Querschiff mit weiteren Freskenzyklen, doch jetzt im Stil der Renaissance, vervollkommnet. Vorbilder für diese Malereien waren oft graphische Vorlagen, zum Beispiel Kupferstiche niederländischer Meister. Erklärende und belehrende Untertexte, meist in lateinischer Sprache, sind vielen Darstellungen beigegeben.

Der Evangelisten- und Tugenden-Zyklus in der Marienkirche in Lippstadt

Die vier → Evangelisten sind je in einem Zwickel mit ihren Symbolen sowie je zwei lateinischen Schriftbändern dargestellt. Die Texte zu Markus – in lateinischen Distichen formuliert – lauten:

»Es zeigt dir die Heilige Schrift den mutigen Löwen. Wunderbar verkündet sie auch, dass du, Gottes Lamm, kamst.«
»Als Schüler des Petrus habe ich mich nach Alexandrien begeben und brachte Gott die Opfer des ewigen Lebens dar.«

Der Zyklus der sieben Tugenden setzt sich aus den *drei geistlichen Tugenden* (Glaube, Liebe, Hoffnung) und den *vier weltlichen Tugenden* (Gerechtigkeit, Klugheit, Tapferkeit und Maß) zusammen (→ S. 90). Ein achtes Gewölbefeld ist der Eintracht gewidmet.

Abb. 247 *Evangelist Markus, Gemälde im Gewölbezwickel, Große Marienkirche, Lippstadt, 16. Jahrhundert*

Die hier dargestellten Attribute der Tugenden sind:
- Glaube (fides) – Kreuz
- Liebe (caritas) – Kinder
- Hoffnung (spes) – Anker
- Gerechtigkeit (justitia) – Waage und Schwert
- Klugheit (prudentia) – doppeltes Gesicht und Schlange
- Tapferkeit (fortitudo) – trägt eine Säule
- Maß (temperantia) – mischt Wein mit Wasser
- Eintracht (concordia) – Ölzweig, Tauben und Mühlstein

Ein rekonstruierter lateinischer Text zur Tugend der Hoffnung lautet beispielsweise:

»Die hehre Hoffnung, Trost der Menschen, heiliger Anker des Glaubens, verspricht die Belohnung, die unseren Drangsalen entspricht.«

Die sieben Freuden und die sieben Schmerzen Mariens

Im 15. und 16. Jahrhundert treten statt flächendeckender Wandfresken immer mehr gerahmte Bilder auf, die in Kirchen, die Maria geweiht sind, bevorzugt Szenen aus dem Marienleben darstellen. Beliebt sind Darstellungen der sogenannten sieben Schmerzen und der sieben Freuden der Mariens.

Zu den *sieben schmerzhaften Ereignissen im Leben der Maria* – die Siebenzahl kristallisierte sich erst im Lauf der Zeit heraus – zählen seit dem 13. Jahrhundert vor allem die Ereignisse, die schon in der Gotik als → Vesperbilder (→ S. 137) dargestellt wurden:

1. Simeons Weissagung im Tempel (Beschneidung Jesu)
2. Die Flucht nach Ägypten
3. Die Suche nach dem zwölfjährigen Jesus im Tempel
4. Die Gefangennahme und der Kreuzweg Jesu
5. Die Kreuzigung (Maria unter dem Kreuz)
6. Die Kreuzabnahme
7. Die Beweinung (Pietà), Grablegung

Nun werden auch die *freudigen Ereignisse* vermehrt in gerahmten Bilderzyklen oder als zentrale Altartafel dargestellt. Dazu zählen:

1. Verkündigung
2. Heimsuchung (Besuch bei Elisabeth)
3. Geburt Christi
4. Anbetung durch die Heiligen Drei Könige
5. Begegnung mit Simeon bei der Darbringung im Tempel
6. Wiederfinden des zwölfjährigen Jesus im Tempel
7. Himmelfahrt und Krönung Mariens

In erweiterten Zyklen können auch die Auferstehung und Himmelfahrt Christi sowie das Pfingstwunder vorkommen.

Abb. 248 *Tilman Riemenschneider, Madonna im Rosenkranz, Wallfartskirche Maria im Weingarten, Volkach, 1521–1524*

Auch bei Darstellungen der Maria im → Rosenkranz können die schmerzhaften und freudigen Ereignisse mit einbezogen sein – hier sind es normalerweise fünf.

Steinskulpturen im Kirchenraum

Nicht nur an der Renaissancefassade, sondern auch im Kircheninneren befreit sich die Plastik im 16. und beginnenden 17. Jahrhundert aus der Bindung der Wand. Übermannshohe frei stehende → Heiligenfiguren stehen in Nischen. Der vollkommene, nackte menschliche Körper in natürlicher, wirklichkeitsgetreuer Darstellung wurde zum Ideal und präsentierte sich als selbstständige Statue, oft aus Marmor, später auch aus poliertem → Stuck.

An Ballustraden können frei stehende Engelfiguren auch mit goldgefassten Flügeln und Gewandsäumen vorkommen.

Kreuz

Weiterhin werden monumentale Kreuzigungsgruppen mit Christus als Typ des Dreinagelchristus am Kreuz und den beiden Assistenzfiguren Maria und Johannes meist für die Ostwand hinter dem Altar geschaffen (→ S. 113).

Bei der Kreuzigungsgruppe, die Christoph Meil 1694 für die Johann-Sebastian-Bach-Kirche in Arnstadt schuf, sind deutlich die für die Bildnerei der Renaissance typischen Merkmale erkennbar: nach der Natur und lebensnah in den richtigen Proportionen gestaltete Körper und Gesichtszüge, naturalistisch-fließende und gut durchgebildete Gewänder.

Altäre und Kanzeln

Als Ersatz gotischer Flügelaltäre werden in vielen Kirchen neue Altäre im Stil der Renaissance aufgestellt. Es sind entweder weiterhin mächtige und hoch aufragende, jedoch oft schlichtere Holzretabel (→ Retabel) mit ein bis drei auf der Mittelachse übereinander angeordneten Gemälden (Altarblättern) oder noch immer monumentale Altarwerke mit geschnitzten Einzelfiguren bzw. Bildszenen. Auch Stein- und Marmoraltäre kommen vor, ebenso quadratische Alabaster- und Elfenbeinreliefs.

In der Szenen- bzw. Bildkomposition fällt die neue, den Gesetzen der Perspektive folgende Raum- und Architekturgestaltung auf. Vor allem Innenräume werden zur Tiefe hin sich verkürzend dargestellt, gerne auch mit antikisierenden Säulenreihen, die die Perspektive und Raumtiefe besser erkennen lassen.

Abb. 249 *Christus als Salvator mundi, Aufkirchen am Starnberger See, Oberbayern;* **Abb. 250** *Engelfigur, das Schweißtuch Jesu (vera ikon, → S. 140, Abb. 211) haltend, an der Ballustrade des Apostelturms der Wallfahrtskirche Maria Birnbaum*

Abb. 251 *Kreuzigungsgruppe, Johann-Sebastian-Bach-Kirche, Arnstadt, 1694*

Gemalte Tafelbilder auf Altären, später auch gerahmte großformatige Gemälde an Kirchenwänden zeigen nun Heilige nicht mehr als göttlich überhöhte, ferne Idealgestalten, auch nicht als Mitleid erregende Passions- oder Pietà-Darstellungen wie noch in der Gotik (→ S. 137). Vielmehr stellen sie nun Menschen der Bibel diesseitig und realproportional inmitten einer leicht idealisierten, aber im Ganzen realistisch gehaltenen irdischen Umwelt dar. Das Personal biblischer Szenen agiert in perspektivisch in die Ferne führenden Ideallandschaften und in perspektivisch korrekt verkürzt dargestellter Architektur. Selbstbewusst sehen Künstler nun den Menschen als Individuum und als Mittelpunkt ihres diesseitigen Weltbildes.

Neuzeitliche Gestaltungsmittel der Malerei

Im Einzelnen sind entsprechend dem aufgeklärten Geist der Renaissance gegenüber den Stilmitteln des Mittelalters in der Tafelmalerei neue Gestaltungsprinzipien zu erkennen:
– Biblisches Geschehen wird in naturgetreu wiedergegebenen Landschaften und architektonischen Räumen der irdischen Welt angesiedelt.
– Bei der Darstellung menschlicher Gestalten wird eine realistische, vollplastische, d.h. dreidimensionale, oft monumentale Darstellung angestrebt.
– Individueller Ausdruck der Gesichter ist ebenso wichtig wie ihre Schönheit und die Eleganz und Harmonie ihrer modischen Kleidung.
– Der Bildaufbau zeichnet sich aus durch Symmetrie, klare, ebenmäßige Komposition in Dreiecks-, Pyramiden- und Kreisform.
– Außer durch Zentralperspektive wird die naturgetreue Bildwirkung zusätzlich durch Farbperspektive und Luftperspektive verfeinert. Das bedeutet: Mit zusätzlicher Entfernung werden die Farben bei der Zentralperspektive unbestimmter, während sie bei der Luftperspektive mit zunehmender Entfernung blauer werden (»Verblauen«).
– Gold als Bildhintergrund und Himmelsfarbe entfällt.

Abb. 252 *Renaissance-Altar, Schema*

Insgesamt gesehen war das wichtigste künstlerische Ziel der Altarbildmalerei in der Renaissance der geordnete, logische Aufbau und die harmonische, die irdische Umgebung möglichst naturgetreu wiedergebende Komposition.

Beliebte Themen

– Madonnenbilder mit dem Kind in lieblicher Umgebung
– Heiligendarstellungen mit Szenen aus ihrem Leben
– Biblische Geschichten aus dem Alten und Neuen Testament
– Allegorische Darstellungen

In der Malerei der Altarblätter sind nun *Landschaftsdarstellungen* nicht mehr nur angedeutete Staffage, sondern der natürlichen Farb- und Lichtperspektive (Verblauen) folgende idealisierte Naturdarstellungen. Gerne werden nun auch reale Landschaften und etwa auf Triptychen im Hintergrund über alle drei Tafeln wirklichkeitsgetreu und naturalistisch gemalte Stadtsilhouetten wiedergeben.

Rechts und links können eine oder zwei Säulen das dunkel gehaltene, gemalte Altarbild rahmen und ein Dreiecks- oder Segmentgiebel den Altar im Stil des → Ädikulaaltars krönen.

Renaissance-Altäre

Hochaltar von St. Dionys, Esslingen

Dieser Altar zeigt anschaulich den Übergang von der Gotik zur Renaissance: Er verknüpft in seiner Anlage den spätgotischen Flügelaltar mit perspektivisch gestaffelt gemalten Tafelbildern und der üppigen Ornamentik der Frührenaissance.

Dass in einer evangelischen Kirche zu dieser Zeit ein Hochaltar aufgestellt wurde, ist erstaunlich und dürfte sich aus der bilderfreundlicheren lutherischen Tradition des Südens im Vergleich zu den reformierten Kirchen des Nordens erklären.

Der von Peter Riedinger und David Mieser gemalte Altar zeigt in der Mitte die Kreuzigung, links Geburt und Beschneidung Jesu, rechts Fußwaschung und Abendmahl.

Abb. 253 *Hochaltar, St. Dionys, Esslingen am Neckar, 1604*

Perger Altar in Maria am Gestade, Wien

Dieser farbig gefasste Steinaltar (→ Abb. 254) in der Kirche Maria am Gestade in Wien (1520) orientiert sich mit seiner quadratischen Reliefform der Altartafel ganz deutlich am »quadro«, der Ornamentik und dem architektonischen Formenrepertoire der Vorbilder der italienischen Renaissance. Die Figuren weisen jedoch besonders an den Gewändern noch deutlich spätgotische Stilmerkmale auf.

Das Bildprogramm zeigt im Hauptrelief Maria mit dem Jesuskind, links → Johannes den Täufer (Fellgewand, Lamm und Buch) und rechts den Hl. → Nikolaus mit → Mitra, Bischofsstab und den drei Goldklumpen, entsprechend der Legende von den drei Jungfrauen, denen er so zu einer Mitgift verhalf.

Im halbkreisförmigen, von einer kleinen Engelbüste bekrönten Aufsatz thront Christus als Weltenrichter mit Maria und Johannes. In der Predella ist ein von Engeln gehaltenes Tuch mit dem Abbild Christi (Schweißtuch Christi bzw. Schweißtuch der Veronika, → S. 140) zu sehen, daneben in den Sockeln ist links der Stifter kniend und rechts sein Wappen abgebildet.

Abb. 254 *Perger Altar, Maria am Gestade, Wien, 1520*

Johannes-Altar in der Lorenzkirche, Nürnberg

Der Frührenaissance-Johannes-Altar der Nürnberger Lorenzkirche, eine Stiftung der Patrizierfamilie Imhoff (1521), zeigt den typischen mehrstöckigen und durch breite Gesimse waagerecht gegliederten Aufbau ähnlich der Renaissancefassaden. Unten breit gelagert das → Abendmahl Jesu mit den Jüngern, darüber → Johannes der Täufer und Johannes der Evangelist und zu beiden Seiten je ein Leuchterengel als → Altarwächter (→ S. 118) auf gedrehten Säulen. Gekrönt wird der Altar von einer Marienbüste, unter einem antikisierenden Rundbogengiebel, den volutenartige Fantasietiere und die Wappen der Familie schmücken.

Abb. 255 *Johannes-Altar, Lorenzkirche, Nürnberg, 1521*

Vierzehn-Nothelfer-Schnitzaltar in St. Ägidien, Heiligenstadt

Der Vierzehn-Nothelfer-Altar in St. Ägidien in Heiligenstadt (Spätrenaissance) zeigt einen dreigeschossigen Aufbau in antikisierendem Stil. Statt Säulen tragen → Apostel und → Heilige das Gebälk. In den Nischen dazwischen sind die Vierzehn Nothelfer (→ S. 133f.) zu sehen. Die Ränder des Altars schmücken Knorpelornamente. Im Einzelnen sind folgende Schnitzfiguren dargestellt:

- Links und rechts neben dem Kruzifix oben auf dem Altar: Stephanus und Bartholomäus.
- Darunter in der *Mitte* Maria im Strahlenkranz, *links* Sebastian, Cyriakus und Petrus, *rechts* Paulus, Ägidius und Rochus.
- Im *mittleren Abschnitt* steht, durch einen Baldachin hervorgehoben, → Anna Selbdritt im Zentrum, *links* Elisabeth, Pantaleon, Blasius, Margarete und Apollonia, *rechts* Johannes der Täufer, Dionysius, Georg, Eustachius und Franziskus von Assisi.
- Im unteren Abschnitt in der *Mitte* die Anbetung der Könige, *links* Jakobus der Ältere, Vitus, Erasmus, Achatius und Judas, *rechts* Johannes, Katharina, Christophorus, Barbara und Jakobus der Jüngere.
- Direkt unter der Anbetung der Könige ist in Medaillons noch die Geburt Christi, rechts und links gerahmt durch die Darbringung im Tempel und die Flucht nach Ägypten, zu sehen, daneben Inschriften.
- Die Predella zeigt die Grablegung Christi.

Die ungewöhnliche Rahmung von Anna Selbdritt im Mittelteil durch Apollonia und Johannes den Täufer erklärt sich als Hinweis auf das Stifterehepaar, das die Namen Apollonia und Johannes trägt.

Abb. 256 *Nothelfer-Altar, St. Ägidien, Heiligenstadt, 1638;* **Abb. 257** *Ausschnitt: Katharina, Christophorus und Barbara*

Abb. 258 *Knorpelwerk*

Abb. 259 *Raphael, Madonna im Grünen, Kunsthistorisches Museum, Wien, 1483–1520, schematische Kompositionsskizze*

Knorpelwerk

Vor allem in Norddeutschland kommen ab 1650 Altäre mit üppig geschnitzten, sich knorpelartig verdickenden Schmuckformen, dem sogenannten Knorpelwerk, in Mode. Bei diesen Ornamentformen des 17. Jahrhunderts setzen sich wulstige Gebilde fantasievoll nach dem Vorbild der damals beliebten Ornamentstiche zusammen und umrahmen die Altarbilder und den Altarkorpus.

Madonnenbilder

Immer beliebter wurden in dieser Zeit nach dem Vorbild der italienischen Renaissance gemalte Altarbilder, die das Thema der Mutter Maria mit ihrem Kind auf dem Arm oder mit ihm spielend darstellen. Sie folgen vor allem Vorbildern so berühmter Maler der oberitalienischen Renaissance wie Raphael u.a.

Kanzeln

In der Renaissance überwiegt zwar die strenge Form der Kanzel, bestehend aus einem Kelchfuß in Gestalt einer Säule und dem Kanzelkorb mit polygonal gebrochene Brüstung, doch kann sie ebenso gut auch sehr repräsentativ gestaltet und reich mit Figuren und Ornamenten geschmückt sein. Die Unterseiten der Schalldeckel von Kanzeln tragen vielfach die Taube als Symbol des Heiligen Geistes.

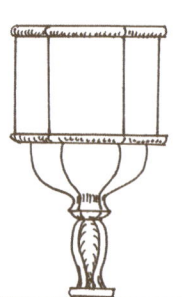

Abb. 260 *Kanzel mit Schalldeckel, Schema*

Abb. 261 *Kanzelsäule mit Beschlagwerk, einem Ornament aus symmetrisch geordneten Bändern und geometrischen Flachkörpern*

Abb. 262 *Renaissancekanzel, Evangelische Stadtkirche St. Dionys, Esslingen am Neckar, 1609*
Abb. 263 *Renaissancekanzel, St. Johannes Baptista, Warburg-Neustadt, 1611: im Mittelfeld Johannes der Täufer, darunter Feld mit Stifterwappen*

Taufbecken, Taufbrunnen

In der Renaissance erscheinen Taufbecken schlichter als in der Spätgotik. Auf Sandsteinbecken können kleine Puttenköpfe sowie ornamentale Flachornament-Dekorationen zur Auflockerung dienen oder antikisierende Motive wie Dreiecksgiebel, Flachreliefs von Büsten etc. auftreten.

Abb. 264 *Taufbrunnen, St. Nikolaus, Wolbeck;* **Abb. 265** *Taufstein, St. Johannes Baptista, Warburg-Neustadt, 1598*

Was noch beachtenswert ist

Grabmäler

Mit dem Rückgang kostbarer Altargestaltungen als Folge der Reformation bot sich dennoch in vielen Kirchen Gelegenheit zur Aufstellung aufwändiger, repräsentativer Epitaphe und von Grabmälern besonders für weltliche Herrscher, für Fürsten und Kirchenstifter. Die Verstorbenen können vollplastisch, wie aufgebahrt unter einem steinernen Baldachin liegend dargestellt oder aufrecht als Relief gestaltet an prominenter Stelle (Chor, Altarraum) in die Kirchenwand eingelassen sein.

Epitaphe (griech. Grabinschrift), seit dem 14. Jahrhundert an Wänden stehend oder hängend angebrachte steinerne Erinnerungstafeln, erlebten mit immer reicherer Gestaltung im 16. und 17. Jahrhundert ihre Blütezeit. Sie wurden nun mehrgeschossig und zeigten den Verstorbenen im Kreis seiner Familie vor Christus kniend und um das Heil seiner Seele bittend, umgeben von vielerlei schmückendem Beiwerk. Oft ist der Lieblingshund zu Füßen des Verstorbenen abgebildet.

Chorgestühl

Wie schon in der Gotik wird das holzgeschnitzte *Chorgestühl* weiterhin sehr dekorativ und aufwendig gestaltet. Allerdings entfallen gotisches Maßwerk und bekrönende → Fialen, → Wimperge und → Krabben. Die Stoffkreise können erweitert, auch bedeutende Kardinäle, Bischöfe usw. abgebildet werden. Die Chorgestühlwangen boten Platz für pflanzliches Dekor und Tierdarstellungen.

Abb. 266 *Epitaph der Herzogin Klara, Marienkirche, Barth, 1579;* **Abb. 267** *Epitaph des Markgrafen Georg des Frommen und seines Vaters Friedrich des Älteren, Münster, Heilsbronn, 1568*

Das im Kirchenraum nun aufgestellte *Laiengestühl* wurde neben christlichen Symbolen auch mit Zunftzeichen geschmückt.

Abb. 268 *Gestühlwangen, Hl.Geist-Spital, Wismar; von links nach rechts:* **a)** *Hl.Geist-Taube;* **b)** *Zunft der Bader;* **c)** *Zunft der Ankerschmiede;* **d)** *Zunft der Scharfrichter*

Weihwasserbecken

In den im Vergleich zur Gotik eher schlicht ausgestatteten weitläufigen Kirchen der Renaissance kommen immer wieder auch besondere Ausstattungsstücke vor, so etwa bei den Weihwasserbecken.

Weltzeituhr

Die Tradition der astronomischen Uhren wird auch in der Renaissance fortgesetzt (→ S. 143f.).

Abb. 269 *Bronzeengel mit Weihwasserbecken von Hubert Gerhard, St. Michael, München, 1596*

Abb. 270 *Weltzeituhr, Marienkirche, Stendal, 1580*

Nach Luthers Auffassung und Grundüberzeugung reformatorischer Theologie und Frömmigkeit kann der Mensch weder durch kirchliche Gnadenmittel noch durch gute Werke Erlösung finden, sondern allein durch den Glauben an Christus und das Vertrauen auf die Gnade Gottes. Damit war die Vermittlerfunktion von Märtyrern, Heiligen und Geistlichen bis hinauf zum Papst überflüssig.

Dort, wo der neue Glaube eingeführt wurde, wandelten die Anhänger Luthers zunächst die vorhandenen Kirchen in evangelische Gotteshäuser um, indem sie deren reiche Ausstattung, zum Beispiel nicht mehr benötigte Seitenaltäre, störende Reliquien und Bildwerke mehr oder weniger rigoros entfernten und durch schlichtere Altäre, Kanzeln usw. mit spezifisch lutherischen Bildthemen ersetzten.

Mit der Reformation veränderte sich auch der Ablauf des Gottesdienstes. Der Predigtgottesdienst mit längeren Predigten wurde eingeführt. Entsprechend rückte die Kanzel mehr in den Blickpunkt der Gemeinde.

Vor der Reformation hatte es in Kirchen kein Gestühl für Gottesdienstbesucher gegeben. Die Gläubigen verfolgten stehend den Ablauf der Messe. Vermutlich herrschte damals ein ständiges Kommen und Gehen im Kirchenschiff. Das änderte sich nun: Um das Zuhören zu erleichtern, wurden zunächst bewegliches Gestühl, dann Kirchenbänke aufgestellt.

Weiterhin nutzte man auch vorhandene Emporen oder baute bei Bedarf zusätzlich hölzerne Doppelemporen an den Langhauswänden ein.

Der Altar in evangelischen Kirchen

Zunächst wurde in vielen nun evangelischen Kirchen die Tradition des spätgotischen Altar-Retabels – allerdings mit deutlich eingeschränktem Bildprogramm – beibehalten. Die Bildthemen entsprechen dem Altar als Ort des Heiligen Abendmahls. So folgen zum Beispiel über der Darstellung des letzten Abendmahls in der → Predella in der Altarmitte die Passionsgeschichte (Kreuzigung), dann die Auferstehung und die Himmelfahrt. Die Bilderfolge kann vom richtenden Christus bekrönt sein.

Auf größeren Altären kommen Darstellungen von Geburt und Taufe Jesu hinzu. Alttestamentliche Bilder und Szenen aus dem Neuen Testament stehen einander typologisch (→ Typologie, → S. 35) gegenüber. Rechts und links seitlich können auch → Evangelisten, → Apostel oder Sinnbilder christlicher Tugenden auftreten (→ S. 177).

Umarbeitung von Altären

Waren kurz vor der Reformation noch besonders kostbar gestaltete Altäre aufgestellt worden, ließen die Stifter diese nun für lutherische Zwecke umgestalten, bzw. nur teilweise entfernen. Das zu katholisch erscheinende Bildprogramm wurde verkürzt oder die Abendmahlsszene herausgelöst und zum Beispiel in einem neuerrichteten evangelischen Kanzelaltar weiterverwendet.

So geschah es beispielsweise mit den berühmten Altären aus der Eckernförder Schnitzwerkstatt der Familie Gudewerdt in den Kirchen St. Nikolai in Kappeln (→ S. 190f.) und der Klosterkirche Preetz.

Evangelische Kirche St. Ulrich, Augsburg: Altar, Orgel, umlaufende Emporen

Der Gudewerdt-Altar in Kappeln

In St. Nikolai machte die Reformation den schon 1641, also noch zur Zeit des Dreißigjährigen Krieges, von der Adelsfamilie Rumohr gestifteten und von Hans Gudewerdt d.J. geschnitzten Hauptaltar überflüssig. Seiner hohen Qualität wegen wurde der Altar allerdings nicht ganz aus der Kirche entfernt, sondern zur Seite gestellt und in Teile zerlegt. Nur das Mittelstück, die Abendmahlsszene (Abb. 271a), wurde übernommen und als Kernstück 1793 über dem Altartisch in den neuen Kanzelaltar eingearbeitet. Auch die vollplastischen Figuren von → Mose und → Johannes dem Täufer fanden auf dem Schalldeckel des Kanzelaltars wieder Verwendung.

Abb. 271 a) *Gudewerdt-Altar, Kappeln: Die Abendmahlsszene wird Kernstück des neuen, barocken evangelischen Kanzelalters, 1793*

Heute hat der Restaltar (Abb. 271b) auf einem Sockel an der Nordwand seinen Platz, davor das klassizistische Taufbecken, damit nach dem Glaubensverständnis der neuen Lehre der Täufling beim Taufgottesdienst, allen Anwesenden gut sichtbar, in die Gemeinde aufgenommen werden konnte.

An der Südwand gegenüber ist der frühbarocke, ebenfalls aus der Vorgängerkirche stammende Marmorepitaph des Gouverneurs Detlef von Rumohr (gest. 1678) angebracht.

Abb. 271 b) *Restaltar, aus dem Gudewerdt-Altar gearbeitet, indem man die früheren Außenflügel zum zentralen Doppelbild in der Mitte zusammenfügte*

Das Bildprogramm des umgearbeiteten Altars von Gudewerdt

Ursprünglich hatte der alte Altar das Heilsgeschehen in fünf Bildern dargestellt: Mittig, über der Geburt Jesu in der Predella, das Heilige Abendmahl, im linken Flügel die Kreuzigung, im rechten Flügel die Auferstehung und über allem die Himmelfahrt Christi. Jetzt finden sich die Flügel zum Doppelbild (Kreuzigung und Auferstehung) in der Altarmitte vereint.

Der reich im → Knorpelstil geschnitzte und zunächst nicht farbig gefasste Altar zeigt darüber hinaus üppigen Figurenschmuck, u.a. → Adam und Eva, zahlreiche → Engel, und rund um das Mittelbild 28 Adelswappen von Verwandten der Stifterfamilie. Auch ein Weinstock mit Reben umrankt diese Tafel und erinnert an das Bekenntnis der Stifterfamilie Rumohr zum auferstandenen Christus und seinem Wort: »Ich bin der Weinstock, ihr seid die Reben«, das Glaubende mit ihm und miteinander verbindet.

Mischformen seit der Reformation

Mit der reformatorischen Einsicht, dass die Rechtfertigung des Menschen vor Gott allein durch den Glauben geschehe, konnte es durch Hinzufügung der katholischen Überzeugung »Und aus guten Werken« auch zu ungewöhnlich »gemischten« Bildprogrammen kommen. Ein Beispiel dafür ist das Epitaph und zugleich Altar der einflussreichen katholischen Patrizierfamilie Ligsalz in der Münchner Frauenkirche.
Die Mitteltafel des Gemäldes von Hans Mielich zeigt Christus als Sieger über Tod und Teufel als Ausdruck christlicher Auferstehungshoffnung. Auf der linken Tafel ist im Sinne der Reformation die Bekehrung des Apostels Paulus dargestellt, der Moment, als der Christenverfolger Paulus von hellem Licht geblendet vom Pferd stürzt.
Auf der rechten Tafel ist der Hl. Martin zu sehen, wie er den Mantel teilt, also ganz im katholischen Verständnis ein Werk der Barmherzigkeit übt. Beides gehört zusammen, so die Botschaft dieses → Retabels, damit wir von Christus erlöst werden.

Abb. 272 *Epitaph und Altar der Familie Ligsalz, Mitteltafel: Sieg des Auferstandenen über Tod und Teufel, Gemälde von Hans Mielich, Frauenkirche, München, um 1550*

Bildprogramme lutherischer Altäre

Neben den Kanzeln und Emporen dienten auch die Altäre als Flächen für umfangreiche Bildprogramme, in denen die Kernstücke der neuen lutherischen Lehre dargestellt wurden. Nicht durch Frömmigkeit und gute Werke findet der Mensch zu Gott, sondern Gott ist durch Christus zu den Menschen gekommen, um sie aus freier Gnade mit allen ihren Sünden und Fehlern anzunehmen.

»Gesetz und Gnade«

Beispielhaft zeigen dies Gemälde von Lukas Cranach dem Älteren und seiner Werkstatt zum Thema Altes und Neues Testament und »Gesetz und Gnade«. Sie wurden bald zum – auch in Drucken verbreiteten – Vorbild für lutherische Altar- und Kanzelbilder.

Abb. 273 *Lucas Cranach d.Ä., »Gesetz und Gnade«*

Ein Baum halbiert das Bild. Seine verdorrte Seite weist nach links zu dem Teil, der dem Alten Testament zugewiesen ist. Hier sind der Sündenfall mit seinen Folgen, die Übergabe der Zehn Gebote an → Mose und die drohende Verurteilung im → Jüngsten Gericht dargestellt.
Der nackte Mensch auf der rechten, dem Neuen Testament zugewiesenen Seite, wird durch den rechts stehenden → Johannes den Täufer auf den leidenden Christus am Kreuz verwiesen. Diese Seite zeigt die Empfängnis Mariens, die Verkündigung an die Hirten, das → Lamm Gottes und den Auferstandenen.

Sonderform: Schriftaltäre

Nach der Reformation werden an manchen Orten auch die früher üblichen noch vorhandenen Schnitzaltäre durch sogenannte Schriftaltäre im Stil der Renaissance ersetzt oder umgestaltet. In evangelischen Kirchen im Norden sind die Schriften oft in niederdeutscher Sprache gehalten und mit Goldschrift geschrieben. Die Mitte des Altars enthält die Einsetzungsworte zum Abendmahl, die rechts und links von weiteren Bibelstellen ergänzt werden. Auf den Rückseiten der Seitenflügel sind die Zehn Gebote zu lesen.

Viele dieser Schriftaltäre wurden im Barock mit gemalten Altarbildern verdeckt, zum Beispiel mit Darstellungen des Abendmahls, der Kreuzigung und Kreuzabnahme Christi und erst bei Restaurierungen im 20. Jahrhundert wieder entdeckt und freigelegt.

Abb. 274 *Altar mit spätgotischem Baldachin und Schrifttafeln, Ludgerikirche, Norden, Ostfriesland, 1582*

Lutherische Kanzeln der Renaissance

Viele Kanzelkörbe evangelischer Kirchen werden von einer Mosefigur mit den beiden Gesetzestafeln getragen, zum Zeichen des Gegenüber von Gesetz im Alten Testament und Evangelium im Neuen Testament.

Die Kanzelkorbseiten an frühen Kanzeln können Aussagen des Glaubensbekenntnisses zusammen mit interpretierenden Bildunterschriften zeigen. Meistens jedoch finden sich dort Darstellungen von Jesus und den vier → Evangelisten. Sie nehmen Bezug auf 1 Kor 1,23: »... wir aber predigen den gekreuzigten Christus.«

An der Unterseite des Schalldeckels ist oft eine → Taube abgebildet. Sie symbolisiert den Heiligen Geist und verweist auf Mt

Abb. 275 *Kanzelkorbträger mit Figuren des Mose (mit Gesetzestafeln) und seines Bruders Aaron (mit Weihrauchfass), Nikolaikirche, Luckau, 1664–1666;* **Abb. 276** *Taube als Symbol des Heiligen Geistes, Unterseite des Schalldeckels der Kanzel, St. Lorenz, Nürnberg*

10,20: »Denn ihr seid es nicht, die da reden, sondern eures Vaters Geist ist es ...«
Hie und da, besonders in Dorfkirchen, sind heute noch die → *Kanzeluhren* aus zwei bis drei Sanduhren zu sehen, die den Pfarrer an die richtige Länge der Predigt erinnern sollten (→ Abb. 342).

Lutherrose

Auch eine Lutherrose kann hin und wieder an Kanzeln in lutherischen Kirchen abgebildet sein: Die weiße Rose mit dem Kreuz auf rotem Grund in der Mitte wählte Luther als sein symbolträchtiges Wappen. Er deutete es so: Das schwarze Kreuz im Herzen erinnert den Christen daran, dass allein der Glaube an den Gekreuzigten selig machen kann. Das rote Herz inmitten der weißen Rose symbolisiert die Freude, den Trost und den Frieden, der aus diesem Glauben erwächst. Das umgebende himmlische Blau zeigt an, dass die Freude des Glaubens ein Vorgeschmack himmlischer Freude ist. Und der goldene Reif, der die Lutherrose umgibt, weist auf den unschätzbaren Wert der von Gott geschenkten Seligkeit hin.

Abb. 277 *Lutherrose*

Emporengemälde

Die für evangelische Kirchen typischen Emporen tragen häufig an ihren Brüstungen umfangreiche Bildzyklen. Sie umfassen neben emblematischen Darstellungen vor allem biblische Bilder, Szenen aus dem Leben Jesu, angefangen bei der Geburt bis zur Passion. Vielfach sind auch Themen des Alten Testaments zu sehen: Szenen der Schöpfungsgeschichte, besonders des Sündenfalls und der Sintflut. Zum Bild der Kreuzigung kann die Opferung Isaaks oder die Aufrichtung der ehernen Schlange kommen.
Sind zwei Emporenreihen übereinander angeordnet, finden sich in der oberen Bilderreihe Darstellungen aus dem Neuen Testament, auf den Brüstungen der unteren Empore solche aus dem Alten Testament (→ S. 238, Abb. 345).

Taufbecken

Auf den nach der Reformation neu gestifteten, meist aus Metall gegossenen Taufbecken wurden reichhaltige Bildprogramme zur neuen Glaubensrichtung und der lutherischen Tauflehre angebracht.
So können neben den üblichen Darstellungen der → Evangelisten, → Apostel und Knaben, die als Personifikation der vier → Paradiesflüsse Wasser aus Kannen gießen (→ S. 48, Abb. 72b), noch weitere Szenen aus dem Alten und Neuen Testament abgebildet sein, vor allem:

- der Abschied Jesu von den Jüngern mit dem Taufbefehl: »Darum gehet hin und machet zu Jüngern alle Völker: Taufet sie auf den Namen des Vaters und des Sohnes und des Heiligen Geistes« (Mt 28,19);
- die Taufe Jesu durch Johannes den Täufer (Mt 3, 13–17);

- Paulus und der Kerkermeister (diese Geschichte aus der zweiten Paulusreise, bei der sich der Kerkermeister mit seiner ganzen Familie taufen ließ, Apg 16,23–33, gilt als biblischer Beleg für die Säuglingstaufe).
- Die Pfingstpredigt des Petrus mit seinem Aufruf an die Menschen: »Tut Buße, und ein jeder von euch lasse sich taufen ...« (Apg 2).

Orgeln

In evangelischen Kirchen spielt die Kirchenmusik eine bedeutende Rolle. Entsprechend kommt auch der Orgel als dem den Gesang der Kirchengemeinde begleitenden Instrument eine wichtige Funktion zu. Seit der Renaissance werden nun immer mehr kleinere Chororgeln durch größere Orgeln, die die großen Emporen im Westen des Kirchenschiffs füllen, ersetzt.

Abb. 278 Schleierbrett am Orgelprospekt mit Fratze und musizierenden Engeln, Stellwagen-Orgel, Marienkirche, Stralsund, 1659

Reformierte Kirchen

Im Zuge der Reformation entstanden neben den evangelisch-lutherischen Kirchen durch das Wirken von Ulrich Zwingli und Johannes Calvin auch die reformierten Kirchen. Dort wird in der Kirchenausstattung bewusst weitgehend auf Symbole und Bilder – einschließlich Altar, Kerzen oder auch Kreuz – verzichtet (→ Bildersturm).

Baden-Württemberg

Bad Teinach, Evang. Dreifaltigkeitskirche, mit Kabbalistischer Lehrtafel der Prinzessin Antonia (1613–1679).

Freudenstadt, Evang. Stadtkirche (1601–1608), im Stil der Renaissance errichtete Winkelhakenkirche (zwei Schiffe, die im rechten Winkel zusammenstoßen); Lesepult, von den vier Evangelisten getragen (1140).

Heilbronn, Kilianskirche (Ende 15. Jahrhundert), reich geschmückter Renaissanceturm, spätgotischer Hochaltar (1498).

Offenburg, »Ölberg« neben Heiligkreuzkirche (1524).

Bayern

Aufkirchen (Starnberger See), Pfarr- und Wallfahrtskirche Mariä Himmelfahrt (1626), Stuckdecke mit Mariensymbolik im Chor.

Augsburg, St. Anna-Kirche, Grabkapelle des Jakob Fugger (1509–1518), erstes Werk reiner Renaissance in Deutschland.

Bürgstadt (bei Miltenberg), St. Martinskapelle (11. Jahrhundert), Wandfresken (»biblia pauperum«) im Stil der Renaissance (1593), die figurenreich Szenen aus dem Alten Testament denen des Neuen gegenüberstellen.

Coburg, Hauptkirche St. Moritz, spätgotischer Hallenbau (14.- Mitte 16. Jahrhundert), Luther-Gedenkstätte, im Chor 13 m hohes Renaissancegrabmal des Herzogs Johann Friedrich d. Mittleren (1529–1595).

Dettelbach (Volkach, Unterfranken), Wallfahrtskirche »Maria im Sande« (1610–1630), mächtige, wie ein barocker Altar aufgebaute Portalplastik; unter der Vierung monumentaler Gnadenaltar; Kanzel (M. Kern), eines der reichsten Steinmetzwerke der Renaissance unter Verwendung des Motivs der Wurzel Jesse.

Dillingen, Studienkirche Mariä Himmelfahrt, emporenlose Wandpfeilerkirche der Jesuiten (frühes 17. Jahrhundert), im 18. Jahrhundert reiche Rokokostuckdekoration.

Hohenpeißenberg (Oberbayern), Mariä Himmelfahrt (1619), einschiffiger Bau mit Stuckatur des frühen 17. Jahrhunderts, monumentaler figuren- und säulenreicher Hochaltar in Gold- und Blaumarmor aus der Erbauungszeit.

München, St. Michael, Jesuitenkirche (1583–1597), eine der repräsentativsten Renaissancekirchen (Wolfgang Miller und Friedrich Sustris).

Pottenstein (Fränkische Schweiz), St. Bartholomäus, Ölberg 1590.

Sammarei (Niederbayern), Wallfahrtskirche Mariä Himmelfahrt, rechteckiger Spätrenaissancebau (1631), kunsthistorisch bedeutsam durch dreiachsigen Hochaltar im Stil des Manierismus (1645), an den sich die Seitenaltäre zu einer fünfteiligen Altarschauwand in Schwarz und Gold zusammenschließen; lebendig gestaltete Figurengruppen des Hl. Georg als Drachentöter und des Hl. Martin bei der Mantelspende leiten zu den Seitenaltären über.

Brandenburg

Lüdersdorf, Dorfkirche, 1611 erneuert, Stuckdecke nach Art der Renaissancekassettendecken, mit pflanzlichem Dekor und Engelsköpfen; Deckenfelder mit Darstellungen aus dem Alten und Neuen Testament.

Milow, Dorfkirche, Fachwerkbau (1695), dreischiffige Emporenanlage mit hölzerner Felderdecke und reicher Bemalung; an den Emporenbrüstungen Halbfigurenbilder mit alt- und neutestamentlichen Gestalten.

Hessen

Hanau, niederländisch-wallonische Kirche, doppelter Zentralbau aus zwei sich überschneidenden Polygonen (acht- und zwölfeckig), im Schnittpunkt die Kanzel; 1600–1608 für refor- mierte Flüchtlingsgemeinde im Stil der Renaissance errichtet; zerstörter zwölfeckiger wallonischer Teil heute Mahnmal gegen den Krieg.

Mecklenburg-Vorpommern

Schwerin, Schlosskirche, nach Vorbild sächsischer Schlosskapellen errichtet (1560–1563); 1855 wurde der rechteckige Saalraum mit Netzgewölbe und umlaufenden Emporen durch neu- gotischen Chor erweitert; Ausstattung: Alabasterrelief mit Kreuztragung, zylindrische Kanzel mit Reliefs, sechs Reliefs mit neutestamentlichen Darstellungen niederländischer Meister.

Niedersachsen

Bückeburg, Stadtkirche (1611–1615), prächtige Fassade, Bronzetaufbecken (Adriaen de Vries, 1613), zählt zu den bedeutendsten und schönsten Kirchen der Spätrenaissance bzw. des Frühbarock.

Bunde (Ostfriesland), St. Martin, frühgotischer Backsteinbau (1260–1270), Ausstattung aus dem 17. und 18. Jahrhundert.

Celle, Schlosskapelle (um 1485), Ausgestaltung im Stil des Manierismus (um 1565 durch Martin de Vos aus Antwerpen), bedeutendes Dokument protestantischer Frömmigkeit mit Lehrinhalten Martin Luthers.

Hohenkirchen (Ostfriesland), St. Sixtus, Ausstattung durch Bildhauer Ludwig Münstermann (1620–1628), u.a. Altaraufsatz und Kanzel.

Jever (Ostfriesland), Grabkapelle mit Renaissancegrabmal Edo Wiemken d. J. (1561–1564).

Leer (Ostfriesland), Grabkapelle der Stadtkirche (1556), Marmorsarkophag.

Varel, (Ostfriesland), Schlosskirche, Ausstattung von Ludwig Münstermann (1613–1619), viergeschossiger Altaraufsatz mit farbig gefassten Säulen, Bildern und Statuetten, Kanzelkorb und Taufstein, im Chorraum Fresko mit Christus als Weltenrichter.

Waddewarden (Friesland), Reste gotischer Wandmalereien, Sakramentsschrein, nachreformatorischer Altaraufsatz (1661), Renaissancekanzel (1646).

Wiefels (Friesland), Altaraufsatz mit nachreformatorischen Bibelzitaten in niederdeutscher Sprache (1621), Renaissancekanzel (1627).

Nordrhein-Westfalen

Bonn, Namen-Jesu-Kirche, ehemalige Jesuitenkirche (1686–1717), fünfjochige Hallenkirche, Beispiel des rheinischen Manierismus mit romanischen, gotischen, und barocken Stilelementen, Ausmalung wiederhergestellt.

Düsseldorf, Pfarrkirche St. Andreas, ehemals Jesuitenkirche (1622–1629), dreischiffige, kreuzrippengewölbte Emporenhalle, dreiseitiger Chorabschluss; Innenausstattung im Stil der Spätrenaissance und des Frühbarock, sehr gute Stuckdekorationen und lebensgroße Apostel- und Heiligenfiguren aus Holz, in Weiß und Gold gefasst.

Köln, St. Mariä Himmelfahrt, ehem. Jesuitenkirche, dreischiffige gewölbte Emporenbasilika (1618–1678) im Stil des Manierismus (Spätrenaissance), Renaissancefassade, frühbarocke Innenraumgestaltung, u.a. mit großen Gestalten der zwölf Apostel mit Christus und Maria an den Langhauspfeilern.

REISE-TIPPS

Oberkirchen (bei Schmallenberg), St. Gertrud (1665/66), vierjochiger Saalbau, Renaissanceportal, reiche Ausstattung: Taufstein (1532), Kanzel (1673), Hochaltar (1668)

Siegen, Evang.-reformierte Nikolaikirche, ehemals Gruftkapelle der Grafen von Nassau, Umbau zu sechseckigem Sakralraum mit Emporen (1654–1658).

Sachsen

Augustusburg (bei Chemnitz), Schlosskapelle (E. van der Meers, 1572 geweiht), bedeutende evangelische Schlosskirche der Renaissance, tonnengewölbter, mit schwerem Beschlagwerk an der Decke geschmückter Saal mit mehrgeschossigen Emporen an drei Seiten; geschnitzter Rahmen des Renaissancealtars um eine Darstellung der vor dem Gekreuzigten knienden kurfürstlichen Familie, (Lucas Cranach d.J.); Barockorgel (1758).
Dresden, Dreikönigskirche (1534–1536), Totentanz unter der Orgelempore.
Kürbitz (bei Plauen im Vogtland), Evang. Salvatorkirche (1624–1626), dreischiffige Hallendorfkirche der Spätrenaissance kostbar ausgestattet, u.a. mit Wandmalereien und einem marmornen Taufstein (17. Jahrhundert), spätgotischem Flügelaltar (Maria im Schrein zwischen den Aposteln Petrus und Paulus, um 1500); Kanzel, von Mose getragen (1626), Orgelprospekt (1720).
Lauenstein, Stadtkirche, bedeutende plastische Ausstattung im Stil des Manierismus, reiche Stuckdecke, Altar mit Reliefbildern (1592–1602), zugleich Epitaph der Familie v. Bünau, Stilmittel der italienischen und niederländischen Renaissance verbindend.
Penig, spätgotische Kirche »Unser Lieben Frauen auf dem Berge« (1476–1515) mit Renaissanceausstattung, u.a. Felderdecke mit 68 Bildtafeln zu biblischen Motiven (1688), steinerner Altaraufsatz (1564), Taufstein (1609), Porträt von Luther (Lucas Cranach d.Ä., 1537) und von Katharina von Bora (aus Cranachs Werkstatt).

Sachsen-Anhalt

Burg, Unterkirche, gotisch mit reicher Renaissanceausstattung: z.B. Altar (Michael Spies, 1607).
Eisleben, Pfarrkirche St. Annen, Bau der Spätgotik und Renaissance (1513–1608), Chorgestühl (Hans Thon Uttendrup, 1581) mit der aus 26 Reliefs bestehenden »Eislebener Steinbilderbibel«.
Halberstadt-Harsleben, Renaissancekirche (1601), Kassettendecke, Intarsienkanzel (1601) und Taufstein (1602).
Halle, Marktkirche Unser Lieben Frauen, viertürmiger Kirchenbau, ursprünglich spätgotische Hallenkirche, nach der Einführung der Reformation bis 1554 vollendet; bedeutende Ausstattung, u.a. Emporen mit der neuen Lehre entsprechendem umlaufenden Text, Kanzel (1547–1596), Wandelaltar (um 1529, aus dem Umkreis Lukas Cranachs d.Ä.), barocker Orgelprospekt.
Osterwohle (Sandersleben), Dorfkirche, im Stil der Spätrenaissance (1621), mit Intarsienarbeiten
Schönebeck-Salzelmen, Stadtkirche St. Johannis (1535–1536), dreischiffige Halle mit Stern- und Netzgewölben, kunstvoller Backsteingiebel an der Fassade der nördlichen Vorhalle (1487), Innenausstattung im Stil der Renaissance (1680).

Schleswig-Holstein

Breklum, St. Olaf, spätromanische Backsteinkirche (um 1200), Renaissance-Kanzel (1646).

Hattstedt (bei Schobüll), Altargemälde (um 1600), Bronzetaufbecken und Kanzel (1641).

Thüringen

Erfurt, Kaufmannskirche, ehemals gotische Basilika (1291–1368), mit reicher Spätrenaissanceausstattung der Bildhauerfamilie Fridemann: Hochaltar mit reichem Knorpel- und Beschlagwerk (1625), Kanzel (1598), Taufstein (1608).

Gera, Trinitatiskirche, ursprünglich einschiffiger gotischer Bau, einheitliche gemalte Innenausstattung im Stil der Renaissance mit Roll- und Beschlagwerk (um 1610), Kanzel und Epitaphe (16. und 17. Jahrhundert).

Österreich

Bregenz (Bodensee), St. Gallus, gotische Kirche auf spätrömischen und romanischen Fundamenten, barockisiert (1737–1740, von Franz Anton Beer), innen Wessobrunner Stuck (Abraham Bader, 1746), reich geschnitztes Chorgestühl (1746).
Innsbruck, Hofkirche (1553–1563), dreischiffige, innen mit rotem Marmor und weißen korinthischen Kapitellen gegliederte Hallenkirche im Stil der Frührenaissance, prunkvolles

Renaissanceportal, Renaissanceorgel. Mit u.a. von Albrecht Dürer, Peter Vischer d.Ä. gestaltetem Grabdenkmal Kaiser Maximilians I. ist die Kirche Zentrum europäischer Hofkunst.
Lockenhaus (Burgenland), Pfarrkirche St. Nikolaus; viele Darstellungen Johannes des Täufers und des Lamm Gottes (auch an der Decke).
Villach, St. Jakobskirche, Steinkanzel (1555).
Wien, Jesuitenkirche, eindrucksvoll einheitliche Renaissancekirche.

Schweiz

Bellinzona (Tessin), S. Maria delle Grazie, ehem. Franziskanerklosterkirche, Renaissancefresken an der Lettnerwand zeigen 15 Szenen aus dem Leben Jesu (um 1500).
Bern, Münster, Chorgestühl von Jakob Russ und H. Seewagen (1525) mit antikisierenden Einflüssen der Renaissance.
Brig-Glis (Wallis), Wallfahrtskirche Unserer lieben Frauen, prächtige Ausstattung aus dem 16. und 17. Jahrhundert.
Lugano, S. Lorenzo, Fassade (1517) mit kolossaler Pilasterordnung, Gesimsen und triumphbogenartigen Eingängen typ. Beispiel der Frührenaissance.
Lugano, S. Maria degli Angioli, kostbare Ausstattung, u.a. Lettnerwand mit Passionsfresko (1529) von Bernardino Luini (Leonardo-da-Vinci-Schüler).

Lugano, Wallfahrtskirche S. Maria di Loreto (1524), Portikus von 1633, reich stuckiert, Fresken aus dem 17. Jahrhundert.
Luzern, Hofkirche (1634–45), Pfeilerbasilika im Stil der Spätrenaissance mit dreiteiligem Chorgitter, schönen Altären und der bedeutenden großen Hoforgel (1650) mit fast 6000 Pfeifen.
Luzern–Hergiswald, Wallfahrtskapelle Maria Loreto (1662), Holzdecke mit über 300 Bildern marianischer Symbolik bemalt (1654).
Schaffhausen, Kloster Allerheiligen, im Kreuzgang bedeutende Epitaphien.
Wagenhausen (Bodensee), Klosterkirche, kleine dreischiffige, flachgedeckte Pfeilerbasilika, Ausmalung 16. Jahrhundert

REISE-TIPPS

KIRCHEN IM BAROCK (17.–18. JAHRHUNDERT)

Allgemeines zum Barock

Bei der Betrachtung des Baus und der Ausstattung christlicher Kirchen im Zeitalter des Barock sind nicht nur historische und geistesgeschichtliche Zusammenhänge zu berücksichtigen, sondern auch die Verwendung neuer Baumaterialien und Bildtechniken wie Stuck, Stuckmarmor sowie die ungeahnten Möglichkeiten perspektivischer und illusionistischer Freskenmalerei.

GESCHICHTLICHER ZUSAMMENHANG

Die Reformation (ab 1517), das Konzil in Trient (1545–1563) und die darauf einsetzende Gegenreformation beeinflussten auch den Kirchenbau. Der bis Mitte des 17. Jahrhunderts wütende Dreißigjährige Krieg verzögerte nördlich der Alpen die Übernahme barocker Stilelemente, die in Rom schon Ende des 16. Anfang des 17. Jahrhunderts entwickelt worden waren.

Künstlerisch orientierte sich das katholische Süddeutschland überwiegend nach Italien. Es bezog zunächst von dort auch seine Baumeister und Kunsthandwerker, so dass sich im Süden bei Neubauten ein mediterraner Kirchenbaustil durchsetzte, während weiter im Norden für die Ausstattung evangelischer Kirchen Anregungen eher aus den Niederlanden, aus Sachsen oder England übernommen wurden.

Evangelischer Kirchenbau (→ S. 188f.) richtete die Kirchen in möglichst schlichter Ausführung auf die Bedeutung des Wortes Gottes und dessen Verkündigung in der Predigt hin aus. Die Kanzel wurde deshalb zum Altar gerückt. Auffällige Neuerungen sind Kanzelaltäre, d.h. schlichte Tischaltäre, über denen die Kanzel direkt angebracht ist. In großen Kirchen kann darüber als drittes Element auch noch die große Barockorgel angeordnet sein. Man verzichtete weitgehend auf den bis dahin üblichen Bildschmuck – mit Ausnahme der auf manchen eingebauten Emporen angebrachten regionalen Emporenmalereien zu biblischen Themen.

Demgegenüber war es das Anliegen der **katholischen Kirche**, mit der neuen Sammlung ihrer Kräfte in der Gegenreformation auch der sakralen Kunst neue Aufgaben zu übertragen. In diesem Sinne sollten Gläubige durch klar verständliche, das Gefühl zutiefst ergreifende Darstellungen von Themen aus der Bibel und der Heilsgeschichte in die fest gefügte Welt der katholischen Kirche zurückgeführt und die Macht und Autorität der katholischen Hierarchie bildhaft

Klosterkirche Hl. Kreuz, Neresheim, Fassade mit Turm

und imponierend dokumentiert werden. Besonders in der Gestaltung fürstbischöflicher Klosterkirchen und der sie umgebenden Klosteranlagen kam das barocke Bedürfnis nach Selbstdarstellung und Repräsentation sichtbar zum Ausdruck. Vor allem aber sollten barocke Kirchen ein Stück des Himmels auf diese Erde und in den Alltag der Menschen bringen und sie die Schönheit der himmlischen Welt ahnen lassen.

BAROCKKIRCHEN ALS GESAMTKUNSTWERKE

Ihren römischen Vorbildern folgend entstanden nördlich der Alpen barocke Gesamtkunstwerke, in denen sich Malerei, Stuck und Plastik mit einer schwingenden und ornamental aufgelösten Architektur zu großem festlichen Zusammenklang so vereinigten, dass Gläubige sich schon beim Eintreten in die Kirche wie von einem lichten Himmelsraum umfangen und in das himmlische Geschehen einbezogen fühlen konnten. Im Vergleich zur ruhigen und auf Harmonie bedachten Renaissance wurde der neue Stil von Kritikern als zu dekorativ, zu überladen und zu schwärmerisch, ja sogar als theatralisch empfunden und später mit dem zuerst abwertend gemeinten italienischen Begriff »barocco« (= »schiefe Perle«) charakterisiert.

BILDPROGRAMME MIT VISIONÄREN DARSTELLUNGEN

Die Vorstellung eines »Himmels auf Erden« wurde möglich, wenn die festliche Bilderfülle umfangreicher → Bildprogramme den Blick in kühne, oft diagonal angeordnete Kompositionen und zu scheinbar geöffneten Himmelsregionen in die Höhe und ihn zugleich zu den Höhepunkten der dargestellten Handlung führte. Solche Bildprogramme, die den Blick in die Weite und Tiefe öffneten, konnten an Kuppeln, über Vierungen und Gewölbezwickeln, auf Tonnengewölben ebenso wie auf den riesigen Flachdecken großer barocker → Saalkirchen oder auf den Ölbildern der Altarblätter monumentaler Barockaltäre sichtbar werden.

Zentralperspektive und Beleuchtungseffekte

Neuartige Tafel- und Freskenmalerei präsentierte eine Scheinwirklichkeit, die auch Visionäres, fast Unvorstellbares darzustellen erlaubte. Sie nutzte die Zentralperspektive mit starker Untersicht und Rückenansichten ebenso wie die Farb- und Luftperspektive (→ S. 180), arbeitete zudem mit optischen Täuschungen, mit raffinierten Beleuchtungseffekten und starken Hell-Dunkel-Kontrasten und rief so einen bisher nicht gekannten Eindruck von Plastizität und Weiträumigkeit hervor. Da Gläubige sich im barocken Kirchenraum auch von zahlreichen gemalten, stuckierten und geschnitzten Kinderengeln (Putten) umgeben sahen, konnten sie sich der Illusion hingeben, in ihrer Kirche dem himmlischen Geschehen und damit Gott ganz nahe zu sein.

»BAROCKISIERTE« KIRCHEN

Sollten ältere, vor allem gotische Kirchen dem Zeitgeschmack des Barock angepasst werden, wurde eine leicht vor- und zurückschwingende, oft marmorverkleidete Barockfassade mit geschweiftem Volutengiebel, wie ein »Überwurf« vorgelegt. Pilaster mit zierlichen korinthischen Kapitellen konnten die Fassade dann vertikal gliedern, waagerechte Gesimse die Breite betonen. Nischenfiguren kamen hinzu, und säulenumstandene, durch Treppen erhöhte dunkelbraune Holzportale betonten die Mitte.

Ebenso oft wurden auch schlichtere, bis zu dreigeschossige Schweifgiebelfronten vorgesetzt. Sie waren durch hohe Fenster und große, vertiefte Rechteckfelder gegliedert, sowie mit dem → IHS-Trigramm im Strahlenkranz gekrönt.

Abb. 279 Gotik barockisiert: vorgesetzte Barockfassade, St. Michael, Bamberg

So sehen barocke Kirchen außen aus

Übergeordnetes Ziel barocker Bauweise ist die starke Plastizität der Bauform, ihre rhythmische Gliederung und das Überspielen begrenzender Linien durch bewegte Dekorationselemente. Dieses Prinzip zeigt sich auch, wenn stark profilierte Gesimse, gesprengte oder verkröpfte Dreiecksgiebel, Pilaster und Doppelsäulen mit korinthischen

→ Kapitellen die eigentliche Wand dahinter fast vergessen lassen. Vor allem vor- und zurückspringende Bauglieder erwecken den Eindruck wellenartig geschwungener, dynamisch rhythmisierter Fassaden. Dieser Eindruck wird durch große Licht- und Schattenkontraste noch verstärkt.

Abb. 280 *Dreifaltigkeitskirche, Speyer, 1726 (oben links);* **Abb. 281** *Vierzehnheiligen (oben rechts);*
Abb. 282 *Frauenkirche, Dresden (unten links);* **Abb. 283** *Neumünster, Würzburg, 1716 (unten rechts)*

- Die in der Renaissance begonnene Betonung der Fassade als einziger Schauseite der Kirche wird beibehalten.
- Reich und vor allem plastisch gestaltete Portale, großzügige Treppenanlagen und über mehrere Geschosse reichende Säulen verstärken diesen Eindruck.
- Die optisch hervorgehobene Mitte kann rechts und links von Türmen flankiert sein, die geschwungene Hauben und oft Laternen, d.h. türmchenartige Aufbauten, tragen.
- Kräftige, mehrfach gestufte, auch vor- und zurückgesetzte (verkröpfte) Gesimse gliedern die Fassade in der Waagerechten.
- Klassische Segment- und Dreiecksgiebel über Portalen und Fenstern sind nun aufgebrochen (gesprengt) oder versetzt (verkröpft).
- Hohe Sprossenfenster neben ovalen (hoch oder quer) bzw. runden Fenstern, sogenannte Ochsenaugen, sorgen für Helligkeit.
- Nischenfiguren oder den Giebel bekrönende Figuren beleben die Fassade.
- Schneckenförmige Bauglieder (Voluten) mildern die Übergänge an Stufengiebeln. Steinerne Vasen schmücken sie und heben symmetrisch die beiden Endpunkte hervor.
- Monogramme im Strahlenkranz krönen → Ordenskirchen.
- Widmungstafeln kündigen das religiöse Programm der Kirche an.
- An Außenwänden, vor allem der Wallfahrtskirchen, sind steinerne Figurengruppen zu sehen. Sie stellen die Passion Christi am Ölberg dar (→ Kalvarienberg).

Abb. 284 *Barockes Säulenkapitell (oben links);* Abb. 285 *Barockportal, Schema (unten links);* Abb. 286 *Barockportal, Conrad von Schlaun, St. Katharina, Rheder, Corveyer Land, 1750 (Mitte);* Abb. 287 *Barocktüre, Aufkirchen am Starnberger See, Oberbayern, 17. Jahrhundert (rechts)*

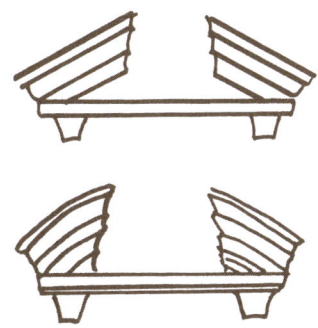

Abb. 288 *Fensterbekrönungen: gesprengte Dreiecks- und Segmentgiebel;* **Abb. 289** *Barockfenster, Schema*

Giebel

IHS-Trigramm im Strahlenkranz

Abb. 290 *Rundfenster (»Ochsenauge«)*

Vom Mittelalter an wurde das Trigramm als Abkürzung des lateinischen »Jesus Hominum Salvator« (= Jesus, Heiland der Menschen) verwendet. Das Zeichen soll dem Franziskaner Bernhardin von Siena im Strahlenkranz erschienen sein und wurde schließlich zum typischen Kennzeichen des Jesuitenordens. Umgeben von der goldenen Strahlensonne ist es als Giebelbekrönung oder im Inneren, zum Beispiel in Altaraufbauten vieler barocker Kirchen, zu sehen. Drei Nägel (Leidenswerkzeuge) oder das Kreuz über dem Querbalken des Buchstaben H vervollständigen dies Emblem. Ebenso kann an Wallfahrtskirchen, die Maria gewidmet sind, deren Monogramm angebracht sein (→ Marienmonogramm, S. 209, Abb. 296, Giebelspitze).

Abb. 291 *IHS im Strahlenkranz, mit Kreuz und Nägeln*

»Dem besten und höchsten Gott,
der in den Himmel aufgenommenen Jungfrau
und den heiligen Schutzpatronen
Florian und Augustinus«

Abb. 292 *Stiftskirche St. Florian bei Linz*

Widmungstafeln und Wappenschilder

Eine Schrifttafel im prächtigen Barockrahmen kann am Giebel oder über dem Portal barocker → Stiftskirchen, aber auch im Kircheninneren das religiöse Programm der Kirche ankündigen.

Gemeißelte Wappenbilder erinnern an Kirchen- oder Ordensgründer, an Kirchenfürsten oder fürstliche Stifter.

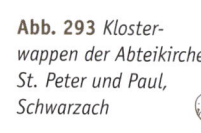

Abb. 293 *Klosterwappen der Abteikirche St. Peter und Paul, Schwarzach*

Abb. 294 *Fassade, Dom, Arlesheim, 1679;* **Abb. 295** *Detail: Maria mit dem Kind als Nischenfigur über dem Portal, Dom, Arlesheim*

Giebelbekrönungen und Nischenfiguren

Überlebensgroße Steinfiguren können Segmentgiebel krönen. So ist zum Beispiel Maria, die »Mutter Gottes«, mit zur Fürbitte für die Gläubigen gefalteten Händen zu sehen. Rechts und links, in der Rangfolge etwas tiefer stehend, umrahmen sie Johannes der Täufer und Johannes, der Evangelist. Nischenfiguren der jeweiligen Schutzpatrone (→ Heilige), Ordensgründer oder auch von Kirchenfürsten und weltlichen Herrschern erweitern in absteigender Reihenfolge (→ S. 126f.) das Bildprogramm.

Uhren an Fassaden

Manche Außenmauer barocker Kirchen schmückt an der Südseite eine dekorativ gestaltete Sonnenuhr. Wie die mechanischen Uhren, die sich auch an Barockaltären, Orgeln, Triumphbögen oder sogar an Deckengewölben im Chor finden, erinnern sie an die verrinnende Zeit, der sich der barocke Mensch sehr bewusst war (»memento mori = Gedenke des Todes«).

Ölbergszenen (Kalvarienberge)

Im 17. und 18 Jahrhundert wurden an Außenmauern älterer Kirchen, vor allem von Wallfahrtskirchen, nachträglich überlebensgroße Figurengruppen aus Stein aufgestellt. Sie zeigen die Kreuzigung oder andere Stationen der Passion und laden zur Andacht im Freien ein.

Abb. 296 *Uhr mit Marienmonogramm auf dem Giebel des Domes, Arlesheim*

So sehen barocke Kirchen innen aus

Im Gegensatz zu den klaren, harmonischen Innenräumen der Renaissance wird im Barock der Effekt gesucht. Es geht um verschwenderische Sinnenfreude, um Licht und Farbe. Die Kirchen sind so etwas wie der »Theatersaal Gottes«: Das Sinnliche wird zum Wegweiser für das Übersinnliche. Dem Ziel, ein möglichst festliches Raumgefühl hervorzurufen, ordnen sich alle Künste unter: die im Grundriss ovale oder querovale Architektur, die plastischen Stuckarbeiten, die die statische Funktion von Stütze und Last verschleiern und eine illusionistisch gemalte und verschwenderisch mit Gold verzierte Scheinarchitektur und himmlische Figurenwelt vorgaukeln.

MERKMALE IM ÜBERBLICK

- Kreis- oder ellipsenförmige Innenräume verschmelzen und bilden eine aufeinander abgestimmte Einheit. Längs- oder querovale → Chöre schließen an.
- Aufwendig gestaltete Kuppeln über der → Vierung, → Tonnengewölbe oder flache Decken schließen Innenräume ab.
- Zwischen Säulen bzw. Pilastern sind in Wänden Fenster, Blindfenster und Nischen eingelassen. Nischen zum Beispiel können Marmor- oder Stuckfiguren der 12 → Apostel tragen.
- Weitläufige illusionistische → Freskenmalereien schmücken Kuppeln und die → Spiegel flacher Decken. Sie sind von breiten Barock-Rahmen mit kräftig bewegten und vielfach vergoldeten Stuckformen umgeben.
- Dekorative Stuckelemente überwuchern als bauplastisches Dekor Wände, Gesimse und Pilaster. Sie verwischen Grenzen zwischen realer Architektur und gemalter Scheinarchitektur auf Deckenfresken und können weiß, grau oder farbig gefasst bzw. vergoldet sein.
- Auch die 12 → Apostelkreuze sind nicht mehr nur aufgemalt. Sie können nun mit dick auftragenden Stuckornamenten geschmückt sein und sogar Engelköpfe in der Kreuzmitte tragen.
- Monumentale, mehrstöckige Hochaltäre füllen die Chorwand bis unter das → Chorhaupt und werden rechts und links im Kirchenschiff von je einem Seitenaltar flankiert.
- Für gleichzeitig zu zelebrierende Messen stehen in den seitlichen Nischen der → Saalkirchen eine große Zahl meist gestifteter → Altäre zur Verfügung.
- → Kanzel, Taufbecken, zahlreiche geschnitzte → Heiligen- und → Engelfiguren, eine große Barockorgel hoch oben auf der Westempore und oft auch reich geschnitzte, kleinere Chororgeln über dem mit goldenen Aufsätzen gekrönten → Chorgestühl vervollständigen die Ausstattung.
- In vielen Kirchen schmückt ein aus einer Vorgängerkirche übernommenes großes kostbares → Kreuz aus dem Mittelalter das barocke Ensemble.
- Wegen der nun länger dauernden Messen wurde spätestens jetzt auch für Laien das Gestühl (→ Laiengestühl) eingeführt. Der barocken Ausstattung der Kirche entsprechend sind auch die → Gestühlwangen reich mit Ornamenten und Symbolen geschmückt.

EINZELTHEMEN

Klosterkirche, Dießen am Ammersee, Blick zum Hochaltar

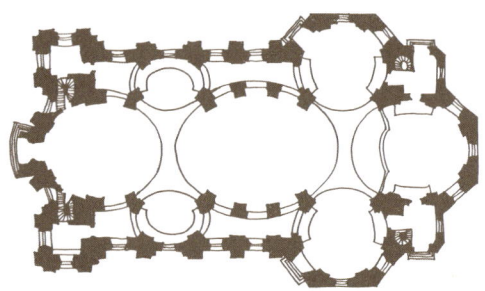

Abb. 297 *Längsschnitt durch die Gewölbeschalen der Wallfahrtskirche Vierzehnheiligen (oben);*
Abb. 298 *Grundriss Vierzehnheiligen (Oval, Ellipse und geschwungene Linien herrschen vor);*
Abb. 299 *Echte Kuppeln oder – wie hier – illusionistische Deckenmalerei öffnen den Blick nach oben, St. Martin, Bamberg (links)*

Mauerwerk

Stuck, Stuckmarmor und Gold

Weißer oder leicht getönter Stuck ist neben Stuckmarmor und reicher Vergoldung das für barocke Kirchenausstattungen wichtigste Material. Stuck, ein gut formbares Gips-Wasser-Gemenge unter Zusatz von Kalk, Sand und Stroh, kommt in vielfältiger Form und Verwendung vor.

Stuckmarmor ersetzt kostbaren und schwer herbeizuschaffenden echten Marmor. Altarsäulen aus Stuckmarmor, d.h. eingefärbtem

Stuck über Holzsäulen, können nun ebenso wie die hohen, tragenden Säulen im Kirchenraum echten Marmor vortäuschen.

Noch festlicher wird barocke Innendekoration durch reiche Vergoldung zum Beispiel der Altarschnitzereien oder Stuckaufsätze, der Emporendekorationen, Bilderrahmen oder barocken Kinderengel (Putti).

Vor allem höfisches Weiß und Gold, Altrosa, Alt- und Graugrün sind die häufig anzutreffenden Farbakkorde in barocken Kirchen. Viele Säulen und Altäre erscheinen in den für Marmor typischen, vor allem rötlichen Farbstrukturen. Viele vermeintliche Alabaster-Heiligenfiguren sind aus Holz gefertigt und nur farbig weißgrau gefasst und glänzend poliert.

Außer den breiten Stuckgesimsen und Stuckrahmen kennzeichnet eine überreiche Stuckornamentik vor allem den hoch- und spätbarocken Kirchenraum. Neben scheinbar ungezügelt rankenden Pflanzenformen können Früchte, Girlanden und kleine Engelköpfe mit Flügeln Emporen zieren.

Barockisierung von Kirchenräumen

Viele gotische Kirchen wurden auch innen nachträglich barockisiert, um sie dem veränderten Zeitgeschmack anzupassen. Das konnte auf vielfache Weise und unterschiedlich geschehen:
- Farbige gotische Fenster wurden herausgenommen, die Fenster zumeist rechteckig vergrößert und farbloses Glas eingesetzt, um die Helligkeit zu erhöhen.
- Seitenaltäre wurden aus den Seitenschiffen an Arkadenpfeiler im Hauptschiff versetzt.
- Kunstvolle Schmiedeeisengitter trennten → Chor und Seitenschiff vom Langhaus.
- Das Kircheninnere erhielt einen hellen pastellfarbenen oder weißen Anstrich und wenn möglich barocke → Freskenmalereien.
- Stuckdekorationen wurden nachträglich angebracht, zum Beispiel im Chorgewölbe.
- Die Kirche erhielt ein Kirchengestühl mit kostbar geschnitzten → Gestühlwangen.
- Barockes → Chorgestühl mit reichem Schnitzwerk und eine Orgel oder Chororgel wurden eingebaut.
- Einfache Holzkanzeln wurden durch repräsentativere Marmorkanzeln mit mehrstöckigen, reich geschnitzten und vergoldeten Schalldeckeln ersetzt.

Abb. 300 *Barockornamente: Blick in die Decke eines barocken Innenraums, Schema*

Insgesamt sind dekorative, barocke Innenausstattungen als ein Ganzes entworfen. Auch wenn ältere Kirchen nachträglich barockisiert werden, scheint ihr Mobiliar aus der Architektur herauszuwachsen und macht nicht den Eindruck einer Verlegenheitslösung mit nachträglich eingefügten Versatzstücken.

Bildprogramme

Das Kircheninnere als ein einziges zusammenhängendes Bildprogramm

Bildprogramme können außer den Darstellungen auf den Hoch- und Seitenaltären barocker Kirchen und ihren Kuppel- bzw. Flachdeckenfresken auch die ganze Ausstattung des Kircheninneren umfassen.

Das Bildprogramm von St. Johann Baptist in Wessobrunn

Kreuz und Kreuzigung im Mittelpunkt

Der Blick des an der Südseite Eintretenden fällt auf ein großes romanisches Kreuz an der gegenüberliegenden Nordwand (→ Abb. 301). Es stammt aus der Klosterkirche nebenan und schlägt das Motiv der Kreuzigung an, das auf dem Hochaltarbild wieder aufgenommen wird. Dort ist der Moment des Lanzenstichs gezeigt. Neben dem Gekreuzigten stehen Maria und Maria Magdalena.

Johannes der Täufer, der Kirchenpatron

Rechts und links flankieren den barocken Rahmenaltar mit seiner doppelten Säulenstellung zwei überlebensgroße vollplastische Figuren. Die rechte Figur zeigt Johannes den Täufer, den Patron der Kirche. Sie ist weiß gefasst mit vergoldetem Umhang, Kreuzstab, Nimbus und dem Lamm zu Füßen (→ S. 226, Abb. 318b).

In barockem Drehschwung, halb zum Altarbild gewandt, weist er mit dem → Deutegestus auf das goldglänzende Lamm Gottes im Strahlenkranz vor dem Tabernakel und zugleich auf den Gekreuzigten im Altarblatt. Gegenüber die Figur des Evangelisten Johannes mit seinen Attributen: Buch und Adler.

Märtyrer auf den Seitenaltären

Beide dem Hochaltar zugeordneten Seitenaltäre rechts und links an der Stirnwand des Langhauses wurden Märtyrern geweiht, der Hl. Agathe, mit den Attributen Zange und Schwert, und dem Hl. → Sebastian.

In den Giebelzonen der Altäre: Gott Vater, die Taube als Symbol des Heiligen Geistes und Engel

Die Giebelzonen aller drei Altäre sind reich durchgeformt. Im gemalten Giebel des Hochaltars, dem sogenannten » → Auszug«, ist Gott Vater dargestellt, auf dem linken Seitenaltar die Taube als Symbol des Heiligen Geistes, auf dem rechten Altar im Drei-

St. Johann Baptist, Wessobrunn, Oberbayern, Deckenfresko im Langhaus

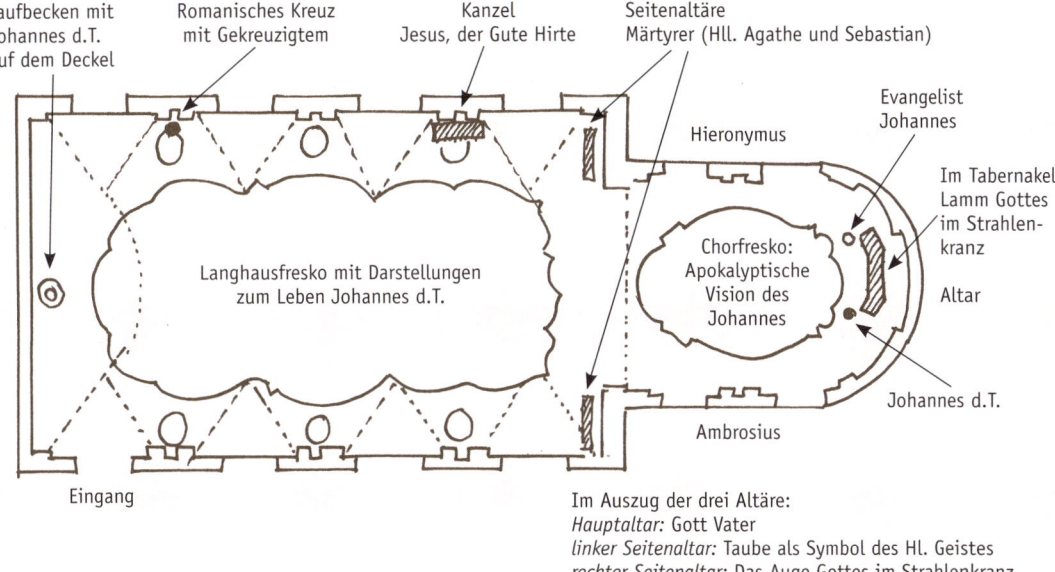

Taufbecken mit
Johannes d.T.
auf dem Deckel

Romanisches Kreuz
mit Gekreuzigtem

Kanzel
Jesus, der Gute Hirte

Seitenaltäre
Märtyrer (Hll. Agathe und Sebastian)

Hieronymus

Evangelist
Johannes

Im Tabernakel
Lamm Gottes
im Strahlen-
kranz

Langhausfresko mit Darstellungen
zum Leben Johannes d.T.

Chorfresko:
Apokalyptische
Vision des
Johannes

Altar

Johannes d.T.

Ambrosius

Eingang

Im Auszug der drei Altäre:
Hauptaltar: Gott Vater
linker Seitenaltar: Taube als Symbol des Hl. Geistes
rechter Seitenaltar: Das Auge Gottes im Strahlenkranz

Abb. 301 *St. Johann Baptist, Wessobrunn,*
1758/59, Grundriss mit Standorten

eck das »Auge Gottes«, beide im goldenen Strahlenkranz. Auf den seitlich vor und zurück schwingenden → Voluten treiben weiß und golden gefasste kleine Kinderengel, sogenannte Putti, ihr munteres Spiel. Sie scheinen die himmlische Welt in den irdischen Kirchenraum zu tragen.

An der Kanzel: Jesus, der Gute Hirte

Die Kanzelwand an der nördlichen Langhausseite zeigt Jesus als Guten Hirten mit Hut, Stock und dem → Lamm über den Schultern (→ S. 222, Abb. 313). Darüber schwebt im Schalldeckel die Taube als Symbol des Heiligen Geistes im goldenen Strahlenkranz. Kleine Barockengel umgeben den Kanzeldeckel und stellen als Boten Gottes den gedanklichen Bezug zu dem an der Decke gemalten Himmel her.

Taufbecken mit Johannes dem Täufer

Im Westen steht vor einer Nische ein steinernes Taufbecken aus dem Mittelalter. Den barocken Holzdeckel schmückt eine Schnitzfigur Johannes des Täufers. Auf seinem linken Arm trägt er das → Lamm Gottes, das auf dem Buch der Weisheit ruht. Die Rechte des Täufers ist wie schon bei der Altarfigur zum Deutegestus erhoben. Mit der dahinter an der Wand in Stuckarbeit angetragenen Taube des Heiligen Geistes im goldenen Strahlenkranz wird das Ensemble ikonographisch vervollständigt (→ S. 231, Abb. 327).

Deckenfresken mit Johannes-Szenen

Sie erzählen von der Taufe Jesu durch Johannes und schildern in den Randszenen das Leben des Täufers (→ S. 217, Abb. 303). Über dem → Chor ist die Johannes dem Evangelisten zugeschriebene Vision mit der Schau der → Apokalypse dargestellt (→ S. 219, Abb. 306).

Freskenmalerei und Figuren

Ein typisches Merkmal barocker Kircheninnenausstattungen (wie auch der des Rokoko, S. 258ff.) ist ihre großflächige, manchmal die ganze Decke oder Kuppel überziehende illusionistische Deckenmalerei. Mithilfe raffiniert eingesetzter Perspektive, durch starke Verkürzungen und gewagte Untersicht (Froschperspektive) konnten irreale, himmlische Welten entstehen, die in unendliche Höhen und direkt in den Himmel und zu Gott bzw. zu der mit Jesus und der Taube dargestellten heiligen → Dreifaltigkeit zu führen scheinen.

Bevorzugte Themen an Kuppel- oder flachen Deckengewölben

- Auferstehung Christi
- Christi Himmelfahrt
- Himmelfahrt Mariens
- Ausbreitung des christlichen Glaubens in aller Welt
- Visionen Heiliger, zum Beispiel die Apokalypse des Johannes (→ S. 219, Abb. 306)
- Leiden der → Märtyrer und ihre Aufnahme in den Himmel
- Einsetzung des Petrus und der Jünger in ihr Apostelamt (→ Apostel)

Abb. 302 *Christi Himmelfahrt, Ausschnitt aus dem Kuppelfresko, Abteikirche, Neresheim, 1771*

Gemalte Scheinarchitekturen

Außen um das jeweils zentrale Geschehen herum angeordnet können Einzelszenen aus dem Leben eines → Heiligen berichten, dem zum Beispiel die Kirche geweiht ist. Diese Episoden sind ebenfalls perspektivisch stark verkürzt in eine gemalte Scheinarchitektur eingebettet, die den Rahmen für die Bilderfolge aus dem Leben und Wirken des im Deckenspiegel Dargestellten bilden. Gemalte Architekturkulissen mit ihren aus der Froschperspektive gesehenen und ebenfalls verkürzt gemalten Säulen und Mauern führen dann täuschend und scheinbar nahtlos aus der realen Architektur der Kirche direkt in himmlische Höhen. Es entsteht der Eindruck, der in Wirklichkeit niedrige Raum öffne sich bruchlos direkt zum Himmel.

Weniger prominente Stellen an Kirchenwänden, auch solche in der Sakristei, können ebenfalls mit Bildern aus dem Alten oder Neuen Testament geschmückt sein, etwa mit Opferszenen des Alten Bundes, die typologisch (→ Typologie) auf den Tod des Gottessohnes Jesus Christus hinweisen:

- Abraham ist bereit, Isaak zu opfern, bis ihm ein Engel als Bote Gottes in den Arm fällt und ihn aufhält.
- Abraham befreit Lot aus der Gefangenschaft und der Priester Melchisedek kommt ihm mit Brot und Wein entgegen. Diese Szene wird auch als Vorbild des Messopfers (→ Eucharistie) gedeutet.
- Nach der Sintflut feiert Noah ein Dankopfer, wobei am Himmel der → Regenbogen als Zeichen des Friedens erscheint.

Abb. 303 *Johannes im Kerker, mit seinen Freunden sprechend, Ausschnitt aus dem Deckenfresko, Langhaus, St. Johann Baptist, Wessobrunn, 1758/59*

Erweiterter Bilderkanon auf Seitenaltären und den Ausstattungsstücken

Alle weiteren zum christlichen Bilderkanon gehörenden Szenen, die noch nicht auf den Bilderfolgen der Deckenfresken vorkommen, finden sich dann zumeist auf den übrigen Ausstattungsstücken dargestellt. Sie sind mit Ölfarben gemalt, als Reliefs geschnitzt oder in Metall gegossen auf den Altarblättern der Haupt- und Nebenaltäre, an Kanzeln, Taufbecken oder als frei stehende Schnitzfiguren und Figurengruppen zu sehen. Dazu gehören:

- Die Heilige Familie, Flucht nach Ägypten, Josef als Zimmermann, der zwölfjährige Jesus im Tempel.
- Jesu Taufe, Wunder- und Heilungsgeschichten; beliebt sind zum Beispiel die Heilung des Blinden (Mk 10), des Gelähmten (Mk 2), die Auferweckung des Lazarus (Joh 11) oder die wunderbare Weinvermehrung bei der Hochzeit zu Kana (Joh 2).
- Jesu Einzug in Jerusalem, das letzte Abendmahl, Jesus an der Geißelsäule.
- Alle 14 Szenen der Kreuzigung auf → Kreuzwegstationen.
- Die 12 → Apostel, die Ausgießung des Heiligen Geistes (→ Pfingsten).
- Der Auferstandene im Kreis der Jünger, in Wolken zum Himmel erhoben.
- Heiligengestalten, männliche und weibliche Märtyrer, sogenannte Blutzeugen, die ihren Glauben und ihre Überzeugung mit ihrem Leben bezahlten.
- Repräsentanten der geistlich-geistigen Geschichte der Kirche, Kirchenlehrer, Bischöfe, Ordensgeistliche und Klostergründer.

Abb. 304 *Deckengemälde »Gründung des Chorherrenstiftes Dießen«, Ausschnitt;* **Abb. 305** *Zwickelfresko des Kirchenlehrers Gregor d. Große, Mönchschor, Kloster Niederaltaich*

Gemalten Lehrgebäuden zur Geschichte der Orden, ihrer Gründer und grundlegender heilsgeschichtlicher Inhalte gleichen die Bildprogramme in Ordenskirchen, zum Beispiel der Bildplan der Universitätskirche in Wien (Jesuitenkirche).

Im reichen Bildprogramm des Barock finden sich auch Darstellungen bedeutender Päpste. Sie tragen die dreistöckige Tiara (→ Abb. 305) als Kopfbedeckung, und ihr Name ist oft als Inschrift beigegeben.

Taube als Symbol des Heiligen Geistes

In der Gestalt der vom Himmel herabstoßenden Taube und der von ihr ausgehenden goldenen Strahlen wird das Wirken des Heiligen Geistes sichtbar. Engelchöre verherrlichen die Heilige → Dreifaltigkeit, andere begleiten als Boten Gottes das Geschehen und stellen die Verbindung zwischen himmlischer Ferne und irdischer Nähe her.

Marienbilder

Darstellungen der sieben Freuden und Schmerzen Mariens: Bereits im 13. Jahrhundert wurde Maria als schmerzensreiche Mutter Jesu mit sieben Schwertern im Herzen bzw. als → Vesperbild mit dem Leichnam Jesu auf dem Schoß (Mater dolorosa) dargestellt (→ S. 137). Im 15. und 16. Jahrhundert kommen vermehrt auch die Freuden Mariens, zum Beispiel auf → Rosenkranzaltären, zur Darstellung (→ S. 178, Abb. 248).

Die Lauretanische Litanei (→ S. 175, Abb. 242): Im 16. Jahrhundert entstanden im italienischen Marienwallfahrtsort Loreto Gebete zur Anrufung Mariens. In ihnen wird Maria mit Sinnbildern aus dem Alten Testament, vor allem aus dem Hohelied belegt und gefeiert. Sie begegnen auch auf Deckengemälden und Stuckdecken barocker Jesuitenkirchen und dienen der Verherrlichung der jungfräulichen Gottesmutter. In dieser Symbolik erscheint der versiegelte Brunnen (Lebensbrunnen), der verschlossene Garten (Paradies), der fleckenlose

Apokalyptische Vision des Johannes im Chorgewölbe von Wessobrunn

Unter einem Baum in idyllischer Landschaft erlebt der Evangelist Johannes – dem die Apokalypse oder Offenbarung des Johannes traditionellerweise zugeschrieben wird – mit seinem Schreibgerät in der Hand eine Vision. Der Himmel über ihm scheint offen. Engel schweben auf Wolken. Das Auge Gottes im Strahlenkranz scheint im gleißend hellen Licht auf. Darunter ist Maria zu sehen, die Mutter Gottes und Himmelskönigin, wie in der Apokalypse beschrieben: Sie ist bekleidet mit der Sonne, zwölf Sterne umgeben ihr Haupt und die Mondsichel liegt unter ihren Füßen. Seitlich, vom Erzengel Michael mit seinen Engeln bekämpft, stürzen Schlange und Teufel sich überschlagend und wie ineinander verknäult in die Tiefe hinab (Offb 12,1–9).

Dieses Gemälde über dem Altar zeigt in letzter apokalyptischer Steigerung eine herrliche Himmelswelt: Sie möchte den Gläubigen die Illusion vermitteln, in dieser Kirche begegneten sich Himmel und Erde, und sie seien – wie Johannes – in diesem Augenblick Gott im Gebet ganz nahe.

Abb. 306 *Chorfresko St. Johann Baptist, Wessobrunn, Oberbayern, oben: Maria in der Himmelsglorie*

Spiegel, der Turm Davids, das verschlossene Tor, die Bundeslade, der brennende Dornbusch, Lilie, Palme, Ölbaum, Zypresse und Zeder, Sonne und Mond, Sterne.

Maria Immaculata: Das Bild der nach katholischer Lehre von Geburt an von der Erbsünde befreiten Maria gehört im 17. und 18. Jahrhundert zu den häufigsten Mariendarstellungen. Bereits im Mittelalter deuteten Darstellungen – zum Beispiel Anna und Joachim, die Eltern Marias, bei ihrer Begegnung an der goldenen Pforte (→ Anna Selbdritt) und die → Wurzel Jesse – auf die sogenannte Unbefleckte Empfängnis der Maria hin. Im Zuge der → Gegenreformation und verdrängt durch die Beliebtheit der Lauretanischen Litanei wurde vor allem auf größeren Deckenmalereien die in der Himmelsglorie schwebende Jungfrau nach der → Apokalypse des Johannes dargestellt. Sie trägt den Sternenkranz um den Kopf, die Mondsichel zu Füßen und vom Glanz der Sonne umstrahlt, kann sie auch auf der Erdkugel schweben, umgeben vom Teufel in Gestalt einer Schlange (→ S. 219, Abb. 306).

Engel

Das Zeitalter des Barock ist auch die Zeit unzähliger → Engeldarstellungen. Engel treten in vielerlei Gestalt und Funktion auf, in manchen Kirchen werden mehrere Hundert gezählt. Als große Stuckengel können sie auf umlaufenden Gesimsen sitzen oder an Pfeilern stehen. Überall tauchen kleine, fast immer nackte Kinderengel, sogenannte Putti, auf. Sie umschweben den Altar, scheinen den Kanzeldeckel emporzuheben, sie umspielen Emporen und die Orgel und scheinen Gläubige auf ihrem Weg entlang des Kirchenschiffs bis hin zum → Chor und zum → Hochaltar zu begleiten. Liebliche Engelköpfe zieren die Mitte barocker → Apostelkreuze aus Stuck. Auf Altarbildern und Deckenmalereien verherrlichen Engelchöre die → Dreifaltigkeit. An der Orgel tragen sie Musikinstrumente, an Altären halten sie das Kreuz und andere Leidenswerkzeuge der Passion Jesu (→ S. 138, Abb. 205f.; S. 221, Abb. 311), sonst schweben sie dekorativ, Girlanden tragend um Gesimse und Emporen.

Abb. 307 *Stuckengel, Dreifaltigkeitskirche, Neudrosselfeld;* **Abb. 308** *Spielende Engel, Basilika, Ottobeuren;* **Abb. 309** *Putto, Altarschmuck, St. Alban, Dießen am Ammersee;* **Abb. 310** *Engel von Joh. Baptist Straub, Taufkapelle, Klosterkirche, Dießen am Ammersee*

Im Frühbarock tauchen weiße oder hell-graue Stuckengelköpfe an Chorgewölben auf, im Hoch- und Spätbarock sind sie fleischfarben, oft auch ganz vergoldet, zum Beispiel im Aufbau von → Chorgestühlen.

Das Wirken der Engel kann in barocken Kirchenausstattungen auch als Hauptmotiv thematisiert sein. Dann werden Beispiele aus dem Alten und Neuen Testament zum Beispiel an Deckenfresken dargestellt.

Abb. 311 *Putto mit Kreuz (einem der Leidenswerk-zeuge) als Symbol für »Glaube«, Klosterkirche, Felixkapelle, Gars am Inn*

In der **Schutzengelkirche in Eichstätt** ist auf 31 Fresken eine biblische Engellehre zu sehen, u.a.:

Die göttliche Führung des Menschen durch Engel:
– Raphael begleitet den jungen Tobias in die Fremde und seine glückliche Heimkehr (Tob 5,11 und 12).
– Abraham bewirtet die drei Engel und erhält die Verheißung Isaaks (Gen 18,1–16).
– Ein Engel unterrichtet den Hl. Josef über die Empfängnis der Maria (Mt 1,20–23).

Göttliche Errettung durch Engel:
– Engel steigen zum Teich Bethesda zur Heilung der Kranken nieder (Joh 5,2–4).
– Ein Engel ringt mit Jakob und segnet ihn (Gen 32,23–32).
– Der arme Lazarus wird in den Himmel aufgenommen (Lk 16,19–31).
– Ein Engel zeigt Johannes dem Evangelisten das Himmlische Jerusalem (Offb 21,10–27).
– Ein Engel führt Lot aus Sodom (Gen 19,15–30).
– Errettung des Daniel aus der Löwengrube durch einen Engel (Dan 6,23).
– Ein Engel stärkt Elija in der Wüste (2 Kön 19,4–8).
– Errettung der Hagar aus der Wüste (Gen 16,7–11).
– Ein Engel hindert Abraham, seinen Sohn Isaak zu töten (Gen 22,11–14).
– Ein Engel begleitet die Hl. Familie auf der Flucht (Mt 2,13–15).

Göttliche Offenbarung durch Engel:
– Der Engel Gabriel kündigt Maria die Geburt Jesu an (Lk 1,26–38).
– Ein Engel erscheint Zacharias (Lk 1,11–22).
– Engel huldigen der Maria.
– Die Weihnachtsbotschaft der Engel an die Hirten (Lk 2,8–14).
– Ein Engel erscheint Bileam (Num 22,21–35).

Die himmlische Verherrlichung Gottes durch Engel:
– Ein Engel reinigt die Lippen des Propheten Jesaja mit glühender Kohle (Jes 6,5–8).
– Jakob sieht Engel auf der Himmelsleiter auf- und niedersteigen (Gen 28,11–22).
– Engel huldigen der Heiligen → Dreifaltigkeit.

Jesusdarstellungen

Flammendes Herz: Als Zeichen der tiefen Liebe Jesu zu den Menschen und als bildlicher Niederschlag der Herz-Jesu-Verehrung im 18. Jahrhundert wurden Darstellungen Jesu mit dem von einer Gloriole

Abb. 312 *Herz Jesu mit Kreuz und Dornen im Strahlenkranz, Seitenaltar St. Jakob, Wallgau*

Abb. 313 *Jesus, der Gute Hirte, gemalte Kanzelwand, St. Johann Baptist, Wessobrunn*

umstrahlten Herzen besonders als → Devotionalie (= Andenken) immer beliebter. Das brennende → Herz als Symbol tiefer Liebe zu Gott ist auch das Attribut vieler Heiligenfiguren im Barock, zum Beispiel Antonius, Augustinus, Birgitta von Schweden, Franz Xaver, Ignatius von Loyola u.a.

Jesus als guter Hirte: Beliebt sind im Barock Darstellungen des guten Hirten, der – entsprechend dem Gleichnis vom verlorenen Schaf, Lk 15 – das wiedergefundene Lamm über den Schultern trägt. Das Motiv ist bereits aus frühchristlichen Katakombenmalereien bekannt und als Aufforderung zur gütigen pastoralen Fürsorge des Predigers für die Zuhörer gedacht.

Apostel – Evangelisten – Heilige – Kirchenlehrer

Während auf großen Freskenprogrammen die vier → Evangelisten mit ihren Attributen Engel, Löwe, Stier, Adler oft schon im → Chorraum dargestellt wurden, fanden die vier Büsten der abendländischen → Kirchenlehrer Hieronymus, Ambrosius, Augustinus und Gregor dem Großen etwas nachrangig auf kleineren Gewölbezwickeln ihren Platz.
Die zwölf → Apostel sind, wenn sie nicht schon als große plastische Stuck- oder Terrakotta-Figuren an Pfeilern oder Säulen am Altar, im → Chor, in der Kuppel oder im Kirchenschiff angebracht sind, auf Langhausfresken zu sehen.
Geschnitzte und stuckierte Figuren der Apostel und anderer Heiliger können nicht nur auf Altären flankierend vorkommen, sondern auch im Chor, in Kuppeln und im Kirchenschiff, frei stehend oder an Säulen, bzw. als Nischenfiguren.
Die Apostel sind an ihren Attributen zu erkennen.

Attribute der Apostel

Abb. 314 *Apostelfiguren: Andreas: Andreaskreuz (schräges Kreuz; 1); Bartholomäus: Messer, seine Haut über dem Arm (2); Jakobus der Ältere: Pilgertracht, Muschel (3); Jakobus der Jüngere: Stange/Fahne (4); Johannes: bartlos, Kelch mit sich windender Schlange (5); Judas Thaddäus: Keule (6); Matthäus: Beutel, Beil, Winkelmaß, Lanze, Hellebarde (7); Paulus: ein oder zwei Schwerter (8); Petrus: ein oder zwei Schlüssel (9); Philippus: Kreuzstab oder Antoniuskreuz (10); Simon: Säge (11); Thomas: Winkelmaß oder Lanze (12)*

Ordensgeistliche – Ordensgründer – fürstliche Stifter

In Klosterkirchen finden sich auf Fresken und Altarblättern vor allem Bildszenen aus dem Leben ihrer Ordensgründer. Auf Seite 224 finden Sie einige der bekanntesten von ihnen beschrieben.

Stiftungsfresken

In vielen Klöstern stellen → Fresken zum Beispiel über dem → Chorbogen die Gründungslegende des Ordens dar. Auch die Ein-

Abb. 315 *Grundsteinlegung der Klosterkirche St. Georg, Fresko von Johann Georg Bergmüller, Ochsenhausen, 1725–1727*

Ordensgründer

Benedikt von Nursia (480–547), Gründer des Benediktinerordens (OSB = Ordo Sancti Benedicti), des ältesten westlichen Mönchsordens. Er ist als Patriarchentypus mit langem Bart, grauem Haar und Tonsur dargestellt. Seine Attribute sind:
- das Buch, das ihn als Autor der Ordensregeln ausweist,
- die Kukulle, das bodenlange schwarze Mönchsgewand mit Kapuze,
- Becher oder Kelch mit Schlange bzw. einem Raben mit Brot, in Erinnerung, dass man ihn vergiften wollte,
- eine Rute, mit der er angeblich den Teufel vertrieb,
- Dornen, mit denen er seine Begierden bezwang.

Beliebt sind im Barock Bilderfolgen zu seinem Leben: zum Beispiel Benedikt erblickt in einer Vision die → Dreifaltigkeit in einer Lichtkugel; er stirbt stehend, von Mitbrüdern gehalten, und Engel geleiten ihn zum Himmel.

Hl. Scholastika, die Zwillingsschwester Benedikts, Gründerin des Ordens der Benediktinerinnen, wird oft im Kreise der Benediktiner mit einer Taube dargestellt, da ihr Bruder ihre Seele in Gestalt einer Taube zum Himmel fahren sah.

Franziskus von Assisi (1181–1226), Begründer des Franziskanerordens (OFM = Ordo Fratrum Minorum), ist wegen seiner Frömmigkeit und Naturliebe der wohl am häufigsten dargestellte Heilige des Mittelalters. Gekleidet in brauner Mönchskutte, einen Strick mit drei Knoten als Gürtel, mit Tonsur und barfüßig mit → Wundmalen an Händen und Füßen, trägt er das Buch als Zeichen seiner Sendung nach dem Vorbild der → Apostel, das Kreuz oder Kruzifix (Verbundenheit mit Christus) und dem Totenkopf als Hinweis auf seine Askese, Buße und Meditation. Im Unterschied zu mittelalterlichen Bilderzyklen seines Lebens sind im Barock Einzelszenen wie Stigmatisation, Verzückung und Verherrlichung bevorzugt dargestellt.

Ignatius von Loyola (1491–1556), Spanier, begründete den Orden der Gesellschaft Jesu (SJ = Societas Jesu), kurz »Jesuiten« genannt. Hauptaufgabe des Jesuitenordens war die Weltmission, deshalb werden Jesuiten auf Fresken in Barockkirchen oft mit Weltteilen dargestellt. Andere Attribute sind:
- schwarzes Priestergewand,
- Birett (randlose Kopfbedeckung),
- flammendes → Herz,
- IHS-Zeichen mit Kreuz und drei Kreuznägeln (→ S. 207, Abb. 291) oft an Fassadengiebeln und über dem Altar,
- Buch mit den Ordensregeln,
- der abgekürzte Leitspruch des Jesuitenordens: O.A.M.D.G. – Omnia Ad Majorem Dei Gloriam = Alles zur größeren Ehre Gottes.

Franz Xaver (1506–1552) war bedeutender Missionar der Jesuiten. Seine Attribute sind: Kreuz, flammendes → Herz und ein Inder, der von dem Heiligen getauft wird (Inder oft in Indianerkleidung).

setzung des → Petrus und der anderen → Apostel kommen vor.

So überbringt zum Beispiel in der Benediktinerabtei Ettal (Oberbayern) ein Engel im Mönchsgewand dem Kaiser die Marmormadonna mit dem Auftrag, das Kloster zu gründen. Häufig ist auch ein Kirchenmodell oder ein Bauplan zu sehen (→ Abb. 315).

Missionsfresken

Entsprechend der Pastoral- und → Jesuitenmission finden sich in → Ordenskirchen die vier damals bekannten Erdteile dargestellt: Europa, Asien, Amerika und Afrika.

Altar

Im Zeitalter des Barock sind Hoch- und Seitenaltäre größer, monumentaler und viel aufwendiger geschmückt als die eher schlichten Altäre der Renaissance. Der klassische Aufbau besteht aus der *Mensa* (= Altartisch), aus gedrehten Wendelsäulen, meist Säulenpaaren, und der Gloriole im Giebel, dem sogenannten → *Auszug*.

Barockaltäre können mehrstöckig, manchmal über zwanzig Meter hoch sein und bis zur Gewölbedecke, dem Chorhaupt, reichen. Sie können mit einer Christus- oder Marienfigur gekrönt oder mit einem Baldachin aus bemaltem Stuck, bzw. einer riesigen vergoldeten Gloriole geschmückt sein. In ihr ist

Gestaffelte Wendelsäulen und seitlich gesprengte Giebel

Viele Barockaltäre haben große, über einem hohen Postament sich erhebende breit gelagerte Untergeschosse, auf denen gedrehte Säulenpaare (Wendel- oder Spiralsäulen) ein mächtiges Gebälk mit plastisch reichem Dekor und seitlich gesprengten, teilweise um 45 Grad nach außen gedrehten Giebeln tragen. Unmittelbar über dem Altartisch (dessen Sockel kann zum Beispiel weitere vergoldete Metallreliefs tragen) und dem Tabernakel ist das große, gemalte Altarblatt zu sehen. Mittig darüber findet sich ein kleineres Gemälde und im sogenannten Auszug, dem Altargiebel, ein Medaillon. Außerdem können in → Kartuschen, auf gesprengten Giebeln (→ Gesprenge) oder frei stehend Figuren die Gemälde flankieren, zum Beispiel der → Evangelisten, der Erzengel Michael und Raphael, auch des Josef, → Johannes des Täufers oder örtlich beliebte Heilige und Kirchenpatrone das Programm ergänzen. Seitlich stehende Engel oder verspielt tändelnde, goldene Putti lockern das Bildprogramm auf. Sie können auch mit theatralischer Geste vergoldete Stuckvorhänge zurückziehen und so das Altarbild der Betrachtung freigeben.

Abb. 316 *Barockaltar, Schema;* **Abb. 317** *Wendelsäule*

oft das gleichseitige → Dreieck mit dem Auge Gottes zu sehen.

Immer beliebter werden großformatige gemalte Altarblätter, gelegentlich sogar Kopien berühmter Altarbilder Oberitaliens.

Zur gleichen Zeit, als der *evangelische Kirchenbau im Kanzelalter* den Altar mit der Kanzel verbindet (→ S. 239), entwickelt sich in *katholischen Kirchen der Tabernakelaltar*. Das »Allerheiligste«, d.h. die → Hostie, in der der Gläubige Christus im Zeichen des Brotes sakramental gegenwärtig weiß, wird nicht mehr wie in der Gotik in Sakramentsnischen oder eigens errichteten Sakramentshäusern aufbewahrt (→ S. 107),

sondern direkt über dem Altartisch (mensa) im Barockaltar selbst. Darüber als Zierde des Tabernakels findet sich auf vielen Altären eine Figur des vergoldeten → Lamms (Symbol für das »Opferlamm« Jesus), bzw. das Symbol des → Pelikans, der mit seinem eigenen Blut die Brut speist. Auch das → *»Ewige Licht«* auf oder über vielen Altären verweist auf dieses Zentrum.

Altäre sind in der Regel wie gewaltige Möbel aus furniertem Holz, zum Beispiel aus Nussbaumholz, gearbeitet. Gedrehte und stufenförmig zur Tiefe hin angeordnete Säulenpaare können aus Stuckmarmor bestehen und die gemalte Altartafel im Mit-

Hochaltäre im Barock zeigen in ihren **Bildprogrammen** wichtige Glaubensaussagen und verschlüsselte Symbolik. Im Einzelnen kann zu sehen sein:

– Gott dreifaltig in den Personen Vater, Sohn und Heiligem Geist (→ S. 128, Abb. 182ff.).
– Der durch die Jungfrau Maria Mensch gewordene Gottessohn (»incarnatus est«).
– Maria als »Himmelskönigin« mit Sternenkranz (nach der Offenbarung des Johannes, Offb 12,1).
– Der auferstandene und in den Himmel aufgefahrene Christus.
– Einsetzung des → Abendmahls (Eucharistie).
– Der → Pelikan auf dem Tabernakel als Sinnbild sich verschenkender Liebe.
– Die Apostel → Petrus und → Paulus, auch als seitliche Standfiguren, die für die Ausbreitung des Glaubens stehen, gemäß dem Auftrag Jesu: »Geht zu allen Völkern und macht alle Menschen zu meinen Jüngern« (Mt 28,19).
– Ordensgeistliche, Kirchenfürsten, Ordensgründer und Kirchenpatrone oder → Märtyrer und Märtyrerinnen (wie die besonders beliebten → Heiligen Barbara, Katharina, Sebastian, Stephanus, auch Johannes der Evangelist, → Johannes der Täufer u.a.) können das aufwändige Altarprogramm vervollständigen.

Abb. 318 a) *Dreifaltigkeitsaltar, Pfarrkirche St. Peter und Paul, Oberammergau, Ausschnitt der Giebelzone;* **b)** *Johannes der Täufer, flankierende Altarfigur, Pfarrkirche St. Johann Baptist, Wessobrunn, Oberbayern (→ S. 214)*

Das Bildprogramm des Hochaltars von St. Florian, Linz

Abb. 319 *Hochaltar, Stiftskirche St. Florian bei Linz*

Bekrönung:
König David in der Nische

Oberbild:
Heiliger Geist im Symbol der Taube
und Gott Vater, der segnend
seine Hand über Erde und Himmel erhebt

Links: Hl. Josef

Rechts: Hl. Leopold

Außen: Hl. Katharina
mit Märtyrerpalme und zerbrochenem Rad

Außen: Hl. Barbara
mit Märtyrerpalme und Turm

Hauptbild:
Himmelfahrt der Maria
Christus nimmt seine Mutter im Himmel auf
Apostel umgeben das leere Grab
Johannes mit Rosen in Händen
Maria wird von Engeln getragen

Links: Hl. Florian
Schutzpatron

Rechts: Augustinus
Ordensgründer

Außen: Johannes der Täufer mit dem Kreuz
als Vorläufer Jesu

Außen: Hl. Sebastian
als Pestpatron

telfeld ebenso flankieren wie überlebensgroße → Heiligen- oder → Engelfiguren. Statt eines Ölgemäldes kann das Altarbild auch aus einer geschnitzten Szene oder einem vergoldeten Relief bestehen.

Je ein Seitenaltar rechts und links am Chorbogen aufgestellt, steigern die Größe, Bedeutung und den Reichtum des barocken Hauptaltars im Chorinnenraum.

Auf bis zu vier verschiedenen Ebenen agieren lebensgroße → Heiligen-, → Märtyrer- und → Engelfiguren wie in einem heiligen Schauspiel. Besonders beliebt sind neben Darstellungen von Christi Himmelfahrt auch solche des Marienlebens. Vor allem der Tod Mariens und ihre Aufnahme in den Himmel sind bevorzugte Themen. Auf ihnen wird der Blick der Gläubigen – mit der zwischen Wolken entschwebenden Maria – emporgehoben, hin zu Gott, der sie goldumstrahlt in himmlischen Gefilden empfängt.

Abb. 320 *Mysterienbühne, Hochaltar der Klosterkirche, Dießen, 1739*

Hauptkennzeichen des gemalten und plastischen Figurenschmucks ist sein monumentales Pathos, die Verzückung oder der Schmerz der dargestellten Heiligen. Starke Bewegung, die Dramatik steigernde Licht- und Schattengegensätze, dazu eine vorher nicht gekannte Eindringlichkeit der Darstellung von Gefühlen führen zu bewegten und den Betrachter bewegenden Figurendarstellungen. Eine für die Architektur barocker Kirchen typische → Lichtsäule aus verdeckter Lichtquelle kann zu bestimmten Tageszeiten das Gold vieler Altäre wie von einem Theaterscheinwerfer beleuchtet aufscheinen lassen.

Gnadenbilder – Gnadenaltäre

Mit dem Aufleben von Wallfahrten und dem Bau zahlreicher Wallfahrts- und Klosterkirchen im 17. und 18. Jahrhundert rücken auch die dort verehrten Christus- und Marienbilder als Bildwerke, denen eine wundertätige Wirkung zugeschrieben wird, in den Mittelpunkt des Interesses. → Gnadenbilder wurden an prominenter Stelle, zum Beispiel über dem → Tabernakel im Hochaltar oder an eigens dafür errichteten Gnadenaltären, angebracht und vom Volk hoch verehrt.

Sonderformen: Mysterienbühnen und Skapulieraltäre

Eine heute fast vergessene Form der theatermäßigen Inszenierung biblischen Geschehens war die in manchen Barockaltar eingebaute kulissenartige Kastenbühne, das sogenannte *theatrum sacrum*, das »Heilige Schauspiel«.

Auf diesen → Mysterienbühnen waren hinter einem versenkbaren Hochaltarbild oft dreifach gestaffelt gemalte Kulissen biblischer Landschaften zu sehen und bewegliche, überlebensgroße Figuren so ange-

bracht, dass Passions- und Auferstehungs-
szenen gestellt werden konnten. Da
schweben Engel durch goldene Strahlen aus
indirekt beleuchteten Himmelsgewölben
herab. Oder lebensgroße, oft sogar bewegliche und bemalte Stuckfiguren zum Beispiel auch von → Märtyrern werden zum
Himmel geleitet etc.

In Ordenskirchen kann auf dem Altarblatt
von Seitenaltären auch die wunderbare Ver-
leihung des Skapuliers (= eines Schulter-
kleides, das von Ordensleuten als herabhän-
gendes Tuch über Brust und Rücken getragen wird) dargestellt sein. Zum Beispiel
empfängt der Legende nach der Hl. Antonius von Padua durch Vermittlung von Maria
das Skapulier vom Jesuskind.

Kanzel

Fand sich in der Renaissance noch eine
strenge Form der Kanzel mit nüchternen
Darstellungen von → Evangelisten und →
Kirchenlehrern am Kanzelkorb, so zeigt sich
die Barockkanzel mit üppigen Kanzelkorb-
und Schalldeckeldekorationen. Auch schwere Marmorkanzeln können nun hängend angebracht sein, ergänzt durch einen mit
Figuren versehenen, holzgeschnitzten, vergoldeten Schalldeckel. Zahlreiche → Engel,
Figuren und Muschelwerk scheinen den oft
mehrstöckigen Schalldeckelaufbau durch
Wolken hindurch emporzutragen. Auch Sonderformen kommen vor, zum Beispiel die
Kanzel als Baum, als Schiff oder Fischer-
boot.

Die Bilderwelt barocker Kanzeln wird von
unten nach oben gelesen.

Als *Kanzelträger* ist wie schon an Kanzeln
der Spätrenaissance Mose mit den Gesetzestafeln als Vertreter des Alten Testaments
(seltener mit seinem Bruder Aaron; → Abb.
275) zu sehen. Als Kanzelträger ist Mose
Sinnbild dafür, dass das Gesetz dem Evan-

Abb. 321 *Barockkanzel mit jubilierenden und
Posaune blasenden Engeln als Kanzelbekrönung
über dem Schalldeckel, St. Marien, Berlin, 1703*

Abb. 322 *Frühbarocker Kanzelkorb, Pfarrkirche,
Lauenstein: mit Darstellungen des Sündenfalls, der
Himmelfahrt und Isaaks Opferung als Hinweis auf
das Opfer Christi auf den Kanzelkorbfeldern und
Mose als Kanzelträger*

gelium unterlegt ist. (→ Simson mit den Eselkinnbacken als typologischer Hinweis auf das Alte Testament.) Seltener ist Christus als »Salvator mundi« (= Retter der Welt) zu sehen.

Auf den *Kanzelkorbwänden* wird auf Reliefs, seltener auf gemalten Tafelbildern, ein reiches ikonographisches Bildprogramm entwickelt. Christus steht zwischen den Evangelisten, personifizierten → Tugenden oder den → Kirchenvätern. Immer beliebter wurden Szenen aus den Evangelien, dem Leben und der Passion Jesu (→ Kreuzigung und Auferstehung), seltener Szenen aus dem Leben und den Legenden der Schutzheiligen der Kirche.

Abb. 323 *Christus als Salvator mundi, den Kanzelkorb tragend, St. Bartholomäus, Sommerhausen, 1621*

Kanzeldeckelbekrönungen: **Abb. 324** *Der auferstandene Christus, Krönungsfigur der Barockkanzel, Abtei St. Peter und Paul, Schwarzach;* **Abb. 325** *Engelgestalt als Schalldeckelspitze, Schutzengelkirche, Eichstätt, 1721;* **Abb. 326** *Himmelfahrt des Elija, Kanzeldeckel, Pfarrkirche St. Nikolaus, Straßburg, um 1748*

Der *Kanzeldeckel* (Schalldeckel) trägt auf der Unterseite die Taube als Symbol des Heiligen Geistes oder Symbole der → Dreifaltigkeit. In seinem turmartigen Aufbau können die Tugenden dargestellt sein, personifiziert als Engel, die verschiedenste Attribute tragen.

Oft bekrönt die Figur des auferstandenen Christus mit der österlichen Siegesfahne den Kanzeldeckel. Die rechte Hand hat er zum Segensgestus (drei erhobene und zwei angewinkelte Finger) erhoben, in der Linken hält er die Siegesfahne mit dem Kreuz. Im Gegensatz zu früheren Jahrhunderten ist das Gesicht jugendlich mit lockerem Haar dargestellt, sein Gewand im Stile des Barock mit fülligen und heftig gebauschten Gewandfalten ausgestattet. Auch als Weltenherrscher mit der Weltkugel ist Christus als bekrönende Figur auf Schalldeckeln zu sehen. Ein Totenkopf oder Skelett an der die Christusfigur tragenden Konsole verweist nochmals auf Christus als Sieger über den Tod (»Verschlungen ist der Tod vom Sieg«, 1 Kor 15,54).

In selteneren Fällen krönen das Dreifaltigkeitssymbol im Strahlenkranz (v.a. im Rokoko), bzw. der Erzengel Michael (→ Engel), in Ordenskirchen auch ein Ordensgeistlicher die Kanzel.

Abb. 327 *Taufbeckendeckel mit Johannes dem Täufer mit Lamm und Buch als Bekrönung, Wessobrunn, → S. 215, Abb. 301*

nungen mit volkstümlichen, farbig gefassten Darstellungen der Taufe Jesu durch → Johannes den Täufer sind beliebt.

Holzschnitzereien

Einzelskulpturen

Ganz dem ausdrucksstarken Stil der Zeit verpflichtet, in der Gefühle auch übersteigert in Szene gesetzt wurden, sind manche plastischen Darstellungen sehr bewegt und raumgreifend. Der Vergleich verschiedener Holzskulpturen, etwa mit der trauernden Maria, Jesus-Johannes-Gruppen, Schmerzensmanndarstellungen oder dem → Gnadenstuhl seit der Romanik macht den Stilwandel besonders deutlich (→ S. 51, Abb. 78; S. 128, Abb. 182ff.; S. 138, Abb. 205f.; S. 232, Abb. 330)

Taufbecken

Insgesamt kommt der Gestaltung des Taufsteins im Barock nicht mehr die Bedeutung zu, die sie noch im Mittelalter hatte:

- Aus einer Vorgängerkirche übernommene Taufbecken aus Stein, Bronze oder Marmor sind meist seitlich, oft in hinteren Seitenkapellen aufgestellt.
- Barocke Taufbecken sind zierlicher, oft holzgeschnitzt mit einer breitrandigen Taufschale, auf der ein Spruch und für die Taufe passende Symbole eingraviert sein können. Vor allem Deckelbekrö-

Abb. 328 *Trauernde Maria, St. Michael, Bamberg, um 1730;* **Abb. 329** *Jesus-Johannes-Gruppe, Schömberg bei Freudenstadt,18. Jahrhundert;* **Abb. 330** *Gnadenstuhl (Gottvater-Pietà), Wessobrunn, 1620;* **Abb. 331** *Seitenaltarskulptur Apostel Petrus mit dem Schlüssel, Klosterkirche, Dießen;* **Abb. 332** *Christophorus, der Christusträger, Altarskulptur von Feichtmayr, Gnadenaltar, Vierzehnheiligen;* **Abb. 333** *Nikolaus, Konsolfigur aus Lindenholz, St. Nikolaus, Wolbeck*

Madonnenbilder

In der Renaissance wurde Maria ganz irdisch als Mutter gezeigt, die mit dem Kind, dem zukünftigen Erlöser spielt. Nach dem Konzil von Trient (1545–1563) und besonders im Barock mit zunehmender Marienverehrung wird eine andere Version in den Mittelpunkt gestellt: Nicht Maria kommt zu den Menschen, sondern diese verehren sie als Himmelskönigin. Entsprechend distanziert und prächtig sind nun Gnadenbilder oftmals mit kostbarer Krone und goldenem Strahlenkranz ausgestattet.

Schnitzarbeiten

Chorgestühl und hölzerne Chorschranken

Abb. 334 *Madonnenbild, Kloster Reutberg*

Barockes → Chorgestühl kann ebenso wie andere Ausstattungsstücke spielerisch mit Kinderengeln, Frucht- und Blumengirlanden und geschnitztem Rankenwerk geschmückt sein. Kleine Putti können wie Atlanten das scheinbar schwere Gebälk hochstemmen und stützen.

An die Stelle der im Mittelalter so beliebten Fratzen und Unsinn mimende Köpfe an den Misericordien der Klappsitze (→ S. 106, Abb. 155) treten nun liebliche Engelsköpfchen oder geschnitzte Ornamente.

Abb. 335 a) *Hölzerne Chorschranke;* **b)** *Abendmahlsbank, Kotzenbühl, 1732*

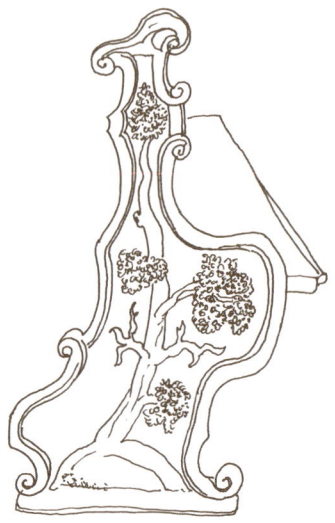

Abb. 336 *Geschnitzte Gestühlwange mit Lebensbaum*

Laiengestühl

Predigten wurden nicht nur in evangelischen Kirchen zu einem Hauptbestandteil des Gottesdienstes. Deshalb stellte man schon in der Renaissance den Laien bewegliches Gestühl zu Verfügung, das bald zur Einrichtung festen Laiengestühls in Form von Bänken mit geschnitzten Gestühlwangen führte. Beliebt waren florale Motive, Rankenwerk, auch christliche Symbole als deren Verzierung.

Beichtstühle

Seit dem 17. Jahrhundert wurden in katholischen Kirchen Beichtstühle aufgestellt. Es handelt sich um dreiteilige Holzgehäuse mit halboffenem Mittelteil zum Beichtehören (Ohrenbeichte). Dort sitzt der Geistliche, rechts und links von den knienden Beichtenden durch Gitter getrennt.

Manchmal sind auch die hölzernen Beichtstühle mit Bildern ausgestattet, die den Beichtenden ermutigen sollen:
- So erinnert zum Beispiel die Figur des Hl. Petrus mit den beiden Schlüsseln aus Gold und Silber und dem Evangelienbuch daran, dass Jesus ihm das Amt der Sündenvergebung übertragen hat – gerade ihm, der Jesus nach dessen Verhaftung verleugnet hatte.
- König David mit abgelegter Krone und Harfe erinnert an dessen Ehebruch mit Batseba (2 Sam 11), aber auch an die Vergebung und den Neuanfang, die ihm geschenkt wurden.

Abb. 337 *Barocker Beichtstuhl*

Was noch beachtenswert ist

- Orgeln
- Wappen – Epitaphe und Grabmäler
- Chorgitter
- Kreuzwegstationen
- Apostelkreuze als Stuckreliefs
- Opferstöcke
- Uhren – Zeichen der Vergänglichkeit allen irdischen Lebens
- In Sakristeien: Barocke Kelch- und Paramentenschränke

Orgeln

Wie schon zur Zeit der Renaissance kam der Orgel als Instrument, das den Gemeindegesang unterstützte, eine immer größere Bedeutung zu. Entsprechend wurden Orgeln im Barock größer, sodass sie nun auf der Empore im Westen ihren festen Platz bekam. Geschnitzte Figuren (König → Davids mit der Harfe und der Hl. → Cäcilie) können den Orgelprospekt schmücken, → Engel mit Musikinstrumenten ihn spielerisch umgeben.

Wappen-Epitaphe und Grabmäler

In reich ausgestatteten barocken Kirchen fallen immer wieder auch pompöse Selbstdarstellungen weltlicher und geistlicher Repräsentanten auf. So entsprach es dem Zeitgeist, sich in Szene zu setzen und sich für seine Wohltaten (Stiftungen) auch feiern zu lassen. Daher sind an Chorbogenscheiteln, an Altären, Kanzeln u.ä. fürstbischöfliche Wappenfelder mit gekoppelten Wappen zum Beispiel des Klosters oder Abtes mit dem des Fürstenhauses angebracht (→ S. 208, Abb. 293; S. 270, Abb. 383).

Erinnerungstafeln bedeutender Persönlichkeiten sind prunkvoll mit Reliefs, Wappen, mit Allegorien und mit Schrift ausgestaltet.

Abb. 338 *Orgelprospekt einer barocken Emporenorgel aus dem 17. Jahrhundert, Schema;*
Abb. 339 *König-David-Figur auf dem Orgelgehäuse der Kartause Buxheim*

Meistens an Wänden angebracht – statt wie früher am Boden – zeigen sie zum Beispiel das Motiv der Kreuzigung, unter dem der

Abb. 340 *Kreuzwegbild, Stiftskirche, Ossiach, Österreich, um 1750*

Abb. 341 *Stuckierte Apostelkreuze:* **a)** *Wallfahrts-kirche Maria Birnbaum;* **b)** *Apostelkreuz mit Leuchter, St. Michael, Seeshaupt*

Verstorbene mit seiner Familie demütig kniet. An die Stelle der Darstellungen des Todes als Sensenmann oder des Toten-kopfes, wie sie noch im 16. Jahrhundert selbstverständlich waren, treten nun sanfte Engel, die die Seele des Verstorbenen em-portragen.

Chorgitter

Kunstvolle Schmiedeeisengitter trennen noch heute den Vorraum mancher Barock- und Spätbarockkirchen (Rokoko) vom Kir-chenraum. Sie können teilweise vergoldet sein, zierliche Blumen- oder Früchtegirlan-den im Aufsatz haben, auch in ihrem Git-terwerk perspektivische Verkürzungen auf-weisen, die wie optische Täuschungen scheinbar in die Tiefe zu führen scheinen (→ S. 271, Abb. 387).

Kreuzwegstationen

Dekorativ und in starken Farben gemalte kleinformatige Tafeln in barocken Rahmen erinnern an Kirchenwänden an die Stati-onen des Leidensweges Jesu in Jerusalem, an die »Via Dolorosa« (→ S. 315).

Apostelkreuze als Stuckreliefs

Die zwölf Weihekreuze, die im Chor und Langhaus jeder katholischen Kirche an die Kirchenweihe und an Christi Verkündigungs-auftrag an die zwölf → Apostel erinnern, können im Barock auch aus Stuck geformt sein und zum Beispiel außer dem Kreuz auch einen Engelskopf zeigen.

Opferstöcke

Aus der Zeit des Barock sind vereinzelt in Kirchen noch holzgeschnitzte, verschließbare, oft auch mit Metall beschlagene Kästen, die sogenannten *Opferstöcke*, für die Geldspenden erhalten.

Uhren – Zeichen der Vergänglichkeit allen irdischen Lebens

Überschäumende Lebensfreude und Gedanken an den Tod lagen im Barock nahe beieinander. Sanduhren und mechanisch mit Räderwerk betriebene Uhren mit Zifferblatt und Zeigern an Chorbögen, Altären und Orgeln angebracht, waren Sinnbilder für die unaufhaltsam verrinnende Zeit und mahnten die Gemeinde, die verbleibende Zeit für ihr Seelenheil zu nutzen (→ Vanitas).
Zwei bis vier funktionierende Sanduhren waren an vielen Kanzeln evangelischer Kirchen angebracht, um die Länge der Predigt zu messen.

Abb. 342 *Sanduhren als Kanzeluhren zur Bemessung der Predigtlänge: Jede Sanduhr läuft 15 Minuten*

In Sakristeien: Barocke Kelch- und Paramentenschränke

Auch das Mobiliar der Sakristeien kann in Barockkirchen von großer Pracht sein. Kostbar geschnitzte Schränke zur Aufbewahrung der Paramente, kleine Schränkchen für Abendmahlskelche und doppelseitig zu bedienende Ankleidetische können reich vergoldete Gitter haben. Sie können reiches Rankenwerk, Vasen, sogar holzgeschnitzte Blumensträuße und ähnlichen geschnitzten Schmuck als Schrankaufsätze tragen.

EVANGELISCHER KIRCHENBAU IM ZEITALTER DES BAROCK

Während viele evangelisch gewordene Gemeinden zunächst alte, überlieferte Kirchenbauten übernahmen, sie allenfalls von ihrem zu katholisch anmutendem Inventar befreiten (→ Bildersturm), wurde bei Neubauten von Anfang an der gleichrangigen Bedeutung von Wort und Sakrament in den Gottesdiensten Rechnung getragen.

Der großen Bedeutung der Predigt entsprechend war die Anordnung der Kanzel im Kirchenraum von großer Wichtigkeit. Alle Mitglieder der Gemeinde sollten den Prediger gut sehen und gut hören können. Deshalb wurde der Bau von saalartigen Anlagen mit umlaufenden Emporen, die sogenannte → Predigtkirche, entwickelt.

Abb. 343 *Fassade, Fränkische Markgrafenkirche, Ansbach;* Abb. 344 *Innenansicht der evangelischen Kirche, Lohmen, Sachsen, mit → Kanzelaltar, darüber die Orgel und rundherum drei Emporen*

Bildprogramme

In den großen, meist mit → Tonnengewölbe und Holzemporen, Fürsten- bzw. Gutslogen ausgestatteten evangelischen → Saalkirchen kommen Bildprogramme am ehes-

Abb. 345 *Emporengemälde: Die Stillung des Sturms, viertes Thema und zweites Bild an der Empore der evangelischen Heilig-Kreuz-Kirche, Augsburg, um 1650*

MERKMALE IM ÜBERBLICK

- Die Innenausstattung ist im Vergleich zu katholischen Kirchen schlicht.
- Oft mehrstöckige Emporen erhöhen in kleinen Kirchen die Zahl der Sitzplätze.
- Kanzel, Altar und sogar Orgel können zu einer Einheit, dem Kanzelaltar im Chor zusammengefasst sein.
- Das Taufbecken rückt in die Nähe des Altars.

ten an den oft doppelstöckigen Emporen vor. Häufig werden biblische Szenen aus dem Alten Testament denen des Neuen gegenübergestellt (→ Typologie). Während dabei in frühen lutherischen Kirchen an Emporenbrüstungen vor allem Szenen aus dem Leben Jesu, von der Verkündigung bis zur

Kreuzigung, zu sehen sind, kommt ab 1630 vermehrt auch das Wirken Jesu in seinen Wundern und Gleichnissen zur Darstellung. Vorlagen für diese Bilderfolgen sind die weitverbreiteten graphischen Bibelillustrationen. Nicht selten sind auch die Bibelstellen zitiert oder Texte unter jeder Szene geschrieben (→ Flachschnitzerei, → Schriftband).

Altar

Im Vergleich mit lutherischen Bildprogrammen an Altären der Renaissance (Altäre im → Knorpelstil) ist eine weitere Reduzierung des → Altarretabels (= geschmückte Altarrückwand) zu beobachten. Meist schmückt es nur ein großes Mittelbild mit zentralen Aussagen zur Kreuzigung oder → Rechtfertigungslehre. Außerdem kommen Darstellungen des Gebetskampfs Jesu in Gethsemane oder »Ecce homo«-Darstellungen (= Bild des leidenden Jesus) vor, mit der Absicht, den gläubigen Betrachter in gefühlsmäßiges Mitempfinden einzubeziehen. Im Spätbarock sind Abendmahlsszenen auf Altären das zentrale Thema.

Kanzel und Kanzelaltar

Gegen Ende des 17. Jahrhunderts kommt es in vielen evangelischen Kirchen (außer in Württemberg) zu einer Verbindung von Kanzel und Altar, dem sogenannten → Kanzelaltar. Dabei tritt die Kanzel an die Stelle des bis dahin üblichen großen Altarbildes und befindet sich direkt über dem Altartisch. Diese Konstellation macht deutlich, dass in der lutherischen Kirche Wort und Sakrament eine Einheit bilden; d.h. Christus wird als in Wort und Sakrament gegenwärtig geglaubt und gefeiert. In Erinnerung an die gotischen Altar- bzw. Schreinwächter (→ S. 118) können lebensgroße plastische Fi-

Abb. 346 *Kanzelaltar, Woldenhorner Kirche, Ahrensburg, Holstein, 1716*

guren von Petrus und Paulus oder Mose und Aaron den Prediger umrahmen.

Weil der Gemeindegesang seit jeher wesentlicher Bestandteil des evangelischen Gottesdienstes ist, kam auch der Orgel eine immer bedeutendere Rolle zu. So wurde sie gerne in den Kanzelalter mit einbezogen (→ Abb. 344).

Inschriften

Wurden schon im Zeitalter der Renaissance Darstellungen durch Inschriften ergänzt, trat jetzt im Barock hin und wieder der Bibeltext ganz an die Stelle des Bildes (→ S. 193). Auch in Medaillons und auf den Feldern großer Stuckkartuschen sind Psalmen und andere biblische Texte zu lesen.

Taufbecken, Taufschalen, Taufengel, Taufgehäuse

Wie schon in romanischer Zeit (→ S. 52f.) tragen auch im Barock die Taufbecken meist aus Bronze gegossene Symbolbilder. Sehr beliebt ist die Darstellung der Taufe Jesu durch → Johannes im Jordan; die vier → Paradiesflüsse (Gen 2,10ff.) kommen vor, oder Christus mit der Siegesfahne als Zeichen seines Sieges über den Tod. Dazu können typologische Bilder aus dem Alten Testament treten, zum Beispiel Darstellungen von der Sintflut oder des Durchzugs des Volkes Israel durch das Schilfmeer (Ex 13f.). Oft ist auch → Johannes der Täufer im Fellgewand mit dem → Lamm Gottes als plastische bekrönende Figur auf dem Taufdeckel dargestellt (→ S. 231, Abb. 327).

Abb. 347 *Taufengel, Rerik, Mecklenburg, um 1751 (links);* **Abb. 348** *Taufengel, Schleswig-Holstein, 1716 (rechts)*

Eine vor allem in Nord- und Mitteldeutschland seit 1640 verbreitete Besonderheit sind holzgeschnitzte und bemalte kniende (→ S. 282, Abb. 400), ab 1700 auch schwebende *Taufengel*. Sie wurden in kleinen Kirchen, in denen kein Platz für Taufsteine in der Nähe des Altars war, an Ketten oder Seilen von der Decke herabgelassen und später wieder hochgezogen. In ihren Händen tragen sie die Taufschale.

In Norddeutschland sind mancherorts noch barocke *Taufgehäuse* in Gebrauch, die das steinerne Taufbecken aus dem Mittelalter umgeben.
Auch Mischformen kommen vor, holzgeschnitzte Taufbecken mit Taufdeckeln aus Blech.

Abb. 349 *Taufgehäuse, Marienkirche, Stralsund, 1738 (links);* **Abb. 350** *Taufbecken aus Holz und Blech, Barmstedt, Pinneberg, 1718 (rechts)*

Gestühl und Emporen

Mit zunehmender Bedeutung und Länge der Predigt wurde die Aufstellung von Gestühl notwendig. Außerdem wurde mit der steigenden Zahl der Gottesdienstbesucher der Einbau von Emporen, gelegentlich sogar zwei- oder dreistöckig übereinander, nötig. Sitzplätze wurden oft auch vermietet – so wie früher in katholischen Kirchen Geld für Altarstiftungen eingenommen worden war.

Insbesondere in Norddeutschland kamen ein- oder doppelstöckige, verglaste Logen für Adlige, sogenannte *Herrschaftsstände,* in Mode. Sie waren meist ebenerdig und an bevorzugter Stelle der Langhauswand gegenüber der Kanzel eingebaut. Sie ermöglichten, ungesehen und im Winter in beheizten Räumen am Gottesdienst teilzunehmen.

Abb. 351 *Herrschaftsstand im Altarraum, Woldenhorner Kirche, Ahrensburg, Holstein*

Prediger-/Pastorenbilder

In lutherischen Kirchengemeinden kam Ende der Renaissance der Brauch auf, zur Erinnerung an bedeutende Prediger und Pfarrer der Gemeinde deren Porträts im Langhaus aufzuhängen. Meist waren es Brustbilder in dunklen Tönen und sehr zurückhaltend gemalt, aber in reich verzierten Rahmen gefasst. In evangelisch-reformierten Kirchen wird dagegen weiterhin größtenteils auf jeden Bildschmuck verzichtet (→ S. 195).

Abb. 352 *Pastorenbild Johann Joachim Spalding, Marienkirche, Barth*

REISE-TIPPS

Bad Mergentheim, Schlosskapelle (1730–1736), Saalkirche nach Plänen Cuvillies mit riesigem Deckengemälde.

Birnau (Bodensee), Wallfahrtskirche (1750, von Peter Thumb, J.A. Feuchtmayer, G.B. Götz), gilt als einer der schönsten Barockbauten Süddeutschlands.

Bruchsal, Kath. Pfarrkirche St. Peter (1746–1748), nach Plänen von Balthasar Neumann als Bischofsmausoleum geplant; Kuppelraum über dem Grundriss eines griechischen Kreuzes; Hochaltar mit Altarbaldachin nach Vorbild Berninis in Rom.

Donaueschingen, Stadtkirche St. Johann (erste Hälfte des 18. Jahrhundert), zweitürmiger Barockbau im Stile böhmischen Barocks.

Ettenheim, Stadtkirche St. Bartholomäus (1768–1777), spätbarocker Bau mit dem Grab des Kardinals de Rohan.

Ettlingen, Schlosskapelle mit Deckengemälde (1732, von Cosmas Damian Asam), das Leben und Martyrium des Johannes Nepomuk darstellt.

Ettlingen, St. Martin, barocker Saalbau, Fassade mit Schweifgiebel, Deckengemälde (Emil Wachter, 1987–1988).

Friedrichshafen, Schlosskirche (1702), Wandpfeilerkirche, Wessobrunner Stuck, nach Zerstörung 1944 rekonstruiert.

Gengenbach, St. Martinskirche, reizvoller barocker Innenraum mit drei großen Altären und einer farbig gefassten Rokokokanzel.

Gerlachsheim (bei Bad Mergentheim), Pfarrkirche Hl. Kreuz (1723–1730), kleine dreischiffige gewölbte Pfeilerbasilika mit zwei Armen, reicher Stuck im Chor und Kuppelraum, bemerkenswertes Rokokoschnitzwerk an Schränken der Sakristei und Beichtstuhl.

Heidelberg, Jesuitenkirche (1712–1759).

Horb, ehemalige Stiftskirche Hl. Kreuz (1725), »Horber Madonna«, eine Kalksteinfigur aus dem frühen 15. Jahrhundert.

Konstanz, Christuskirche, ehemals Jesuitenkirche St. Konrad, Wandpfeilerkirche nach Vorarlberger Schema.

Neresheim, Benediktinerklosterkirche Hl. Kreuz, eine der bedeutendsten Barockkirchen Deutschlands, deren Innenraum alle Entwicklungslinien von Hochbarock bis zum Frühklassizismus zeigt.

Offenburg, Heiligkreuzkirche (1700–1720), dreischiffige tonnengewölbte Hallenkirche, klassizistische Kanzel, großer »Ölberg« (1524).

Rastatt, Kath. Stadtkirche St. Alexander (1756–1764), Bau barock, Inneres klassizistisch.

Rastatt, Schlosskirche zum Heiligen Kreuz (1720–1723), Heilige Stiege, www.rastatt.de.

Schenkenzell, Kloster Wittichen, barocke Wallfahrtskirche, Kanzel und Altar.

Sipplingen (Bodensee), Pfarrkirche St. Martin und St. Georg, Bau (15 bis 16. Jahrhundert), barockisiert (1750–1765); Hl. Georg und Hl. Martin (Meisterwerke von Joseph Anton Feuchtmayer, um 1750).

St. Märgen, Pfarr- und Wallfahrtskirche St. Maria (1716–1725), in Barockgewänder gehülltes romanisches Gnadenbild.

St. Peter, barocke Klosterkirche der Benediktiner (1724–1727 von Peter Thumb/Vorarlberg), üppige Ausstattung, (z.T. Feichtmeyr), Schmiedeeisengitter im Chor.

St. Trudbert (Münstertal), barocke Klosterkirche (Peter Thumb, 1727), Hochaltar barock und frühklassizistisch.

Tiengen, Schlosskirche St. Maria (1751 von Peter Thumb/Vorarlberg).

Todtmoos, Wallfahrtskirche Mariä Himmelfahrt (1770–1778), Stuckaturen, Altäre, Kanzel.

Weingarten, Basilika (1715–1724), kreuzförmiger Zentralbau, größte Barockkirche auf deutschem Boden, Deckenbilder (Cosmas Damian Asam) mit Darstellung der triumphierenden Kirche in Scheinarchitekturen vor geöffneten Himmelsräumen, reiches Chorgestühl, Orgel mit 6666 Pfeifen.

Aldersbach, Pfarrkirche Mariä Himmelfahrt (1720), ehemalige Zisterzienserabteikirche, einschiffiges Langhaus mit Wandpfeilern und Seitenkapellen (Gebrüder Asam); Rokokoportal, außen schlicht, innen überreich mit Gold, Putten und Stuck geschmückt; Hochaltar mit gedrehten Säulen (J. Götz) und Dreifaltigkeit mit 88 Engeln im Strahlenkranz; reiche Ausstattung mit Chorgestühl, Kanzel, Beichtstühlen.

Amberg, Stadtpfarrkirche St. Georg, gotischer Bau (1356), ab 1621 im Zuge der Rekatholisierung durch die Jesuiten Umgestaltung im Stile des Barock (Stuck des Wessobrunners Johann Baptist Zimmermann, 1718), barocke Kanzel und Chorgestühl, Orgelprospekt im Stil des Rokoko.

Amberg, Wallfahrtskirche Mariahilf, reiche barocke Ausstattung, u.a. Fresken (Cosmas Damian Asam); monumentaler Hochaltar aus Stuckmarmor.

Amorbach, Abteikirche, barocke Fassade von romanischen Türmen flankiert, großartige Ausstattung im Stil des Barock und Rokoko (u.a. Stuck von J.M. Feichtmayr); Kanzel mit zwei Aufgängen (1749–529), Orgel, Rokokogitter.

Andechs, Benediktinerkloster und Wallfahrtskirche Mariä Verkündigung; älterer Vorgängerbau wurde barockisiert (u.a. von Joh. Baptist Zimmermann, 1751–1755), reiche Ausstattung, u.a. zahlreiche Votivbilder, Votivkerzensammlung etc.

Ansbach, St. Gumbertus, fränkische Markgrafenkirche.

Auerbach, Pfarrkirche St. Johannes Baptist, ursprünglich gotischer Bau, 1685 umgestaltet zur reich ausgestatteten barocken Wandpfeilerkirche.

Augsburg, Evang. Pfarrkirche Hl. Kreuz (1650–1653), Ostfassade mit Volutengiebel, Kirchensaal mit Emporen samt bemalten Brüstungen, kassettierte, bemalte Holzdecke, reicher Bestand an Gemälden (17. Jahrhundert).

Augsburg, Evang. St. Ulrichskirche, an das nördliche Seitenschiff des Ulrich-Münsters angebaute, reich ausgestattete Predigtkirche, Umbau 1709/10, barocke Fassade, umlaufende bemalte Emporen, Stuckdekorationen, flaches Tonnengewölbe, frühbarocke Kanzel, Holzaltar mit Abendmahlsbild.

Bad Aibling, Pfarrkirche St. Maria, spätgotischer Saalbau, 1755/56 barockisiert (Johann Michael Fischer).

Bamberg, Klosterkirche Michaelsberg, romanisch-gotischer Bau, nachgotische Tonnendecke, bemalt mit »botanischem Garten« (600 Pflanzenarten), barocke Ausstattung.

Banz (Franken), ehemaliges Benediktinerkloster, Kirche mit mächtiger Fassade (Johann Dientzenhofer, 1710–1718), reiche Barockausstattung, prachtvolles Chorgestühl.

Bayreuth, Spitalkirche (1748–1750), evangelische fränkische Markgrafen-Emporenkirche mit Kanzelaltar.

Benediktbeuern, Klosterkirche St. Benedikt, Anastasia-Kapelle (Johann Michael Fischer, 1751–1758).

Beuerberg (bei Wolfratshausen), Stiftskirche (1630–1635), ehemaliges Augustinerchorherrenstift.

Biberbach (bei Augsburg), Wallfahrtskirche Heilig Kreuz (1690–1695), Ausstattung (18. Jahrhundert) mit Stuckkartuschen, Fresken, romanischer Kruzifixus, Statue des Pilgerheiligen St. Jakobus; Kalvarienberg neben der Kirche mit überlebensgroßen Zinkgussfiguren (1910).

Buxheim, ehemalige Reichskartause, einschiffige Anlage des 15. Jahrhunderts, wird durch den Kreuzgang in Mönchs- und Bruderchor getrennt; reiche spätbarocke Innenausstattung, u.a. geschnitztes Chorgestühl (um 1700).

Dießen (Ammersee), Klosterkirche Marienmünster (1732–1739, von Johann Michael Fischer), ehemaliges Augustinerchorherrenstift, versenkbares Altargemälde: »theatrum sacrum«.

Dietramszell, Mariä Himmelfahrt (1729–1741), ehemalige Augustinerchorherrenstiftskirche, zählt zu den großen Barockkirchen Bayerns.

Dillingen (Donau), Stadtpfarrkirche St. Peter, Wandpfeilerkirche (Umbau 1643), barocke Ausstattung.

Dillingen, Franziskanerinnen-Klosterkirche Mariä Himmelfahrt (1736–1738, von Joh. Georg Fischer), Wessobrunner Stuck; Fresken erzählen die Klostergeschichte; Emporengitter, an der Ostwand bedeutender spätgotischer Kruzifixus (16. Jahrhundert).

REISE-TIPPS

Ensdorf (bei Amberg), Klosterkirche der Benediktiner, Wandpfeilerkirche mit reicher barocker Innenausstattung; Orgelprospekt, Paramentenschränke in der Sakristei; erste Freskoarbeit von Cosmas Damian Asam (1714).

Ettal, Klosterkirche, Zentralbau hochgotischen Stils, ab 1700 barockisiert (Enrico Zuccalli, Schmutzer), bedeutende Innenausstattung; Chor klassizistisch, Rotunde im Stil des Rokoko (Stuck: Joh. Bapt. Zimmermann), klassizistisches Altarretabel.

Freystadt, Wallfahrtskirche Mariahilf, spätbarocker Zentralbau mit überkuppelter Rotunde über kreuzförmigem Grundriss (Viscardi 1700–1710); üppiger Stuck (Appiani, 1708) und Fresken zum Marienleben (Johann Georg Asam, Vater der Gebrüder Asam).

Fürstenfeldbruck, Fürstenfeld (ab 1701), Zisterzienserklosterkirche, Wandpfeilerkirche.

Füssen, Stiftskirche St. Mang.

Gars (Inn), ehemaliges Chorherrenstift (1661–1690).

Gössweinstein, Wallfahrtskirche zur Heiligsten Dreifaltigkeit, Hochaltar.

Grafrath, Wallfahrtskirche Rasso (1686–1694).

Günzburg, Frauenkirche (Dominikus Zimmermann, 1727–1733), verglaste Westempore mit reichem ornamentalem Schnitzwerk, Stuckaturen und Malereien.

Heiligenstadt (Franken), St. Veit und St. Michael (1716), Typ der fränkischen Markgrafen-Emporenkirche.

Indersdorf, ehemaliges Augustinerchorherrenstift, romanische Pfeilerbasilika, barockisiert.

Kaisheim, Zisterzienserklosterkirche Mariae Himmelfahrt (14. Jahrhundert), Sakramentshaus, im 17. Jahrhundert barockisiert, u.a. mächtiger barocker Hochaltar, Apostelbilder in reich geschnitzten Barockrahmen.

Kappel (Oberpfalz), Wallfahrtskirche zur Hl. Dreifaltigkeit (1685–1689, Georg Dientzenhofer).

Kempten, Basilika St. Lorenz (Baubeginn 1652), großes Westturmpaar, mächtige Kuppel.

Metten (bei Deggendorf), Kloster- und Pfarrkirche St. Michael, auf einen karolingischen Bau folgte eine gotische Hallenkirche, 1712–1729 grundlegend zur barocken Wandpfeilerkirche umgestaltet; reiche Ausstattung teils barock, teils im Stil des Rokoko und teilweise auch schon im frühklassizistischem Stil; Altarblatt (Cosmas Damian Asam).

Michelsfeld (bei Auerbach), Pfarrkirche St. Johannes Baptist, ehemalige Klosterkirche, barock ausgestaltet durch die Gebrüder Asam (1716).

Mistelbach, St. Bartholomä, evangelische fränkische Emporenkirche.

Mödingen (bei Dillingen), Klosterkirche Mariä Himmelfahrt, einschiffiges längsgerichtetes Langhaus mit Doppelemporen, reich mit Arkanthusranken und Bandwerkornament geschmückt, goldene Kanzel, Hochaltar mit Muttergottesfigur, »Heilige Stiege« im Obergeschoss.

München, Theatinerkirche St. Kajetan (1663–1690, von Barelli, Zuccalli, Cuvilliés), tonnengewölbte barocke Kuppelbasilika nach Vorbildern römischer Barockkirchen, reiche weiße Stuckausstattung (Blütengirlanden, Früchte als Symbole des Paradiesgartens), www.muenchen.de.

München, Residenz, Hofkapelle (1573–1651) und Reiche Kapelle (1607) mit Szenen aus dem Jesus- und Marienleben als goldgefasste Reliefs auf blauem Gewölbe.

München, Asamkirche, St. Johann-Nepomuk-Kirche, von den Gebrüdern Asam als eigene Kirche errichtet (1730).

München, Dreifaltigkeitskirche (1711–1718), barocker Zentralbau mit Fresken von Cosmas Damian Asam.

Niederaltaich (bei Deggendorf), Kloster- und Pfarrkirche St. Mauritius, barocker Neubau (1718–1722), Chorbau (Michael Fischer, 1724–1726), eindrucksvolle Innengestaltung durch Einbeziehung der Emporen in den Seitenschiffen mittels Bodenöffnungen in den Emporenböden (sog. Okuli); Hochaltarbild zeigt das Martyrium des Hl. Mauritius.

Oberaltaich (bei Straubing), ehemalige Benediktinerabteikirche (1630), jetzt Pfarrkirche, rechteckige Hallenkirche, 1726–1731 barockisiert und reich mit Stuck, Freskenmalerei, Figuren (u.a. überlebensgroße Figur der Maria mit der Birne) und Grabmälern ausgestattet; das Bild der Kreuzigung Petri im monumentalen barocken Hochaltar kann versenkt und gegen eine geschnitzte Darstellung der Schlüsselübergabe an Petrus ausgetauscht werden.

Obersees (bei Thurnau), St. Jakob, Beispiel fränkischer Emporenkirchen.

Obersees (bei Thurnau), Ruprechtskapelle, kleine fränkische Emporenkirche.

Osterhofen (bei Altenmarkt), ehemalige Kloster- und Pfarrkirche St. Margaretha (1740), von Michael Fischer über alten Bauten errichtet, reiche Stuckdekorationen und 18 Deckenfresken (C.D. Asam), Altäre (E.Q. Asam), Hochaltar mit großem Stuckbaldachin und vier wuchtigen Säulen zeigt allegorische Figuren; Nebenaltäre tragen Kronenbaldachine.

Ottobeuren, Klosterkirche St. Alexander und St. Theodor (Johann Michael Fischer, 1737–66), Stuck von Johann Michael Feichtmayr, www.abtei-ottobeuren.de.

Passau, Dom St. Stephan, Teilneubau des ehemals gotischen Baus (1285–1530), um 1668 zu einem Barockbau italienischer Prägung mit wuchtiger barocker Zweiturmfassade gestaltet; Stuckdekor mit Putten, Propheten, die Gebälk und Gesimse bevölkern, Deckenfresken mit illusionistischen Effekten, vergoldete Kanzel und prachtvolles Orgelgehäuse; Hochaltar mit großen Plastiken zum Martyrium des Hl. Stephan (J. Henselmann, 1961).

Passau, ehemalige Jesuitenkirche St. Michael (1607–1881), reich ausgestatteter Barockbau mit Doppelturmfassade, Wandpfeileranlage mit Emporen, dunklen Altären vor hellen Wänden, im Altarblatt Engelsturz (1714).

Polling (Pfaffenwinkel), Stiftskirche (Wessobrunner Schule).

Regensburg, Alte Kapelle, dreischiffige gotische Pfeilerbasilika, im 17. Jahrhundert barock geschmückt, ab 1747 baulich im Stil des Rokoko verändert und völlig neu ausgestattet; reicher Wessobrunner Stuck; Fresken aus dem Leben Heinrichs II. und seiner Gemahlin.

Regensburg, Niedermünster, ab 1616 barockisiert.

Reichenbach, ehemalige Benediktinerklosterkirche Mariä Himmelfahrt, dreischiffige romanische Pfeilerbasilika, 1742–1752 mit Stuck überzogen und mit Fresken versehen; Grabdenkmäler.

Rohr (Niederbayern), Klosterkirche Mariä Himmelfahrt (1722, von Egid Quirin Asam), tonnengewölbte Halle mit Querschiff, zeigt beispielhaft im Hochaltar die barocke Vorstellung eines »theatrum sacrum«: aus dem leeren Marmorsarkophag geleiten Engel die zum Himmel aufschwebende Maria empor zu den von einer Lichtgloriole umgebenen Figuren der Trinität und von Engeln umjubelt; um den Sarkophag stehend beobachten überlebensgroße Apostel das Ereignis; hervorragende Nebenaltäre, reicher Orgelprospekt.

Sielenbach (bei Aichach), Maria Birnbaum (17. Jahrhundert), Wallfahrtskirche, reicher Kuppel-Zentralbau, Apostelfiguren in der Rotunde, Meisterwerk Wessobrunner Stuckarbeit.

Speinshart, Stifts- und Pfarrkirche Unbefleckte Empfängnis Mariä, Wandpfeilerkirche mit seitlichen Emporeneinbauten (Wolfgang Dientzenhofer, 1706), fantasievolle Stuckaturen (Lucchese, 1696–1700), Fresken mit Szenen des Marienlebens, sowie aus dem Leben des Ordensgründers Norbert und der Klostergründung; reich geschnitztes Chor- und Langhausgestühl.

Staffelstein, Wallfahrtskirche Vierzehnheiligen (1723–1772, Balthasar Neumann), Gnadenaltar (Michael Feichtmayr, 1709/10–72), www.vierzehnheiligen.de.

Straubing, Ursulinen-Klosterkirche Unbefleckte Empfängnis, kreuzförmiger Zentralbau mit hoher Fassade, Vorhalle und Altarnischen (Gebrüder Asam, 1736–1740), Deckengemälde von Cosmas Damian Asam zeigen das Martyrium der Hl. Ursula, von ihm auch einige Altarblätter; sein Bruder Egid Quirin gestaltete den Stuck (1144).

Thurnau (Franken), Evang. Stadtkirche (1700–1706).

Velburg, Pfarrkirche St. Johannes Baptist, nach romanischen und gotischen Anfängen Barockausstattung (1717–1721); reicher Stuck mit Akanthusranken, Girlanden und Fresken.

Waldsassen, Stiftskirche Mariä Himmelfahrt und St. Johannes Evangelist (1681–1704), Barockbau mit überkuppelter Vierung, prunkvolle Ausstattung, u.a. Stuck, Hochaltar aus schwarzem und rotem Stuckmarmor (1697), Kanzel und weitere Altäre, Chorgestühl mit Malereien, Barock-Orgel.

Waldsassen, barocke Wallfahrtskirche zur Hl. Dreifaltigkeit, »Kappel« (Georg Dientzenhofer, 1682–1689), mit kleeblattförmigem Dreipass-Grundriss; die Zahl Drei taucht in den drei Türmen, drei Bögen, drei Dachreitern etc. immer

REISE-TIPPS

wieder auf; innen drei Pfeiler, drei Konchen, drei Nischen mit drei Altären usf.; Hochaltar zeigt die Hl. Dreifaltigkeit.

Weltenburg, Klosterkirche St. Georg und St. Martin (1716–1718 nach Plänen von Cosmas Damian Asam), Barockkirche mit langgestrecktem ovalem Grundriss; Licht fällt nur von der Kuppel und dem Chor ein; gemalte Scheinarchitektur (Egid Quirin Asam), reiche vergoldete Barockausstattung mit zahlreichen Heiligen- und Engeldarstellungen, im bühnenähnlichen Hochaltar der von hinten beleuchtete Hl. Georg, wie er den Drachen tötet.

Wessobrunn, St. Johann Baptist, 1752–1759 von Franz Xaver Schmuzer erbaut, einheitlich ausgestattet mit barocker Freskenmalerei von Johann Bader.

Wondreb (Tirschenreuth), Friedhofskapelle St. Michael (1669) mit Holzfelderdecke, auf der 28 Grisaillemalereien, mit lateinischen Bibelsprüchen kommentierte Totentanzszenen dargestellt sind.

Würzburg, Hofkirche, festliche barocke Raumgestaltung durch achatfarbene Marmorausstattung, Säulenaltäre, Altarblätter (Tiepolo, 1752), Fresken.

Hamburg

Hamburg, St. Michaelis (1750–1762), protestantischer Barock.

Hamburger Umland: **Allermöhe**, Dreieinigkeitskirche.

Hessen

Frankfurt, Paulskirche, Rotunde (1789–1833), klassizistischer Turm.

Frankfurt, Evang. Katharinenkirche (1678–1681), nach Brand nur noch 80 Gemälde der Emporenbrüstung.

Fulda, Dom, dreischiffige kreuzförmige Basilika mit überkuppelter Vierung; Neubau durch Johann Dientzenhofer (1704–1712) mit imponierender zweitürmiger Westfassade, im Inneren monumentale Apostelfiguren aus Stuck in Chornischen; in der Vierung Fußbodenscheibe mit vier in die Himmelsrichtungen weisenden Händen; reiche barocke Innenausstattung, u.a. Hochaltar: sechs Säulen tragen geschwungenes Gebälk mit Wolkenbekrönung, in der Engel Maria zum Himmel emportragen.

Fulda, Stadtpfarrkirche St. Blasius (1770–1780), dreischiffige barocke Basilika mit Deckenstuckaturen und Fresken: Bergpredigt, Vertreibung der Wechsler aus dem Tempel, König David; Hochaltar dem Domaltar nachgebildet; klassizistischer Orgelprospekt.

Greifenstein, Schlosskirche mit barocker Stuckdekoration (1686), Saalbau mit Emporen.

Heusenstamm (bei Offenburg), Pfarrkirche St. Cäcilia, nach Plänen von Balthasar Neumann (1739–1744), reiche einheitliche Spätbarockausstattung mit Deckengemälden, bedeutendem Hochaltar und Kanzel.

Hochheim am Main, Pfarrkirche St. Peter und Paul, Saalkirche mit eingezogenem Chor, Deckenbilder mit Geschichten der Kirchenpatrone, barocke Kanzel und drei Altäre.

Idstein (Taunus), Unionskirche (lutherisch und reformiert), Inneres mit selten einheitlichem protestantischem Bildprogramm (1665–1677); an Holzdecke und Wänden Bildstreifen zu biblischen Themen in starker Untersicht im Stil des Manierismus; Altar mit Wendelsäulen, Kanzel über der Figur des Samson, barockes Baldachindenkmal.

Lauterbach (Vogelsberg), Evang. Stadtkirche (1764–1767), barocke Saalkirche mit flachem Spiegelgewölbe und reichem Rocailleschmuck, Altarkanzelwand aus Stuckmarmor, doppelgeschossige Emporen und aufwendige Renaissance-Epitaphe.

Weilburg (Lahn), Schlosskirche, barocker Neubau, Kanzelaltar mit fünf auswechselbaren Gemälden, von Figuren des Mose und Johannes bekrönt.

Mecklenburg-Vorpommern

Diekhof (bei Laage), Schlosskapelle (1768), Pavillon mit Mansardendach und Spiegelgewölbe, in Weiß und Gold gehaltene Inneneinrichtung, Stuck und Schnitzereien, Kanzelaltar, auf ionischen Säulen stehende Logen.

Groß Eichsen (bei Gadebusch), Dorfkirche (14. Jahrhundert), ehemals Wallfahrtskirche, barocke Ausstattung mit Altaraufsatz, Kanzel, Orgelprospekt und bemalten Emporenbrüstungen.

Neustrelitz, Stadtkirche, barocker, rechteckiger Backsteinbau (1768–1778), Spiegelgewölbe, umlaufende zweistöckige Emporen, Altar mit Figuren der Kardinaltugenden (1778), Neurenaissance-Orgelprospekt.

Schwerin, Nikolaikirche, »Schelfkirche« (1708–1713), frühester und bedeutendster barocker Kirchenbau Mecklenburgs, Backstein-Sandsteinbau über dem Grundriss eines griechischen Kreuzes; Ausstattung 1868 ersetzt.

Ueckermünde, Pfarrkirche St. Marien (1752–1766), barocker Saalbau, zweigeschossige Emporen und Deckenmalerei, monumentaler Kanzelaltar mit reichem Rokokoschmuck (1775); Taufbecken und Brüstungen des Ratsgestühls (um 1593 und 1651).

Waren, St.-Marien-Kirche (1790–1792), über der Ruine eines Vorgängerbaues im Stil des Barock mit Flachdecke und barocker Inneneinrichtung erbaut.

Niedersachsen

Accum (Ostfriesland), reformierte Kirche, schlichter barocker Neubau (1719), schwarzes Marmorgrabdenkmal (Tido zu Inn- und Knyphausen und seiner Gattin Eva, 16. Jahrhundert).

Bockhorn, Findlingskirche (um 1230), Barockkanzel.

Celle, Stadtkirche, ursprünglich gotisch, 1676-98 barockisiert, im Chor Gedächtnisraum für Fürstenfamilie, bedeutende Epitaphe und Grabplatten des 17. Jahrhunderts.

Dornum (Ostfriesland), farbenprächtige barocke Innenausstattung (Kanzel).

Fedderwarden, St. Stephanus, Barockkanzel.

Gartow (Wendlandkreis Lüchow-Dannenberg), Emporenkirche von 1723.

Heppens (Friesland), »Sturmflutkirche« (15. Jahrhundert), reich verzierte Barockkanzel (1632).

Neuende (Jeverland), St. Jakob (13. Jahrhundert), mehrfach verändert, reich bemalte Bretterdecke, Altaraufsatz unter Baldachin mit auf Leinwand gemalter Abendmahlszene (1664), Kanzel im Knorpelstil (1647), Empore mit reicher Malerei in den von Pilastern gerahmten Brüstungsfeldern.

Steinkirchen (bei Stade), St. Martin- und St. Nikolauskirche.

Stellichte, Gutskapelle, geschlossene Ausstattung des frühen 17. Jahrhunderts.

Wiedenberg (Aller), Stechinellikapelle, kostbare Barockausstattung.

Nordrhein-Westfalen

Bergisch-Neukirchen (bei Leverkusen), Evang. Kirche, Saalbau mit Emporen (1781–1783) in barocker Ausstattung der Zeit, Orgel über der Kanzel.

Bonn-Poppelsdorf, Wallfahrtskirche auf dem Kreuzberg (Christoph Wamser, 1627–1628), neu ausgestattet (1746–1751) u.a. mit prachtvoller »Heiliger Stiege« und darunter »Heiligem Grab«; im Hochaltar ersetzt ein Fenster das Altarblatt, durch das der Kurfürst vom kurfürst-

lichen Oratorium aus als lebendes Bild über dem Tabernakel zu sehen war.

Brühl, Schlosskirche St. Maria von den Engeln, ehemalige Franziskaner-Klosterkirche, ursprünglich gotischer Bau (1493), reiche Barockausstattung mit Hochaltar (Balthasar Neumann), lebensgroße Verkündigungsgruppe (Würzburger Hofbildhauer J. W. van der Auvera).

REISE-TIPPS

Büren, ehemalige Jesuitenkirche Maria Immaculata (1771 vollendet), Entwurf Johann Conrad Schlaun, axial gelegter Zentralbau mit Stuck und Fresken.

Kamp-Lintfort, St. Maria, ehemalige Abteikirche der Zisterzienserabtei Kamp, dreischiffige Backsteinhalle (1683–1700) mit sehenswerter üppiger Barockausstattung, u.a. Chorgestühl (1699), Kanzel und Orgelbühne; in der Marienkapelle (1714) reich gesticktes Antependium mit Marienkrönung und Heiligenfiguren.

Münster, Clemenskirche, hochbarocker überkuppelter Zentralbau (1753–1757, Johann Conrad Schlaun), www.muenster.de.

Münster, St. Aegidii, barocke Saalkirche (1725/29, Johann Conrad Schlaun), Ausmalung im Stil der Nazarener.

Zwillbrock (bei Vreden), St. Franziskus, Saalbau (1717/18), reichste Barockausstattung des Münsterlandes.

Rheinland-Pfalz

Heidesheim (Rhein), Kath. Pfarrkirche St. Philipp und Jakob (1791–1810), Saalbau mit reicher Ausstattung.

Himmerod (Eifel), Zisterziener-Klosterkirche (1751), Hallenkirche, monumentale Barockfassade ohne Turm, nach Zerfall 1952–1960 wieder errichtet.

Kirchheimbolanden, Evang. Pfarrkirche St. Paul, ehemalige Schlosskirche (1739–1744), quergerichteter Saalbau mit Muldengewölbe und niedrigen Anbauten an den Längsseiten; verglaste Fürstenloge im ersten Stock, reicher Kanzelaltar, Sanduhr für eine 45-minütige Predigt, darüber die Orgel.

Maikammer, Kath. Pfarrkirche St. Cosmas und Damian (1756–1757), Saalkirche mit Westturm; über dem Portal Rokokosteingruppe (1765), zeigt die Marienerscheinung vor dem Hl. Dominikus; Grabdenkmäler an der Außenwand.

Mainz, Augustinerkirche (1768–1776), kunstvolle Deckenbemalung und gute Barockausstattung.

Oggersheim, Wallfahrtskirche Mariae Himmelfahrt, ehemalige Schlosskirche (1774–1777, von P.A. von Verschaffelt), über rechteckigem Grundriss im Stil des römischen Hochbarock errichtet und im gleichen Stil mit korinthischen Pilastern und Tonnengewölbe ausgestattete Kirche; eindrucksvolle Fassade mit Gebälk und Dreiecksgiebel über kolossalen Pfeilern.

Simmern, Pfarrkirche St. Joseph (um 1750), barocke Saalkirche, Barockausstattung.

Speyer, Dreifaltigkeitskirche (1701–1717), Predigtsaal mit bemalten Doppelemporen und bemalter Holzdecke mit Szenen aus dem Alten und Neuen Testament, mächtige Kanzel.

Wittlich (Trier), Kath. Pfarrkirche St. Markus (1708–1724), gewölbte Pfeilerbasilika mit reicher Barock- und Rokokoausstattung, Altar, Chorgestühl, Orgelprospekt.

Saarland

Freisen (St. Wendel), St. Remigius (1753–1760), Saalkirche, reiche Spätbarockausstattung, Altäre (18. Jahrhundert) mit Rocailleschmuck.

Rehlingen-Siersburg-Itzbach, Kath. Pfarrkirche St. Martin (1758), Saalbau, monumentaler Hochaltar (1762).

Saarbrücken, Evang. Ludwigskirche (1762–1775), über dem Grundriss eines griechischen Kreuzes errichteter barocker Saalbau, gilt neben Hamburger Michaeliskirche und Dresdener Frauenkirche als

bedeutendster deutscher Barock-Kirchenbau; reiche Skulpturenausstattung außen am Bau und reiche Stuckdekoration im Inneren; Orgel.

Saarbrücken, Kath. Pfarrkirche St. Johann (1763), Barockbau, Reliefs mit biblischen Szenen am Portal, reiche Ausstattung aus verschiedenen Epochen; Kanzel (1764) zeigt Christus und die vier Evangelisten.

St. Ingbert, St. Engelbert (1755), Saalkirche mit Barockausstattung.

Sachsen

Carlsfeld, Dreifaltigkeitskirche (1684–1686), außen achteckiger, innen viereckiger Rundbau und Vorläufer des protestantischen sakralen Zentralbaus in Sachsen (Frauenkirche George Bährs in Dresden); achteckige Kuppel mit hoher barocker Laterne, innen dreigeschossige Emporen, Kanzelaltar (1688).

Dresden, SS. Trinitas, ehemalige kath. Hofkirche (1739–1755), dreischiffige Basilika mit Prozessionsumgang zwischen Mittel- und Seitenschiffen; kostbare Innenausstattung: rundum von Hofemporen umgebene Silbermannorgel (1750–1753), weiß-vergoldete Kanzel und Marmorplastik »Christus an der Martersäule« (beide von Permoser, 1721 und 1722), Hochaltargemälde »Christi Himmelfahrt« und Seitenaltäre (Raphael Anton Mengs, 1750), 49 Prunksarkophage in der Gruft, Pietà aus Meißener Porzellan in der Johann-Nepomuk-Kapelle (1974); über 70 Heiligenstatuen auf Attiken und in Nischen.

Dresden, Frauenkirche, mächtiger hochbarocker Kuppelbau über quadratischem Grundriss (George Bähr, 1726–38), im Inneren schon frühklassizistische Formen: Altar, Kanzel, Taufstein und Orgel in einer Achse angeordnet, 1945 zerstört, 1993–2005 wieder aufgebaut.

Forchheim (Erzgebirge), Dorfkirche, (1719–1726 von George Bähr).

Luppa (bei Wurzen), barocke Schlosskapelle Hubertusburg, reicher farbiger Stuckmarmor, 400 qm großes Deckengemälde mit Hl. Hubertus, Rokokokanzel.

Markersbach (bei Schwarzenberg/Erzgebirge), barock ausgestattete Dorfkirche mit bebilderten Emporenbrüstungen, Betstübchen und bemalter Holzdecke.

Moritzburg, barocke Schlosskapelle (1661–1672), italienischer Stuck, »Christus an der Martersäule« (Balthasar Permoser um 1725), www.moritzburg.de.

Pillnitz (Dresden), Weinbergkirche zum »Heiligen Geist« (1723–1737, von Matthäus Daniel Pöppelmann).

Plauen, Lutherkirche (1693–1722), über dem Dreipass-Grundriss einer ehemaligen Gottesackerkirche errichteter zweiter protestantischer Zentralkirchenbau Sachsens; erhielt zur Weihe einen kunsthistorisch bedeutenden spätgotischen Vierflügelaltar (um 1490) mit Renaissanceaufsatz (1587) aus der Leipziger Thomaskirche.

Schwarzenberg, Stadtkirche St. Georg, barocker Saalbau mit umlaufender Empore, Typ der protestantischen Zentralkirche (1690–1699).

Sachsen-Anhalt

Schwenda (Stolberg), barocke Dorfkirche, Zentralbau (1736–1737) mit doppelten umlaufenden Emporen, Ausmalung 1938.

Weißenfels, Schlosskirche, frühbarocke Anlage (Baubeginn 1663).

Schleswig-Holstein

Ahrensburg, Woldenhorner Kirche, 24 »Gottesbuden« für Arme und Kranke an der Außenwand; barocke Ausstattung mit Kanzelaltar, Logen, Herrschaftsstühlen und Pastorenstühlen (1716).

Arnis (bei Angeln), barockes Fachwerkkirchlein (1673/1733), Renaissancekanzel (im Stil naiver Volkskunst, 1573), Votivschiffe.

Friedrichstadt, Lutherische Kirche (1643–1649) mit bedeutendem barockem Altarbild »Beweinung Christi« (1675, von J. Ovens).

Glücksburg, Schlosskapelle, eine der ersten protestantischen Kirchen des Landes (1673–1729), einheitlich im Stil des Barock ausgestattet mit Fürstenloge, Kanzelaltar, Taufstein und dekorativen Deckenfresken.

REISE-TIPPS

Glückstadt, Stadtkirche, schlichter Backsteinbau (1618–1623), mit Tonnengewölbe und reicher barocker Ausstattung, u.a. umlaufende Emporen mit bemalten Brüstungsfeldern samt Bildern zum Alten und Neuen Testament, reich mit Knorpelwerk verzierte Kanzel (um 1650), Messing-Kronleuchter.

Kappeln (Eckernförder Bucht), St. Nikolaikirche, achteckiger Saalbau mit längsrechteckigem Predigtsaal, Beispiel ausgehender spätbarocker Backsteinkunst (1789) mit Kanzelaltar und Orgel inmitten der Emporen- und Logenfront; geschnitzter Altaraufsatz (Hans Gudewerdt d. J., um 1650), Marmorgrabmal D. von Rumohr (1678).

Preetz, spätbarocker Backsteinbau (1725–1733), Logen im Regence-Stil.

Rellingen, achteckiger spätbarocker Backstein-Zentralbau (1754–1756, von Cai Dose), Rokokostuck in den Kuppelfeldern, gemalte Emporenbilder, Kanzelaltar (1755/65) mit fünfteiligem Orgelprospekt.

Rendsburg, Christkirche, barocke Backsteinkirche (1695–1700) über dem Grundriss eines griechischen Kreuzes, reiche barocke Ausstattung, u.a. Herren- und Königsloge, Kreuzigungsaltar (1662/63) mit zweigeschossigem Knorpelbarockaufsatz, Orgel.

Schönberg (Kiel), barocke Saalkirche, Backsteinbau (um 1780).

Tönning (bei Eiderstedt), St. Laurentius, barocke Ausstattung: Deckengemälde (1704), Marmor-Alabastertaufstein (1641), Epitaph Jürgen Ovens (bedeutender Barockmaler, 17. Jahrhundert).

Uetersen, Pfarr- und Stiftskirche, spätbarocker Saalbau, umlaufende Empore, Kanzelaltar (1748/49), Orgel, eindrucksvolle Deckenfresken im Gewölbe.

Wesselburen, barocke Kirche (1737/38), mit quadratischem Schiff und tiefem Muldengewölbe, einheitliche Barockausstattung.

Wilster, Bartholomäuskirche, heller, achteckiger, saalartiger Backsteinbau (1777–1780) mit Kanzelaltar und Logenemporenfront.

Thüringen

Bedheim (Thüringer Wald), Dorfkirche, gotischer Chor der Vorgängerkirche mit Wandmalereien, daran angeschlossene barocke Saalkirche (1696) mit zweigeschossigen Emporen, deren Brüstungen mit Bildern zu biblischen Themen geschmückt sind; hoher Patronatsstuhl, gemalte Felderdecke, reich gestaltete Kanzel, zierliche Orgel auf der Westempore.

Eisenberg, Schlosskapelle (1679–1692), eine der schönsten barocken Kapellen Thüringens mit üppiger Stuckdekoration und Marmorierung im Kapellenraum einschließlich der Galerien, des Kanzelaltars und der Orgel.

Oberweißbach, Barockkirche (1767–1779), mit drei Emporengeschossen und 2000 Plätzen, Kanzelaltar, gerahmt von Doppelsäulen und einem gesprengten Giebel.

Schleiz, Bergkirche, spätgotischer Bau mit romanischen Resten, einheitliche barocke Raumausstattung (seit 1630) mit Altar, Emporen, Fürstenstand, Ratssitz und Prunkepitaphen.

Suhl, Kreuzkirche (1731–1739), barocker Saalbau mit Emporen, barocker Deckengestaltung und Kanzelaltar mit korinthischen Säulen.

Waltershausen, Stadtkirche (1719–1723), bedeutendes protestantisches barockes Kirchengebäude, ovaler Innenraum mit drei Emporen und illusionistisch gemalter Decke, Kanzelaltar und darüber dreistöckiger Orgelprospekt.

Weimar, Herderkirche (Stadtkirche), barocker Umbau (1735–1745) der ehemals spätgotischen Kirche; großer Flügelaltar (Lucas Cranach d.J., 1555), auf der Mitteltafel unter dem Kreuz stehen Martin Luther und Lucas Cranach d.Ä.

Worbis (Eichsfeld), St. Antonius (1668), ehemalige Franziskanerklosterkirche, barocker Saalbau, Innenraumausstattung mit dunklen marmorierten Altären, Patronatsstuhl, Kanzel (1775).

Zella (Rhön), barocke Propstei (1715–1732, von Andreas Gallasina), vier große Nischenfiguren an der Fassade, deren Giebel von Voluten gerahmt sind; innen farbiger Stuckmarmor, barocke Altäre.

Österreich

Baumgartenberg (Mühlviertel), Zisterzienserkirche, im 17. und 18. Jahrhundert barockisiert.

Eisenstadt (Burgenland), Kalvarienbergkirche (1715–1722).

Eisenstadt (Burgenland), Dom (17. Jahrhundert).

Frauenkirchen im Seewinkel (Burgenland), Wallfahrtskirche Mariä Himmelfahrt (1695–1702).

Göttweig, Benediktinerabtei, Stiftskirche Mariä Himmelfahrt.

Hofgarten (Tirol), St. Leonhard und Jakob.

Innsbruck, Dom St. Jakob (1717–1722).

Krems (Wachau), Pfarrkirche (1616–1630).

Kremsmünster, Benediktinerabtei.

Linz (Mühlviertel), Jesuitenkirche (ab 1669).

Loretto (Burgenland), Wallfahrtskirche zur Unbefleckten Empfängnis.

Maria Taferl (Wachau), Wallfahrtskirche.

Maria Trost (Steiermark), Wallfahrtskirche (1714–1724).

Melk (Wachau), Benediktinerabtei (ab 1702, von Jakob Prandtauer).

Ossiach, Stiftskirche Mariä Himmelfahrt.

Salzburg, Dom (1598–1628), erster barocker Kirchenbau nördlich der Alpen. Ausstattung aus dem 17. Jahrhundert. Beachtliche Stuckdekorationen der Seitenkapellen. Orgel mit 120 Registern und 10 000 Pfeifen.

Salzburg, Kajetanerkirche (1684–1730), Heilige Stiege.

Salzburg, Maria Plain (1674).

Salzburg, Dreifaltigkeitskirche (ab 1694, von Johann Bernhard Fischer von Erlach).

Salzburg, Kollegienkirche (1696–1707).

Schlägl (Mühlviertel), Prämonstratenserkloster, Stiftskirche.

Schlaining (Burgenland), Evang. Stadtkirche (1783–1787), Emporenkirche.

Schlierbach, Stiftskirche des Zisterzienserstiftes (1720).

Spital (Salzburger Land), Pfarrkirche (1737–1740).

St. Florian (bei Linz), Stiftskirche, Augustinerchorherrenstift (18. Jahrhundert).

St. Johann in Tirol, Pfarrkirche Mariä Himmelfahrt.

St. Paul (Kärnten), Benediktinerstift im Lavanttal, romanische Ursprünge.

Stadl-Paura (bei Lambach), Pfarr- und Wallfahrtskirche (1725).

Stainz (Steiermark), Pfarrkirche St. Katharina, im 17. Jahrhundert unter Einbeziehung der gotischen Türme errichtet, reich an Stuck, Überfülle barocker Putten.

Stams (Tirol), Zisterzienserstift, Klosterkirche.

Stift Griffen (Kärnten), 18. Jahrhundert.

Villach (Kärnten), Heilig-Kreuz-Kirche.

Wien, Karlskirche (1716–1737, von Johann Bernhard Fischer von Erlach), Denkmalskirche von monumentalen Ausmaßen, Bauelemente unterschiedlicher Epochen: Verschmelzung italienischen Barocks, französischer Vorklassik und antiker Architektur zum österreichischen Barock.

Wien, St. Peter (1702–1707, von Johann Lukas von Hildebrandt).

Schweiz

Bellelay, Klosterkirche (1708–1714).

Bern, Heiliggeistkirche (1726–1729).

Disentis (Graubünden), Benediktinerkloster (1712).

Leissingen (Berner Oberland), barocker Predigtsaal.

Leukerbad (Wallis), Ringackerkapelle (1694), mit üppiger Ausstattung, gilt als schönste Barockkirche im Wallis.

Meiringen (Berner Oberland), St. Michael.

Münster (Wallis), Pfarrkirche St. Maria.

Muri, Benediktinerabtei (1695–1698), als überkuppeltes Oktogon errichtet, gilt als ein Hauptwerk des Barock in der Schweiz.

Reckingen (Wallis), Pfarrkirche Geburt Mariens.

St. Katharinental (Bodensee), ehemals Dominikanerinnenkonvent, Stiftskirche (Johann Michael Beer, 1715–1732/35), Wandpfeilerkirche über einem griechischen Kreuz.

St. Urban (Berner Land), Klosterkirche der Zisterzienser (1711–1717).

KIRCHEN DES ROKOKO
(18. JAHRHUNDERT)

Allgemeines zum Rokoko

Die Spätphase des Barock, etwa von 1730 bis 1770/80, wird auch → Rokoko genannt. Der Name geht auf den französischen Begriff *rocaille* (= kleine Muschel) – ein dekorativ eingesetztes Ornamentmotiv – zurück. Vor allem reiche Klöster in Süddeutschland und Österreich wurden im Zuge der Gegenreformation Auftraggeber prächtiger (Wallfahrts-) Kirchen in diesem neuen, phantasievollen Bau- und Dekorationsstil. Er sollte der letzte große einheitliche abendländische Kirchenbaustil werden.

Käppele, Würzburg, Innenraum mit Blick zum Chor

Im Gegensatz zum manchmal fast schwerfällig wirkenden Früh- und Hochbarock erscheinen Rokokokirchen leicht, beinahe heiter und graziös. In ihnen wurden alle handwerklichen und stilistischen Möglichkeiten des Barock vervollkommnet, wurden Farbe und Skulptur, Malerei und Stuck noch genialer und in noch beschwingterer Leichtigkeit eingesetzt. Alles in diesen verschwenderisch vergoldeten, überaus festlich erscheinenden Kirchenräumen ist bewegt, rhythmisiert und dekorativ.

So sehen Rokokokirchen außen aus

Insgesamt zeigen Neubauten katholischer Kloster- oder Wallfahrtskirchen eine weniger monumentale Fassadengestaltung. Ihre langrechteckigen Grundrisse aus sich durchdringenden Ellipsen und Kreisen bilden sich in leicht gewölbten Fassaden und geschweiften Giebeln der Außenfronten (Wellengiebel) ab.

MERKMALE IM ÜBERBLICK

- Zwei- bis dreigeschossige, durch große, vertiefte Rechteckfelder gegliederte, relativ schlichte Fassaden können Schweifgiebel haben und von Monogrammen im Strahlenkranz (→ S. 207, Abb. 291; 296) oder Heiligenfiguren gekrönt sein.
- Gesimse, → Pilaster und Halbsäulen gliedern die Front in der Waagerechten.
- Über dem Hauptportal heben übereinander angeordnete Fenster die Mittelachse der Fassade hervor.
- Hohe und breite Sprossenfenster sorgen für Helligkeit.
- Deutlich zierlichere, geschweifte Dreiecks- oder Segmentgiebel (Wellengiebel) akzentuieren Portale und Fenster.
- Durch Gesimse gegliederte Türme können die Mitte der Front betonen, die Fassade rechts und links flankieren oder seitlich stehen.
- Türme tragen mehrfach geschwungene Helme.
- Vollplastische, frei stehende Figuren schmücken den Giebel und Nischenfiguren die Fassade.
- Geschwungene Treppenaufgänge können den sonst schlichten Eingang mit seinen Holztüren betonen.
- Das Äußere ländlicher Wallfahrtskirchen unterscheidet sich oft kaum von dem einfacher Dorfkirchen. Ihr Inneres kann unerwartet beschwingt und festlich im Stil des Rokoko ausgestaltet sein.

Abb. 353 *Rokokofassade, St. Georg, Ochsenhausen, 1725–1727*

Abb. 354 *Stiftskirche, Engelszell, 1754–1764*

Abb. 355 *Klosterkirche, Dießen am Ammersee, 1732–1739*

Abb. 356 *Bürgersaalkirche, München, 1709–1710*

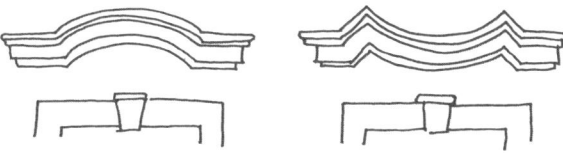

Abb. 357 a) *Rokokoportal, Schema;* **b)** *Zwei Beispiele für Wellen-giebel*

So sehen Rokokokirchen innen aus

Rokokokirchen vermitteln den Eindruck festlich schwebender Leichtigkeit. Die geforderte programmatische Einheitlichkeit wird einerseits durch nahtlos ineinander übergehende Bau- und Schmuckelemente erreicht, andererseits durch einheitlich gestaltete und inhaltlich aufeinander bezogene → Bildprogramme an Decken, Wänden und Altären.

Das alles überwuchernde → Rocaille-Ornament, das dieser Stilphase ihren Namen gab, überzieht → Kapitelle, Gesimse, → Emporen und alle Ausstattungsstücke wie ein dekoratives, vereinheitlichendes Netz.

Wieskirche, Steingaden, Innenraum mit Blick zum Altar

MERKMALE IM ÜBERBLICK

- Runde und ovale Grundrisse durchdringen sich und lassen Innenräume weit schwingend und bewegt erscheinen.
- Chor- und Seitenkapellen werden einbezogen, sodass ein einheitlicher, ovaler Großraum entsteht. Verglaste Oratorien (private Beträume im → Presbyterium) werden durch Rocailleschmuck aus der Wand hervorgehoben.
- Zierliche vor- und zurückschwingende → Emporen mit reichem → Rocailleschmuck verstärken den Eindruck bewegter Architektur.
- Weiße, vergoldete oder versilberte korinthische → Kapitelle an Säulen und → Pilastern leiten den Blick in die Stuckzone und zur Deckenmalerei.
- Abgerundete Übergangszonen zwischen der Wand und dem flachen, bemalten → Spiegelgewölbe (= gerahmte Deckenfläche) können → Kartuschen tragen, die Bilder, Embleme oder Symbole, aber auch Inschriften oder Wappen umrahmen.
- Ein auch rosa gefärbtes Stuckgesims kann die ganze Kirche wie ein Farbband durchziehen und den klar gegliederten unteren Wandbereich vom stark bewegten Gewölbebereich trennen.
- Rocaille-Ornamentik mit ihren unregelmäßigen Formen umspielt in reicher Fülle Wände und Ausstattungsstücke.
- Zahllose kleine gemalte, geschnitzte oder stuckierte Kinderengel (Putti) tragen zur festlichen Heiterkeit und verspielten Eleganz bei.
- Helles, klares Licht fällt durch große leicht gebogene Sprossenfenster und modelliert Architektur und Ausstattungsstücke.
- Der dabei auftretende Schattenwurf der geschnitzten und stuckierten Figuren und Ornamente lässt sie besonders plastisch und lebendig erscheinen.
- Ausstattungsstücke werden zierlicher und in ihren Formen bewegter. → Intarsienfelder oder in Metallblech geschlagene Bilder und leichte Rocaille-Ornamentik können Gegenstände schmücken.
- Heiligen-Skulpturen und → Votivbilder kommen in großer Zahl vor.
- Leimgetränkte Stoff- und Stuckdraperien (→ Draperien) lassen an Theater denken.

EINZELTHEMEN

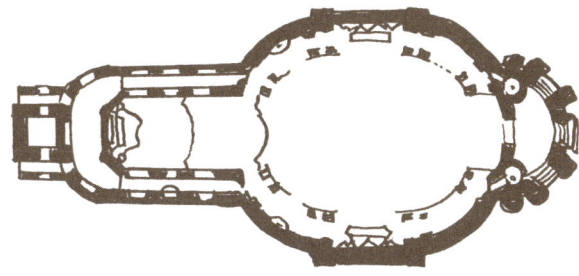

Abb. 358 *Grundriss, Wieskirche, Steingaden*

Mauerwerk und Bilder

Rokokokirchen sind von einer heiteren und strahlenden Farbigkeit geprägt. Dazu tragen große, helle, oft weiße Wandflächen und ihr weißer oder vergoldeter → Stuckschmuck bei. Zu den hellen Pastelltönen der Gewölbemalereien kommen Rosa-, Rot-, Grün-, Blau- und Grautöne des → Stuckmarmors an Säulen. Goldgelbe Muster können Wände zieren. Die stark farbigen Altararchitekturen mit ihren dunklen Altarbildern und den kräftigen marmorierten, oft gestaffelten Säulen heben sich deutlich als zentrale Blickpunkte ab.

Abb. 359 *Detail eines stark stuckierten Gesimses, Wallfahrtskirche St. Peter und Paul, Steinhausen, Oberschwaben*

Deckenmalerei

Im Rokoko nimmt die Dramatik und theatralische Inszenierung auf Altarbildern und → Freskenmalereien weiter zu. Alles ist nun in Bewegung. Die Figuren agieren mit übertriebenen Gesten, Gewandteile flattern. Auf den zahlreichen Abbildungen der Himmelfahrt Christi, Mariens oder bedeutender → Heiliger scheinen die Dargestellten mit zum Himmel erhobenem Blick und weit geöffneten Armen von Engelscharen zum Himmel emporgehoben zu werden. Ihre Freunde und Begleiter staunen ihnen mit sichtlich bewegtem Gesichtsausdruck nach. In weiter himmlischer Ferne und umgeben von gleißendem göttlichen Licht werden sie von der Taube als Symbol des Heiligen Geistes oder von einer Halbfigur Gottes zwischen Wolken erwartet und empfangen.

Beliebte Themen

- Maria als Himmelskönigin
- Himmelfahrt Jesu oder der Maria Taufe Christi unter der den Heiligen Geist symbolisierenden Taube
- Leben und Martyrium eines Heiligen
- Der Kampf des Erzengels Michael mit dem Drachen (Offb 12,1ff.)
- Visionen von Heiligen, Vierzehn Nothelfer (→ S. 134)

An weniger zentralen Stellen, zum Beispiel an Gewölbekappen, auf → Stuckkartuschen, über Seitenkapellen und auf Sopraportebildern (= auf der Fläche über der Tür) können Szenen aus dem Alten und Neuen Testament das Bildprogramm ergänzen wie auch Bilder der Seligpreisungen Jesu (Mt 5) oder Szenen aus dem Leben weniger bekannter Heiliger.
Am Rande können Figuren von Bistumspatronen, Wappen von Bischöfen und → Stif-

tern, von Gönnern oder Künstlern und Architekten – an weniger prominenter Stelle – hinzukommen. Gerne werden auch Stiftungsszenen von Klöstern und Abteien dargestellt.

Ein weißer oder vergoldeter, prächtig verzierter Stuckrahmen kann die Decken- und Wandmalereien umschließen. Gelegentlich mildern aufgesetzte Stuckwolken oder dekorativ verspielt turnende Putti den Übergang vom Rahmen zum Gemälde.

Manche Deckengemälde sind mehransichtig, d.h. sie können je nach Standort des Betrachters unterschiedliche Ausrichtungen haben. Ohne dass das große Bildfeld geteilt wäre, bieten sie so mehrere Ansichten. Beliebt sind Darstellungen von Visionen, von Himmelfahrtsszenen bzw. Entrückungen heiliger Personen (→ S. 219f.).

Abb. 360 *Engel mit marianischem Symbol der Lilie, Kapitell, Dom zu Arlesheim*

Oft wird unter der Orgelempore im Westen und nahe dem Eingang oder der Vorhalle die Szene der → *Schlüsselübergabe an Petrus* dargestellt. Der meist als kräftiger, älterer Mann mit Tonsur und kurzem Bart charakterisierte Apostel hält als sein Attribut (→ S. 223, Abb. 314; S. 232, Abb. 331) ein oder zwei Schlüssel in Händen. Sie deuten auf seine herausragende Stellung im Kreise der Jünger Jesu und beziehen sich auf sein Bekenntnis zu Jesus Christus: »Du bist der Messias, der Sohn des lebendigen Gottes«, das dieser mit einem besonderen Auftrag beantwortet: »Du bist Petrus (= der Fels) und auf diesen Felsen will ich meine Kirche bauen, und die Pforten der Hölle werden sie nicht überwältigen. Ich will dir die Schlüssel zum Himmelreich geben« (Mt 16,16–19). Auf dieser biblischen Aussage gründet in der römisch-katholischen Kirche das Verständnis des Papsttums bzw. das der Päpste als Nachfolger Petri.

Grisaille-Malereien

Diese Grau-in-Grau-Malerei (Grisaille, von franz. gris = grau) war schon im Mittelalter (zum Beispiel Genter Altar der Brüder van Eyck) vor allem auf Holz üblich, um plastische Arbeiten aus Stein nachzuahmen. Im Barock und Rokoko sind Grau-in-Grau- bzw. Braun-in-Braun-Malereien zu nachgeordneten Themen, zum Beispiel an Deckenfresken von Emporen oder Seitenkapellen beliebt.

Rocaille-Schmuck

Wichtigstes Kennzeichen und Zierform spätbarocker Kirchen, die auch Rokokokirchen genannt werden, ist das alle Wände, Gesimse und Ausstattungsstücke überziehende Rocaille-Ornament, das der Stilphase ihren Namen gab. Dabei handelt es sich um ein meist asymmetrisch rahmendes Orna-

ment in ausschwingenden Muschelformen, das stuckiert, geschnitzt oder gemalt sein kann.

Im Vergleich zu den schweren Stuckdekorationen im Barock überzieht der Rocaille-Stuck immer filigraner, leichter und spielerischer wie ein Netzwerk die Bauglieder. Er wuchert über Gesimsen, → Kapitellen, Fresken- und Bilderrahmen, rankt sich an Altären, Kanzeln und gerne auch an Orgeln empor.

Abb. 361 a) *Beispiele für Rocaille-Schmuck (oben);*
b) *Stuckkartusche mit Putten, Dom zu Arlesheim*

Weitere Stuckdekorationen

Beliebt sind florale und Tiermotive als verspieltes Dekor an Stuckgesimsen, entsprechend dem Leitsatz: »Alle Kreatur, Tier und Pflanzenwelt jubelt zum Preise des Schöpfers.«

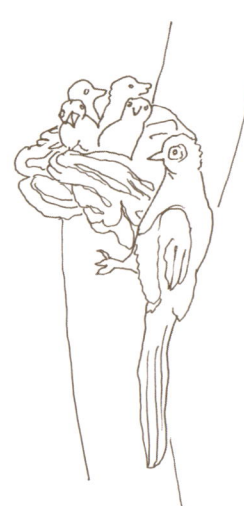

Abb. 362 *Details aus der Stuckdecke, Wallfahrtskirche St. Peter und Paul, Steinhausen, Oberschwaben, 1730–1731*

Scharen von Engeln

Wie schon in Barockkirchen treiben Scharen von Kinderengeln, sogenannte Putti, auch in Rokokokirchen weiter ihr fröhliches, scheinbar unbeschwertes Spiel. Sie sind nicht nur auf → Fresken oder Altarbildern zu sehen, sie zieren als kleine weiße oder vergoldete Stuckengel Altargiebel (sogenannte Altaraufzüge), → Draperien und Kanzeln, Wandpfeiler und Orgelgehäuse. Sie tanzen zwischen den Wolken, musizieren, tragen Baldachine, Schriftbänder, Bischofsmützen und Krummstäbe oder auch die Leidenswerkzeuge Christi (→ S. 221, Abb. 311). Sie umschweben Kerzen und → Voluten, → Stuckkartuschen und → Emporen. Als kleine Boten Gottes scheinen sie den gesamten Kirchenraum immer mehr der Erde zu entrücken.

Altäre, Kanzeln und Taufbecken

Insgesamt sind die Ausstattungsstücke im Rokoko zierlicher und der heiteren Innenarchitektur angepasst. Kostbar mit Gold und schlanken Marmorsäulen versehene Altäre zeigen ein großes gemaltes Altarbild oder eine überlebensgroße Figurengruppe und bilden so den Höhepunkt der festlichen Rokoko-Innenausstattung. Die Altäre können nun auch durchbrochene Aufbauten haben, die Durchblicke durch ihre Säulenstellungen gestatten, auch umgekehrt Licht von Osten her durchscheinen lassen.

Wie schon im Barock können Seitenaltäre rechts und links wie Kulissen auf den Hochaltar hinführen und frei stehende, überlebensgroße Heiligen- oder Engelfiguren ihn flankieren. Solche Ensembles geben dem Altarraum eine größere räumliche Tiefe.

Abb. 363 *Putten am Rahmen des Hauptkuppelfreskos, Klosterkirche, Rott am Inn;* Abb. 364 *Engelvase am Hochaltar, Zisterzienserabtei, Fürstenzell, Niederbayern;* Abb. 365 *Figur der Europa, Holz mit leimgetränkter Stoffdraperie, Abschluss des Oratoriums, Alte Kapelle, Regensburg*

Abb. 366 a) *Hochaltar, St. Stephan, Bamberg, 1730*

Statt eines gemalten Altarbildes kann über dem vergoldeten Altarschrein und → Tabernakel auch einen Gruppe glänzend weißer oder farbig gefasster Stuckfiguren zwischen hochaufragender Säulenarchitektur zu einer dramatischen Bildszene angeordnet sein. Wie schon der Kircheninnenraum wird auch die Altararchitektur selbst durch reichen plastischen Schmuck belebt.

Abb. 366 b) *Kreuzaltar, St. Georg, Ochsenhausen, 1788*

Abb. 367 *Engel mit Vase, Kloster Einsiedeln*

So können:
- Reliefs die Säulensockel schmücken,
- Fruchtgehänge mit schaukelnden Engeln Säulen verbinden,
- lodernde Blumenvasen Altaraufsätze bekrönen (→ Abb. 367),
- eine Uhr im Aufbau über einer großen geschnitzten Strahlengloriole mit der → Dreifaltigkeit angebracht sein.

Über Altären, die der Himmelfahrt Mariens geweiht sind, übergibt Christus, das Kreuz haltend, seiner Mutter Maria die → Krone des Lebens. Daneben ist Gott Vater mit dem

Balthasar Neumanns Baldachinaltar in Brühl

Der Hochaltar der ehemaligen Schlosskirche in Brühl, den Balthasar Neumann 1746 gestaltete, besteht aus zwei Teilen, dem eigentlichen Altar und dem ihn bekrönenden → Baldachin.

Über der Mensa (= Altartisch) und der Tabernakelzone ist in der »Bildzone« mit lebensgroßen, frei stehenden weißen Figuren aus → Glanzstuck die Verkündigung an Maria dargestellt. Links erscheint der Engel mit vergoldeten Flügeln und einem ebenfalls vergoldeten → Lilienzweig in der Hand, während rechts Maria gerade auf einem Betschemel kniend die heiligen Schriften des Alten Testamentes liest. Auf Postamenten hinter der Verkündigungsgruppe vervollkommnen große weiße, betende oder Leuchter tragende Engel die Szene. Reicher Girlanden- und Rokailleschmuck umspielt den Altaraufbau.

Spiegel als Symbol für Gott Vater

Über der Figurengruppe erhebt sich als zweiter Hauptteil der bekrönende Baldachin, in den ein großer Rundspiegel integriert ist. Auf ihn weist der Engel mit dem Deutegestus seiner linken Hand, denn im Barock galt der Spiegel als Sinnbild für Gott Vater, während die strahlenumkränzte vergoldete Taube als Zeichen des Heiligen Geistes an der linken vorderen Säule zu sehen ist.
In der Mitte des Spiegels ist im gleichseitigen, goldglänzenden → Dreieck das Auge Gottes zu erkennen.

Beidseitig verwendbarer Tabernakel

Unter der Gruppe flankieren rechts und links vergoldete Büsten der Namenspatrone des Kurfürsten, die Heiligen Clemens und Augustinus, den Tabernakel. Das goldglänzende Zentrum des Altars ist der Tabernakel, der

von vorne und von hinten zu öffnen ist. Da der Altar eine vordere und eine hintere Mensa (Altartisch) besitzt, konnten zwei Messen gleichzeitig gelesen werden: vorne für Mönche und Laien, hinten für den Kurfürsten Clemens August und sein Gefolge, die dem Geschehen vom → Oratorium aus beiwohnten. Ähren und Trauben zieren den Tabernakel. Sie deuten auf die eucharistischen Gaben von Brot und Wein. Reliefs, die das Opfer des Melchisedek und die Opferung Isaaks darstellen, deuten sie als Opfergaben.

Brühl, Schlosskirche, Hochaltar

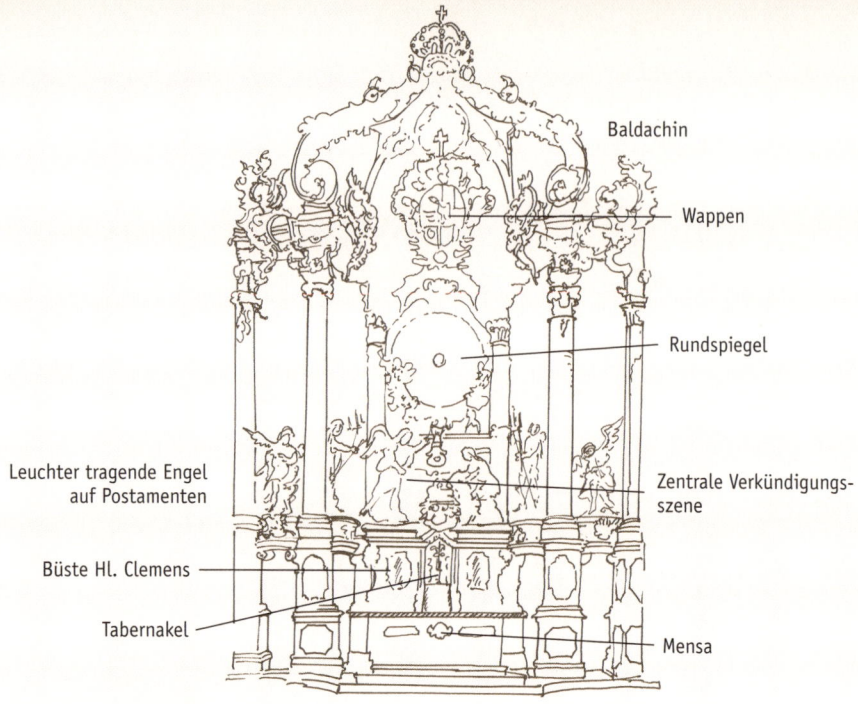

Baldachin

Wappen

Rundspiegel

Leuchter tragende Engel
auf Postamenten

Zentrale Verkündigungs-
szene

Büste Hl. Clemens

Tabernakel

Mensa

Abb. 368 *Hochaltar von Balthasar Neumann, St. Maria von den Engeln, Brühl, 1746, Schema*

Der das ganze Chorgewölbe ausfüllende Baldachin aus volutenförmig geschwungenen Rippen wird von vier Säulen getragen. Der monumentale Spiegel lässt durch Spiegelung des Kirchengewölbes den Raum endlos weit erscheinen. Darüber befindet sich ebenfalls unübersehbar groß das kurfürstliche Wappen.

Altartisch in Sarkophagform

Der Altarunterbau aus schwarzem → Stuckmarmor gleicht mit seinen barock geschwungenen Formen einem Sarkophag. Diese Form war im Barock beliebt, weist sie doch auf → Reliquien hin, die sich in jedem Altar befinden.

Details aus dem Brühler Hochaltar: **Abb. 369** *Tabernakel;* **Abb. 370** *Verkündigungsgruppe über dem Tabernakel;* **Abb. 371** *Büste des Hl. Clemens, links neben dem Tabernakel*

Zepter dargestellt und darüber die Taube als Symbol des Heiligen Geistes.

→ Petrus und → Paulus bzw. andere → Apostel oder → Heiligengestalten können – ebenso wie Ordensheilige – als überlebensgroße Stuckfiguren sozusagen als Mittler zwischen den Gläubigen und dem auf dem Altarbild dargestellten Vorgang den Hochaltar flankieren.

Seitenaltäre

Die zahlreichen Seiten- und Nebenaltäre dienen – vor allem in Wallfahrts- und Klosterkirchen – der Verehrung besonders beliebter, örtlich verehrter → Heiliger. Während Hochaltäre zum Beispiel in → Zisterzienserabteien immer der Himmelfahrt Mariens geweiht sind, konnten die Bildthemen der Seitenaltäre in anderen Klöstern vom Abt frei bestimmt werden.

Beliebte Heilige

Statt eines Ölgemäldes kann auch eine geschnitzte Figuren- oder Stuckgruppe als Bildszene vorkommen, um zum Beispiel das Martyrium eines Heiligen realistisch und bewegend darstellen. In Süddeutschland sind besonders oft den Heiligen Florian oder Nepomuk Seitenaltäre gewidmet.

Hl. Florian

Seiner Vita nach diente er um 300 als Offizier bei dem Statthalter der römischen Provinz Noricum zwischen Donau und Adria. Als er einer Gruppe verhafteter Christen beistehen wollte, wurde er mit einem Stein beschwert in einen Fluss gestürzt und ertränkt.
Alte Darstellungen zeigen ihn als Krieger mit Fahne, Herzogshut und Schwert. Seit dem 15. Jahrhundert ist sein Attribut ein Wassereimer, mit dem er ein brennendes Haus löscht. Er gilt vor allem in ländlichen Gegenden als Helfer gegen Feuers- und Wassernot.

Abb. 372 *Statue des Hl. Florian, St. Alban, Dießen am Ammersee*

Hl. Georg

Der Hl. Georg, einer der beiden Reiterheiligen der christlichen Tradition, ist vor allem auf geschnitzten oder stuckierten Seitenaltären ein beliebtes Bildthema. In schimmernder Ritterrüstung, mit einer Fah- ne mit rotem Kreuz in der einen Hand reitet er auf einem feurigen Schimmel und tötet mit einer Lanze in der anderen den Widersacher Gottes in der Gestalt eines Drachen (→ Abb. 373).

Abb. 373 *Altarbild mit dem Drachenkampf des Hl. Georg, Bichl, 1750*

Abb. 374 *Hl. Josef, Pfeilerfigur, Marienmünster bei Paderborn, 1734*

Hl. Josef

Josef als Ehemann Marias und Ziehvater Jesu wurde seit der Renaissance als Schutzheiliger der Ehe und Familie gefeiert. Im Zeitalter des Barock förderte vor allem der Jesuitenorden seine Verehrung. Oft ist Josef mit dem Knaben Jesus an der Hand dargestellt, in der anderen trägt er eine Lilie als Zeichen der Keuschheit.

Hl. Martin

Er war Bischof in Tours (316–397) und ist bekannt durch die Legende, die davon erzählt, wie er als römischer Soldat auf dem Pferd Christus in Gestalt eines frierenden Bettlers die Hälfte seines Mantels überlässt. Sein Gedenktag ist der 11. November, an dem vielfach die Kinder beschenkt werden (→ Abb. 375; S. 51, Abb. 76).

Erzengel Michael als Bezwinger des Satans

Ein Vergleich mit Michaelfiguren aus früheren Epochen (→ S. 40, Abb. 55; S. 88, Abb. 113; S. 172, Abb. 239) zeigt, wie raumgreifend und das Geschehen dramatisierend die Körperbewegungen und Gewandfalten im Spätbarock gestaltet wurden.

Hl. Nepomuk

Auch der Hl. Johannes von Nepomuk gilt als Helfer in Wassernöten. Er lebte um 1350 in Südböhmen und wurde, weil er sich der Legende nach weigerte, als Priester ein Beichtgeheimnis preiszugeben, nach schwerer Folterung in der Moldau versenkt. Seine Statue, gekleidet als Priester in Chorkleidung mit Schulterumhang und → Birett, steht seither auf vielen Brücken. Als Schutzheiliger des

Beichtgeheimnisses, des Jesuitenordens, der
Sterbenden und bei Wassergefahr wird er seit
seiner Heiligsprechung 1729 verehrt. Oft ist
sein Bild von der lateinischen Inschrift »ta-
cui« (= ich habe geschwiegen) begleitet,
manchmal wird auch die Zunge noch eigens
dargestellt.

Hl. Sebastian

Das Martyrium des Hl. Sebastian, der nackt,
nur mit einem Lendenschurz bekleidet, an einen Baum oder einer Säule festgebunden, mit
Pfeilschüssen duchbohrt wurde, wird besonders im Zeitalter des Barock gerne dargestellt.

Abb. 375 *Hl. Martin in dem in Barock und Rokoko
beliebten Glanzstuck, Schutzengelaltar, Stiftskirche,
Wilhering*

Abb. 376 *Hl. Michael von Ignaz Günther, um 1755/60, Bodemuseum Berlin (links);* **Abb. 377** *Hl. Nepomuk, Pfeilerfigur, Marienmünster bei Paderborn, 1734 (Mitte);* **Abb. 378** *Hl. Sebastian, Seitenaltar, Stift
Engelszell (unten rechts)*

Madonnen- und Gnadenbilder

Nach dem Konzil von Trient (1545–1563) kam es wieder zu einer stärkeren Marienverehrung, die dazu führte, dass alte Gnadenbilder, wie zum Beispiel wunderwirkende »Schwarze Madonnen«, in reich verzierten Altaraufbauten zur Schau gestellt wurden. Mit kostbaren Kronen und Kleidern versehene Madonnen wurden im spätbarocken Stil neu geschaffen, zum Beispiel auch als → Rosenkranzmadonna, oder mit einem eindrucksvollen, goldenen Strahlenkranz versehen.

Durch Alter oder Einfärbung dunkelhäutige, sogenannte »Schwarze Madonnen« entsprachen dem Vers aus dem Hohelied (Hld 1,5): »Ich bin zwar dunkel, aber lieblich« und wurden besonders verehrt.

Anstelle der früher üblichen in Stein gemeißelten oder geschnitzten *Schutzmantelmadonnen,* unter deren Mantel sich Fürbittende, ebenfalls aus Holz geschnitzt, versammeln konnten, tritt nun auch die gemalte Fürbittgemeinde auf.

Ein beliebtes Thema figürlicher Darstellungen sind *Schutzengelgruppen,* besonders der Schutzengelbruderschaften, die auch als Prozessionsfiguren geschnitzt wurden.

Stuckierte Kanzeln

Auch die im Rokoko eher zierlichen Kanzeln können reich, fast überladen mit → Rocaille-Schmuck überzogen sein. Sie wirken noch verspielter als im Barock. Dazu tragen Scharen von Kinderengeln bei, wenn sie den oft mehrstöckigen Kanzeldeckel scheinbar mühelos zum Himmel emporzuheben scheinen. Christus krönt die Kanzel entweder als Weltenrichter mit der Siegesfahne und der Weltkugel oder mit dem Kreuz. Auch Schutzengel oder Ordensleute können die Spitze

Abb. 379 *Rosenkranzmadonna, St. Magdalena, Fürstenfeldbruck;*
Abb. 380 a) *Schutzmantelmadonna;* **b)** *Schutzengelgruppe von Ignaz Günther, Bürgersaalkirche, München, 1763*

der Kanzel bilden. Der Kanzelkorb, auch oft zierlicher als noch im Barock, zeigt traditionell → Evangelisten, → Kirchenlehrer oder biblische Szenen in Stuckreliefs. Vielfach bildet schwarzer Stuckmarmor den Kontrast zu Gold und weißen Engelfiguren.

Der Kanzeldeckel in Oppolding scheint sich in eine große Rocaille-Form aus Stuck aufzulösen, die eine zierliche Taube als Symbol des Heiligen Geistes im Strahlenkranz, Putten und Blumengebinde schmücken.

Taufbecken, Taufsteine

Sie sind meist aus Holz gefertigt und tragen eine flache, oft beschriftete oder mit einem Symbol (zum Beispiel einer Taube oder einem Fisch) geschmückte Taufschale. Die Spitze des Taufbeckendeckels kann eine geschnitzte Figur schmücken, zum Beispiel die → Johannes des Täufers mit dem → Lamm Gottes auf dem Arm (→ S. 231, Abb. 327). Vor allem in Norddeutschland trägt das Taufbecken oft einen schweren, mehrstöckigen Taufdeckel. Nach wie vor kommen gegossene Taufbecken vor. Ihr Dekor kann wie eine Großskulptur gestaltet sein, zum Beispiel wie der Taufstein des Freiburger Münsters von Christian Wenzinger, und Rocailleschmuck tragen.

Was noch beachtenswert ist

- Ewiges Licht
- Chorgestühl und Gestühl
- Oratorien
- Bet- und Beichtstühle
- König David und eine Uhr über der Orgel
- Rokokogitter
- Grabmäler
- Reliquiare
- Votivtafeln und Votivschiffe

Abb. 381 a) *Kanzel mit stuckiertem Schalldeckel, Pfarrkirche St. Johannes der Täufer, Oppolding bei Erding, um 1764;* **b)** *Taufstein von Christian Wenzinger, Freiburger Münster, 1768*

Ewiges Licht

In katholischen Kirchen weist die beständig brennende, rötlich leuchtende Öllampe auf den → Tabernakel und die in ihm aufbewahrten, bei der → Eucharistiefeier übrig gebliebenen Hostien hin.

Abb. 382 *Ewig-Licht-Ampel, St. Martinus, Nottuln, 18. Jahrhundert*

Chorgestühl und Gestühl

Meist ornamental, aber wesentlich zierlicher als die schweren Vorbilder im Barock, können Chorgestühl und Gestühlwangen aus Eichenholz ausgeführt sein. Gelegentlich kann das Chorgestühl auch vergoldete Aufsätze, wie Vasen, Weihrauchfässer oder stilisierte Blumen und Flammen tragen.

Wappen, zum Beispiel im Chorgestühl: Gestiftete Ausstattungsstücke, Altäre, Kanzeln, Chorgestühl tragen oft die reich im fi-

ligranen Stil des Rokoko geschnitzten Wappen ihres (fürstbischöflichen) Stifters im Aufsatz. Sie erinnern auch an Stifter und Mäzene, die zum Beispiel eine alte Kirche im neuen Stil des Barock oder Rokoko ausstatten ließen.

Oratorien

Vor allem in großen Stiftskirchen können rechts und links verglaste, d.h. nicht öffentliche Beträume im Chor angebracht und reich mit Roccaille-Schmuck überzogen sein.

Bet- und Beichtstühle

Viel weniger schrankartig als im Barock (→ S. 234) sind Beichtstühle mit leichtem Rocaille-Schmuck versehen. So fallen sie kaum auf und fügen sich besser in das Gesamtbild der Rokoko-Innenausstattung ein bzw. können auch in Nischen eingebaut und in Weiß und Gold gefasst nahezu in die Langhauswand integriert sein. Auch Betstühle links und rechts des Altars, die der Andacht dienen, sind aus dieser Zeit erhalten.

Abb. 383 *Wappen des Fürstbischofs J.W. Rinck von Baldenstein, südliches Chorgestühl, Dom, Arlesheim*

Abb. 384 *Betstuhl, Karlskirche, Wien, um 1750;* **Abb. 385** *Beichtstuhl, Karlskirche Wien, um 1730*

Orgelschmuck

Während große Orgeln mit reich verzierten Orgeltürmen die ganze Kirchenrückwand im Westen einnehmen, bilden kleinere Chororgeln häufig das Gegenstück zur Kanzel. Auch sie werden umspielt von zahlreichen Putti. Weiße, überlebensgroße Glanzstuckfiguren, zum Beispiel des Psalmensängers König → David (→ S. 235, Abb. 339) oder der Hl. → Cäcilie, können ihre Aufbauten krönen. An vielen Orgelgehäusen erinnert oben eine große, runde Uhr – wie schon an Barockaltären – an das Verrinnen der Lebenszeit (memento mori).

Rokokogitter

Den Kirchenvorraum können reich mit filigranen Mustern geschmiedete Gitter vom eigentlichen Kirchenraum trennen.

Grabmäler

Mit zunehmender Empfindsamkeit werden Anspielungen auf die Schrecken des Todes, wie sie seit der Renaissance üblich waren, vermieden. Vielfach geleiten nun sanfte Engel die Seelen der Verstorbenen zum Himmel.

Die Uhr von 1784 in der *Jakobikirche Lübeck* zeigt auf dem Zifferblatt die vier Evangelistensymbole. Von unten ist sie mit Laubwerkbehang gerahmt. Zwischen dem gesprengten Giebel symbolisiert eine Statuette des Chronos die Zeit zwischen zwei liegenden weiblichen Figuren.

Abb. 386 *Uhr, Jakobikirche, Lübeck, 1784*

Abb. 387 *Schmiedeeisengitter, St. Peter, Salzburg, 1768*

Reliquiare

Behälter zur Aufbewahrung einer → Reliquie wurden häufig in Form einer Kirche, Kuppel, eines Arms oder Kopfs gestaltet.

Abb. 388 *Ludgerus-Reliquiar, Ludgerus-Dom, Billerbeck, 1735*

Votivtafeln und Votivschiffe

Votivbilder oder -tafeln finden sich in großer Zahl vor allem in Wallfahrtskirchen. Es sind Weihegeschenke, die auf Grund eines Gelöbnisses (lat. ex voto) zum Beispiel nach einem glücklich überstandenen Unfall oder einer Krankheit dargebracht wurden. Eine norddeutsche Besonderheit und in Kirchen an der Ost- und Nordseeküste weit verbreitet sind Votivschiffe. Sie hängen an Eisenstangen oder Tauwerk vom Gewölbe herab und wurden als Dank für Errettung aus Seenot gestiftet.

Abb. 389 *Votivschiff*

Baden-Württemberg

Appenweiher, Pfarrkirche St. Michael (um 1748), einschiffiger, reich stuckierter Innenraum, Anna-Selbdritt-Gruppe.

Baitenhausen (Bodensee), Wallfahrtskirche Maria zum Berg Karmel, 1760 ausgestattet, höfisch anmutende Deckenmalerei (J.W. Baumgartner).

Mainau (Bodensee), Schlosskirche (Johann Caspar Bagnato, 1696–1757), Rokokoausstattung von Pozzi (Stuck) und Spiegler (Deckenmalerei).

Neresheim, Klosterkirche Hl. Kreuz, bedeutende Benediktinerklosterkirche, hoch aufragende Fassade, auf dem Grundriss eines griechischen Kreuzes errichtete überkuppelte Wandpfeilerkirche im Stil des Rokoko (nach Plänen von Balthasar Neumann), Fresken (Martin Koller,1775); Inneneinrichtung teilweise klassizistisch.

Oberdorf-Bodman (Bodensee), Heiligkreuzkapelle, Zentralbau über kreuzförmigem Grundriss (1747, von Bagnato).

Oberndorf (Neckar), ehemalige Klosterkirche der Augustiner, 1777 im Stil des Rokoko reich mit Stuck und Deckenfresken ausgestattet.

Ochsenhausen, ehemalige Klosterkirche und Pfarrkirche St. Georg, barocke Fassade (1725), Altar, übrige Ausstattung in reicher Rokokodekoration.

Rot an der Rot (bei Biberach), ehemalige Klosterkirche St. Maria und Verena (1782), lang gestreckte helle Wandpfeilerkirche mit mächtigem Altaraufbau, reiche Stuckierung und schon den Klassizismus ankündigende Freskenmalereien.

Bayern

Albachting (bei Wasserburg), Pfarrkirche St. Nikolaus (1790–1795).

Amberg, Deutsche Schulkirche der Salesianerinnen, üppiges Portal mit Giebelfiguren der Hll. Augustin und Franz von Sales, ovaler, reich im Stil des Rokoko ausgestatteter Zentralraum (Dientzenhofer 1699).

Amorbach (Odenwald), Abteikirche, Orgel (1776–1782), Chorgitter (1748–1750).

Antwort (Chiemgau), Mariae Himmelfahrt, ländliches Rokoko.

Au am Inn, Stiftskirche Maria, Rokoko-Sakristei.

Aufhausen (bei Regensburg), Kath. Stifts- und Wallfahrtskirche Maria Schnee (Joh. Michael Fischer, 1736–1751) Rokokosaal mit älterer Ausstattung.

Baumburg (Chiemsee), St. Margaretha (1754–1757).

Bichl (bei Penzberg), Kirche St. Georg (1751–1753).

Dillingen a.d. Donau, Studienkirche, Jesuitenkirche Mariä Himmelfahrt, ehemals Renaissance-Wandpfeilerkirche (1617), 1750–1765 im Stil des Rokoko umgestaltet: Wessobrunner Stuck, Fresken, mächtiger Choraltar, Kanzel (Johann Michael Fischer).

Frauenzell (bei Falkenstein), Pfarrkirche der ehemaligen Benediktinerinnenabtei Mariä Himmelfahrt, Rokokokirche mit prunkvollem Portal, querovaler Vorhalle und ovalem Kirchenraum; Wessobrunner Rokokostuck mit Vasen, Kartuschen und Zweigen; das Deckenfresko im Langhaus zeigt die Himmelfahrt Mariens.

Haag (Amper), Pfarrkirche St. Laurentius (1779), spätes Rokoko, Übergang zum Klassizismus.

Hohenpeißenberg, Gnadenkapelle der Wallfahrtskirche Mariä Himmelfart (1747–1748), mit Stuck von F.X. Schmutzer und Deckenfresko von Matthäus Günther, der in Peißenberg geboren wurde.

Klosterlechfeld (bei Augsburg), Wallfahrtskirche »Unser Lieben Frauen« (17. Jahrhundert), reiche Stuck-, Fresken- und Figurenausstattung, Orgelempore.

Limbach (Franken), Wallfahrtskirche Mariä Heimsuchung (1753–1766), fünfachsige Giebelfassade, Langhaus mit Emporen.

München, Bürgersaalkirche, Schutzengelgruppe (Ignaz Günther, 1763).

Neumarkt (Oberpfalz), Friedhofskirche St. Jobst mit Rokokoausstattung (1760).

Regensburg, Klosterkirche Heilig Kreuz (1237–1244), Rokokoausstattung (1751–1757), reich mit Rocaillen ausgestatteter Nonnenchor mit geschwungenen Brüstungen, filigranem Goldgitter, golden und pastellfarben gefasste Stuckaturen mit über 100 stuckierten und geschnitzten Engelsfiguren.

Roggenburg, Pfarr- und Prämonstratenserklosterkirche Mariä Himmelfahrt (1732–1751), Rocaillestuck (Feichtmayr), prunkvolle Rokokoaltäre, Chorgestühl, Orgelprospekt, schmiedeeiserne, farbig gefasste Gitter.

Steingaden, Wallfahrtskirche zum gegeißelten Heiland in der Wies, »Wieskirche« (1745–1765, von Dominikus und Johann Baptist Zimmermann), gilt als bedeutendste Rokokokirche Deutschlands.

Thalheim (bei Erding), Wallfahrtskirche St. Mariae, kleine, festlich ausgestattete Barock-Rokoko-Kirche mit Rokoko- Hauptaltar und sechs Seitenaltären (Kulissenwirkung).

Vierzehnheiligen, Wallfahrtskirche, Plan von Balthasar Neumann (1742), Gnadenaltar im ovalen Kirchensaal, muschelumspielte Deckenfresken im Stil des Rokoko, fantasievoller von Engeln getragener Kanzelkorb, festliche Rokoko-Ausstattung.

Weißenregen (bei Kötzting), Rokoko-Wallfahrtskirche Mariä Himmelfahrt (1765) mit eindrucksvoller vergoldeter Schiffskanzel (1758).

Wemding (Donauries), Wallfahrtskirche Maria Brünnlein (1748–1752), Wandpfeilerkirche nach Vorarlberger Muster, Rokoko-Ausstattung mit Gnadenaltar und Fresken nach Entwürfen von J.B. Zimmermann.

Wiggensbach, Pfarrkirche St. Pankraz.

Würzburg, Wallfahrtskirche »Käppele« (1747–1750, von Balthasar Neumann), Zentralraum (Kuppel und Seitenräume) mit Stuckmuschelwerk (Feichtmayr) und Deckenfresken (Matthäus Günther); Treppenanlage (Ickelsheimer) mit Kapellen und Kreuzweggruppen (Wagner, 1767/68); weit zum »Käppele« geöffnet ist der ältere Gnadenkapellenraum (1684).

Niedersachsen

Scheeßel, kleine dörfliche Emporenkirche mit Kanzelaltar.

Nordrhein-Westfalen

Reichhof-Eckenhagen, Evang. Kirche (1764), flach gedeckter Bruchsteinsaal, Herrschaftskapelle im Obergeschoss, Rokoko-Ausstattung mit bergischer Prinzipalwand, barocke Orgel.

Thüringen

Schleiz-Burgk, Schlosskapelle Burgk (Mitte 18. Jahrhundert), reiche Rokokoausstattung, Silbermannorgel.

Suhl, Marienkirche (1757–1761), spätgotischer Chor mit angegliedertem spätbarocken Saalbau, dreigeschossige Emporen, Brüstungen ebenso wie die Decke und der Triumphbogen von Rocaillewerk überzogen, Rokokokanzelaltar, Orgelprospekt.

Österreich

Christkindl (Steyr), Wallfahrtskirche (Carlone und Prandtauer, 1702–1725)

Engelhartszell (Oberösterreich), Zisterzienserstift (bis 1786). Nach der Zerstörung des spätbarocken Deckenfreskos (von Bartolomeo Altomonte) durch Wasserschäden erfolgte neue Deckengestaltung mit dem weltweit größten nachbarocken Sakralfresko (400 qm) durch Fritz Fröhlich zum Thema »Die Chöre der Engel singen für Maria« im Stil des Kubismus.

Göttweig (Wachau), Benediktinerstift, großartige Berglage über der Donau. Reste des ersten Baus aus dem 11. Jh., 1718 nach einem Brand barocker Neubau (Johann Lucas von Hildebrandt). Helle Kirche mit zarten Deckenfresken.

Innsbruck-Wilten, zweitürmige Pfarrkirche Mariä Empfängnis, Wallfahrt zur »Maria unter den vier Säulen, gilt als eine der schönsten Rokokokirchen Nordtirols (1751–1755): Deckenfresken (Matthäus Günter), reiche Stuckaturen der Brüder Franz Xaver und Johann Michael Feichtmayr, im Hochaltar Sandsteinskulptur, das Gnadenbild »Maria unter den vier Säulen« (1311).

Salzburg, Stiftskirche St. Peter, ehemals einschiffige romanische Kirche, spätromanisches Hauptportal von 1240. 1753–1785 mit Rocaillestuck ausgestattet, hölzerne Rokokotüren und Deckenfresken mit Szenen aus dem Leben des Kirchenpatrons, filigranes Rokokogitter. Ungewöhnlich: Langhauswände mit über 20 brauntonigen, großformatigen Ölbildern.

St. Florian (bei Linz), Stiftsbasilika, über romanischen und gotischen Vorgängerbauten, monumentaler barocker Neubau mit 36 m hoher Kuppel nach den Plänen von Carlo Carlone und Jakob Prandtauer (bis 1751), reicher Stuck, Fresken und geschnitztes Chorgestühl. Anton Bruckner war 1848–1854 hier Organist. Sein Sarkophag steht in der Gruft unter der großen Orgel.

Wilhering (bei Linz), Stiftskirche der Zisterzienserabtei, gilt als schönste und reich ausgestattete Rokokokirche Österreichs. Altarbild von Martino Altomonte, Fresken von seinem Sohn Bartolomeo Altomonte.

Schweiz

Andermatt, St. Peter und Paul, Rokokostuck (1695), Hochaltar des Walliser Schnitzers J. Ritz (1698)

Arlesheim (Basel), Dom (1679–1760) von Jakob Engel und Franz Anton Bagnato neu erbaut. Reiche Stuckierung durch Francesco Pozzi. Gilt als eine der besten Schöpfungen des Rokoko in der Schweiz.

Bern, Heiliggeistkirche, evangelische Kirche mit eindrucksvollem Predigtraum, dessen umlaufende Galerie tragen 14 Sandsteinsäulen mit Halbtonnenwölbung. Stuck von Joseph Anton Feichtmayr aus Wessobrunn.

Bernhardzell (bei St. Gallen), kleine über kreisrundem Grundriss errichtete Landkirche (Ferdinand Beer) mit Rocaille-Schmuck.

Einsiedeln, Abteikirche (1704–1735) Mischung aus Zentral- und Längsraum. Beeindruckende Wirkung durch Fresken, Stuckierung und Altäre der Gebrüder Asam, Diego und Carlo Carlone und Joseph Anton Feichtmayr.

Fribourg, Notre-Dame (um 1200) erhielt 1785–1787 eine spätbarock-klassizistische Fassade.

Ittingen (Thurgau bei Frauenfeld), Klosterkirche der Kartause (1553), ohne Orgel, Beichtstuhl und Kanzel – nur für Mönche. 1763–1767 im Stil des Rokoko mit Wessobrunner Stuck umgestaltet; wohl schönster Rokoko-Kirchenraum der Schweiz.

St. Gallen, Stiftskirche (1749–1766), Fassade und monumentales Kirchenschiff, grüne Wessobrunner Rokoko-Stuckaturen. Kunstvoll intarsiertes Chorgestühl (1767) von Joseph Anton Feichtmayr.

Schwyz, St. Martin, Rokokokanzel von C.A. Galetti (um 1774).

Solothurn, Kathedrale St. Ursen (1773), dreischiffige Pfeilerbasilika mit Querhaus und Tambourkuppel.

REISE-TIPPS

KIRCHEN IM 19. JAHRHUNDERT

Allgemeines zum Kirchenbau des 19. Jahrhunderts

Nach dem Aufleben des Kirchenbaus im Barock ging der Bedarf an Kirchen und damit ihr Bau in der Neuzeit mehr und mehr zurück. Am ehesten wurden in Siedlungsgebieten, in Trabantenstädten oder Stadtrandgemeinden großer Städte Kirchenneubauten für beide Konfessionen nötig. Entsprechend der im 19. Jahrhundert vorherrschenden geistigen Strömungen wurden sie im Stile des Klassizismus oder in historisierenden Formen errichtet. Wir sprechen dann von *neuromanischen, neugotischen* oder *neubarocken* Kirchen. Die sich bereits Ende des 19. Jahrhunderts ankündigende kurze Phase des *Jugendstils* (ab 1905) ist weniger ein Kirchenbaustil als eine aus der Buchillustration übernommene Dekorationsform für Bürgerhäuser.

Deutlich geprägt von der industriellen Entwicklung und ihren zahlreichen neuen bautechnischen und handwerklichen Möglichkeiten entstanden im späten 19. Jahrhundert in stark anwachsenden Gemeinden neue Gotteshäuser in kürzester Zeit und stilistisch aus einem Guss. Im Zuge der Wiederentdeckung des Mittelalters durch die deutsche Romantik kamen im Kirchenbau neoromanische, vor allem aber neogotische Formen in Mode. Entsprechend wurde auch das Kircheninnere neuromanisch, neugotisch, seltener im byzantinischen Stil (mit roter, blauer, goldener Bemalung) ausgestattet.

Bedingt durch Kriegsschäden, durch notwendig gewordene Instandsetzungsarbeiten oder auch nicht selten abwertende Urteile wurde im 20. Jahrhundert die ursprüngliche Ausstattung dieser Kirchen häufig entfernt. Innenraumbemalungen wurden übertüncht, die Bauformen wieder besser sichtbar gemacht. Aus der Zeit der Entstehung im 19. Jahrhundert stammende neugotische Altäre wurden beispielsweise durch moderne → Volksaltäre bzw. einfache Tischaltäre ersetzt.

VOTIV-, DENKMAL- UND GEDÄCHTNISKIRCHEN

Im Zuge der historischen Entwicklung kam es auch im Kirchenbau zu dynastischen und national geprägten Formen. Neubauten sollten nun Abendmahlskirche, Predigtraum und Ruhmeshalle bzw. Denkmal- oder Votivkirche in einem sein.

So wurde zum Beispiel die Votivkirche in Wien (1856–1879) als Erinnerung an die glückliche Errettung Kaiser Franz Josefs von einem Attentat im Stil einer hochgotischen Kathedrale errichtet.

In Berlin entstand 1893–1905 unter dem Einfluss Friedrich Wilhelms IV. der mächtige Kuppelbau des Berliner Doms in überladenem, spätbarockem Stil.

Schließlich entwickelte sich die Kaiser-Wilhelm-Gedächtniskirche (1891–1895) als größte der drei Berliner Gedächtniskirchen im »neuromanisch-deutschen« Stil durch zahlreiche in ihr abgehaltene patriotische Feiern mehr und mehr zum Nationaldenkmal. Ihre Ruine und der angefügte Neubau von Egon Eiermann (→ S. 306; 308; 313) wurden Mitte des 20. Jahrhunderts zum politischen Denkmal und Wahrzeichen Berlins.

Abb. 390 *Nikolaikirche, Leipzig, Innenraum, bis 1878*

EVANGELISCHER KIRCHENBAU IM 19. JAHRHUNDERT

Im Eisenacher Regulativ von 1861, ergänzt durch das Wiesbadener Programm, wurden neue Richtlinien für den protestantischen Kirchenbau festgelegt, der sich nun deutlich von katholischen Kirchen unterscheiden sollte und stark von reformierten Vorstellungen geprägt war. Unter anderem wurden einheitliche Raumgestaltung ohne Teilung in Kirchenschiffe und ohne Trennung zwischen Kirchenschiff und Chor vorgesehen. Das → Abendmahl sollte inmitten der Gemeinde vollzogen werden, der Altar also eine entsprechende Aufstellung erhalten.

Aus dem *Eisenacher Programm von 1861:*

1. Kirchen seien nach »alter Sitte« so angelegt, dass ihr Altarraum gegen Sonnenaufgang liegt.
2. Ein längliches Viereck sei die angemessene Grundform der Kirche für den evangelischen Gottesdienst: »Eine Ausladung im Osten für den Altarraum (Apsis, Tribüne, Chor) und in dem östlichen Theile der Längsseiten für den nördlichen und südlichen Querarm gibt dem Gebäude die bedeutsame Anlage der Kreuzgestalt.«
3. Die Würde des christlichen Kirchenbaus fordere Anschluss »... an einen der geschichtlich entwickelten Baustile ...« (vorzugsweise altchristliche Basilika, romanischer und gotischer Stil).
7. Der Altarraum soll um mehrere Stufen erhöht sein und genügend Raum für gottesdienstliche Handlungen bieten.
10. »Die Kanzel darf weder vor noch hinter oder über dem Altar, noch überhaupt im Chore stehen ...«.

Das *Wiesbadener Programm von 1891* umfasst vier Punkte:

1. Evangelische Kirchen sollen das »Gepräge eines Versammlungsraumes der feiernden Gemeinde, nicht dasjenige eines Gotteshauses im katholischen Sinne an sich tragen«.
2. »Der Einheit der Gemeinde und dem Grundsatze des allgemeinen Priesterthums soll durch die Einheitlichkeit des Raumes Ausdruck gegeben werden« (u.a. keine Mehrschiffigkeit, keine Trennung von Schiff und Chor).
3. Die Feier des Abendmahls soll inmitten der Gemeinde stattfinden, so soll der Altar mit einem Umgang versehen sein und »wenigstens symbolisch eine entsprechende Stellung erhalten«.
4. »Die Kanzel, als derjenige Ort, am welchem Christus als geistliche Speise der Gemeinde dargeboten wird, ist mindestens als dem Altar gleichwertig zu behandeln. Sie soll ihre Stelle hinter dem letzteren erhalten und mit der im Angesicht der Gemeinde anzuordnenden Orgel- und Sängerbühne organisch verbunden werden.«

Kirchen des Klassizismus (ca. 1780–1830/40)

Als Gegenbewegung zum Überschwang des Barock folgte mit der Aufklärung eine Zeit, in der die Vernunft zum obersten Prinzip erhoben wurde. Beim Bau und der Ausgestaltung neuer Kirchen zeigte sich zwischen 1780 bis 1850 ein neues Streben nach klassisch-griechischer Harmonie und schlichter Größe.

So sehen klassizistische Kirchen außen aus

- Fassaden sind oft mit einem Portikus ausgestattet, der den schlichten Eingang nach dem Vorbild griechischer Tempel betont bzw. mit einer Säulenfront in griechischer Säulenordnung (dorisch, ionisch, korinthisch) und darüberliegendem flachen antikem Dreiecksgiebel ausgestattet ist.

- Auch im Inneren herrscht ein eher nüchterner Gesamteindruck vor, der sich in rechten Winkeln, Dreiecksformen und strenger Symmetrie zeigt.

 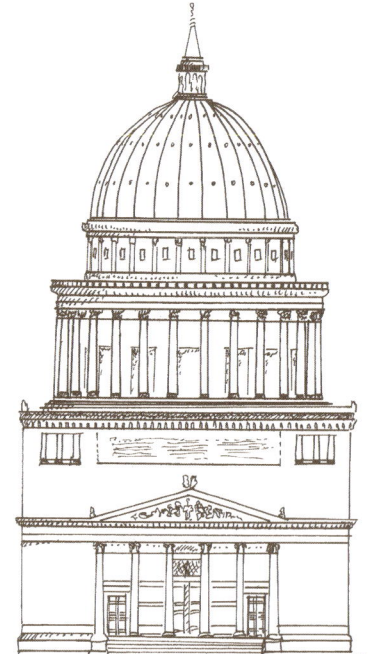

Abb. 391 *Friedrich Weinbrenner, Evang. Stadtkirche, Karlsruhe, 1780–1850 (rechts);* **Abb. 392** *Karl Friedrich Schinkel, Nikolaikirche, Potsdam, 1826–1849 (links)*

Abb. 393 *Karl Friedrich Schinkel, Elisabethkirche, Berlin, 1833–1835 (oben links);* Abb. 394 *Christian Frederik Hansen, St.-Marien-Kirche, Husum (oben rechts);* Abb. 395 *Imposanter Portikus mit sechs Säulen und Dreiecksgibel nach klassischem Vorbild (Mitte)*

Abb. 396 *Klassizistisches Portal, Schema*

So sehen klassizistische Kirchen innen aus

- Die weiß-grau gehaltenen Räume zeigen vornehme Würde und Ernst. Wände werden sparsam mit klassischen Ornamentbändern geschmückt. Kassettendecken bilden den Abschluss nach oben.
- Neben der Saalkirche mit Mittelgang und vor die → Apsis geschobenem → Altar ist eine Vorliebe für den Zentralbau mit nahezu quadratischem Grundriss erkennbar.
- Oft werden Altar, Taufbecken und Kanzel (und in evangelischen Kirchen die Orgel) ins Zentrum gestellt, das Gestühl dreiseitig angeordnet und zur besseren Kommunikation unbefestigt gelassen.

- Schlichte Tischaltäre kommen ebenso vor wie der von zwei antiken Säulen gerahmte → Kanzelaltar, über dem sich ein Dreiecksgiebel mit gut sichtbarem Kreuz erhebt.
- Antiken Statuen nachempfundene, streng und statisch wirkende → Heiligenfiguren aus Marmor sind meist frei stehend oder in Halbnischen aufgestellt. Sie haben eine glatte Oberfläche, die auf modellierende Licht- und Schattenwirkung verzichtet.

Abb. 397 *C.F. Hansen, St.-Marien-Kirche, Husum*

Abb. 398 *Christian Frederik Hansen, Frauenkirche, Kopenhagen, 1811–1829: tonnengewölbte Kirche nach dem Vorbild einer römischen Basilika*

Abb. 399 *und* Abb. 400 *Christusplastik und Taufengel aus getriebenem Zink, St. Petri, Wolgast, nach Originalen von Bertel Thorwaldsen, 1768–1844*

Neuromanische Kirchen

So sehen neuromanische Kirchen außen aus

Das Auffallende an den nachahmenden Stilen des 19. Jahrhunderts (Historismus) ist der Versuch der Architekten, möglichst viele Stildetails des Vorbildes aus dem Mittelalter zu übernehmen. So erscheinen diese neuromanischen oder neugotischen Bauten oft viel typischer und einheitlicher als die ursprünglichen Vorbilder, die über Jahrhunderte immer wieder Stilveränderungen erfuhren. Merkmale sind:

- Massives Mauerwerk, Türme mit Zelt- oder Faltdächern
- Romanische Rundbogen an Fenstern und Eingängen
- Rad- oder Rundfenster im Westen, Zwillings- und Drillingsfenster
- Bildhaft-figürliche Ausbildung des Bogenfeldes über dem Eingang
- Einfache Kreuzgewölbe im Inneren

Abb. 401 *St. Nikolaus, Bensberg: Chor und Querhaus mit überlebensgroßem Triumphkreuz, ähnlich einer* → *Kreuzwegstation* (→ *Kalvarienberg)*; **Abb. 402** *St. Nikolaus, Bensberg: Südseite mit Nikolausfigur in der Giebelnische, Schauseite*

So sehen neuromanische Kirchen innen aus

- Oft finden sich großformatige farbige Glasfenster in den klassischen Farben des Mittelalters: Rot, Blau, Lila, Goldgelb und Weiß.
- In vielen Kirchen fällt die ungewöhnliche figürliche ebenso wie ornamentale Schablonenbemalung im neuromanischen Stil auf. Vor allem bei entsprechend festlicher Beleuchtung entsteht durch diese Bemalung ein angenehm warmes Raumgefühl.

- Entsprechend dem Interesse an material- und handwerkgerechten Möbeltischlerarbeiten im 19. Jahrhundert können Hochaltäre nun an schwere, kostbare Möbelstücke aus großbürgerlichen Haushalten erinnern.
- Der Hochaltar ist in Form eines romanisch-byzantinischen Kuppelbaus gestaltet.

Bemalung und Ausstattung der Alten Pfarrkirche St. Peter und Paul, Feldafing

Abb. 403 *St. Peter und Paul, Feldafing, Umgestaltung 1896/98: Hochaltar mit romanisch-byzantinischem Kuppelbau*

Die Alte Pfarrkirche von Feldafing am Starnberger See überrascht beim Betreten mit einer ungewöhnlich einheitlichen Ausstattung in neuromanischem Stil. Die Umgestaltung der auf eine gotische Anlage von 1401 zurückgehenden Kirche erfolgte in den Jahren 1896–1898.

Ein weites, zur Gänze bemaltes Tonnengewölbe überspannt den Raum. Die Seitenwände des Kirchenschiffs sind durch marmorierte Pilaster gegliedert und in kräftigen Farben mit dekorativen Bändern aus floralen Mustern gestaltet, die bis in die Zwickel und Gewölbekappen reichen.

Der Hochaltar ist mit einem Kuppelbau in romanisch-byzantinischem Stil gestaltet, die Seitenaltäre erinnern an romanische Reliquienschreine.

Nach dem Vorbild eines seit dem Mittelalter überlieferten, hierarchisch geordneten →
Bildprogramms zeigt die Deckenbemalung im Chorraum vor dunkelblauem, mit goldenen Sternen übersätem Himmel nicht nur

Abb. 404 *Gott Vater in der Engelgloriole, Deckenmalerei im Chor*

Gott Vater in einer Engelgloriole, sondern darunter auch die Taube als Symbol des Heiligen Geistes und Jesus mit zum Segensgestus erhobenen Armen.

Die beiden Glasfenster links und rechts im Chor sind ebenfalls thematisch in das Bildprogramm integriert und zeigen Maria und Johannes, die traditionell häufig mit Darstellungen der Dreifaltigkeit kombiniert werden (→ S. 51, Abb. 78). Engel mit sechs Flügeln (Cherubim) und je zwei anbetende Engel vervollständigen zusammen mit den Gestirnen das Programm der Chorbemalung.

Die beiden Deckengemälde im Kirchenschiff stellen die Übergabe des Schlüssels an → Petrus und das Gleichnis vom barmherzigen Samariter dar.

Abb. 405 *Erzengel Michael bekämpft den Drachen, Detail aus dem Seitenaltar*

Neugotische Kirchen

Bedingt durch notwendig gewordene umfangreiche Restaurierungsmaßnahmen an und in alten gotischen Kirchen aus dem Mittelalter war ein intensives Studium der Kunst der Gotik möglich. Das führte einerseits dazu, dass unvollendet gebliebene Dome und Münstertürme nun stilgerecht vollendet werden konnten. Andererseits wurden auch Neubauten, historisch getreu und täuschend echt, den gotischen Stil imitierend, errichtet.

So sehen neugotische Kirchen außen aus

Auf den ersten Blick scheinen diese neugotischen Kirchen den gotischen Vorbildern aus dem Mittelalter verblüffend ähnlich und stilistisch perfekt, ja bis ins letzte Detail noch vollkommener nachgebaut zu sein. Bei näherem Hinsehen jedoch wirken sie oft starr, schematisch, insgesamt mit allen nur denkbaren gotischen Stilmitteln bestückt und dadurch allzu oft überladen.

Abb. 406 *St. Bernhard, Karlsruhe, 1885–1902;* **Abb. 407** *Heinrich von Ferstel, Votivkirche, Wien, 1856–1879*

So sind zum Beispiel die gemeißelten Grate des → Maßwerks oder des → Kapitellschmucks zu scharf, um echt zu wirken. Sie sind eben nicht durch Jahrhunderte abgenutzt und verwittert. Das Gold an vergoldeten → Altären, → Heiligenfiguren und ihren Konsolen bzw. Baldachinen erscheint zu glänzend und zu üppig aufgetragen. Merkmale sind:

- Perfekt vollendete, filigrane, hoch aufragende Türme.

- → Basilikaler Grundriss mit drei Kirchenschiffen.
- Hoch aufragender, heller → Chor mit großen Fenstern.
- Eine Überfülle an → Maßwerk, Fialen, → Wimpergen.
- → Tympanongestaltungen im hochgotischen Stil.
- Auf ein ausladendes Strebewerk – wie im Mittelalter notwendig – kann durch neue Bautechniken verzichtet werden.

So sehen neugotische Kirchen innen aus

Die wenigen heute noch in ihrer ursprünglichen Ausstattung erhaltenen neugotischen Kirchen enthalten eine Fülle an Ausstattungsstücken, die im historischen Stil nachgearbeitet und oft mit übertriebenen Maßwerk-Verzierungen überladen sind. So ist insgesamt eine eher düsterdunkle Ausstrahlung des Kircheninnenraumes zu beobachten. Merkmale sind:

- Vergoldete neugotische Altäre mit hohen filigranen Sprenggiebeln (→ Gesprenge) tragen eine Fülle unterschiedlich großer → Heiligenfiguren. Als Wächter können Engel mit Kandelabern an beiden Seiten dieser Altäre stehen.
- Andachtsbilder mit den üblichen Bildthemen aus dem Leben Jesu und → Kreuzwegstationen sind im gotischen Stil nachgeahmt. Biblische Darstellungen – oft auch auf brauntonigen Gemälden im Stil der → Nazarener – zeigen Jesus mit langem weißen Gewand nach dem Vorbild der Jesusfigur von Thorwaldsen (→ S. 282, Abb. 399), deren verkleinerte Kopien auch in vielen bürgerlichen Haushalten aufgestellt waren.
- Teils auf goldenen Konsolen stehen plastische Arbeiten, Heiligenfiguren, Propheten etc. mit oder ohne Baldachin.

Die Figuren wirken starr, glatt und schematisch, eben wie mehrfach hergestellte Industriearbeiten, nicht wie jahrhundertealte Meisterstücke aus einer Werkstatt.

- → Apostelleuchter bzw. → Apostelkreuze bleiben an den mit gerahmten Bildern überladenen Wänden fast unbeachtet.
- Farbige Glasfenster sind nach gotischem Vorbild mit → Maßwerk gestaltet, zeigen jedoch eher idyllische biblische Landschaften mit vielen Details und lieblich gemalten Figuren. Die Farben erscheinen nicht in der gewohnten Tiefe. Viele Weißflächen sind mit → Schwarzlot bemalt.
- Deckengemälde oder Altardarstellungen zeigen Gott Vater mit Bart und strengem bis gütigem Blick, der sich aus einer Gloriole oder einer Wolke herabneigt.
- Wandgemälde erscheinen in Bildserien im Stil der → Nazarener, ähnlich den Bibelillustrationen bekannter Künstler des 19. Jahrhunderts (zum Beispiel Schnorr von Carolsfeld).
- Eine Vorliebe für Engel mit Spruchbändern und Kandelabern ist unverkennbar.
- Ausstattungsstücke sind oft rot-blau-golden bemalt.

- Zahlreiche Leuchter stehen vor und auf dem → Altar.
- Das Taufbecken ist vielfach achteckig und aus Holz, eher wie ein normales Möbelstück, denn als liturgischer Gegenstand gestaltet. Auch Taufbecken aus Eisenguss kommen vor.

Abb. 408 *Die Apostel Paulus und Johannes, neugotische Wandmalerei von Karl Georg Pfannenschmidt, Marienkirche, Barth, 1859/60;* **Abb. 409** *Altar-Ziborium, Marienkirche, Barth, 1857;* **Abb. 410** *Neugotischer Altar;* **Abb. 411 a)** *Taufbecken von Karl Friedrich Schinkel, Zinkguss, Schlosskirche, Wittenberg, 1832; b) Neugotisches Taufbecken, Siebeneichen, Lauenburg*

Neugotischer Hochaltar in St. Bernhard, Karlsruhe

Die katholische Pfarrkirche St. Bernhard in Karlsruhe, 1895–1901 errichtet, orientiert sich in der architektonischen Anlage deutlich an der St. Elisabethkirche in Marburg, einer der frühesten gotischen Bauwerke in Deutschland.

Der von der Kunstwerkstätte Mezger in Überlingen 1909 gearbeitete Flügelaltar zeigt das klassische Bildprogramm eines gotischen Hochaltars. Ganz oben Christus am Kreuz im → Bedeutungsmaßstab überragend, rechts und links umgeben von den → Assistenzfiguren Maria und Johannes. Am Fuß des Kreuzes symbolisch im Medaillon der → Pelikan, der gemäß der Überlieferung sein eigenes Blut für die Jungen gibt. Rechts und links umschweben → Engel den gotischen Zieraufbau.

Die Mitte des → Altars bildet der auch durch reichen gotischen Zierrat hervorgehobene → Tabernakel mit einem Kreuz. Bei geöffneten Innenflügeln sind vier gemalte Bildszenen zu sehen: Geburt, Einzug in Jerusalem, → Auferstehung und → Pfingstwunder. Die Tabernakeltüren bilden das Zentrum der → Predella, darunter ein wuchtiger Altartisch.

Abb. 412 *Neugotischer Flügelaltar mit geöffneten Innenflügeln, St. Bernhard, Karlsruhe, 1909*

Evangelische Lutherkirche in Bad Cannstatt

Die Ausstattung der 1898–1899 errichteten Lutherkirche ahmt nicht nur die äußere Erscheinung einer gotischen Kirche nach (Radfenster, Kreuzblumen, Wasserspeier etc.), sondern verwendet auch innen gotisierende Elemente wie Schlusssteine, Maßwerkfenster und unter der Treppe zur Empore das in Stein gehauene Bild des Architekten, der den Bauplan in Händen hält. Das Innere folgt den Forderungen des → Eisenacher Regulativs (→ S. 278) mit einschiffigem großen Raum und ausladender Empore.

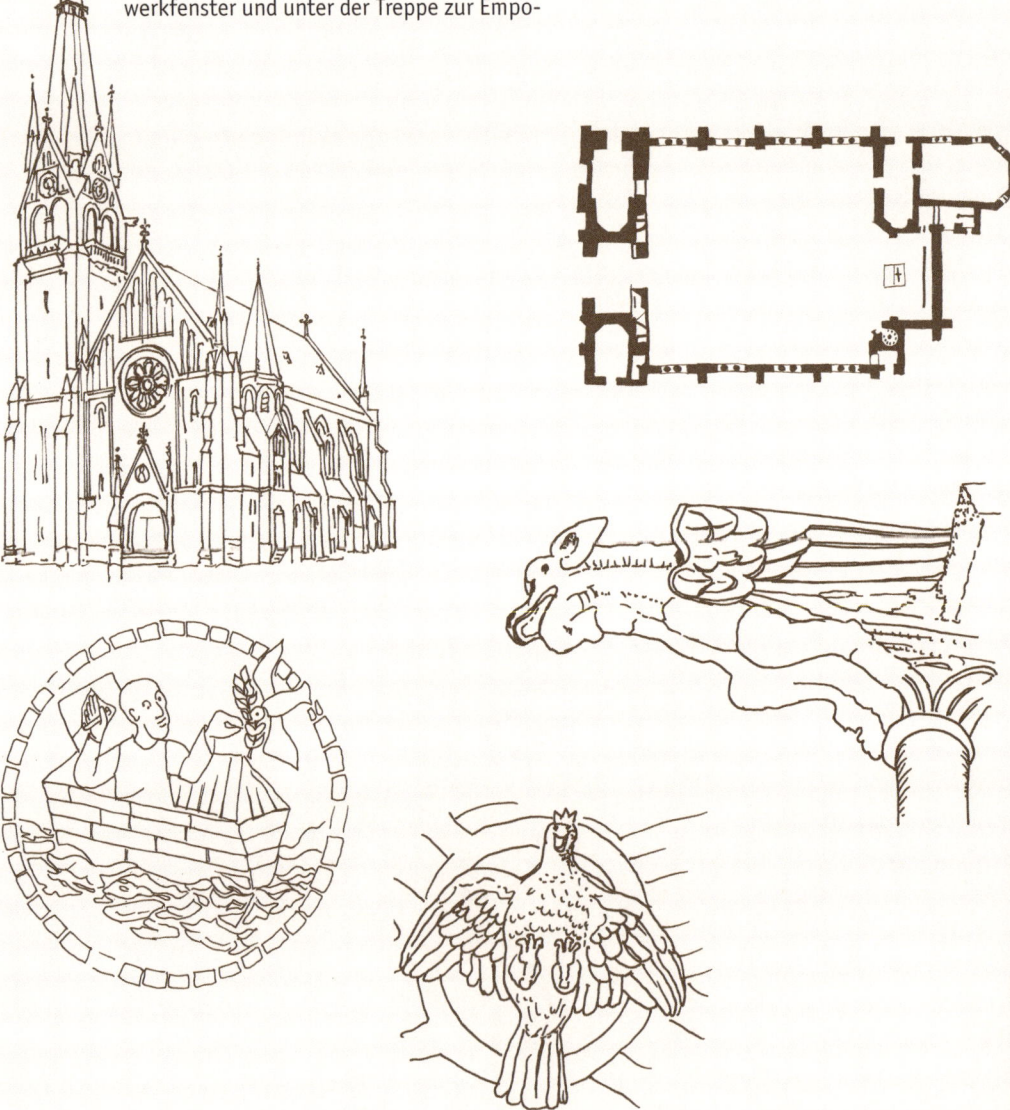

Abb. 413 *Evangelische Lutherkirche, Stuttgart-Bad Cannstadt:* **a)** *Gesamtansicht;* **b)** *Grundriss;* **c)** *Noah mit der Taube, Glasfenster;* **d)** *Schlussstein mit Heiliggeist-Taube;* **e)** *Wasserspeier über dem Portal*

Kirchen im Stil der Neurenaissance

Wie schon zahlreiche Bauten nach dem Vorbild mittelalterlicher Kirchen im Stil der Romanik und Gotik, wurden im 19. Jahrhundert hin und wieder auch Sakralbauten in Form einer dreischiffigen italienischen Renaissancebasilika (→ Basilika) errichtet. Dies ist umso erstaunlicher, als in Deutschland Renaissancekirchen nie recht heimisch geworden sind.

So sehen Kirchen der Neurenaissance außen aus

- Symmetrische Gestaltung der Fassade mit Dreiecksgiebel
- Oftmals frei stehender Glockenturm nach dem Vorbild italienischer Campanile
- Den Bau beherrschende hohe Kuppel über dem Chor
- Vorhalle mit Säulenstellung
- Bogenfeld über dem Portal in Mosaik- oder Majolikatechnik

Abb. 414 *August Thiersch, St. Ursula, München-Schwabing, 1894–1897:* **a)** *Fassade;* **b)** *Portal mit Tympanon*

So sehen Kirchen der Neurenaissance innen aus

- Meist dreischiffig mit Querschiff und den Bau beherrschender Kuppel über der → Vierung

- Flache, reich verzierte, oft vergoldete Holzkassetten- oder → Tonnengewölbe
- Sparsame, klassisch ruhige Innenausstattung mit korinthischen Säulen, Medaillons und frei stehenden weißen → Heiligenfiguren
- Hochaltar mit → Tabernakel oft von → Ziborium überwölbt
- Heiligenfiguren (→ Kirchenpatrone) können den Altar flankieren

Abb. 415 *Blick in die Vierungskuppel, August Thiersch, St. Ursula, München, 1894–1897*

Abb. 416 *Beispiele für Altäre der Neurenaissance, alle aus St. Ursula, München:* **a)** *Hochaltar mit überwölbendem → Ziborium, dessen Halbkuppel mit gold-blauem Mosaik geschmückt ist;* **b)** *Seitenaltar: Marienaltar;* **c)** *Seitenaltar: Josefsaltar*

Neubarocke Kirchen

Seltener noch als Kirchen im Stil der Neu-renaissance sind solche, die den üppigen Stil des Barock nachahmen. Eines der pompösesten wilhelminischen Baudenkmäler im Stil des Neubarock entstand durch den Um- und Ausbau des Berliner Doms zunächst durch Karl Friedrich Schinkel von 1820–1822 und ab 1888 durch Julius Carl Raschdorff. Schließlich wurde der alte Dom abgebrochen und 1893 mit einem monumentalen begonnen. Der Dom sollte als Predigt-, Fest- und Grabkirche der Hohen-zollern genutzt werden. Im Zweiten Weltkrieg schwer beschädigt, konnte die Kirche erst 1993 wieder eröffnet werden, im Juni 2002 wurde das letzte Kuppelmosaik feierlich enthüllt (→ S. 294).

In kleineren ländlichen Kirchen, vor allem in Süddeutschland, fallen viele Zeugnisse tiefer Volksfrömmigkeit auf, zum Beispiel Familienaltäre und Darstellungen des → »Heiligen Wandels«, eine Figurengruppe, die Maria und Josef mit dem kleinen Jesus an der Hand zeigt.

Abb. 417 *Hl. Wandel: Maria, Josef und der Jesusknabe, frühes 19. Jahrhundert, Bayer. Nationalmuseum, München*

Der Berliner Dom

Die monumentale viergeschossige Front des
1905 eingeweihten Neubaus erinnert mit
mächtiger Kuppel, mit über zwei Geschosse
reichenden Pilastern mit Dreiecks- und Segmentgiebeln sowie rundovalen → »Ochsenaugen« über großflächigen, hellen Fenstern
mit Engelsfiguren an prunkvolle Barock-
schlösser. Ebenso zeigt die neubarocke Innenausstattung einen großen Reichtum an

Abb. 418 a) *Dom, Berlin, Fassade*

goldglänzenden, den Barock nachahmenden
Ornamenten und Bildmotiven. Allerdings ist
der Hochaltar schlichter, eher klassizistisch,
ebenso wie die acht Säulenformationen.

Dom, Berlin, Innenraum mit Blick zum Chor

Abb. 418 b) *Musizierender Engel am Fuß der
Kuppel*

Jugendstilkirchen

Kurz nach der Jahrhundertwende, etwa ab 1905, entwickelte sich in der Gebrauchsgraphik und Buchillustration ein neuer Dekorationsstil, der den Namen Jugendstil erhielt. Vor allem in den Zentren des Jugendstils, in Wien, Darmstadt und München, wurde er auch in der Architektur vor allem an Wohnbauten aufgegriffen. Seltener entstanden reine Jugendstilkirchen, zumeist als Stadtteilkirchen, mit ihrer unverkennbar dekorativen Jugendstilausstattung.

Abb. 419 *Otto Wagner, Fassade der Anstaltskirche Am Steinhof, Wien, 1904–1907*

Abb. 420 *Herz-Jesu-Kirche, Augsburg-Pfersee, 1907–1910: größte Jugendstilkirche Süddeutschlands*

So sehen Jugendstilkirchen innen aus

- Verzicht auf Größe und Monumentalität, oft einfache und zweckmäßige, Predigtsäle (protestanisch)
- Plastischer Schmuck an Mauerwerk, Emporenbrüstungen und tragenden Säulen

- kann schlichte romanische Formen oder andere historisierende Formen aufgreifen.
- Ornamentale Wandmalereien im floralen Dekor des Jugendstil.

Abb. 421 *Erlöserkirche, München-Schwabing, Apsis (oben);* Abb. 422 *Erlöserkirche, Evangelistensymbole, Malerei am Triumphbogen (Mitte, links);* Abb. 423 *Erlöserkirche, Kapitelle, Hirsch (Ps 42,2) und Löwe von Juda (unten, links);* Abb. 424 *Augsburg-Pfersee, Stadtpfarrkiche Herz-Jesu, Tabernakel mit Emailleeinlagen und Symbolen Christi: Adler über einer Schlange = Sieg über das Böse, Lamm mit Siegesfahne und Nimbus, Einhorn und Pelikan, der seine Jungen füttert*

Emporenmalerei und Schnitzerei der Waldkirche, Planegg

Den achteckigen Gemeinderaum dieser von Theodor Fischer entworfenen Kirche umgeben Emporen. Zwischen der Emporenorgel und dem im Zentrum des amphitheatralisch vertieften Oktogons aufgestellten einfachen Tischaltar sind die Emporen einem → Altarretabel ähnlich gestaltet. Diese Anordnung folgt dem Eisenacher und Wiesbadener Programm, das den evangelischen Kirchenbau um 19. Jahrhundert regelte (→ S. 278).

Die mit Text versehenen Porträts der vier → Evangelisten rahmen den geschnitzten Gekreuzigten. Über ihm schwebt die Taube als Symbol des Heiligen Geistes. Überdacht ist die Szene von einem geschnitzten, vergoldeten Dreieck, dessen oberen Zwickel das Auge Gottes im Dreieck bildet, während im rechten und linken Feld eine vergoldete Engelschar zu erkennen ist.

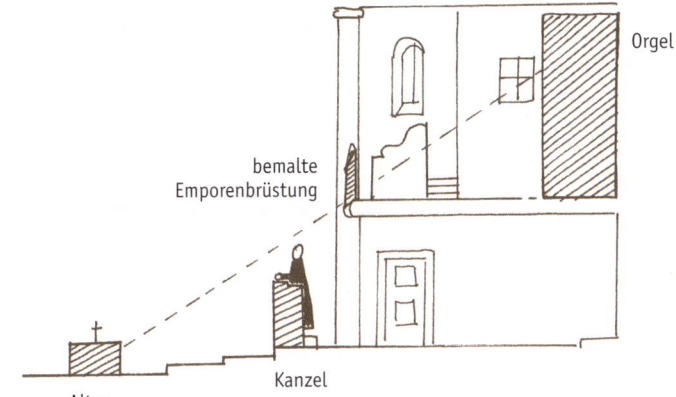

Abb. 425 Waldkirche, München-Planegg, von Theodor Fischer: Altar, Kanzel, Orgel und Sängerempore, Schema

Abb. 426 *Emporengestaltung über der Kanzel*

Baden-Württemberg

Bad Cannstatt, Lutherkirche (1893–1898, von Böklen und Feil), neugotische Backsteinkirche.
Baden-Baden, Stadtkirche (1864), streng nach → »Eisenacher Regulativ« erbaut.
Bühl, St. Peter und Paul (1872–1877), neugotisch, mit interessanten modernen Glasfenstern.
Gaggstadt (Hohenlohe), Jugendstilkirche.
Karlsruhe, Stephanskirche (1808–1814, von Weinbrenner), streng klassizistisch über griechischem Kreuz als Grundriss.
Karlsruhe, Evang. Stadtkirche (Weinbrenner), klassizistisch.
Karlsruhe, St. Bernhard (1885–1902), neugotisch.
Lörrach, Fridolinskirche, bedeutender klassizistischer Kirchenbau in Baden.

Mannheim, Heilig-Geist-Kirche (1899–1903), neugotisch.
Mannheim, Evang. Christuskirche (1907–1911), Jugendstil nach » → Wiesbadener Programm«.
Mannheim, Lutherkirche (1906), neugotisch.
Mannheim, St. Bonifatius, 1914 im Jugendstil erbaut.
Oppenau, Kath. Pfarrkirche (1826–1827, von Weinbrenner), klassizistisch.
St. Blasien, Dom (1771–1783), drittgrößter Kuppelbau Europas, Meisterwerk des Frühklassizismus, zwanzig im Kreis angeordnete korinthische Säulen tragen die Kuppel, Hochaltar (Wenzinger).
Stuttgart-Gaisburg, Ludwigskirche, Jugendstil.

Bayern

Augsburg-Pfersee, Pfarrkirche Herz-Jesu (1907–1909), dreischiffige Basilika, reiche Jugenstildekorationen im Inneren.
Dorfen, Pfarr- und Wallfahrtskirche St. Marien, früher Klassizismus, mit Barockausstattung.
Feldafing (Starnberger See), St. Peter und Paul, neuromanische Ausstattung.
Ludwigsthal (bei Zwiesel, Bayrischer Wald), Pfarrkirche Herz Jesu (1853–1913), einschiffiger Innenraum mit byzantinisch-romanischer Ausmalung, sich dem Jugendstil nähernd, einheitliches Bildprogramm (Hofstötter).
München, Ludwigskirche (1829–1844, von Friedrich von Gärtner), neuromanisch.
München, St. Paul (1892–1906), die neugotische Kirche, direkt an der Theresienwiese ge-

legen, prägt markant das Münchner Stadtbild. Moderne Umgestaltung des Chorraums.
München, St. Ursula (1894–1897, von August Thiersch), Neurenaissance.
München-Pasing, Maria Schutz, neuromanisch.
München-Schwabing, Evang. Erlöserkirche, Jugendstil.
Nürnberg, St. Elisabeth, klassizistische Kuppelkirche.
Planegg (bei München), Evang. Waldkirche (1922, von Theodor Fischer), Jugendstil-Ausstattung.
Weiden (Oberpfalz), Josephskirche (1899–1900, von Schott), neuromanisch, 1910–1912 in der Apsis und im Gewölbe im Jugendstil ausgestaltet.

Berlin

Berlin, Berliner Dom (1894–1905), Neubau im Stil einer barock beeinflussten italienischen Hochrenaissance nach Abbruch der zuletzt von Karl Friedrich Schinkel umgestalteten Vorgängerkirche (1822). Nach Kriegszerstörung erst seit 1993 wieder zugänglich. Hohenzollerngruft.
Berlin, Friedrichwerdersche Kirche (1824–1831), frühgotischer Schinkel-Bau (heute Museum).

Berlin, Hedwigskathedrale (1747–1778), nach Vorbild des Pantheons in Rom von Johann Boumann d.Ä. als runder Zentralbau begonnen, erst 1868–1887 beendet.
Berlin, Kaiser-Wilhelm-Gedächtniskirche (1891–1895, von Franz Schwechten), im neuromanischen Stil; Ruine ergänzt durch einen Glas-Stahl-Betonbau (Egon Eiermann, 1961).

REISE-TIPPS

Berlin, Werdersche Kirche (1825–1828, von Karl Friedrich von Schinkel).

Berlin, Deutscher Dom und Französischer Dom, einander gegenüberliegende, imposante Kuppelbauten.

Brandenburg

Caputh (bei Potsdam), Dorfkirche nach frühchristlichem Vorbild (1848–1852, von Friedrich August Stüler), Pfeilerbasilika im Rundbogenstil.

Frankfurt/Oder, Gertraudkirche (1878), neugotischer Backsteinbau, enthält nach Beschädigung der Marienkirche deren bedeutendste Ausstattungsstücke, u.a. geschnitzten Hochaltar von 1489 nach graphischen Vorlagen Martin Schongauers und I. van Meckenem.

Neuhardenberg, klassizistische Dorfkirche (1822), als Emporensaal in dorischer Ordnung mit kannelierten Stützen ausgebildet.

Neuruppin, Stadtkirche St. Marien (1801–1804), breit gelagerter Quersaal mit zweigeschossigen Emporen auf pseudodorischen Säulen, Dekor an den Emporenbrüstungen im Stil des Empire.

Petzow (bei Potsdam), Dorfkirche (1841–1843, nach Plänen von Schinkel), Backsteinbau im romanisierenden Rundbogenstil mit frei stehendem Turm.

Potsdam, Nikolaikirche (1830), klassizistischer Zentralbau, von Karl Friedrich Schinkel entworfen.

Potsdam, Französische Kirche (1751–1753), klassizistischer Kuppelbau mit Giebelportikus, nach Plänen von Knobelsdorff.

Potsdam-Nikolskoe, St. Peter und Paul (von Stüler/Schadow), Rundturm mit Zwiebelkuppel im Stil russischer Kirchen, kleine Saalkirche mit Emporen, Kassettendecke und bemalter Altarkuppel.

Potsdam-Sanssouci, Friedenskirche und Mausoleum (ab 1844 von Persius, Stüler, Hesse), dreischiffige Säulenbasilika nach dem Vorbild frühchristlicher Kirchen; Apsismosaik aus dem frühen 13. Jahrhundert mit Christus als Weltenrichter zwischen Maria und Johannes dem Täufer (1834 aus der Kirche San Cipriano auf Murano erworben).

Sacrow (bei Potsdam), Heilandskirche (1841–1843, von Persius), Campanile und einschiffiger Saal mit italienisierendem Fresko in der Apsis.

Straupitz (Niederlausitz), (1827–1832, von Karl Friedrich Schinkel), monumentale klassizistische Dorfkirche im Rundbogenstil.

Hessen

Bad Homburg, Evang. Erlöserkirche (1903–1908), neuromanisches Bauwerk mit Mosaikverkleidung im byzantinisch-frühchristlichen Stil.

Darmstadt, Ludwigskirche (1822–1837) von Georg Moller), nach dem Vorbild des Pantheon in Rom im Stil des Klassizismus errichtet; Lichtquelle aus Öffnung im Scheitel der Kuppel, die von einem Säulenring getragen ist; im Krieg niedergebrannt, 1958/59 wieder aufgebaut.

Frankfurt, Paulskirche, klassizistisch elliptischer Bau, Versammlungsort der Vereinigung Deutschlands unter demokratischen Vorzeichen (1848/49); nach dem Krieg Wiederaufbau; Wandbild »Einzug der Volksvertreter in die Paulskirche« (Johannes Grützke).

Geisenheim, Dom, erweitert im Historismus/Jugendstil.

Wiesbaden, Marktkirche (1853–1857), klassizistischer, gotisierender Backsteinbau mit konventionellem Grundriss der dreischiffigen Basilika, kombiniert mit dem Typ der evangelischen Emporenkirche; Gewölbe mit Sternenhimmelbemalung, um den Altar Statuen von Christus und den vier Evangelisten nach dem Vorbild der Figuren Thorvaldsens (Frauenkirche Kopenhagen).

Wiesbaden, Lutherkirche (1908–1910), späthistoristische Kirche mit Anklängen an den Jugendstil, Tympanonmosaik, farbige Glasfenster.

Wißmar (Lahn), Evang. Kirche (1828–1830), klassizistischer Quersaal.

Mecklenburg-Vorpommern

Ahlbeck, Dorfkirche, im neugotischen Baustil errichtet und ausgestattet (1894/95).
Malchow, Klosterkirche (1844–1849), dreischiffiger neugotischer Backsteinbau.
Neustrelitz, Schlosskirche (1855), neugotischer, kreuzförmiger Backsteinbau mit neugotischer Einrichtung.
Putbus (Rügen), Pfarrkirche, spätklassizistisches Gebäude (1891/92, von Stühler u.a.).

Schwerin, St.-Pauls-Kirche (1863–1869), neugotischer dreischiffiger Backsteinhallenkirchenbau, Ausstattung einschließlich der floralen Gewölbemalereien noch vollständig erhalten.
Semlow, frühgotische Backsteinkirche mit eindrucksvoller spätromantischer Ausmalung (1861, von Carl Ludwig Milde).

Niedersachsen

Aurich (Ostfriesland), Lambertikirche (1832–1835), klassizistischer Backsteinbau.
Cuxhaven, Martinskirche (1819–1855), klassizistischer Bau.
Jemgum (Ostfriesland), klassizistische Kirche (1846–1847), Innenausstattung Jugendstil.
Leer (Ostfriesland), Lutherkirche (17. und 18. Jahrhundert), Inneneinrichtung im Stil der Neurenaissance (Anfang 20. Jahrhundert).
Medingen (bei Lüneburg), frühklassizistische Heideklosterkirche mit Altarwand (Sarkophagaltar, darüber Kanzel und Orgel).

Oldenburg, Stiftskirche St. Lamberti, Umbau der gotischen Hallenkirche in einen klassizistischen Rundbau.
Rotenburg/Wümme, Stadtkirche (1860–1862), neugotisch, gusseiserne Säulen.
Spiekeroog (Ostfriesland), Inselkirche (1696), Wand-, Deckenmalerei und Fenster im Jugendstil.
Wolfsburg-Fallersleben, Michaelskirche (Anfang 19. Jahrhundert), klassizistisch.

Nordrhein-Westfalen

Bensberg (bei Bonn), St. Nikolaus, neuromanisch, altes romanisches Taufbecken.
Dortmund, Pfarrkirche Mariä Himmelfahrt, Liebfrauenkirche (1874–1881), neogotische Basilika.
Düsseldorf, St. Peter (1894, von C.C. Pickel), neugotisch.
Emmerich-Rees, St. Mariä Himmelfahrt (1820–1828, von G.K. Hjeermann), klassizistischer Bau, nach Zerstörung im II. Weltkrieg wieder aufgebaut.
Hörstel-Riesenbeck, Pfarrkirche St. Callixtus (1807–1815), klassizistischer Saalbau.
Hückeswagen, Evang. Paulskirche, ehemals Schlosskapelle, 1783–1786 Neubau, klassizistische Ausstattung von 1830 mit Prinzipalwand (umlaufender Empore).
Ibbenbüren (bei Steinfurt), Kath. Pfarrkirche St. Mauritius und Gefährten (1829–1833, von

Berensmeier), klassizistische Hallenkirche, expressionistisches Deckengemälde (1927).
Kevelaer, Basilika St. Maria, Wallfahrtskirche, dreischiffige neugotische Backsteinbasilika (1883–1884, von Vincenz Statz), reiche Ausmalung (1894 bis1920) zum Thema des Heilsgeschehens und der besonderen Stellung der Maria im Heilsplan; große romantische Orgel.
Köln, Evang. Trinitatiskirche (1857–1860, von F.A. Stüler), Emporenbasilika im Stil des Berliner Spätklassizismus, Ziegelbau, Fassade mit Tuffstein verkleidet, mit Radfenster und Vorhalle, schlanker Campanile, nach Zerstörung im Krieg 1965 wieder aufgebaut.
Königswinter, St. Remigius (1797–1780), dreischiffige klassizistische Bruchsteinhalle mit fünfgeschossigen Chorturm; Armreliquiar der Hl. Margaretha (14. Jahrhundert).

Bad Ems, neue Kath. Pfarrkirche St. Martin (1876–1882), neugotische dreischiffige Halle mit Fassadenturm.

Bad Marienberg (Westerwald), Evang. Kirche (1828–1831), spätklassizistischer querrechteckiger Saalbau mit dreiseitiger Empore, mit Zeltdach und Haubenlaterne.

Bassenheim (bei Koblenz), neuromanische Kirche, mit dem »Bassenheimer Reiter«; (Sandsteinrelief des Naumburger Meisters, stellt den Hl. Martin zu Pferde dar und stammt vermutlich aus dem Mainzer Dom).

Frankenthal, Evang. Zwölf-Apostel-Kirche (1820–1823, von Mattlener), klassizistischer Saalbau mit tempelartiger Fassade.

Gerolstein, Evang. Erlöserkirche (1911–1913), kreuzförmiger Zentralbau mit achteckigem Mittelturm im neubyzantinischen Stil.

Remagen, Wallfahrtskirche St. Appolinaris, romanisch-frühgotische Kirche, wurde 1839–1843 in eine einschiffige neugotisch-klassizistische Kirche auf kreuzförmigem Grundriss umgebaut.

Remagen, Kath. Pfarrkirche St. Peter und Paul (1900–1904), an eine romanische Kirche angeschlossene Säulenbasilika im Stil rheinischer Spätromanik; reich ausgestaltet; neuromanisch u.a. Fresken, Laubwerkkapitelle, nazarenisches Ölgemälde.

Rinntal, Evang. Kirche (1834, von Leo von Klenze), klassizistische Kirche in Form eines Tempels.

Speyer, Retscherkirche, Gedächtniskirche der Protestation, sog. »protestantischer Dom« (um 1900); imposanter neugotischer Bau (zur Erinnerung an den Speyrer Reichstag von 1529, an dem sich die Fürsten von Sachsen, Hessen, Braunschweig-Lüneburg, Anhalt und Brandenburg für Luthers Lehre einsetzten); neugotischer Bau mit reicher Ausstattung, u.a. Statuen Luthers und der oben genannten Fürsten in der Eingangshalle, große historisierende, von Kaiser Wilhelm gestiftete Glasfenster.

Velbert, Evang. Christuskirche (1908–1910), im reifen Jugendstil, Innenausstattung nach »Wiesbadener Programm«.

Beckingen, St. Johannes und Paul, neugotische dreischiffige Stufenhalle mit neugotischem Altar.

Blieskastel, Stadtpfarrkirche St. Andreas und Philipp (1780/81, später restauriert), flach gedeckter durch Pilaster gegliederter Saalbau, klassizistisches Gebälk, Westfassade nach Art des Barock, klassizistisches Portal; Innenausstattung teils neubarock, teils klassizistisch.

Dillingen, Kath. Pfarrkirche St. Sakrament (1910–1914), neuromanische dreischiffige Kirche, sog. »Saardom«.

Homburg, Kath. Pfarrkirche St. Michael (1836–1841), neuromanischer Sandsteinbau, neuromanischer Baldachinaltar.

Mettlach, St. Luitwin (1901), neuromanischer dreischiffiger Bau, im Innern zehn Mosaikszenen aus dem Leben des Heiligen.

Neunkirchen/Saar, Kath. Pfarrkirche St. Marien (1884–1887), dreischiffige, neuromanische Basilika mit wiederhergestellter originaler Farbfassung.

Nonnweiler, Kath. Pfarrkirche St. Hubertus (1900–1902), neugotisch.

St. Wendel-Winterbach, Kath. Pfarrkirche Hl. Familie (1899–1907), dreischiffige neugotische Halle, Vierungsgewölbe mit Verkündigungsdarstellung.

Völklingen, Ev. Versöhnungskirche (1926–1928), nach Vorbild der Saarbrücker Ludwigskirche im neubarocken Stil mit querrechteckigem Zentralraum, der durch umlaufende Emporen oval wirkt.

REISE-TIPPS

Sachsen

Chemnitz, Jakobikirche, ehemals älteste Kirche von 1165, nach neugotischer Restaurierung erfolgte 1911/12 Umbau des Langhauses und der Westfassade im Jugendstil; Jugendstilportale.

Leipzig, ehemalige gotische Nikolaikirche, heute bedeutende klassizistische Innenausstattung (1784–1797, von Friedrich Karl Dauthe und Adam Friedrich Oeser); dabei entstand aus dem gotischen Netzgewölbe eine stuckierte Kassettendecke, gotische Pfeiler wurden zu kannelierten Säulen mit Blattkapitellen; 35 Gemälde (Adam Friedrich Oeser).

Leipzig, Providenzkirche, Neurenaissance-Ausstattung.

Leipzig, St. Alexi-Gedächtniskirche (1913), zur Erinnerung an gefallene russische Soldaten; Zeltdachkirche nach Vorbild der Himmelfahrtskirche Moskau-Kolomenskoje.

Zittau, dreischiffige Johanniskirche (15.-19. Jahrhundert), klassizistisch, nach Plänen Schinkels 1834–1837 erneuert (klassizistischer Südturm); Kassettendecke über mächtigen Arkadenbögen, bemalte Halbrundapsis über halbrunder Treppe vor dem Altar, Kopie der Jesusfigur des Dänen Thorvaldsen (um 1835).

Sachsen-Anhalt

Köthen, Schloss- und Hofkirche St. Marien, klassizistischer Zentralbau über quadratischem Grundriss, unvollendet.

Magdeburg, Nikolaikirche (1821–1824, von Karl Friedrich Schinkel), monumentale Kassettendecke.

Schleswig-Holstein

Friedrichstadt, Protestantisch-reformierte Kirche (1852–1854), ohne Altar, mit reicher klassizistischer Pilastergliederung.

Husum, Marienkirche, schlichte klassizistische Kirche (Fredrik Hansen, 1829–1833), dorische Säulen tragen Emporen.

Neumünster, Vicelinkirche (1828–1834, von C.F. Hansen), aus gelbem Backstein in klassizistischem Stil errichtet; dorische Kolossalsäulen mit dazwischengeschobenen Emporen.

Quickborn, klassizistische Saalkirche (C.F. Hansen, 1807–1809).

Thüringen

Gera, Salvatorkirche, ursprünglich barocker Saalbau (1717), wurde 1903 einheitlich mit floral-ornamentalen Mustern im Jugendstil ausgestaltet.

Meiningen, Stadtkirche, neugotische Gestaltung (1884–1889).

Österreich

Admont (Steiermark), Stiftskirche (1866–1869), erster neugotischer Sakralbau Österreichs.

Bregenz (Bodensee), Herz-Jesu-Kirche (1905–1908), dreischiffige Basilika mit Querschiff, Neugotik im Stil der Backsteingotik.

Graz (Steiermark), Herz-Jesu-Kirche, neugotisch (1881–1887), dritthöchster Kirchturm Österreichs.

Linz, Domkirche Mariä Empfängnis, neugotisch.

Weerberg (Tirol), Pfarrkirche Mariä Empfängnis, neuromanisch (1872–1880), dekorative Bemalung.

Wien, Votivkirche (1856–1879, von Heinrich von Ferstel), neugotisch.
Wien, Anstaltskirche am Steinhof, Jugendstil.

Schweiz

Basel, Elisabethkirche (protestantisch) 1857 von F. Stadler als gotische Hallenkirche errichtet.
Basel, Pauluskirche (1901) im neuromanischen Baustil mit Jugendstildekor von Karl Moser errichtet.

Davos, Englische Kirche (1882/1883), schlicht gehaltene Kirche, Decke in beeindruckender offener Holzkonstruktion.
Rorschach, Herz-Jesu-Kirche (1897, von August Hardegger), Neugotik. Mit Apostelfiguren von Ferdinand Stuflesser.

KIRCHEN IM 20. JAHRHUNDERT

Allgemeines zum zeitgenössischen Kirchenbau

Infolge der Zerstörungen nach zwei Weltkriegen und bedingt durch die Stadtflucht junger Familien hinaus ins Grüne und in Stadtrandgebiete nahm seit den 1950er-Jahren der Bau von Gemeindekirchen beider Konfessionen vor allem in Neubausiedlungen wieder zu.

Diese meist kleineren Kirchen, oft aus Backstein, Beton, Stahlbeton oder Holz, orientierten sich an den Bedürfnissen der Gemeinden und wurden bald mit integrierten Gemeinderäumen, Kindergärten etc. ausgestattet und als schlichte Kirchen in Stadtteilen bzw. Neubaugebieten errichtet.

Der Wiederaufbau zerstörter Innenstadtkirchen führte zu architektonisch anspruchsvollen, zum Teil auch kontrastreichen Verbindungen alter Bausubstanz – einschließlich den sichtbaren Zeichen der Zerstörung – mit modernen Bauelementen. Im katholischen Kirchenbau führte die Liturgiereform im Anschluss an das Zweite Vatikanische Konzil (1962–1965) zur Umgestaltung vieler Kirchenräume. Runde Formen werden beliebt, der Altar rückt in die Mitte (→ Volksaltar). Die Kirche versteht sich als »Volk Gottes unterwegs«, was sich zum Beispiel in zeltähnlichen Bauten wiederspiegelt.

So sehen zeitgenössische Kirchen außen aus

VIELFALT

Eine inzwischen immer weiter fortgeschrittene Entwicklung innovativer Konstruktionsmöglichkeiten von Spannbeton bis hin zum Stahlskelettbau erlaubte es zum Beispiel, ganze Wandflächen nur aus Glas zu gestalten. So konnten die unterschiedlichsten Gotteshäuser entstehen:

- traditionelle, flach gedeckte → Saalkirchen im basilikalen Stil (→ Basilika; Abb. 13–15),
- Zeltbauten, parabolische Gewölbe- oder Zentralbauten,
- expressiv aufgetürmte und ineinander verschachtelte Betonkuben,
- plastisch aufgefasste, wie organisch gewachsene Architekturen,
- durchscheinende, scheinbar schwerelose Glasgebilde.

Kaiser-Wilhelm-Gedächtniskirche, Berlin, Ruine und Neubau

Im 20. Jahrhundert herrschte kein einheitlicher Architekturstil vor. Baumeister gestalteten jede ihrer Kirchen individuell nach eigenen künstlerischen Vorstellungen, nur abhängig von den örtlichen Gegebenheiten und den Wünschen bzw. Vorgaben der Auftraggeber.

Abb. 427 *Le Corbusier, Wallfahrtskirche, Ronchamp, 1950–1954 (oben links);* **Abb. 428** *Fritz Wotruba, Kirche zur Hl. Dreifaltigkeit, Georgenberg, Wien-Mauer, 1976 (Mitte links);* **Abb. 429** *Heinz Tesar, Kirche »Christus, Hoffnung der Welt«, Wien-Donaucity, 1999 (unten links);* **Abb. 430** *Horst Römer, St. Martin, Gensingen, Pfalz, 1969 (oben rechts);* **Abb. 431** *Reinhard Riemerschmid, St. Johannis, Würzburg, 1957: erbaut über den Resten der im Zweiten Weltkrieg fast völlig zerstörten Kirche von 1895 (unten rechts)*

Kirchen aus Beton und Glas

Beispielhafte Bauten aus den 60er-Jahren zeigen grundlegend neue Tendenzen im Kirchenbau des 20. Jahrhunderts, die auch durch den neuen Werkstoff Beton möglich wurden.

Egon Eiermann: Die neue Berliner Kaiser-Wilhelm-Gedächtniskirche

Unter Einbeziehung der Turmruine der ehemaligen Kaiser-Wilhelm-Gedächtniskirche, die nach dem Willen der Bevölkerung als Mahnmal erhalten werden sollte, schuf Eiermann 1961 einen achteckigen Kirchenraum aus horizontal und vertikal zu einem Gitterwerk verbundenen Stahlschienen, deren Felder mit Betonfertigteilen und quadratischen Glassteinen gefüllt wurden. Auch der sechseckige Campanile wurde aus wabenförmigen verglasten Fertigbetonteilen errichtet (→ S. 306 und S. 313).

Gottfried Böhm: »Architektur als Plastik« – Wallfahrtskirche in Neviges

Die 1966 von Gottfried Böhm entworfene monumentale Wallfahrtskirche in Neviges gilt wegen ihrer skulpturalen Ausdrucksstärke neben Le Corbusiers Kirche in Romchamp (1955) und der Kirche des Bildhauers Wotruba in Wien (1974) als eines der bedeutendsten Beispiele neuzeitlich-expressiver Kirchenarchitektur.

Gottfried Böhms Kirche, im Volksmund auch »Felsen aus Beton und Glas« genannt, wirkt außen wie eine aus dem Ortsbild aufragende expressionistische Monumentalplastik. Ihr zu mehreren Spitzen zulaufendes Faltdach will nicht nur die Hügellandschaft des Bergischen Landes widerspiegeln, sondern auch an ein großes mehrspitziges Zeltdach als Hinweis auf das alttestamentliche Zelt und Symbol des Nicht-Sesshaften bzw. an Wallfahrer auf ihren Pilgerreisen erinnern.

Abb. 432 *Gottfried Böhm, Wallfahrtskirche Mariendom, Neviges bei Wuppertal, 1966*

MULTIFUNKTIONALE GEMEINDEKIRCHEN

Schlichtere zeitgenössische Gemeindekirchen wirken auf den ersten Blick wie nüchterne, multifunktionale Zweckbauten, bei denen der eigentliche Kirchenraum in ein Gefüge von Gemeinderäumen integriert ist. Besonders geglückt erscheinen solche Bauten dann, wenn sich dabei der Kirchenraum ausgeprägt und deutlich hervorgehoben im Mittelpunkt des Baus befindet.

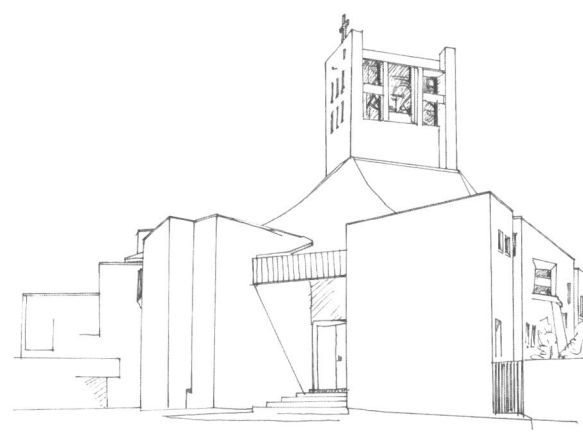

Abb. 433 Jean und Nadine Iten, Herz-Jesu-Kirche, Brig, Schweiz, 1967–1970 (rechts); **Abb. 434** *Alexander von Branca, Gethsemane-Kirche, Würzburg-Heuchelhof (unten)*

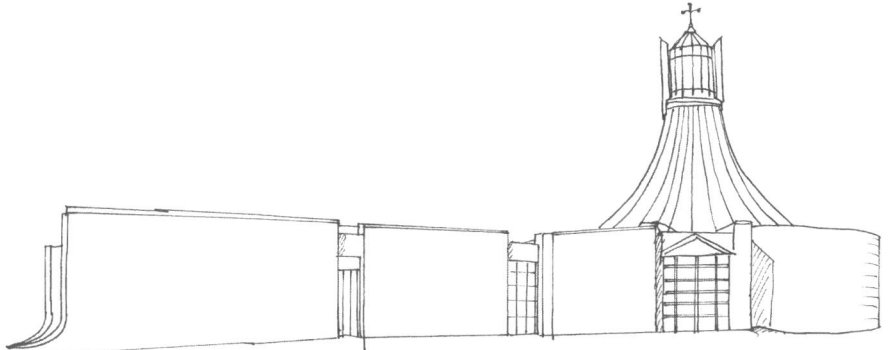

MONUMENTALE KREUZE AN GLOCKENTÜRMEN

Das Kennzeichen vieler Stadtteilkirchen ist ein schlanker Glockenturm, oft frei stehend und mit flachem Dach, nach dem Vorbild italienischer → Campanile errichtet. Auffallend große, fast monumentale Kreuze stehen auch auf Flachdächern dieser Kirchen oder sind am Turm etwa in Höhe der – gelegentlich auch markant hervorgehobenen – Glockenstube angebracht. Nach wie vor tragen Türme weithin sichtbare Uhren.

OFFEN UND EINLADEND

Ein weiteres Merkmal vieler gegenwärtiger Gemeindekirchen ist ihre Offenheit zu der sie umgebenden Natur und Außenwelt hin. Große helle Fensterfronten öffnen den Blick nach außen, zur Landschaft, zu einem Fluss, zu Bäumen, über Wiesen oder auch über ein Oberlicht zum Himmel. Mit großen Fenstern und Türen laden diese Kirchen zugleich zum Eintreten ein, zur Teilnahme am Gottesdienst und Gemeindeleben.

So sehen zeitgenössische Kirchen innen aus

Architektonische Merkmale

Lichte Innenräume

Großflächige Oberlichter geben in vielen Kirchenneubauten den Blick zum Himmel frei, oder rundum laufende Lichtbänder zwischen Wand und Dach erhellen die oft weiten und karg eingerichteten Räume und lassen weitschwingende Betondächer leichter erscheinen.

Um den Altar zentriertes Gestühl

Trotz der Helligkeit und der oft weiten Öffnung vieler Kirchen durch großflächige Glaswände nach außen kann Nähe und Geborgenheit auch durch die Anordnung der Sitzreihen um den Altar vermittelt werden. So entsteht gewissermaßen ein »Raum im Raum«, in dem sich die Gemeinde bei gottesdienstlichen Feiern im Blick behält. Im Zentrum der in vielen Neubauten strahlenförmig zulaufenden Sitzreihen steht der Altar und entspricht damit bei katholischen Kirchen der im Zweiten Vatikanischen Konzil geforderten »tätigen Teilnahme« der Gläubigen an der Eucharistiefeier.

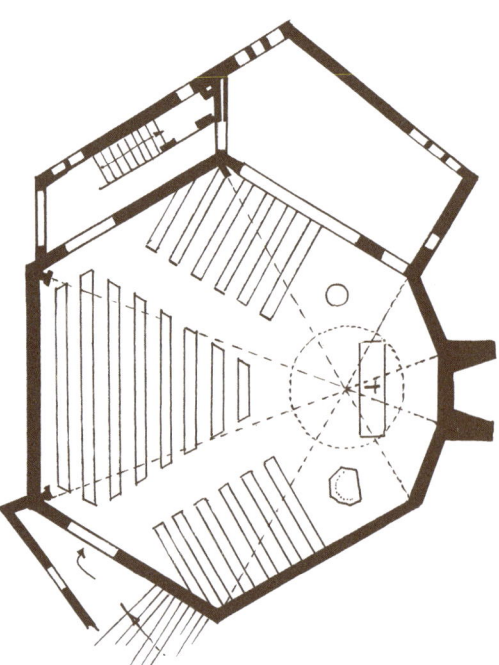

Abb. 435 a) *Olaf Andreas Gulbransson, Grundriss, Christuskirche, Schliersee;* **b)** *Hans Loretan, Christus am Kreuz als Auferstehender, Herz-Jesu-Kirche, Brig*

Reduzierte Ausstattung

Die Innenausstattung vieler zeitgenössischer Kirchen erscheint spartanisch. In den hellen, im Vergleich mit älteren Kirchen oft geradezu leer erscheinenden Räumen wird der Gottesdienst inmitten der Gemeinde und mit ihr gefeiert. Gestaltung und Ausstattung dieser Kirchenräume sind vor allem vom gottesdienstlichen Geschehen, der Ausrichtung auf Gott hin, d.h. von den liturgischen Vollzügen bestimmt (→ Liturgie).

Vielfach werden bei Renovierungen auch ältere Kirchen, zum Beispiel solche aus dem 19. Jahrhundert, diesen Bedürfnissen angepasst. Auch ihr ehemals kostbares, vielfach auch prachtvolles Inventar, ihre Bemalung werden entfernt, Wände weiß gekalkt und auf diese Weise die wenigen Ausstattungsstücke pointiert hervorgehoben.

Bilderlosigkeit

In vielen zeitgenössischen Kirchen fällt der weitgehende Verzicht auf Bilder auf. Das verweist auf die grundsätzliche Frage nach Sinn und Bedeutung von Bildern in Kirchen, die hier im Vergleich mit den Kirchenbauten früherer Jahrhunderte eine neue Antwort gefunden hat.

- Weithin wird auf malerisch-plastische oder gar dekorative Elemente verzichtet.
- Bildliche Darstellungen aus dem Alten und Neuen Testament sind weitgehend verschwunden.
- Selten begegnen großflächige Fresken oder Mosaike, die über die ganze Chorwand reichen – und auch meist nur dann, wenn der Kirchenname dazu konkreten Anlass gibt.

Kommt christliche Kunst in modernen Kirchen vor, dann verzichten die Bilder weitgehend auf gegenständlich-figürliche Darstellung. Realistische Abbildungen oder schlichte Bibelillustrationen sind nicht mehr zu finden. Bilder dienen auch nicht mehr wie früher der Repräsentation christlicher Traditionen. Die wenigen vorhandenen Bilder wollen vielmehr ganz im Sinne modernen Kunstverständnisses dem Betrachter etwas zeigen, seinen Blick fokussieren bzw. in ihm etwas zum Vorschein bringen, was nicht auf den ersten Blick zu erkennen ist. Moderne christliche Kunst gibt nicht, wie Paul Klee es treffend ausdrückte, »das Sichtbare wieder, sondern macht sichtbar«. Nur kreative Wahrnehmung und geistige Auseinandersetzung führt zum Verständnis des oftmals im übertragenen Sinn Dargestellten.

Glasfenster

In einigen zeitgenössischen Kirchen gleichen moderne Glasfenster das Fehlen traditioneller Bilder im Kirchenraum aus. In kühnen, oft abstrakten Gestaltungen, sei es in Grau- oder starken Farbtönen, können sie im kargen Raum einen fast mystischen Eindruck entstehen lassen.

Farbige Lichtwände aus 21292 farbigen Gläsern

An Egon Eiermanns Berliner Kaiser-Wilhelm-Gedächtniskirche (→ S. 308; 313) prägen die mit tiefblauen Glasquadraten, mit rubinroten, smaragdgrünen und gelben Einsprengseln versehenen gefüllten Waben der Betonfertigteile tagsüber bei einfallendem Licht die meditative Stimmung im Innern der Kirche. Nachts lassen Lampen gedämpft blaues Licht nach außen dringen.

Moderne Fenster in alten Kirchen

Moderne Glasfenster in einer oft weitgehend abstrahierten Symbol- und Chiffrensprache (Meistermann, Schreiter, Stockhausen u.a.) können auch in alten Kirchen, deren Fenster im Krieg zerstört wurden, überraschende, beeindruckende Wirkungen erzielen, etwa wenn ihr farbiges Licht im Wechsel der Tages- und der Jahreszeiten – analog der Wirkung hoher Maßwerkfenster gotischer Kirchen – die Boden- und Wandflächen umspielt. Ein bedeutendes Beispiel aus jüngster Zeit: das Fenster von Gerhard Richter im Kölner Dom (2007).

Innenausstattung

Im Vordergrund steht die Frage, was auch in modernen Kirchen für die liturgischen (→ Liturgie) Vollzüge unverzichtbar bleibt:

- Gelegentlich werden kostbare Einzelstücke aus älteren Vorgängerkirchen übernommen, wie etwa ein überliefertes Kreuz, ein alter Taufstein, in katholischen Kirchen zum Beispiel ein Madonnenbild für die Andachtsecke oder Kreuzwegstationen.
- Die vor allem oder nur durch wechselnden Lichteinfall modellierten, bilderlosen, karg eingerichteten Kirchensäle sind auf den schlichten → Altar als »Tisch des Herrn« hin ausgerichtet.
- Ein hängendes oder stehendes Kreuz ist gut sichtbar.
- Ein Ambo (Lesepult) ersetzt auch in vielen evangelischen Kirchen die Kanzel.
- Der Orgel wird in der Regel viel Raum gegeben.
- Die vier → Evangelistensymbole und in katholischen Kirchen die Figur des Kirchenpatrons oder verehrter → Heiliger sind immer wieder zu finden.

Ausstattung zeitgenössischer Kirchen

Zur grundlegenden Ausstattung zeitgenössischer christlicher Kirchen gehören:
- Großer Tischaltar mit gut sichtbar angeordnetem Kreuz
- Taufstein
- Ambo oder Kanzel
- Orgel
- Osterleuchter mit -kerze

In katholischen Kirchen kommen hinzu:
- Tabernakel
- Ampel mit dem »Ewigen Licht«, das auf den Tabernakel hinweist
- Vortragekreuz
- Andachtsbild für private Andachten
- Vielleicht die Statue einer Heiligen oder eines Heiligen, die Namenspatrone dieser Kirche sind
- schlichte Kreuzwegstationen
- Apostelkreuze und Apostelleuchter entlang der Kirchenwände, die in katholischen Kirchen an die Weihe des Gotteshauses erinnern

Kreuz und auferstandener Christus

Im Wandel der Jahrtausende wurde Christus auf monumentalen Kreuzdarstellungen als der Gute Hirte (frühchristliche Kirchen), als König oder Triumphator (Romanik), als der leidende Gekreuzigte (Gotik), als Salvator mundi (= Retter der Welt) mit der Erdkugel und der Siegesfahne (Barock und Rokoko) dargestellt.
Auffallend sind neuere Christusdarstellungen, auf denen Christus als Auferstandener ohne das Kreuz, nur mit leicht wie zum Kreuz angewinkelten, jedoch eindeutig zum Himmel erhobenen Armen aufsteigt.

Kaiser-Wilhelm-Gedächtniskirche in Berlin

Den schlichten Altarraum der von Egon Eiermann errichteten neuen Kaiser-Wilhelm-
Gedächtniskirche in Berlin (1957–1961; →
S. 306) beherrscht eine große schwebende
Christusfigur aus goldglänzendem Tombak,
einer Messingart mit erhöhtem Kupfergehalt. Die Arme weit zum Segen ausgebreitet
wird diese Figur zum Kreuz des Auferstandenen. Darunter erinnern zwölf hinter und
auf dem Altar stehende Kerzenleuchter an
die 12 Stämme Israels im Alten Testament,
an die 12 Jünger Jesu im Neuen Testament
und schließlich an die 12 Tore des → Himmlischen Jerusalems.

Kaiser-Wilhelm-Gedächtniskirche, Berlin, Blick in den Altarraum der neuen Kirche

Die Loslösung vom überlieferten Kreuzsymbol führt zu neuem Nachdenken über die Bedeutung von Tod und Auferstehung Jesu Christi und erinnert an die Worte Jesu aus dem Johannesevangelium: »Ich bin die Auferstehung und das Leben. Wer an mich glaubt, der wird leben, auch wenn er stirbt; und wer da lebt und glaubt an mich, der wird nimmermehr sterben« (Joh 11,25–26).

Altarkreuz

Aus dem 9. bis 11. Jahrhundert sind große Kreuze bekannt, die vor, neben oder über dem Altar standen oder befestigt waren. Seit dem 11. Jahrhundert stehen kleinere sogenannte Altarkreuze mit der Figur des Gekreuzigten gut sichtbar auf vielen Altären. In katholischen Kirchen erinnert das Altarkreuz während der Eucharistiefeier an das Opfer Christi am Kreuz.

Vortragekreuz

Fehlt auf der Altarinsel ein größeres beeindruckendes Kreuz, kann es durch ein überliefertes kostbares oder auch modernes Vortragekreuz ersetzt oder ergänzt werden. Vortragekreuze sind in der Regel auf Holzstangen montiert und werden bei Beerdigungen und Wallfahrten dem Zug vorangetragen. Sie zeigen einen oft kostbar in Silberschmiedetechnik gearbeiteten Corpus am Kreuz.

Apostelkreuze – Apostelleuchter

An den schlichten, meist hell getünchten Kirchenwänden moderner katholischer Kirchen fallen stärker als in den früher oft mit Bildern reich ausgestatteten Kirchen die 12 Apostelkreuze bzw. Apostelleuchter auf. Sie erinnern an die Weihe der Kirche, bei der der Kirchenraum an 12 Stellen gesalbt wurde. Wie so oft verweist auch hier die Zahl 12 auf die Symbolik des → Himmlischen Jerusalems (Offb 21,12–14) sowie auf die 12 → Apostel, auf denen nach biblischer Tradition die Kirche wie auf einem Fundament aufgebaut ist (Eph 2,20). In zeitgenössischen Kirchen sind die Kreuze meist klein und schlicht gehalten, während sie in gotischen (→ S. 109, Abb. 162) und barocken (→ S. 236, Abb. 341a und 341b) Kirchen weitaus auffallender gestaltet sein konnten.

Tabernakel

Im Mittelalter wurden die geweihten, bei der Kommunion übrig gebliebenen Hostien in einem kleinen Gefäß (Ziborium) und einem verschließbaren in die Wand eingelassenen Tabernakel an der Nordseite in Nähe des Altars aufbewahrt. Später wurden neben dem Altar frei stehende sogenannte Sakramentshäuser (→ S. 107) aufgestellt und schließlich ab dem 16. Jahrhundert als Altartabernakel (→ S. 264, Abb. 368f.) fest mit dem (Hoch-)Altar verbunden. Heute sind in vielen neuen Kirchen modern gestaltete Tabernakel wieder auf Sockeln in der Nähe des Altars aufgestellt (→ S. 319, Foto).

Osterleuchter

In den sparsam ausgestatteten Kirchen fällt der Osterleuchter in Altarnähe auf. Eine hohe Kerze ist mit dem an den Enden genagelten Kreuz, mit den Zeichen Alpha und Omega und der aktuellen Jahreszahl des Kirchenjahres geschmückt. Sie brennt u.a. während der Gottesdienste in der Osterzeit, Tauf-, Kommunion- und Konfirmationskerzen werden an ihr entzündet.

Alpha und Omega

Das A und Ω als erster und letzter Buchstabe im griechischen Alphabet hatten schon in vorchristlicher Zeit besondere Bedeutung und galten als Schlüssel zum Verständnis des Universums. In der christlichen Symbolik erinnern sie an die Apokalypse des Johannes (Offb 1,8; 21,6; 22,13), wo Gott als Anfang und Ende, als Alpha und Omega beim Weltgericht benannt wird: »Ich bin das A und das O, der Erste und der Letzte, der Anfang und das Ziel.«

In christlichen Darstellungen weisen Alpha und Omega in Verbindung mit dem → Christusmonogramm, auch mit Kranz und Kreuz auf die Wesensgleichheit Jesu Christi mit Gott, dem Vater, hin.

Kreuzwegstationen

Auch in zeitgenössischen katholischen Kirchen fehlen nicht die 14 Stationenbilder entlang der Kirchenschiffwände. Von Station zu Station können Gläubige in stillem Gebet die Passion Christi nachvollziehen:

- Jesus wird zum Tode verurteilt.
- Jesus nimmt das Kreuz auf seine Schultern.
- Jesus fällt zum ersten Mal unter dem Kreuz.
- Jesus begegnet seiner Mutter Maria.
- Simon von Zyrene hilft Jesus das Kreuz tragen.
- Veronika reicht Jesus das Schweißtuch.
- Jesus fällt zum zweiten Mal unter dem Kreuz.
- Jesus begegnet den weinenden Frauen.
- Jesus fällt zum dritten Mal unter dem Kreuz.
- Jesus wird seiner Kleider beraubt.
- Jesus wird an das Kreuz genagelt.
- Jesus stirbt am Kreuz.
- Jesus wird vom Kreuz abgenommen und in den Schoß seiner Mutter gelegt.
- Der Leichnam Jesu wird in das Grab gelegt.

Während in früheren Jahrhunderten Kreuzwegstationen meist als figürliche Tafelbilder gemalt waren, kommen in neuerer Zeit auch kleine, abstrahierte Bronzeplastiken oder auch durchscheinende bzw. sogar von innen durch Sonnen- oder Kunstlicht beleuchtete Diarahmen vor (zum Beispiel Herz-Jesu-Kirche, München-Neuhausen; → S. 317ff.)). Oft finden sich hier Arbeiten bekannter Künstler. Zuweilen wurden auch Kreuzwegbilder aus Vorgängerkirchen übernommen.

Messgewänder und Paramente

In zeitgenössischen, oft hellen und nur karg ausgestatteten Kirchen kommt farbigen Altartüchern (Paramenten) auf schlichten Altartischen und den farbigen Messgewändern katholischer Priester während der Feier des Gottesdienstes große Bedeutung zu.

Neue Kunst in alten Gotteshäusern – Zeitgenössische Installationen

Immer mehr Gemeinden wagen Kunst-Installationen im gottesdienstlichen Raum. Allerdings sind solche Installationen nicht Kunstausstellungen im üblichen Sinn, sondern nur für bestimmte Zeit vorgenommene

Liturgische Farben

Seit dem Mittelalter kennt die katholische Kirche den Gebrauch verschieden farbiger Paramente und Messgewänder. Auch evangelische Altäre und Kanzeln sind mit Tüchern in diesen Farben geschmückt. Sie zeigen die thematisch geordneten Zeitabschnitte des Kirchenjahrs an.

- Mit *weißen* Paramenten werden die zentralen Feste Weihnachten und Ostern bedacht; in katholischen Kirchen auch Gedenktage bestimmter → Heiliger und Marienfeste.
- *Rot* ist die liturgische Farbe für das Pfingstfest und für Festtage von → Märtyrern.
- *Grün* ist die Farbe der festfreien Zeiten.
- *Violette* Tücher und Gewänder unterstreichen den Bußcharakter der Vorbereitungszeiten, also in der Advents- und Fasten- bzw. Passionszeit.
- *Schwarz* ist die Farbe der Trauer am Karfreitag und bei Beerdigungen. Zuweilen wird sie auch durch Violett bzw. Rot ersetzt.

Veränderungen des sakralen Chorraums, des Altars oder auch anderer für den Gottesdienst unverzichtbarer Gegenstände (→ Prinzipalstücke).

Meist geschieht dies durch Einfügen eines aktuellen Kunstwerkes in einen älteren Kirchenraum. Das kann zu Irritation und Ablehnung in Teilen der Gemeinde führen, wenn beispielsweise der Kontrast zwischen alter und moderner Bildsprache zu ungewohnt ist oder gar verstörend wirkt. Andererseits kann das vorübergehende Einfügen zeitgenössischer Gestaltungen in gewohnte Umgebungen auch neue Blickwinkel eröffnen oder gar heilsam provozieren und zu Gesprächen über den Sinn christlicher Traditionen einladen.

Kirchen an der Wende zum 21. Jahrhundert

Lichtsymbolik und Lichtmystik spielen nicht nur in der Malerei und Bildenden Kunst des ausgehenden 20. Jahrhunderts eine immer größere Rolle, sondern auch in seiner Architektur, ganz besonders im Kirchenbau. Zeitgemäße Materialien, Konstruktionsformen und Bautechniken erlauben nahezu durchsichtige und lichtdurchlässige Bauten aus Glas in Verbindung mit Stahl und Holz, die in ganz neuer und überraschender Weise die christliche Lichtsymbolik zur zentralen Glaubensaussage machen.

Waren Kirchen früherer Epochen mit Bildprogrammen gestaltet, die verschiedene Standorte außen wie innen einbezogen und so wie ein aufgeschlagenes Bilderbuch zu lesen und zu verstehen waren, so ist hier in der Moderne ein Wandel eingetreten. Die Ausstattung mit Bildwerken in zeitgenössischen Kirchen ist auf ein Minimum reduziert. Stattdessen nimmt die künstlerische Ausgestaltung vielfach eine sehr differenzierte Symbolsprache auf, die freilich nur Betrachtern zugänglich ist, denen wichtige Ausdrucksformen christlicher Symbolik bekannt sind.

Herz-Jesu-Kirche in München-Neuhausen

Das Licht, das Kreuz, Gold und die Farbe Blau sind die wichtigsten Symbolträger dieser Kirche (1996–2000), die aus zwei riesigen, wie ineinandergestellten Kuben besteht, einem äußeren Glaskubus und einem inneren Holzlamellenkasten. Zwischen beiden führt ein Gang mit den 14 → Kreuzwegstationen um den eigentlichen Gottesdienstraum.

Innen und außen – der Gottesdienstraum

Der riesige Glaskubus erscheint seltsam fremd in der bürgerlichen Wohngegend des Münchner Stadtteils Neuhausen. Die 16 Meter hohe Frontseite aus blauem Glas scheint tagsüber den Himmel noch viel farbenprächtiger zu spiegeln als die Natur selbst. Nachts strahlt der Glaskörper einladend, von innen mit warmem Licht erleuchtet. Das Geheimnis dieser beiden ineinandergestellten Baukörper ist das durch den Glaskubus fallende Tageslicht, das zur Altarzone hin zunehmend opak, dichter durch Milchglas fällt. Es bleibt hell, wird aber zugleich dämmriger und mystischer. Durch die Holzlamellen wird es so in den Gottesdienstraum gelenkt, dass der Blick weder von außen nach innen noch von innen nach außen schweifen kann. Je nach Tages- und Jahreszeit ergeben sich unterschiedlich wechselnde Helligkeitsgrade.

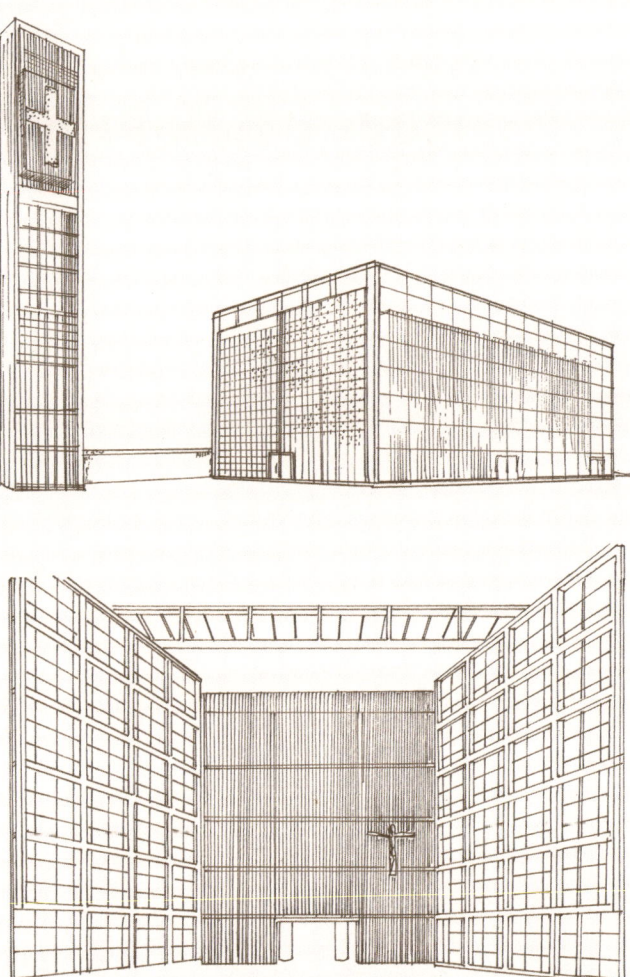

Abb. 436 a) *Altmann, Wappner und Sattler, Herz-Jesu-Kirche, München-Neuhausen, 2000:* **a)** *Außenansicht;* **b)** *Geöffnete Tore mit Blick auf den Eingang zum Gottesdienstraum*

Standorte der Licht-, Kreuz- und Farbsymbolik

Blau, die Farbe des Himmels, und große Tore

Die Kirche wird normalerweise durch eine kleine Fronttür in der riesigen blauen Kirchenfassade betreten. Bei besonderen Anlässen kann sich die blaue Vorderfront über die ganze Höhe und Breite hydraulisch zu sich weit einladenden Toren öffnen. Mit 14 Meter Höhe sind es die derzeit größten Kirchentüren der Welt.

Nagelschrift und Passionssymbolik

Aus der Nähe betrachtet fallen kleine Eingravierungen in den blauen Toren vor allem beim Blick von innen nach außen auf. Es sind einer Keilschrift ähnelnde Anordnungen von Nagelsymbolen zu erkennen, die dechiffriert – wie eine Geheimschrift – den Anfang des Johannesevangeliums wie-

Pfarrkirche Herz Jesu, München-Neuhausen, Innenraum mit Taufstein, Osterkerze, Altar, rechts Tabernakel auf Tombak-Gestell

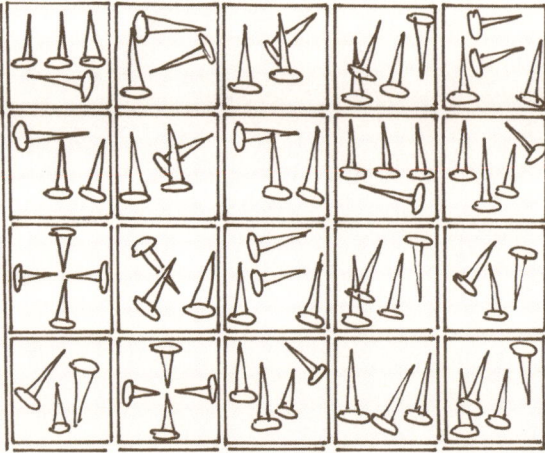

Abb. 437 *Nagelschrift auf den Eingangsportalen*

dergeben sowie die Schilderung des Leidensweges Jesu. Nägel gehören in der christlichen Bildsprache zu den Leidenswerkzeugen und sind Zeichen für die Passion Jesu.

Das Kreuz der Erinnerung
Ein großes, schwarz verbranntes Holzkreuz mit Korpus stimmt den Eintretenden wie ein Leitsymbol auf die Thematik der Passion ein. Es ist aus der abgebrannten Vorgängerkirche übernommen und als einziger Schmuck hoch oben auf der Holzwand des Vorraums wie ein Leitsymbol angebracht.

Der Weg zum Licht und zum Kreuz
Der Weg unter der niedrigen Orgelempore hindurch öffnet sich zu einem großen, lichten, rechteckigen Raum. Ein langer heller Weg führt am weißen Taufbecken vorbei zu einer über die ganze Breite reichenden, leer erscheinenden Altarzone.

Hinter einem monumentalen weißen steinernen Tischaltar, hinter Priestersitz und schwebendem Tabernakel bedeckt die ganze Altarrückwand eine Doppelwand aus golden glänzendem Tombak-Geflecht (Messing mit erhöhtem Kupfergehalt), die ein riesiges Kreuz quer über die ganze Wand auf-

leuchten lässt. Je nach natürlichem Außenlicht oder künstlichem, computergesteuertem Innenlicht leuchtet das eingewirkte Kreuz invers oder hebt sich dunkel vor hellem Hintergrund ab.

Kreuzsymbolik mit transzendenter Wirkung
Der golden gewirkte Vorhang zeigt das großflächige Kreuz ohne Korpus. Es ist das Kreuz der Auferstehung und der Hoffnung, das von Wand zu Wand und vom Boden zur Decke reicht. Leicht glitzernd beherrscht es den Kirchenraum, ohne aufdringlich zu sein. Es hat eine ähnliche Wirkung wie das immanente Eigenlicht mittelalterlicher Goldhintergründe auf Altarbildern, das den Betrachter in nicht reale, himmlische Welten hinein nehmen wollte.

Weitere Ausstattungsstücke

Stationenbilder
Vierzehn durchsichtige und durchscheinende Stationenbilder aus vergrößerten Diapositiven zeigen Bilder der heutigen Via Dolorosa in Jerusalem, den Kreuzweg Jesu nach Golgatha.

Cavernen
Fünf tief in den Kirchenboden eingelassene Cavernen erinnern an die Wundmale Jesu und verankern die Kirche im Boden mit dem Fundament der beiden Vorgängerkirchen. Die dritte, mittlere, die für das Herz Jesu steht, erinnert zugleich an die Weihe der Kirche und an den Abschnitt aus dem Johannesevangelium, der vom Lanzenstich in Jesu Seite berichtet und zur Quelle der Herz-Jesu-Verehrung wurde:

»Als sie aber zu Jesus kamen und sahen, dass er tot war, zerschlugen sie ihm die Beine nicht, sondern einer der Soldaten stieß mit der Lanze in seine Seite und zugleich floss Blut und Wasser heraus« (Joh 19,33–34).

Baden-Württemberg

Baden-Baden, Autobahnkirche St. Christophorus (1978 geweiht), pyramidenförmiger Betonbau, Innenraum in Kreuzform, mit Bilderfolgen zur Bibel von Emil Wachter.

Bad Krotzingen, Evang. Kirche (1935); Fenster von Georg Meistermann.

Freiburg-Rieselfeld, Maria-Magdalena-Kirche, katholische und evangelische Gotteshäuser unter einem Dach (2004, Susanne Gross), karger, bunkerartiger Betonbau mit beeindruckender Lichtsymbolik in beiden Kirchen, als Kirchenzentrum kombiniert mit Pfarrämtern und Gemeindesälen.

Friedrichshafen, St. Petrus Canisius (ca. 1925), Chorseitenturmkirche aus Klinker im expressionistisch-neugotischen Stil.

Bayern

Dettingen am Main, St. Peter und Paul (1923 geweiht, Dominikus Böhm und Martin Weber), gilt als erster moderner Kirchenbau Deutschlands, Fresken des expressionistischen Malers Reinhold Ewald.

München, Herz-Jesu-Kirche (2000), Stahl-Glas-Holz-Kubus mit Kreuz- und Lichtsymbolik.

München-Riem (2005), evangelisch-katholisches Kirchenzentrum.

Hessen

Frankfurt, Allerheiligenkirche (1952/53), Grundriss in Form eines Parabelbogens vom breiten Eingang zum Altar, Lichtkuppel auf vier Betonstützen überwölbt den Altar wie ein Ziborium.

Frankfurt, St. Michael (1953–1954, von Rudolf Schwarz), kleeblattförmiger Grundriss mit ovalem Längsschiff, das in drei Apsiden mündet, Ausstattungsstücke von namhaften Künstlern (u.a. Meistermann, Mataré).

Limburg, Pallotinerkirche (1924–1927), nach einem Parabelbogen im expressionistischen Stil gestaltete dreischiffige Basilika mit Doppelturmfassade.

Mecklenburg-Vorpommern

Ahrenshoop, Dorfkirche, hölzerner Dreigelenk-Binderbau mit Rohrdach (1951, von Hans Hardt Hämer).

Nordrhein-Westfalen

Bocholt, Kath. Pfarrkirche Heilig Kreuz, Basilika (1936, von Dominikus Böhm).

Bocholt, Pfarrkirche St. Paul (1966, von Gottfried Böhm, daneben die ebenfalls von Böhm entworfene Clemens-August-Schule).

Bochum-Hamme, Ev. Gethsemanekirche, »Bartning-Kirche«, Notkirche (1949) in Holzständerkonstruktion.

Bottrop, Kath. Pfarrkirche Heilig Kreuz (1955–1957, von Rudolf Schwarz), Grundform einer Parabel, farbige Glaswand in Stahlbetongerüst (Georg Meistermann).

Dortmund, Paul-Gerhardt-Kirche, »Bartning-Kirche« (Notkirche nach dem II. Weltkrieg in Holzbinderkonstruktion nach dem Typenentwurf von Otto Bartning, 1950).

Düren, St. Anna (1954–1956, von Rudolf Schwarz), Neubau der stützenlosen Winkelkirche aus den Ruinen der alten gotischen Basilika.

Essen, St. Engelbert (1934–1936, von Dominikus Böhm), dreischiffige, flach gedeckte Basilika, Campanile.

Kierspe (Märkischer Kreis), St. Joseph (1959–1961, von Gottfried Böhm), zentrierter Bau mit Rundturm; Zahlensymbolik im Bauprogramm (z.B. 7m hohe Wände, Brunnen mit 7 Quellen, 12 gusseiserne Säulen).

Münster, Evang. Erlöserkirche, sog. »Bartningkirche« (1949/50), Notkirche in Holzbinderkonstruktion mit Turmruine.

Neviges-Velbert, Wallfahrtskirche Maria, Königin des Friedens (1965–1968, von Gottfried Böhm), in Betonarchitektur erbaut; wegweisende Architektur des 20. Jahrhunderts: freitragende 40m hohe Dachkonstruktion, Platz für 7000 Gläubige; Fenster (Gottfried Böhm).

Saarland

Merzig-Merchingen, Kath. Pfarrkirche St. Agatha (1929/30 von C. Holzmeister), erste deutsche Betonkirche.

Sachsen

Wurzen, gotischer Dom St. Marien, 1928–1932 im Stil des Spätexpressionismus ausgestattet, u.a. Bronzealtar mit Adam und Eva, bronzene Kreuzigungsgruppe, Kanzel, Geländer der Sängerempore mit Bildnis Martin Luthers.

Thüringen

Volkenroda, Christus-Pavillon (2000 für die EXPO in Hannover von M. von Gerkan und J. Zeis) errichtet, im ehemaligen Zisterzienser Kloster wieder aufgebaut. Kubus als Grundform mit umlaufendem Kreuzgang. Äußere Glasfüllung mit Gegenständen des alltäglichen Lebens gefüllt.

Österreich

Bärnbach (Steiermark), Hundertwasserkirche.
Bregenz, Kirche der Abtei Mehrerau (1961–1964, von Hans Purin), nach vielen Vorgängerbauten neues Raumkonzept, mit neuer Westfassade (Betonplastik zur Apokalypse des Wotrubaschülers Herbert Albrecht, 1963).
Salzburg-Hernau, Pfarrkirche St. Erentrudis.

Salzburg-Parsch, Pfarrkirche zum Kostbaren Blut.
Waidhofen an der Taya, Kirche der frohen Botschaft (E. Warlamis, 2003–2004).
Wien, Kirche »Christus Hoffnung der Welt« (Heinz Tesar, 1998–2000).
Wien-Mauer, Kirche zur Heiligsten Dreifaltigkeit auf dem Georgenberg (Wotruba, 1974–1976).

Schweiz

Basel, Antoniuskirche, hallenartiger Sichtbetonbau (1927) von Karl Moser, gilt als einer der kühnsten modernen Sakralbauten der Schweiz.
Hérémence (Wallis), Katholische Pfarrkirche (1969).

Magno (Val Lavizzara, Tessin), S. Giovanni Battista, 1996 von Mario Botta erbaute Glasdachkirche mit schräg abgeschnittenem Zylinderbau aus weißem Marmor und grauem Granit.
Sumvitg, Kapelle Sogn Benedetg, turmartiger Bau von Peter Zumthor (1984).

REISE-TIPPS

VERZEICHNIS DER KIRCHEN UND IHRER KUNSTWERKE

Die Zahlen nennen die Abbildungsnummern im Buch. Die vielen nur in den Reise-Tipps aufgeführten Kirchen sind hier nicht aufgenommen.

SACHWORTVERZEICHNIS
KIRCHENKUNST VON A BIS Z

Abendmahl, das letzte gemeinschaftlich mit seinen Jüngern gefeierte Mahl Jesu im Zusammenhang des jüdischen Passah-Fests und am Vorabend des Leidens und Sterbens Jesu. Es ist bei den ersten drei → Evangelisten überliefert. Meist ist in Bildern der Kunst dargestellt, wie Judas, der Jesus später verraten wird, mit Jesus gemeinsam in die Schüssel greift. Judas sitzt dann allein vor der Tafel und Jesus mit dem sogenannten Lieblingsjünger Johannes, der sich an seine Brust lehnt, auf der gegenüberliegenden Seite. In frühen Arbeiten oder aus Platzmangel sind nicht immer alle 12 Jünger zu sehen (im Naumburger Dom, um 1250, sind es nur fünf). Oft ist die Schlüsselszene dargestellt, in der Jesus den Segen über Brot und Wein spricht, mit den Worten, die bei jeder Abendmahls- bzw. Eucharistiefeier gesprochen werden. Jesus ist dann mit erhobener Rechten im Sprechgestus zu sehen. Auf Darstellungen in der Renaissance wird oft ein üppiges Festmahl präsentiert. → S. 182, Abb. 255; S. 191, Abb. 271b. Als Abendmahls- (evangelisch) bzw. Eucharistiefeier (katholisch) das als Altarsakrament (→ Sakrament) Bestandteil des christlichen Gottesdienstes.

Abhängling, herabhängender weiterentwickelter → Schlussstein an Gewölberippen spätgotischer Kirchen in Form eines Knaufes, oft mit Bildschmuck versehen. → S. 97, Abb. 128r–t.

Abraham, der älteste der Stammväter (Patriarchen) Israels, steht für tiefes Vertrauen auf Gottes Zusagen. Oft ist die Überlieferung dargestellt, nach der er sogar bereit ist, seinen Sohn Isaak zu opfern; gern dargestellt an Orten der Hl. Messe und auf Altargerät → S. 86, Abb. 107; S. 217.

Abrahams Schoß → S. 84, Abb. 102.

Abtei, von einem Abt oder einer Äbtissin geführtes Kloster.

Abteiwappen, in barocken Abteikirchen können fürstbischöfliche Wappen dekorativ vor allem über Portalen, an Fassaden oder im Kircheninneren auf → Kartuschen angebracht sein. → S. 208, Abb. 293.

Adam und Eva, nach alttestamentlicher Überlieferung vom Anfang der Welt (Gen 2) die ersten Menschen. Sie boten in der Kunst des Mittelalters Gelegenheit, den nackten Menschen darzustellen. Aber erst in der Renaissance wurden bis ins Detail männliche und weibliche Figuren nach den Proportionen des ideal-schönen Menschen dargestellt. Beliebteste Szenen im Mittelalter und der Neuzeit: Erschaffung Evas, Sündenfall und Vertreibung aus dem Paradies. Seit dem 13. Jahrhundert erhält auf Darstellungen des Sündenfalls die → Schlange oft einen Frauenkopf. Ab dem 11. und 12. Jahrhundert kann am Fuß von Triumphkreuzen der unter dem Kreuz Christi auf die Auferstehung wartende Adam gezeigt werden, manchmal auch nur durch seinen Schädel angedeutet. Entsprechend wird Maria, die Mutter Jesu, mit Eva, der Stammmutter aller Menschen, in Beziehung gesetzt. Der Apfel in der Hand der Maria deutet auf sie als neue Eva. → S. 97, Abb. 128v; S. 99, Abb. 132a; S. 176, Abb. 246; Adams Schädel unter dem Kreuz → S. 113, Abb. 169.

Adler, neben dem → Lamm Gottes verweist er als Symbol des Opfertodes Christi auf die Auferstehung. → Evangelistensymbole; S. 45, Abb. 66.

Adlerpult, Lesepult (Ambo) in Form ausgebreiteter Adlerflügel, Hinweis auf den → Evangelisten Johannes, → S. 45, Abb. 66, dessen Attribut der Adler ist, und die besondere Wertschätzung des Johannesevangeliums. → S. 141, Abb. 214.

Adorant, kniende und anbetende Gestalt zu Füßen Christi, Mariens oder Heiliger, besonders die des Stifters (→ Stifterbildnis) auf Altarbildern oder der Verstorbenen auf → Epitaphen/Grabmälern. → S. 186, Abb. 267. → S. 142, Abb. 216.

Ädikula (lat. »Häuschen«), von Stützen getragener Aufbau von geringer Tiefe, von einem Giebel gekrönt, steht mit dem Rücken an einer Wand (Altar → Ziborium oder Altar → Tabernakel).

Ähre, Sinnbild für das Brot der → Eucharistie/des → Abendmahls, auf Altargefäßen (vasa sacra) oft zusammen mit der Weintraube dargestellt; auch Attribut des Ackerbaus (vgl. die Geschichte von Kain und Abel, Gen 4) und als Sinnbild des Sommers auf Jahreszeiten- und Monatsbildern → S. 93; auch in Verbindung mit → Marienbildern (Madonna im Ährenkleid).

Agnes, Hl. wie andere heilige Frauen (zum Beispiel → Katharina und → Barbara) einer vornehmen römischen Familie angehörend, wurde ihres Glaubens wegen mit dem Schwert getötet. Kennzeichen: langes Haar, → Lamm, Märtyrerpalme. → S. 104, Abb. 147.

Agnus Dei → Lamm Gottes, als Lamm mit Kreuznimbus (→ Nimbus), Kreuz oder Kreuzfahne mit Kelch symbolische Darstellung des vom Tod auferstandenen Christus. → S. 39, Abb. 50.

Akanthus, distelähnliche Pflanze (Bärenklau), stilisiert vor allem an korinthischen → Kapitellen vorkommend, galt als Symbol der Unsterblichkeit, → S. 171, Abb. 233a.

Akelei, Symbol der Fruchtbarkeit, auf Bildern der Ankündigung der Geburt Jesu (→ Verkündigung an Maria) und der Geburt selbst.

Allegorie, vor allem durch Personifizierung bildlich anschaulich gemachte Vorstellungen, Zusammenhänge und Begriffe. Im Mittelalter oft die Darstellung von → Ecclesia und → Synagoge, von → Tugenden und Lastern; manche sind für uns heute nur schwer zu deuten. Mit Letzteren kamen in der Renaissance auch moralisierende Themen ins Spiel. Im Barock finden sich großartige Darstellungen allegorischer Figuren in erhabener Sphäre, im 19. Jahrhundert mehr in plastischer Form auf Denkmälern und an Bauwerken vorkommend.

Allerheiligenbild, Darstellung der Anbetung Christi bzw. Gottes in Gestalt des → Lammes oder der → Dreifaltigkeit durch Scharen biblischer oder anderer Heiliger bzw. Vertreter der gesamten Menschheit in der himmlischen Sphäre.

Alpha und Omega, erster und letzter Buchstabe des griechischen Alphabets, mit denen die weltumspannende Herrschaft Gottes bzw. Jesu Christi symbolisiert wird. → S. 315.

Altar (lat. altare = erhöhen), erhöhte Opferstätte, Opfertisch, heilige Stätte und Ort der Nähe Gottes. In frühchristlicher Zeit ein einfacher Tisch für die Abendmahlsfeier. Später künstlerische Ausgestaltung der den Altartisch nach hinten abschließenden Bildwand (Altarretabel). Die evangelischen Kirchen kehrten mit der Reformation zu einem einfachen Tisch mit → Kruzifix und Bibel zurück. In katholischen Kirchen sind je nach Standort im Kircheninnern der seit dem 6. Jahrhundert im → Chor stehende Haupt-, Hoch- bzw. Frontaltar (Altar des Herrn) von den Seitenaltären, die der Heiligenverehrung dienten, und beweglichen Tragealtären zu unterscheiden.
Grundbestandteile des Altars sind Mensa (lat. Tisch) = Altarplatte; Stipes (lat. Klotz) = Unterbau; Sepulcrum (lat. Grab) = Reliquienraum. Zur weiteren Ausgestaltung des Altars können gehören: → Tabernakel, → Antependium, → Retabel (= mit Bildern geschmückte Rückwand), → Gesprenge, → Predella.
Früher konnte auch über vier Ecksäulen ein → Baldachin als Überdachung ruhen (Ziborium). Im Mittelalter ist das Altarretabel auf den hinteren Teil der Mensa aufgesetzt, in der Renaissance und im Barock steht es auf einem meist hinter dem Altar befindlichen Unterbau. Während in der Gotik bewegliche Flügelaltäre (→ S. 117, Abb. 173) entwickelt wurden, führt die Renaissance- und Barock-

zeit das feste Altarbild mit architektonisch entfalteter Struktur weiter. → S. 179ff., Abb. 252f.

Im Barock wurde der Altar zu einem Prunk- und Repräsentationsstück. Sein Zentrum bildet meist ein Gemälde, das Altarblatt; Statuen aus Stein, Marmor oder bemaltem und vergoldetem Holz stehen zu beiden Seiten, → S. 227, Abb. 319. Besonders in Süddeutschland kommt in dieser Zeit auch der → Sarkophagaltar vor, → S. 264. Weitere Sonderformen: → Schriftaltäre, → Mysterienbühnen. Altäre in der Neuromanik → S. 285, Abb. 403, der Neugotik → S. 288, Abb. 409f., der Neurenaissance → S. 292, Abb. 416f., und des Neubarock folgen weitgehend den alten Formen.

Altarretabel → Altar. → S. 50; S. 51, Abb. 78; S. 117.

Altarschranken, in lutherischen Kirchen des 16.– 17. Jahrhunderts in Verlängerung der Schmalseiten des Altars, an denen bei der Abendmahlsfeier Brot (Südseite) und Wein (Nordseite) ausgeteilt wurden, später oft auch vorne geschlossen.

Altar-/Schreinwächter → S. 118, Abb. 175.

Ambo, Lesepult, an dem in Gottesdiensten die Lesungen aus der Bibel und oft auch die Predigten erfolgen. → S. 52, Abb. 79; → Adlerpult → S. 141, Abb. 214.

Ambrosius, (um 340–397 n.Chr.) einer der vier großen abendländischen → Kirchenlehrer.

Anbetung, bei der seit frühchristlicher Zeit bekannten, aus der Antike übernommenen Oranten-Haltung stehen die Betenden mit erhobenen Armen und ausgestreckten Händen. Aus dem Orient übernommen ist die Bethaltung im Knien, wie sie zum Beispiel Weihnachtsbilder mit der Anbetung der Hirten oder der drei Könige zeigen. Auch Christus kniet betend am Ölberg. Die Hände können auch nach altfränkischem Lehensrecht (11. Jahrhundert) gefaltet sein.

Andachtsbild → Gnadenbild, → S. 120, Abb. 177; 135ff.; Abb. 202–206; S. 232, Abb. 328f.

Anker, Symbol für den christlichen Glauben.

Anna Selbdritt, Darstellung von Maria mit dem Jesuskind, zusammen mit Anna, der Mutter Marias. → S. 130, Abb. 187.

Antependium (oder Frontale), Behang oder Vorsatztafel zur Verhüllung des Altartisches samt Unterbau. → S. 51, Abb. 77.

Apfel, gilt allgemein als die Frucht, mit deren verbotenem Pflücken vom Baum der Erkenntnis nach biblischer Überlieferung (Gen 3) die Sünde in die Welt kam. Damit ist der Apfel auch Symbol der dem Tode verfallenen, erlösungsbedürftigen Welt. → S. 90f., Abb. 118; S. 97, Abb. 128v; S. 99, Abb. 132a.

Apokalypse (griech. Offenbarung), letzte Schrift im Neuen Testament, die als Vision des Schreibers Johannes ein Bild der sogenannten Endzeit entwirft. Diese Offenbarung ist vor allem auf Deckenfresken des Barock dargestellt, → S. 219, Abb. 306.

Apokryphen (griech. verborgene Schriften), Schriften aus der Zeit des Spätjudentums bzw. frühen Christentums, die nicht in das Alte bzw. Neue Testament aufgenommen wurden, sondern in einem sie ergänzenden Anhang. Trotz ihrer oft sehr legendenhaften Überzeichnungen der Jesusüberlieferungen geben die neutestamentlichen Apokryphen wichtige Hinweise auf Situation und Theologie des frühen Christentums.

Apostel (griech. Boten), im Neuen Testament die Jünger, die Jesus nach dem Vorbild der 12 Stämme Israels als seinen engsten Jüngerkreis berufen hatte und die nach Christi Auferstehung den Auftrag bekamen, die Botschaft von ihm weiterzusagen. Seit dem 13. Jahrhundert sind sie (außer Judas, dem Verräter) an ihren Attributen zu erkennen. Am Altar weisen sie auf ihre Bedeutung als Zeugen des Sakraments des Abendmahls/der Eucharistie hin. Apostel können auch an Mittelschiffsäulen (→ S. 23, → Zahlensymbolik), an den Chorschranken, am Chorgestühl, Lettner, Taufstein, an der Kanzel als Zeugen des christlichen Glaubens abgebildet sein. Ihre Namen sind: Simon Petrus, Andreas, Jakobus der

Ältere, Johannes, Philippus, Bartholomäus, Matthäus, Thomas, Jakobus der Jüngere, Simon der Zelot und Thaddäus. Der Apostel Paulus gehörte zwar nicht zu Lebzeiten Jesu zum Jüngerkreis, zählt aber auch zum Kreis der Apostel.

Die Apostel sind barfuß (Mt 10,10) oder Sandalen tragend (Mk 6,9) mit Tunika/Pallium gekleidet und Buchrollen oder Bücher in Händen haltend dargestellt. Sie stehen oder sitzen zur Seite Christi oder gehen auf ihn bzw. auf ein Christussymbol (Lamm) zu. Nur → Petrus und Paulus haben individuelle Haar- und Barttracht. Auf Darstellungen im frühen Mittelalter trägt Petrus als Einziger ein Attribut, den Schlüssel, zum Zeichen der ihm zugeschriebenen Entscheidungsgewalt über den Zugang zum Himmelreich.

Erst im Hochmittelalter werden in der abendländischen Kunst Attribute für alle Apostel, meist Marterwerkzeuge üblich. → S. 223, Abb. 314. Symbolisch können die Apostel auch als 12 Lämmer oder Tauben dargestellt sein (Mt 10,16: »Siehe, ich sende euch wie Schafe mitten unter die Wölfe, darum seid klug wie die Schlangen und ohne Falsch wie die Tauben.«)

Die Apostel begegnen in Darstellungen der → Majestas Domini (Erscheinung Christi in seiner himmlischen Herrlichkeit mit den vier apokalyptischen Tiersymbolen der → Evangelisten) an mittelalterlichen Kirchenportalen; auch als Richter und Beisitzer Jesu in Darstellungen des Weltgerichts (Mt 19,18: »Wahrlich ich sage euch, ihr, die ihr mir nachgefolgt seid, werdet bei der Welterneuerung, wenn der Menschensohn auf dem Thron seiner Herrlichkeit sitzen wird, ebenfalls auf 12 Thronen sitzen und die 12 Stämme Israels richten.«)

Den Aposteln als Vertreter des Neuen Bundes werden oft zwölf Propheten des Alten Testaments gegenübergestellt (→ Typologie). Dabei tragen die Propheten manchmal die Apostel auf ihren Schultern.

Auf Bildern begleiten die Apostel Jesus in seinem Wirken, werden von ihm in die Welt gesandt, sind beim Tod Marias anwesend, → S. 130, Abb. 188 . In Zyklen werden ihre Missionstätigkeit und ihr Martyrium geschildert.

Seit dem 12. Jahrhundert können die Apostel Schriftbänder tragen mit den Anfangsworten der Aussage des Apostolischen Glaubensbekenntnisses (Credo), entsprechend den Propheten mit

Weissagungen aus dem AT; sie begegnen auch in neugotischer Wandmalerei → S. 288, Abb. 408.

Apostelattribute → S. 223, Abb. 314.

Apostelkreuze an den Kirchenwänden erinnern in katholischen Kirchen an die Weihe. Sie stellen die Beziehung zu Jesu Auftrag her, das Evangelium von ihm weiterzusagen. → S. 109, Abb. 162; S. 236, Abb. 341.

Apostelleuchter sind direkt an den Weihekreuzen angebrachte Wandleuchter, → S. 236, Abb. 341b.

Apsis, nischenartiger, gewölbter, meist halbrunder Abschluss des → Chors in der Kirche. Meist von einer Halbkuppel überwölbt → S. 14, Abb. 4; S. 20, Abb. 17.

Arche Noah, Schiff, mit dem Noah auf Geheiß Gottes mit seiner Familie und je einem Paar aller Tiere während der Sintflut gerettet wurde (Gen 6–8). Sie ist auf frühchristlichen Darstellungen Sinnbild der Errettung durch den Glauben an Christus. Der Einzug der Tiere in die Arche ist besonders seit dem Barock beliebter Anlass zu Tierdarstellungen. Die Rückkehr der → Taube mit dem Olivenzweig als Zeichen des Endes der Sintflut wurde zum Symbol des Friedens und der Versöhnung, → S. 290, Abb. 413c. Die Noah-Überlieferung endet mit dem Versprechen Gottes, die natürliche Ordnung der Welt zu erhalten, begleitet von einem → Regenbogen.

Archivolte, Bogenlauf im romanischen und gotischen Gewändeportal. Archivolten sind häufig mit Figuren, sogenannten Archivoltenfiguren, besetzt. → S. 30, Abb. 30f.

Arma Christi → Leidenswerkzeuge → S. 138, Abb. 205 und 206.

Aspis, Schlange unter den Füßen Christi als Verkörperung der Sünde nach Psalm 90,13 → S. 100, Abb. 134.

Assistenzfiguren, die der Handlung nur beiwohnenden, vom Thema nicht unbedingt erforderlichen Figurendarstellungen, zum Beispiel Maria und Johannes unter dem Gekreuzigten → S. 113, Abb. 168f.

Astronomische Uhren → S. 144, Abb. 220.

Astwerk, Ornamentschmuck der Spätgotik (um 1480–1525) aus knorrigen, mit zahlreichen Stümpfen besetzten blattlosen Ästen an Taufbecken, Kanzeln und Baldachinen, an Gewölben besonders im sächsisch-böhmischen Raum.

Atlanten, kräftige Stützfiguren, die anstelle von Säulen das Gebälk tragen.

Attribut, beigegebene Kennzeichen heiliger oder profaner Gestalten, die sich auf ihre Stellung oder auf Ereignisse in ihrem Leben beziehen.

Auferstehung Christi, als Szene erst im 12. Jahrhundert dargestellt, vorher durch Engel und die drei Frauen am Grabe. Bis zum Ende des Mittelalters ist anstelle der Himmelfahrt die Höllenfahrt Christi dargestellt, in der er die vor seiner Zeit Verstorbenen erlöst. Der Auferstandene ist dargestellt mit der Siegesfahne in der rechten Hand, dem Sarkophag entsteigend, umlagert von aus dem Schlaf aufgeschreckten Wächtersoldaten. Erst in der Malerei der Renaissance erscheint Christus als über dem Grab schwebend.

Aufschwörschild → Totenschild, → S. 142, Abb. 217.

Auge Gottes → Gotteseigenschaften, → S. 263.

Augustinus (354–439), Hl., der bedeutendste der lateinischen → Kirchenlehrer.

Aureole → Nimbus.

Ausgießung des Heiligen Geistes, → Pfingsten.

Auszug, einen Barockaltar bekrönender, meist figürlich gestalteter Giebel, als hierarchischer Höhepunkt oft mit der Darstellung der Hl. Dreifaltigkeit, einer Gottvaterfigur oder dem Auge Gottes im Dreieck und Strahlenkranz. → S. 225, Abb. 316, 318a, 319.

Backsteingotik → S. 82, Abb. 99b.

Baldachin (ital. baldacchino = kostbarer Seidenstoff aus Baldac = Bagdad), ursprünglich prunkvolles, flach oder zeltartig gespanntes Stoffdach (»Traghimmel«) über vier Tragestangen, aus Stein, Holz, Metall in der Baukunst über Kanzeln, Altären und Statuen, die auf Konsolen stehen. → S. 86, Abb. 108; S. 263f., Abb. 368.

Balustrade, Brüstung insbesondere an Emporen in Barockkirchen, die aus einer Reihe bauchiger Säulchen aus Holz oder Stein gebildet ist.

Barbara, Hl., als eine der 14 Nothelfer gehört sie zum engsten Kreis der → Märtyrer. Sie lebte im 3. Jahrhundert, wurde von ihrem Vater im Turm gefangen gehalten, später ihres christlichen Glaubens wegen enthauptet. Ihre Attribute sind Turm, Kelch, Schwert, Pfauenfeder. Bilder von ihr finden sich besonders in der Malerei des 15. und 16. Jahrhundert. → S. 104, Abb. 147; S. 183, Abb. 257.

Barfüßigkeit, Apostel werden barfuß oder mit Sandalen abgebildet, ebenso Franziskus und die Mitglieder seines Ordens, gemäß der in Mt 10,10 überlieferten Weisung Jesu: »Ihr sollte weder Gold noch Silber noch Kupfer in euren Gürteln haben, auch keine Reisetasche, auch nicht zwei Hemden, keine → Schuhe, auch keinen Stecken.«

Barmherzigkeit, Werke der, vom 12. Jahrhundert bis zum Barock beliebter Zyklus von ursprünglich sechs Szenen, der an die im Neuen Testament überlieferte Rede Jesu vom Weltgericht erinnert (Mt 25,31ff.): Hungrige speisen, Dürstende tränken, Nackte bekleiden, Obdachlose beherbergen, Kranke pflegen, Gefangene besuchen. Im 13. Jahrhundert kommt als 7. Werk dazu: Tote bestatten.

Barock → S. 201ff.

Barockisierte Kirchen → S. 204, Abb. 279.

Basilika, von der römischen Markt- und Gerichtshalle für den christlichen Kirchenbau übernommene Bauform. Über Säulen oder Pfeilern errichteter drei- bis fünfschiffiger Raum, dessen Mittelschiff die Seitenschiffe überragt und im Lichtgaden Fenster besitzt. → S. 19, Abb. 13ff.

Basilisk, König der Schlangen, wie → Aspis in romanischen Kirchen gerne verwendetes Symbol für das Böse. → S. 100.

Baum → Lebensbaum.

Baumeister, Selbstbildnisse in Kirchen → S. 104, Abb. 148; S. 218, Abb. 304; 315.

Baumkreuz, Kreuz Christi in Gestalt eines Baumes mit Blättern, Früchten, Blüten, in Erinnerung an den → Lebensbaum in der Paradiesgeschichte (Gen 2,9), Hauptformen als Weinstock, Rosenstrauch oder Eiche, besonders bei Mystikern im 14. Jahrhundert beliebt. → S. 114, Abb. 170f.

Bauplastik, Begriff für eng mit dem Bauwerk verbundene Steinfiguren, zum Beispiel an Portalgewänden. In Frankreich vor allem außen am Bau, in Deutschland auch innen. Im Barock enges Zusammenwirken von Plastik und Architektur sowohl außen als auch innen.

Bedeutungsmaßstab, Perspektive, in der Wichtiges groß, Unwichtiges kleiner dargestellt wird. Dem Weltbild des Mittelalters entsprechende, nach abnehmender gesellschaftlicher → Rangfolge verkleinernde Darstellungsform, → S. 126.

Beichtstuhl, zunächst einfacher Stuhl, auf dem der Priester die Ohrenbeichte abnahm. Ab 1600 dreiteiliges Gehäuse mit hohem Aufbau. Im Mittelteil sitzt der Priester, durch Gitter mit den Kammern verbunden, in denen die Beichtenden knien. Im Barock besonders großartige Ausstattung in Aufbau, Ornamentik und Bekrönung, → S. 234, Abb. 337, im Rokoko zierlicher ausgestattet. → S. 270, Abb. 385.

Beleuchtungseffekte im Barock → S. 203.

Benedikt von Nursia → S. 224.

Beschlagwerk, Ornamentform um 1600 aus symmetrisch geordneten Bändern, Leisten und geometrischen Flachkörpern, vor allem an Holztäfe-

lungen, Säulenschäften, in Verbindung mit → Voluten am Giebel. → S. 176, Abb. 245; S. 185, Abb. 261.

Bestienornamentik, an Chorgestühlen → S. 106, Abb. 153.

Bestiensäule, romanische Säule, rundum mit Figuren (Bestien), die von einem Ritter (Hl. Georg) besiegt werden. → S. 34, Abb. 42.

Betsäule, Bildstock, Votivkreuz, oft frei stehender Pfeiler mit → Tabernakel, in dem ein Kreuz oder Heiligenbild zur Andacht einlädt.

Betstuhl, Betpult zur Andacht, mit Kniebank und Pult zur Ablage des Gebet- oder Gesangbuches. Oftmals rechts und links oder vor dem Altar vor allem dörflicher Kirchen stehend, → S. 270, Abb. 384.

Beweinung Christi, seit dem 15. Jahrhundert, Bildszene zwischen der Kreuzabnahme und Grablegung Jesu. Der am Boden liegende Leichnam wird von Maria, Maria Magdalena, Johannes, Nikodemus und anderen Jüngern beweint; verwandt mit → Vesperbildern.

Biblia pauperum, auch Armenbibel genannt, Bilderbibel des späten Mittelalters, in der jeweils einer Szene aus dem Neuen Testament eine des Alten typologisch zugeordnet ist (→ Typologie).

Biblische Bilderzyklen, Bildprogramme christlicher Kunst. Für die Gläubigen bot das Betrachten der an den verschiedenen Standorten im Kircheninneren angebrachten Darstellungen biblischen Geschehens aus dem Alten und Neuen Testament eine Kurzfassung der Glaubenslehre. Zugleich sind die Bildprogramme ein Spiegel des Glaubensverständnisses jeder Epoche.

Bildersturm, Bilderstreit, → S. 125; in der Reformationszeit Aktivitäten von Gegnern der Bilderverehrung (→ Reformation). Mit dem Argument, dass mit Darstellungen der → Heiligen von der unmittelbaren Beziehung jedes Glaubenden zu Gott abgelenkt werde, wurden viele Werke der mittelalterlichen religiösen Kunst zerstört.

Bildprogramme, trotz der Ablehnung von Bildern in der frühen Kirche, die nicht einmal Kreuzigung, Tod und Auferstehung Jesu Christi darstellen wollte, sind seit den Anfängen des Christentums in der Spätantike bildliche Darstellungen zu ausgewählten Geschichten aus dem Alten und Neuen Testament bekannt. Dazu kam eine reiche Symbolik, die nur Eingeweihten verständlich war. Abgesehen von der Symbolik des Lichtes, die für den Kirchenbau bestimmend wurde, waren es vor allem: → Lamm, → Fisch, → Taube, → Phönix, → Anker, → Christusmonogramm und Jesus als der → Gute Hirte. → S. 125ff.; im Barock → S. 213ff.

Bildprogramme in lutherischen Kirchen → S. 188ff., → Gesetz und Gnade, → S. 192, Abb. 273; → Schriftaltäre → S. 193, Abb. 274.

Bilderverbot → Gottesbilder der Bibel.

Birett, die Kopfbedeckung katholischer Geistlicher. → S. 266f., Abb. 377. Evangelisch: Barett.

Blattmaske, aus Blättern sich formende menschliche Gesichter, aus der Antike übernommen, in der Renaissance beliebtes Schmuckmotiv.

Bock, Opfertier, auf das vor der Schlachtung durch Handauflegung menschliche Sünde symbolisch übertragen wurde (Lev 4,24).

Bogenfeld → Tympanon.

Brauttür, an Nordseiten gotischer Kirchen gelegen, an ihnen wurden Braut und Bräutigam zur Trauung abgeholt. Oft mit Darstellungen der törichten und klugen Jungfrauen aus einem Gleichnis Jesu (Mt 25) versehen. → S. 86.

Bronzetüren, romanisch → S. 34, Abb. 43 und 44.

Buch, Attribut in der Hand des lehrenden oder richtenden Christus (Pantokrator), geschlossen als Buch der Weisheit, geöffnet oft mit Text (»ich bin das Licht« u.a.). → S. 31, Abb. 33. Auf Verkündigungsszenen trägt Maria das Buch zunächst geschlossen, später geöffnet als Zeichen der Vertrautheit mit dem Wort Gottes. → S. 129, Abb. 186, S. 121, Abb. 179 (linke Tafel).

Bunte Pfeiler (Säulenaltäre). → S. 110, Abb. 163; S. 119, Abb. 176.

Byzantinische Kunst, im 5./6. Jahrhundert aus spätantiken und frühchristlichen Traditionen hervorgegangen, breitete sich im Byzantinischen Reich (»Ostrom«, das nach der Teilung des römischen Reichs 395 n.Chr. entstand, mit dem Zentrum in Byzanz, dem heutigen Istanbul) aus und beeinflusste die Kunst des Abendlandes. Sie bewahrte in figürlichen Darstellungen Elemente hellenistischer Kunst, u.a. klar konturierte Gesichtszüge, unter den Gewändern erkennbare Körperformen.

Cäcilie, Hl., aus vornehmer römischer Familie stammende Christin, verfolgt und enthauptet. Der Legende nach soll sie noch drei Tage gelebt haben. Märtyrerattribute sind Palmzweig, Kreuz, Krone, Schwert; seit dem 15. Jahrhundert Patronin der Musik.

Campanile, frei stehender Glockenturm → S. 19, Abb. 13.

Cherubim → Engel, → S. 95, Abb. 128f.

Chor, für den Chorgesang der Geistlichen bestimmter Ort im Ostende der Kirche, der mit der → Apsis abschließt und um einige Stufen gegenüber dem Niveau der Kirche erhöht ist, → S. 75. Befindet sich eine → Krypta darunter, ist er stärker erhöht. Im Mittelalter trennen ihn vielfach → Chorschranken vom Mittelschiff, seit dem 13. Jahrhundert → Lettner (vom Mittelschiff trennendes Mauerwerk), im Barock kunstgeschmiedete → Chorgitter.

Chorgestühl, seit dem 13. Jahrhundert zu beiden Seiten des Chores aufgestellte Sitze für die Mitglieder des Domkapitels oder eine mönchische Gemeinschaft. → S. 105, Abb. 150; im Rokoko → S. 270.

Chorgestühlwangen, reich geschnitzte Seitenbegrenzungen des Chorgestühls. → S. 105f., Abb. 153f.

Chorgitter, aus Schmiedeeisen, ersetzen im Barock und vor allem im Rokoko Chorschranken oder schließen Kircheninnenräume gegenüber dem Vorraum ab. → S. 271, Abb. 387.

Chorhaupt, Gewölbedecke im Chor.

Chorschranken, den Chor vom Kirchenschiff abgrenzende Steinschranken, bis zum 16. Jahrhundert vor allem als Ort für Reliefbildnerei. → S. 102f., Abb. 138f.; im Barock holzgeschnitzt und durchlässiger. → S. 233, Abb. 335a.

Christi Geburt, überliefert in den Kindheitsgeschichten Jesu des Matthäus- und Lukasevangeliums. Die nur bei Lukas geschilderte Geburtsszene wurde später durch Legenden weiter ausgeschmückt, mit Darstellungen der Heiligen Familie mit dem neugeborenen, gewickelten Kind in einem Trog, Korb oder auf dem Boden liegend. Ochs und Esel – wohl auf eine prophetische Mahnrede des Jesaja (Jes 1,3) zurückgehend – begleiten die Szene. Sie werden auch als Vertreter von Juden und Heiden, d.h. als Vertreter der erlösungsbedürftigen Menschheit gedeutet. Maria ist auf späteren Darstellungen scheinbar unbeteiligt sitzend abgebildet. Joseph steht oft nachdenklich abseits oder macht sich bei der Bereitung des Mahls (Breitopf) als Nährvater zu schaffen.

Christi Himmelfahrt, schließt die in den Evangelien, vor allem bei Lk und Joh überlieferten nachösterlichen Erscheinungen des Auferstandenen ab. In den Darstellungen wird die theologische Unterscheidung zwischen der unsichtbaren Welt Gottes und der sichtbaren Welt der Menschen mithilfe der räumlichen zwischen Himmel und Erde zum Ausdruck gebracht. → S. 216, Abb. 302.

Christophorus, Hl., griech. Christusträger, einer der 14 Nothelfer, besonders beliebt im 14.–16. Jahrhundert → S. 47, Abb. 68; S. 108; Abb. 160; S. 183, Abb. 257; im Barock → S. 232, Abb. 332.

Christusdarstellungen, in frühchristlicher Zeit zunächst nur symbolisch als Fisch, Lamm, Weinstock, als Guter Hirte oder → Christusmonogramm bzw. auf Szenen aus dem Neuen Testament dargestellt; im 5.–6. Jahrhundert Darstellungen eines jungen, bartlosen Jünglings in langem Gewand; in der byzantinischen und frühromanischen Kunst ab dem 6. Jahrhundert als männlich-ernster, bärtiger, fast starrer Herrschertypus (→ Pantokrator) und lehrender Christus; ab dem 13. Jahrhundert menschlichere, oft leidende Züge (Schmerzensmann), die in der Renaissance nach antikem Vorbild wieder harmonisiert werden.

Den von Epoche zu Epoche veränderten Darstellungen des erwachsenen Jesus entsprechen auch verschiedene Typen des Kindes Jesus:
- kleiner Erwachsener, frontal, starr, auf Marias Schoß (byzantinisch);
- Kleinkind auf dem Schoß oder auf den Armen Mariens, auf dem Fußboden, in einem Trog, fest gewickelt;
- im Mittelalter oft mit Vogel oder einem → Apfel (Symbol für die Ursünde und Erlösung von ihr) spielend;
- ab 16. Jahrhundert mit Kreuz (Schmerzenskind);
- bes. ab 17. Jahrhundert mit Erdkugel.

In den Darstellungen als Weltenrichter thront Christus auf dem Regenbogen. Seine Füße ruhen auf der Erdscheibe. Aus seinem Mund gehen Schwert und Lilie als Zeichen des Gerichtes und der Gnade hervor. → S. 31, Abb. 34; S. 32, Abb. 36; S. 83, Abb. 101; S. 84, Abb. 104; S. 100, Abb. 133, S. 111, Abb. 167b. Rechts und links sind Maria und Johannes zu sehen, und es können unter ihnen Tote dargestellt sein, die aus Gräbern hervorkommen. Oft sind die Darstellungen des Weltenrichters in Stein gehauen über Weltgerichtsportalen oder im Gewölbe der → Vierung als Deckenmalerei angebracht.

Christus im Elend, auch Christus in der Rast, Szene des Passionsgeschehens nach der Dornenkrönung, Verspottung und Geißelung und vor der Verurteilung zum Tod am Kreuz; seit dem 14. Jahrhundert. → S. 137, Abb. 204.

Christusmonogramm, vereinigt die griechischen Anfangsbuchstaben Ch (= X) und R (= P), dazu oft auch A und Ω (→ Alpha und Omega). → S. 315.

Christus salvator mundi, »Christus, der Retter der Welt«, beliebte Darstellung von Christusfiguren mit Weltkugel in der linken Hand und Segensgestus der Rechten, als Standfiguren im Chor von Renaissancekirchen oder an Kanzeln im Barock. → S. 179, Abb. 249; S. 230, Abb. 323.

Christus- und Johannes-Gruppen → S. 137f., Abb. 202.

Ciborium → Ziborium.

Confessio, unter dem Altar einer Kirche angelegtes Grab eines Märtyrers.

David, jüngster Sohn des Isai (Jesse) und Schafhirte, wird an den Hof König Sauls gerufen, um ihn mit seinem Harfenspiel aufzumuntern. Er gilt in der Überlieferung als Dichter vieler Psalmen (= Lieder im Alten Testament). In den Darstellungen begegnet er oft in der Reihe der Propheten. Als Harfenspieler und Psalmensänger repräsentiert er die Musik und erscheint seit dem 18. Jahrhundert oft an oder über Orgelemporen und auf Orgelgehäusen, → S. 235, Abb. 339.

Deckenmalerei, im Mittelalter auf flachen Holzdecken, aber auch auf Gewölben; seit der Renaissance illusionistische Malereien. → S. 45f., Abb. 67a–i; S. 214; S. 219, Abb. 306.

Deckenspiegel, in großen Saalkirchen die für die Freskenmalerei verwendete Flachdecke.

Deesis (griech. Bitte, Gebet), Darstellung des gekreuzigten oder thronenden Christus zwischen seiner Mutter Maria und seinem Vorläufer Johannes dem Täufer, die beide Christus, für die Menschen bittend, zugewandt sind. → S. 103, Abb. 143.

Deutegestus, deutliche Gebärde der Hand, zum Beispiel des Engels, der bei der Verkündigung mit Maria spricht, oder die auf Jesus am Kreuz weisende Geste eines Heiligen an Altären, so beim Isenheimer Altar, → S. 121, Abb. 178.

Devotionalien, Gesamtbegriff für kleine zum Andenken an Wallfahrten erworbene Gegenstände, Kruzifixe, Andachtsbildchen etc.

Dom (domus ecclesiae), bischöfliche Hauptkirche.

Domteufel, chimärenartige, Angst einjagende Fratzen- und Fabelfiguren in mittelalterlichen Kirchen an Kapitellen, die das Böse abwehren sollen. → S. 100, Abb. 135.

Dorsale, hohe Rückwand des hölzernen Chorgestühls, oft reich verziert.

Drache, wie die Schlange Sinnbild des Bösen; um das Böse zu besiegen töten der → Erzengel Michael und der Hl. Georg einen Drachen. → S. 40, Abb. 55; S. 88, Abb. 113; S. 101, Abb. 137; S. 266, Abb. 373; S. 267, Abb. 376.

Draperie, Anordnung dekorativ geraffter Stoffe und Gewänder vor allem in der Deckenmalerei und Stuckplastik des Barock und Rokoko. → S. 261, Abb. 365.

Dreieck mit dem Auge Gottes, Symbol der → Dreifaltigkeit Gottes. → S. 226, Abb. 318a.

Dreifaltigkeit (Trinität), Wirksamkeit des einen Gottes in seinen Offenbarungen als Gott Vater, Schöpfer der Welt und Ursprung von allem, als Jesus Christus, in dem auf einzigartige Weise Gottes Nähe erfahrbar wurde, und als Heiliger Geist, in dem Gottes Wirken durch die Zeit hindurch bis in die Gegenwart erfahren wird. In vielen Kirchen symbolisiert das gleichseitige → Dreieck die Dreifaltigkeit. → S. 128, Abb. 182ff.; S. 175, Abb. 243.

Dreijungfrauenstein, Abbildung dreier heiliger Frauen, meist Hl. Katharina, Hl. Barbara und Hl. Margarete. → S. 104, Abb. 147.

Drei Könige, haben ihren Ursprung in der Weihnachtsgeschichte des → Evangelisten Matthäus, die vom Besuch fremdländischer Magier (Weisen) an der Krippe berichtet, ein häufig gewähltes Motiv für Altarbilder. In späteren Legenden wurden aus ihnen Könige, ihnen auch Namen zugeschrieben (Caspar, Melchior, Balthasar) und sie dem europäischen, asiatischen und afrikanischen Kontinent zugeordnet. → S. 36, Abb. 45b.

Dreinagelchristus, → S. 114, Abb. 170f.; Hände und Füße jeweils übereinandergenagelt; in der Romanik sind beide Füße des Gekreuzigten nebeneinander ans Kreuz geschlagen (Viernagelchristus). → S. 38, Abb. 47f.

Dreipass, der in den Fensterbogen des gotischen Fensters eingezeichnete und mit einer aus drei

Halbkreisen gefüllten, einem dreiblättrigen Kleeblatt ähnelnder Figur gestalteter Kreis. → Maßwerk. → S. 110, Abb. 164.

Drolerien, geschnitzte drollige Darstellungen von
Menschen und Tieren an → Miserikordien mittelalterlicher Chorgestühle. → S. 106, Abb. 155.

Ecce Homo (»Seht, welch ein Mensch!«), mit
diesen Worten hat der römische Statthalter Pilatus nach dem Evangelium des Johannes den mit
Dornenkrone, Spottmantel und Rohr-Zepter ver-
höhnten Jesus dem Volk zur Schau gestellt (Joh
19,5). Seit dem 15. Jahrhundert beliebtes Motiv
für bildliche Darstellungen zur Passion Jesu. →
S. 138.

Ecclesia und Synagoge, weibliche Gestalten als
Sinnbilder der christlichen und jüdischen Kirche.
Im Mittelalter wurden in einer für uns heute
nicht mehr akzeptablen Weise in Ecclesia und Synagoge christlicher und jüdischer Glaube einander gegenübergestellt (Synagoge mit Binde vor
den Augen und Ecclesia mit Kreuz und Schwert.
S. 89, Abb. 114f.

Eierstab, antikisierendes Schmuckelement. → S.
171, Abb. 233b.

Einhorn, Symbol für Jesus Christus und dessen
Menschwerdung durch die Jungfrau Maria. → S.
101, Abb. 136.

Eisenacher Regulativ von 1861, zusammen mit
dem Wiesbadener Programm von 1891 grundlegend für den protestantischen Kirchenbau im 19.
Jahrhundert. → S. 279.

Emblem, Sinnbild im Sinne von Attribut, Symbol, Wappen.

Empore, Zwischengeschoss, meist Galerie für
Sänger und Orgel. In evangelischen Kirchen mit
Bildern des Neuen und Alten Testaments bemalt,
→ S. 238, Abb. 345. Eine Sonderform ist der nach
der Reformation aufkommende → Herrschaftsstand, herausgehobener Sitz für die adeligen Kirchenpatrone, → S. 241, Abb. 351; Jugendstil-
empore → S. 297, Abb. 425f.

Emporengemälde, → S. 238; Abb. 345; S.297;
Abb. 426.

Engel, Boten Gottes, die dessen Weisungen zu
den Menschen bringen, ihnen auch hilfreich zur
Seite stehen. In der Engelhierarchie dominieren
die Erzengel:
Erzengel Michael, bevorzugt an Kirchenportalen
dargestellt, besiegt mit Lanze und Schwert das
Böse in Gestalt eines Drachen, → S. 40, Abb. 55;
S. 88, Abb. 113; S. 267, Abb. 376; S. 172, Abb.
239; oder führt auf Tympanonreliefs die Seligen
ins Paradies. Als Seelenwäger im Weltgericht hält
er die Waage des Gerichts, auf der die Seelen mit
ihren guten und schlechten Taten gewogen werden, → S. 84, Abb. 104 Mitte. Im Mittelalter und
in der Renaissance wird der Kampf Michaels mit
dem Drachen bewegter gezeigt, in bildlichen
Darstellungen des Barock als heftiger Kampf mit
dem vom Himmel herabstürzenden Satan, während im Hintergrund Maria mit dem Kind (die
Frau aus der Apokalypse des Johannes, Offb 12)
von Engeln auf Adlerflügeln zu Gott gerettet
wird, → S. 219, Abb. 306.
Erzengel Gabriel, verkündet mit dem Lilienzepter
in der Hand der Jungfrau Maria die Geburt Jesu
und Zacharias die Geburt des Johannes (Lk 1),
→ S. 121, Abb. 179 links; S. 129, Abb. 186.
Erzengel Raphael, seit dem 15. Jahrhundert als
Begleiter des Tobias (im Alten Testament), mit
Stab und Pilgertasche dargestellt; Vorbild für die
im 17. Jahrhundert aufkommenden und im 19.
Jahrhundert beliebten → Schutzengeldarstel-
lungen mit Kind, → S. 268, Abb. 380b.
Engelsdarstellungen im Zeitalter des Barock → S.
220, Abb. 307f.; im Rokoko → S. 261, Abb.
363f.; Taufengel → S. 240, Abb. 347f.
Besonders beliebt sind in der Gotik geschnitzte
Engel an Chorgestühlen, → S. 106, Abb. 151f.
Auf Darstellungen des Jüngsten Gerichts oder
Gottes Herrscherthron kommen im Mittelalter oft
sechsflügelige Cherubim und Seraphim vor, als
geflügelte Engelsköpfchen bis zum Rokoko weit
verbreitet, → S. 95, Abb. 128f.

Englischer Gruß, Gruß des Engels Gabriel an Maria bei der Ankündigung der Geburt Jesu (→ Verkündigung); in St. Lorenz, Nürnberg, berühmte
Darstellung des »Engelsgrußes« von Veit Stoß,
1517/18.

Epistelseite, Südseite der Kirche, auf der traditionell die Episteln (neutestamentliche Briefe der Apostel, vor allem des Paulus) verlesen wurden. → S. 127.

Epitaph, kein eigentliches Grabmal, sondern seit dem 14. Jahrhundert an Kirchenwänden innen oder außen oder an einem Pfeiler angebrachte Gedächtnistafel aus Stein oder Metallguss für einen Toten. Zwei Arten sind zu unterscheiden: nur die Gestalt des Toten abbildend oder den Toten in einem größeren szenischen Zusammenhang, vor Christus kniend im Kreise seiner Frau und Kinder zeigend; Blütezeit im 16. und 17. Jahrhundert. → S. 186, Abb. 266f. Seit dem 19. Jahrhundert wurden auch Gedenktafeln für gefallene Soldaten in Kirchen angebracht.

Erbärmdebild, Bild des leidenden Jesus und dadurch in besonderer Weise zu andächtiger, mitfühlender Besinnung anregend. → S. 138, Abb. 205f.

Erzengel → Engel.

Esel → Palmesel.

Eucharistie (griech. Danksagung), in der katholischen Tradition übliche Bezeichnung der Feier des Altarsakraments, das von Jesus am Abend vor seinem Leiden und Sterben eingesetzt wurde. → Abendmahl.

Evangeliar, liturgisches Buch mit den vier Evangelien.

Evangelienseite, der → Epistelseite gegenüberliegend, auf der in den Gottesdiensten die Lesungen aus den Evangelien geschehen.

Evangelische Altäre → S. 188ff.

Evangelisten, Verfasser der im Neuen Testament enthaltenen vier Evangelien, die von Jesu Leben und Wirken berichten. Das älteste ist das Markusevangelium, um 70 n.Chr. entstanden und aus vielen mündlichen und schriftlichen Vorlagen gestaltet. Auf der Basis des Markusevangeliums haben Matthäus und Lukas ihre Evangelien im Blick auf die je verschiedenen Gemeindesituationen verfasst (um 80 n.Chr.). Noch später und mit eigenständigem Aufbau hat Johannes sein Evangelium gestaltet. → S. 177, Abb. 247.

Evangelistensymbole, stehen für die vier Evangelisten. Die Symbole sind aus den Visionen Ezechiels im Alten Testament und der → Apokalypse des Johannes im Neuen Testament abgeleitet: Matthäus = Engel (eigentlich Mensch, da aber die vier Evangelistensymbole immer mit Flügeln dargestellt werden, hat sich die Bezeichnung »Engel« eingebürgert); Markus = Löwe; Lukas = Stier; Johannes = Adler; → S. 31, Abb. 33f.; S. 45, Abb. 66; S. 177, Abb. 247.

Ewiges Licht → S. 269, Abb. 382.

Exodus, im Alten Testament überlieferter Auszug des Volkes Israel (bzw. einzelner Stämme) unter Mose aus der Gefangenschaft und dem Frondienst in Ägypten, dem ein langer Weg durch die Wüste folgt, der mit dem Einzug ins Land Kanaan, der neuen Heimat, zum Ziel kommt. An der Rettung aus Ägypten machte sich in besonderer Weise das Bekenntnis der Israeliten zu dem einen Gott fest (Dtn 26,5ff.).

Ex voto, auf Votivtafeln vorkommende Formel, die auf eine Stiftung aufgrund eines Gelübdes hinweist.

Fabelwesen, in romanischen und gotischen Kirchen an Kapitellen, Friesen und Portalen angebrachte Mischwesen, sowohl mit positiver (→ Einhorn, → Greif, → Phönix, → Evangelistensymbole) als auch mit negativer → Drache, → Schlange, → Aspis, → Basilisk) symbolischer Bedeutung; mit abwehrender Funktion an Wasserspeiern, Portalen, Kapitellen und Konsolen; als → Drolerien auch an → Miserikordien, den Stützen auf der Unterseite der Chorgestühle. → S. 42, Abb. 60, 61f.; S. 100, Abb. 134f.

Fahne, Siegeszeichen Christi auf Auferstehungsbildern; das Lamm Gottes (Opferlamm) trägt die Fahne zum Zeichen des Sieges. → S. 39, Abb. 50.

Faltenwurf, nach der Art der Faltenwürfe an Gewändern dargestellter Heiliger werden in der Kunstgeschichte zeitliche und Stilzuordnungen getroffen. → S. 136, Abb. 201.

Familie → Heilige Familie.

Farbensymbolik → S. 126; → Liturgische Farben, → S. 316.

Fassade, Schauseite eines Bauwerkes, meist auch dessen Haupteingangsseite; in der Romanik → S. 28, Abb. 25ff.; in der Gotik → S. 78, Abb. 90f.; in der Renaissance → S. 171, Abb. 229f.; im Barock → S. 205, Abb. 279f.; im Rokoko → S. 255, Abb. 353ff.; im Klassizismus → S. 280f., Abb. 391ff.; in Kirchen im 19. Jahrhundert: Neuromanik: → S. 283, Abb. 401f.; Neugotik → S. 286, Abb. 406f.; Neurenaissance → S. 291, Abb. 414; Neubarock →S. 294, Abb. 418b; Jugendstil: → S. 295, Abb. 419f.; in Kirchen im 20. Jahrhundert → S. 306f., Abb. 427ff., S. 318, Abb. 436.

Fassmaler, Andachtsbilder der Gotik entstanden, indem Fassmaler den Holzuntergrund mit Schlämmkreide und Leim mehrmals überstrichen, dann schliffen und schließlich farbig bemalten oder vergoldeten.

Fastentuch, auch Hungertuch genannt, ein großes Leintuch, das in Schachbrettform mit Szenen aus dem Leben Jesu und seiner Passion bebildert ist. Seit dem 14. Jahrhundert verdeckt es in der Passionszeit Chor und → Hochaltar. → S. 146, Abb. 224.

Fenster, romanische → S. 29, Abb. 29a–b; S. 55, Abb. 86; gotische → S. 80, Abb. 97f., S. 110, Abb. 164ff.; barocke → S. 207, Abb. 289f.; Rokoko → S. 255, Abb. 357 → Ochsenaugen.

Fensterbekrönungen, seit der Renaissance beliebt, kommen als Dreiecks- und Segmentgiebel vor. → S. 170, Abb. 231, im Barock auch verkröpft und gesprengt. → S. 207, Abb. 288, und im Rokoko gewellt. → S. 255, Abb. 357 → Fenster.

Fensterrose, kreisförmiges, mit Maßwerk gefülltes Fenster über Hauptportalen gotischer und neugotischer Kirchen und in Querschiffgiebeln, → S. 80f., Abb. 98.

Fiale, verziertes Spitztürmchen der Gotik an Strebepfeilern, Ziergiebeln, auch an Altären und Kanzeln. → S. 79, Abb. 94c.

Figurenfriese, in romanischer Zeit dienten sie der Dämonenabwehr. → S. 21, Abb. 19a–g.

Figurenportal → S. 30, Abb. 31; S. 83, Abb. 100f.

Fisch, seit vorchristlicher Zeit Symbol für Wasser, dann geheimes Erkennungszeichen der ersten Christen. Er wurde als geheime Abkürzung für den Namen und Titel Jesu gebraucht: Die Anfangsbuchstaben der griechischen Worte für »Jesus Christus, Gottes Sohn, Retter« ergeben das griechische Wort ICHTHYS (= Fisch). Auf Darstellungen des Abendmahls können neben dem Brot auch Fische abgebildet sein (Hinweis auf die Speisung der Fünftausend mit Brot und Fisch, Mk 6,30–44). Das Symbol begegnet auch an → Taufbecken und Taufschalen.

Flachschnitzerei, schon in der Gotik an Orgelemporenbrüstungen vorkommende, nur eingekerbte, ornamentale Muster. → S. 143, Abb. 218.

Flammendes Herz → S. 222, Abb. 312.

Florale Motive → Wand- oder Deckenmalereien, → S. 108, Abb. 158; S. 260, Abb. 362.

Florian, Hl. → S. 265, Abb. 372.

Flucht nach Ägypten, erst spät in den Bilderkanon aufgenommene Szene aus dem Matthäusevangelium (Mt 2), gerne im Zusammenhang des Marienlebens, als »Ruhe auf der Flucht« dargestellt. → S. 46, Abb. 67h–i; S. 87, Abb. 110.

Franz von Assisi (Franziskus), Hl., 1181–1226, italienischer Ordensgründer. Er kam aus einem wohlhabenden Elternhaus, verzichtete aber auf allen Besitz und lebte mit seinen Ordensbrüdern in der Armut der Bettelmönche. Um die Person des Heiligen ranken sich viele Legenden, die ihren Niederschlag auch in der christlichen Kunst fanden. Häufiges Thema: Franziskus predigt den Vögeln. → S. 224.

Franz Xaver, Hl., Missionar → S. 224.

Frau Welt, »Luxuria« → S. 91, Abb. 119.

Fresko, ein mit in Kalkwasser angerührten Farben auf frisch *(al fresco)* verputztes Mauerwerk gemaltes Decken-, Wand- oder Kuppelgemälde. Das Farbpulver wurde aus weißen, gelben, roten und braunen Erden gewonnen, schwarze Farbe aus Holzkohle oder verbrannten Knochen. → S. 43f.; S. 108f.; Abb. 158f; → S. 214f.

Al secco-Wandmalerei wurde auf trockenen Putz aufgetragen und ging daher eine nicht so enge Bindung mit der Wand ein wie die auf den nassen Putz aufgetragene.

Frühchristliche Bildzeichen, zunächst bevorzugte Bildzeichen sind → Kreuz, → Fisch, → Weintraube, dazu der Hirte Gute → mit dem Schaf über dem Rücken als Symbol für Christus. Später kamen hinzu:
Das → Lamm Gottes, das die Sünde der Welt trägt (Johannes 1,29); → Hirsch als Symbol für die Seele (Psalm 41,2: »Wie der Hirsch lechzt nach frischem Wasser, so lechzt meine Seele, Gott, nach dir«); → Bock als Symbol für Sünde und Vergebung; Fels als Symbol für Standhaftigkeit (Mt 7,24); → Drache als Symbolisierung des Bösen (Offb 12,9).

Frühromanik → S. 19ff.

Fünte, in Norddeutschland Name für den Taufstein.

Fürst der Welt → S. 91, Abb. 118.

Fürstenstühle, seit Ende des 17. Jahrhunderts in der Renaissance und im Barock aufgekommene Sitze gräflicher oder fürstlicher Familien in der Nähe des Altars und abgesondert von der übrigen Gemeinde, daher auch → Herrschaftssitz genannt.

Gabelkreuz (Ast-Baumkreuz), unter dem Einfluss mystischer Frömmigkeit in der Spätgotik wurde aus dem sieghaften Christus romanischer Zeit der dornengekrönte, leidende Mensch mit zerrissenem Lendentuch statt fein gefälteltem Gewand. Die Form eines gegabelten Kreuzes in Ast- oder Baumform soll an den »Baum der Erkenntnis« erinnern, von dessen Frucht durch → Adam und Eva die Sünde in die Welt kam (3), und zugleich an Christi Tod am Kreuz, am »neuen Baum

des Lebens«, durch dessen Tat die Welt vom Fluch des Todes erlöst wurde. → S. 114, Abb. 170f.

Gebote → Gottes Gebot, → Gesetzestafeln

Geburt Jesu → Christi Geburt

Gegenreformation, Epoche nach der → Reformation, in der sich die katholische Kirche durch Reformen erneuerte, neues Selbstbewusstsein gewann und auch viele evangelisch gewordene Territorien wieder katholisch wurden.

Gekreuzigter, → Kreuz und → Auferstehung Christi, → S. 38, Abb. 47ff.

Gekröpftes Gesims, um Pfeiler, Säulen, Mauern herumgeführtes Gesims.

Georg, Hl., der in seinem in der Legende erzählten Kampf mit dem Drachen dargestellt ist. → S. 101, Abb. 137; S. 118, Abb. 175; S. 265.

Gerichtsportal, Gerichtshalle, Portal an der Westseite der Kirche, dem Sonnenuntergang und symbolisch dem → Jüngsten Gericht zugeordnet. In romanischen Abbildungen am Gerichtsportal steht der Mensch im Kampf zwischen guten und bösen Mächten. Darüber thront Christus als Weltenherrscher, manchmal mit einem Gerichtsschwert im Mund, als Anspielung auf die → Apokalypse des Johannes (Offb 1,9ff.), → S. 100, Abb. 133. In gotischen Kirchen dagegen ist der am Ende der Zeit wiederkehrende Christus der milde, verzeihende Erlöser. Er richtet mit den Leidenswerkzeugen der Passion. Dem Schwert ordnet die Spätgotik oft eine Lilie, Zeichen für Begnadigung und Erwählung, zu. Maria und Johannes der Täufer knien als Fürbitter der Menschen vor dem Richterstuhl (→ Deesis). Eng verwandt mit dem Motiv des thronenden Christus als Richter im → Tympanon ist das des gütigen, stehenden Christus (Beau Dieu) am Mittelpfosten des Portals (→ Trumeaux) zu verstehen. → S. 85, Abb. 105; denn antiker Rechtssprechung folgend sitzt der verurteilende Richter, der freisprechende Richter dagegen steht. Unter seinen Füßen tritt er das Böse in Gestalt von → Drachen und → Löwen nieder.

Gesetz und Gnade, Bildprogramm lutherischer Altäre, in dem ein Kernstück lutherischer Theologie dargestellt ist, wonach der Mensch nicht durch erbrachte Leistungen, sondern allein durch die vorbehaltlose und vergebende Zuwendung Gottes vor Gott bestehen kann. → S. 192, Abb. 273.

Gesetzestafeln des Mose, sind als zwei oben abgerundete Tafeln mit den Zahlen I–X für die 10 Gebote dargestellt, → S. 193, Abb. 275. Als Sinnbild des alttestamentlichen Bundes Gottes mit den Menschen und als Ausdruck des göttlichen Willens und der Weisungen für das Zusammenleben der Menschen werden sie seit der Barockzeit an Kanzeln abgebildet. Ihnen wird der → Kelch und das → Kreuz als Symbole des neuen Bundes in Jesus Christus gegenübergestellt.

Gesims, waagerechter, aus der Wand hervorspringender Mauerstreifen.

Gesprenge, turmartiger Aufbau (→ Maßwerk) aus feingliedrig geschnitzten Architekturteilen über dem Altarschrein gotischer Altäre. → S. 118, Abb. 174; S. 123, Abb. 181.

Gestirne, von ihrer Erschaffung durch Gott berichtet der erste Schöpfungsbericht (Gen 1). → S. 111, Abb. 166.

Gestühl → S. 105f. → Chorgestühl.

Gestühlwangen, die beiden, eine Bank abschließenden Seitenwände, oft reich geschnitzt mit floralen (Reben, Ähren, Rankenwerk) oder abstrakten Ornamenten. → S. 105, Abb. 150, S. 187, Abb. 268; S. 234, Abb. 336; S. 270.

Gewände, schräge Schnittflächen bei Maueröffnungen (Fenster, Türen). Spätromanische und gotische Portalgewände sind oft reich mit Gewändefiguren (→ S. 30) bestückt, meist Heiligen, die aus dem gleichen Material wie der Bau und organisch eng mit der Wand verbunden sind. → S. 83f., Abb. 100, S. 87, Abb. 109.

Gewölbe → in der Gotik, S. 94, Abb. 126f.

Giebel, begegnen als Dreiecksgiebel → S. 170, Abb. 231a; Segmentgiebel (flacher Kreisausschnitt) → S. 170, Abb. 231b; gesprengter Giebel, bei dem der Mittelteil ausgelassen ist; gekröpfter Giebel, bei dem der Mittelteil zurücktritt → S. 170, Abb. 231c; neben gesprengten Dreiecks- und Segmentgiebeln im Barock (→ S. 207, Abb. 288) erscheinen im Rokoko auch gewellte schmale Giebelbänder, sogenannte Wellengiebel → S. 255, Abb. 357b.

Giebelbekrönungen → S. 170, Abb. 231; S. 208.

Glanzstuck, weißer, stark polierter Stuck, der im Barock und Rokoko Marmorfiguren vortäuschen soll. → S. 212f. → Stuck.

Glasfenster, Glasmalerei, Herstellung farbiger Glasfenster mit bildlichen oder ornamentalen Darstellungen. In älteren Fenstern des Mittelalters wurde das Bild aus vorher durchgefärbten Glasstücken wie ein Mosaik zusammengesetzt und von Bleiruten, die zugleich die wichtigsten Konturen der Figuren waren, zusammengehalten. Die Feinzeichnung erfolgte mit Schwarzlot. Im späten Mittelalter wurden weiße Gläser nur noch mit farbigem Glas überarbeitet: durch Herausschleifen und neue aufgeschmelzte Farbstoffe konnten neue Wirkungen erzielt werden.
Glasbilder mit bildlichen Darstellungen gibt es erst ab dem 10. und 11. Jahrhundert in Chorfenstern vor allem in Frankreich. Im 14. und 15. Jahrhundert wurden Glasfenster auch in Deutschland immer populärer. → S. 55, Abb. 86; S. 110f., Abb. 165ff.
In der Renaissance- und Barockzeit verloren Glasfenster in Kirchen an Bedeutung. Erst im 19. Jahrhundert wurde die Glasfensterkunst wieder aufgegriffen, verlor aber die tiefe Glut der Farben mittelalterlicher Fenster. An deren Stelle trat der eher sanfte Stil der → Nazarener. Im 20. Jahrhundert wurden vor allem dekorative Eigenschaften abstrakter Entwürfe bevorzugt oder farbige Lichtwände aus Betonsteinen mit Glas verwendet. → S. 311f.

Gleichnis, Sprachform, in der Jesus seine Botschaft vom anbrechenden Reich Gottes in bildhafter, anschaulicher Weise verdeutlichte. Zu den bekanntesten Gleichnissen gehören das vom verlorenen Sohn bzw. barmherzigen Vater (Lk 15) und das vom barmherzigen Samariter (Lk 10).

Glocken, oft mit gegossenem Bronzemantel, rufen zum Gottesdienst und zeigen im Tageslauf die Stunden an. Sie erinnern an die vergehende Zeit und damit an die Vergänglichkeit. Sturmläuten warnt vor Gefahr. Oft mit figürlichen Darstellungen, der »Glockenzier« (zum Beispiel Reliefs der Muttergottes, Wappen der Städte etc.) und mit Inschriften (Glockenspruch) versehen, haben sie auch je besondere liturgische Funktionen: als Sterbeglocke bei Bestattungen, als Kreuzglocke zur Erinnerung an die Sterbestunde Jesu, als Taufglocke, als Betglocke, speziell als Vaterunser-Glocke. Zum Einläuten des Sonntags und der Festtage am vorhergehenden Tag, der Gottesdienste, auch des Neuen Jahres sind alle Glocken zum Festgeläute vereint. In der Karwoche zwischen Gründonnerstag Abend und der Osternachtfeier schweigen in den katholischen Kirchen die Glocken.

Glücksrad, im 12. Jahrhundert auftretende allegorische Darstellung des sich wandelnden Lebensschicksals. Dargestellt ist ein Rad, dessen Speichen menschliche Figuren, zum Beispiel Könige, sein können und das von der Göttin Fortuna gedreht wird.

Gnadenbild, Gnadenaltar, an Wallfahrtsorten verehrtes Christus- oder Marienbild, auch Bilder, denen wundertätige Wirkungen zugeschrieben werden, vor allem Erhörung von Gebeten. → S. 228; S. 233, Abb. 334.

Gnadenstuhl, im 12. Jahrhundert aufkommende Darstellung der → Dreifaltigkeit. Gott Vater (thronend) hält den Leichnam Jesu im Schoß oder mit beiden Händen vor sich das Kreuz mit dem Korpus. Darüber schwebt die Taube als Symbol des Heiligen Geistes, → S. 51, Abb. 78; im Barock zeigen sich bewegtere Darstellungen, → S. 232, Abb. 330.

Gold, Goldgrund, goldener, flächiger Malgrund in der frühen christlichen Kunst, vor dem sich die dargestellten → Heiligen abheben. Einerseits wird Gold als kostbarste, feierlichste Farbe ver-

wendet, zum anderen hat sie die Bedeutung einer nicht realen, raumlosen idealen Welt. → S. 113.

Gotik → S. 73ff.

Gottesbilder der Bibel, gemäß dem Bilderverbot im Alten Testament (Ex 20,4: »Du sollst dir kein Bildnis machen«) werden Abbilder Gottes abgelehnt. Erst verhältnismäßig spät haben Gottesdarstellungen in Kirchen Einzug gehalten. Symbolische Darstellungen aber, vor allem im Anschluss an bildhafte Aussagen der Psalmen und auch der Gleichnisse Jesu (Gott ist wie die Sonne, wie ein Fels, eine Hand, eine Burg, ein guter Vater), laden zu anschaulichen Darstellungen ein. Jesus Christus wird mit den entsprechenden Worten des Johannesevangeliums als Weinstock, Guter Hirte, Licht, Brot des Lebens symbolisch dargestellt.

Gotteseigenschaften, sie werden durch Übersteigerung (Allgegenwart, Allmacht) und Umkehrung menschlicher Eigenschaften (Unendlichkeit) zur Sprache gebracht. Dem entsprechen symbolische Darstellungen wie das Auge im Dreieck der Trinität (→ Dreifaltigkeit), dem → Kreis, der ohne Anfang und Ende ist.

Gottes Gebot → Sündenfall, Gesetzestafeln.

Gott Vater, in der Engelsgloriole: → S. 226, Abb. 318a. Gott Vater in der Einheit mit Sohn und Heiligem Geist: → Gnadenstuhl.

Grab, heiliges, → Heiliges Grab.

Grablegung Christi, Josef von Arimathäa und Nikodemus legen den in Leinwand gewickelten Leichnam Christi in einen Sarkophag. Seit dem 13. Jahrhundert sind Maria und Johannes mit dabei (→ Beweinung). → S. 121, Abb. 178.

Grabmal, vor dem 14. Jahrhundert hatten Gräber üblicherweise weder ausgeprägte Zeichen noch Bildschmuck, ruhte der Verstorbene doch innerhalb des Gotteshauses und gehörte damit zur Gemeinschaft der Erlösten. Erst ab dem Spätmittelalter wurde mithilfe ausgewählter biblischer Darstellungen der Glaube des Verstorbenen oder der seiner Hinterbliebenen vergegenwärtigt. → S. 186, Abb. 266f.; S. 191, Abb. 272; S. 235f.; S. 271; im Rokoko → Reliquiare.

Gregor I., 540–604, Papst und einer der vier großen abendländischen → Kirchenlehrer.

Gregorsmesse, im 15. Jahrhundert aufkommende Abwandlung des Erbärmdebildes (Schmerzensmann). Einer Legende folgend wird Gregor vor einem Altar kniend und betend dargestellt, während auf dem Altarbild Christus als Schmerzensmann erscheint und aus seinen Wundmalen Blut in einen Kelch fließt. → S. 109, Abb. 161.

Greif, aus der Antike in den mittelalterlichen Bauschmuck an Kirchentüren übernommenes Fabeltier mit der Funktion eines himmlischen Wächters. Mit geflügeltem Löwenkörper, Adlerkopf und vier Klauenfüßen besiegt er beispielsweise → Basilisken als Symbole des Bösen.

Griechisches Kreuz, Form des Kreuzes mit gleich langen Armen.

Grisaille, Grau-in-Grau-Malerei auf Altären und Glasfenstern, → S. 259.

Groteske, in der Renaissance beliebtes, aus dünnem Rankenwerk bestehendes ursprünglich antikes Ornamentmotiv, in das menschliche oder tierische Motive ebenso wie Früchte, Blumen etc. eingefügt wurden.

Gründerstil, kennzeichnend für den Baustil der »Gründerjahre« am Ende des 19. Jahrhunderts (1870–1890), in denen auch ein reger Kirchenbau herrschte. Charakteristisch ist der Rückgriff auf alte Stilformen (Neugotik, Neurenaissance, Neubarock), → S. 277f.; häufige Verwendung der Grundfarben der Gotik (Gold, Rot und Blau).

Gründungsbilder, vor allem an Deckenfresken des Barock beliebte Darstellungen der Gründungen der Kirche oder eines Klosters, oft mit Architekturplänen, → S. 218, Abb. 304; S. 223, Abb. 315.

Grundriss, zeichnerische Projektion und damit Übersichtsplan eines Gebäudes auf die waagerech-

te Ebene. Romanik → S. 19, Abb. 14; Gotik → S. 75, Abb. 89; Renaissance → S. 167. Abb. 226f.; Barock → S. 212, Abb. 297f.; Rokoko → S. 257, Abb. 358.

Hagioskop, Mauerdurchbruch in mittelalterlichen Kirchen, der vom Gottesdienst ausgeschlossenen Menschen, z.B. Leprakranken, außen einen Blick in den Altarraum erlaubt.

Hahn, seit dem 9. Jahrhundert werden Hähne aus Metall auf Kirchturmspitzen angebracht. Von dort mahnen sie Gläubige und rufen zum Gebet. Von jeher als Sinnbild der Wachsamkeit künden sie morgens das Licht an und gelten damit als Überwinder der Finsternis und als Sinnbild der Auferstehung Christi. Sie erinnern auch an die Verleugnung des Petrus (Mt 26,69ff.). → S. 13, Abb. 3.

Hallenkirche, Kirche, deren Seitenschiffe genauso hoch sind wie das Mittelschiff.

Hand Gottes, eine aus Wolken oder dem Licht herauskommende rechte Hand, als Symbol für das Wirken Gottes, besonders bei Darstellungen der Verkündigung, Taufe, Verklärung und Himmelfahrt. → S. 39, Abb. 51; S. 95, Abb. 128a.; → Gottesbilder der Bibel.

Heilige, Christinnen und Christen, die in außergewöhnlicher und vorbildlicher Weise den christlichen Glauben lebten und in einem Verfahren der Heiligsprechung vom Papst in den Kreis der Heiligen aufgenommen wurden. In der Frühzeit des Christentums waren es vor allem Märtyrer, die um ihres Glaubens willen gefoltert und getötet wurden. Sie werden verehrt, als Fürsprecher vor Gott für besondere Anliegen angerufen. Nach ihnen werden Kirchen benannt, ihnen sind viele Bilder und Figuren gewidmet. In der → Reformation wurden diese Formen der Heiligenverehrung abgelehnt, man wollte die unmittelbare Beziehung jedes einzelnen Christen zu Gott zum Ausdruck bringen. Einige Beispiele für Heilige → S. 265ff.

Heilige Familie, auch Heilige Sippe, Maria mit dem Kind und Josef in häuslicher Umgebung dargestellt, um 1500 immer mehr beschauliche familiäre Züge annehmend. → Flucht nach Ägypten.

Heiligen geweihte Seitenaltäre → S. 134, Abb. 198; S. 214, Abb. 301.

Heiligenschein → Nimbus.

Heiliger Geist → Pfingsten.

Heiliger Wandel, im 19. Jahrhundert beliebte Darstellung der → Heiligen Familie. Josef und Maria laufen, den kleinen Jesus an der Hand, unter dem Kreuz, von dessen Spitze Gott Vater gnädig herabschaut. Ebenso wie die »Familienaltäre«, auf denen die Hl. Familie in häuslicher Umgebung mit Josef als Zimmermann (mit Säge) abgebildet ist, ist der »Heilige Wandel« Ausdruck der damals sich gegen die Aufklärung wehrende Volksfömmigkeit. → S. 293, Abb. 417.

Heiliges Grab → S. 139, Abb. 207f.

Heilpflanzen → Pflanzensymbolik. → S. 98, Abb. 129; S. 133, Abb. 197.

Heilsgeschichte, theologische Deutung der Geschichte, die sie nicht als bloße Abfolge zufälliger Ereignisse versteht, sondern als ein von Gott initiiertes planvolles Geschehen, das trotz aller Unheilerfahrungen zur Vollendung der Welt und allen Lebens führt. Heilsgeschichtliche Sichtweisen spiegeln sich auch in den → Bildprogrammen der Kirchen, etwa in der typologischen Gegenüberstellung (→ Typologie) von Gestalten und Ereignissen des Alten und des Neuen Testaments. → S. 35, Abb. 43f.

Heimsuchung, häufig dargestellter Besuch der Maria während ihrer Schwangerschaft bei ihrer Base Elisabeth, die auch ein Kind erwartete, den späteren → Johannes den Täufer. Diese Legende bringt die enge Beziehung zwischen Johannes und Jesus zum Ausdruck. → S. 130, Abb. 189.

Herrnhuter Kirchensaal, 1756 erbauter Prototyp für Kirchensäle der Herrnhuter Brüdergemeinde in aller Welt. Dachreiter und hohe Saalfenster sind charakteristisch für die schmucklosen, kanzel- und altarlosen, weiß gehaltenen Versammlungsräume.

Herrschaftssitz, Herrschaftsstand, auch Fürstenloge, herrschaftliches Ausstattungsstück im evangelischen Kirchenbau; oft als eine geschlossene, reich geschmückte Empore für Adlige, mit direktem Blick auf Altar und Kanzel, in der Regel sogar beheizbar. → S. 241, Abb. 351.

Herz-Jesu-Bild, Darstellung Jesu mit dem von einer Gloriole umstrahlten Herzen auf der Brust; als Symbol der Liebe Christi schon im Mittelalter, aber besonders seit dem 18. Jahrhundert beliebt. In verkürzter Form erscheint es als von Nägeln durchbohrtes Herz mit Dornenkrone. → S. 222, Abb. 312.

Himmelfahrt Christi → Christi Himmelfahrt.

Himmelsloch, auch Heilig-Geist-Loch in Deckengewölben, durch das am → Pfingstfest die Lesung des biblischen Berichts von der Sendung des Heiligen Geistes (Apg 2) durch das Herablassen einer Holztaube, gelegentlich auch einer lebenden → Taube symbolisch begleitet wurde. Die im biblischen Bericht erwähnten feurigen Zungen wurden durch Pfingstrosenblätter, durch brennendes Werg, das Brausen des Pfingststurms durch die Orgel und andere Instrumente imitiert.

Himmlisches Jerusalem, das in der Apokalypse des Johannes (Offb 21,1ff.) visionär geschaute Bild der Stadt Gottes mit quadratischen Mauern und vier Türmen (Symbolik der vier Himmelsrichtungen, also alles umfassend), 12 Toren (für die 12 Stämme Israels), 12 Grundsteinen (für die 12 Apostel), dem Thron Gottes und dem → Lamm (für Christus) im Zentrum, über der Quelle eines Flusses (Wasser des Lebens), zu beiden Seiten ein Baum des Lebens. In der Malerei des 15. Jahrhunderts oft als mittelalterliche Stadt dargestellt. → S. 74.

Hirsch → frühchristliche Bildzeichen. → S. 52, Abb. 80; im Jugendstil → S. 296, Abb. 423.

Hirte, der Gute, ein schon aus der Katakombenmalerei der frühen Christen bekanntes Motiv. Mit dem Schaf über der Schulter oder inmitten seiner Herde ist der Gute Hirte Symbol für Christus (Lk 15; Joh 10. → Christusdarstellungen. → S. 222, Abb. 313.

Historismus, Kunststil der zweiten Hälfte des 19. Jahrhunderts (1840–1900), der durch Rückgriffe auf Motive und Stilelemente vergangener Vorbilder (vorwiegend Fassadenkunst) geprägt ist. Den Klassizismus kennzeichnet vor allem die Rückbesinnung auf antike Vorbilder, in der Romantik auch als Rückbesinnung auf das Mittelalter. Neubauten dieser Zeit wurden im Stil der Neuromanik und Neugotik errichtet. → S. 277ff.

Hochaltar, Hauptaltar einer Kirche, im Chor und oft um einige Stufen erhöht aufgestellt.

Hortus conclusus → Pardiesgärtlein. → S. 133, Abb. 197.

Hostie (lat. hostia = Opfergabe), das in der katholischen → Eucharistie- bzw. der evangelischen → Abendmahlsfeier verwendete ungesäuerte Weizenbrot. In der katholischen Kirche werden die bei der Kommunion übrig gebliebenen geweihten Hostien in einem → Tabernakel oder Hostienschränkchen (in der Gotik auch in einem → Sakramentshäuschen) aufbewahrt.

Hostienmühle, auch mystische Mühle genannt. Auf Darstellungen im 15. und 16. Jahrhundert schütten die vier → Evangelisten Getreide in eine Mühle, aus der → Hostien in einen von → Kirchenlehrern gehaltenen Kelch fallen. Die Mühlwelle wird von Aposteln gedreht. Zuweilen lassen Evangelisten die Spruchbänder mit dem »Wort Gottes« in den Mühltrog gleiten, aus dem es in Gestalt von Hostien wieder hervorkommt und von Papst, Kardinälen und Bischöfen in Tabernakelgefäßen (→ Tabernakel) aufgefangen wird, die sie an Gläubige austeilen. Wird die Mühle nicht von Aposteln gedreht, sondern von Wasserkraft angetrieben, dann wird das Wasser von den vier Paradiesflüssen (→ Paradies) geliefert. → S. 43, Abb. 62.

Hut, in der kirchlichen Kunst begegnet er als breitrandiger Pilgerhut (→ Jakobus, → S. 135, Abb. 200) oder als spitzer Hut, der seit dem 13. Jahrhundert zur Tracht der Juden gehörte, daher oft auf Darstellungen der Propheten und Josefs, des Nährvaters Jesu, erscheint.

Ignatius von Loyola, 1491–1556, Gründer des Jesuitenordens, → Jesuiten, → S. 224.

IHS-Trigramm, Abkürzung des Namens Jesu, seit dem Mittelalter als verehrenswertes Zeichen für Christus, zunächst vor allem von den Dominikanern und Franziskanern in einer Strahlensonne verwendet; später bedeutsam für den → Jesuitenorden, dessen Gründer → Ignatius von Loyola das IHS im Strahlenkranz, verbunden mit Kreuz und Nägeln, zum Siegel des Jesuitengenerals bestimmte, weil Jesus der eigentliche Obere des Ordens sei.

Ikonen (griech. eikon = Bild), auf Holz gemalte Kultbilder der → orthodoxen Kirche, auf denen im → Bedeutungsmaßstab Christus als Pantokrator (Allherrscher), Maria, Engel, Heiligengestalten und biblische Szenen dargestellt sind. Ikonen werden verehrt, aber nicht angebetet. Die aus altchristlicher Zeit und der antiken Bildnismalerei entstandene Ikonenmalerei ist streng vorgeschriebenen Regeln unterworfen (zum Beispiel Frontalsicht, Goldhintergrund), die nur eine geringe stilistische Entwicklung zuließen.

Ikonografie, Beschreibung und Erklärung alter Bildwerke auf wissenschaftlicher Basis; Lehre vom Inhalt und Sinn bildlicher Darstellung.

Ikonostase (griech.), eine mit Bildern (→ Ikonen) bedeckte und von ein bis drei Türen durchbrochene Wand, die in den → orthodoxen Kirchen das Allerheiligste vom Gemeinderaum trennt. Ehemals ein niedriger Abschluss, ähnlich den altchristlichen Chorschranken, wuchs die Ikonostase seit dem 14. Jahrhundert vor allem in russisch-orthodoxen Kirchen und kann bis zum Deckengewölbe reichen, um das Sanktuarium den Blicken der Gäubigen zu entziehen. Die Bilder von Aposteln, Heiligen, einheitlich auf Goldgrund, sind nach ihrer Bedeutung in mehreren Reihen übereinander in festgelegter Ordnung platziert; → orthodoxe Kirchen.

Illusionismus, eine im Barock beliebte, räumliche Wirklichkeit vortäuschende Darstellungsweise. → S. 203; S. 216; Abb. 306.

Immaculata → Maria Immaculata.

Inkarnation, auf der Basis vor allem des Johannesevangeliums entwickelte theologische Lehre von der Menschwerdung Gottes in Jesus Christus.

INRI, Abkürzung der nach dem Bericht des Johannesevangeliums (Joh 19,19) von Pilatus auf das Kreuz gesetzten Inschrift: Iesus Nazarenus Rex Judaeorum (lat. Jesus aus Nazareth, König der Juden).

Inschriften → S. 208; S. 239; → Schriftaltäre → S. 193, Abb. 274.

Intarsien, Einlegearbeiten, bei denen meist florale Schmuck- oder Figurenelemente mit helleren Hölzern in dunklere Ausstattungsstücke aus Holz eingefügt werden. Im 18. und 19. Jahrhundert auch in Kirchen sehr beliebt.

Jäger und gejagte Tiere, in der Romanik Sinnbild von Gut und Böse, → S. 33f., Abb. 42.

Jahreszeiten, Monatsbilder. → S. 93, Abb. 125.

Jakobsweg, berühmte Pilgerstraßen mit zahlreichen Jakobus d.Ä. geweihten Kirchen und Klöstern am Weg, die aus allen Teilen Europas nach Spanien führen.

Jakobus, der Ältere, → Apostel, einer der ersten Jünger Jesu. Aussehen und Attribute: bärtig, langes Untergewand, Mantel wie alle Apostel, dazu Pilgertracht; mit breitem Hut, Pilgerflasche, Wanderstab, Beutel und Muschel (Trinkschale der Pilger) als Pilgerabzeichen; Buch als Zeichen für das Evangelium und Schwert als Zeichen für seinen Märtyrertod. Vom 10.–15. Jahrhundert an war sein Grab in Santiago di Compostela in Spanien neben Jerusalem und Rom die bedeutendste Wallfahrtsstätte des Christentums. → S. 135, Abb. 200.

Jessebaum → Wurzel Jesse.

Jesuiten, »Gesellschaft Jesu« (Societas Jesu = S.J.), katholischer Orden, 1534 von → Ignatius von Loyola gegründet, mit besonderen Aktivitäten in den Bereichen von Mission, Erziehung, Unterricht und Wissenschaft. Dass Jesuiten in der ganzen Welt missionarisch tätig waren, zeigt in Jesuitenkirchen die symbolische Darstellung der Erdteile. Oft sind Jesuitenkirchen mit Kollegiengebäuden verbunden.

Jesus-und-Johannes-Gruppen → Andachtsbilder; im Barock → S. 232, Abb. 329.

Joch, Teil des Gewölbes eines Kirchenschiffes, oft durch Gurtbogen von angrenzenden Jochen getrennt.

Johannes der Täufer, Zeitgenosse Jesu, mit dem er in enger Beziehung stand. Johannes kündigte den unmittelbar bevorstehenden Anbruch des Reiches Gottes an, der dann mit Jesu Wirken geschah. Er taufte am Jordan auch Jesus. Später wurde er von König Herodes inhaftiert und auf Wunsch von dessen Tochter Salome getötet, der dann der Kopf des Getöteten in einer Schale überbracht wurde – eine gern auf Gemälden dargestellte Szene. Auch als Taufbeckendeckelbekrönung kommt die Figur Johannes des Täufers mit → Lamm und Buch vor. → S. 231, Abb. 327.

Johannesschüssel, selten erhaltene plastische oder reliefartige Darstellungen des abgeschlagenen Hauptes von Johannes dem Täufer, auf einem Zinn- oder Holzteller dargeboten.

Josef, Hl., der Ziehvater Jesu wird seit dem Barock gerne als Pfeilerfigur oder Standbild zusammen mit dem Jesusknaben, den er an der Hand führt, dargestellt. → S. 266, Abb. 374.

Judas, der Jünger, der Jesus verriet. Auf mittelalterlichen Darstellungen des → Abendmahls kann ihm ein Drache oder eine Schlange als Sinnbild des Teufels beigegeben sein (Joh 13,27: »Als er den Bissen nahm, fuhr der Satan in ihn.«).

Juden, auf mittelalterlichen Bildern oft mit spitzem Judenhut und gelbem Gewand gezeigt, wurden auf Sandsteinreliefs und Chorgestühlschnitzereien vielfach in bösartig diskriminierender Weise zusammen mit einem Schwein dargestellt. Solche Darstellungen machen auf die beschämende Geschichte der durch Christen initiierten Judenverfolgung in Europa aufmerksam. → S. 89.

Jüngster Tag, Jüngstes Gericht, Vorstellung eines endzeitlichen Gerichtsaktes, in dem Christus als Weltenrichter in ausgleichender Gerechtigkeit die Guten belohnt und die Schlechten bestraft (→ Gerichtsportal).

Jugendstilkirchen → S. 295ff., Abb. 419f.

Jungfrauen, törichte und kluge, nach dem Gleichnis Jesu (Mt 25,1ff.) besonders im Mittelalter verbreitete Darstellung im Zusammenhang mit dem → Jüngsten Tag. Oftmals werden die klugen Jungfrauen von der → Ekklesia (Verkörperung der Kirche) angeführt, die törichten von der Synagoge (Verkörperung des Judentums). → S. 89, Abb. 116.

Jungfrauenstein → Dreijungfrauenstein, S. 104, Abb. 147.

Kain und Abel, zwei Brüder, von denen die ersten Seiten der Bibel erzählen (Gen 4): Kain erschlägt im Zorn seinen Bruder Abel. → S. 107, Abb. 157b.

Kaiserthron → S. 22, Abb. 22.

Kalvarienberg, im räumlichen Umfang über die Kreuzwegstationen hinausgehende, meist plastische Darstellungen der Einzelszenen der Passion Jesu (→ Kreuztragung Christi, → Kreuzweg). → S. 82, Abb. 99a, S. 116.

Kanzel (lat. cancelli = Schranken), dient der Predigt und ersetzt den seit dem 4. Jahrhundert üblichen »Ambo« (Lesebühne) vor den Chorschranken. Mit Einführung des Lettners im 13. Jahrhundert wurde von dort gelesen und gepredigt. Im 15. Jahrhundert kamen meist an Vierungs- oder den ersten Langhauspfeilern der Evangelienseite (links) angebrachte, frei stehende, reich bebilderte Kanzeln auf, die zunächst aus Stein, später aus Holz gefertigt waren. → S. 141, Abb. 213. Sie hatten vor allem die Funktion, die Auslegung des Wortes Gottes für alle akustisch verständlich zu machen. In hohen, hallenden Kirchenräumen wurden daher Schalldeckel über der Kanzel eingeführt. → S. 184f., Abb. 260f. → Lutherische Kanzeln in der Renaissance. → S. 193, Abb. 275.; Barockkanzeln → S. 229, Abb. 321f.;

Kanzeln in Rokokokirchen können auch in Rocailleform stuckiert sein. → S. 261; 268f., Abb. 381a.

Kanzelaltar, in evangelischen Kirchen Verbindung von Kanzel und Altar, oft auch mit Orgel entsprechend der Vorstellung des Zusammenhangs von Wort – auch des gesungenen Wortes Gottes – und Sakrament im Gottesdienst. → S. 239, Abb. 346.

Kanzelfuß/Kanzelträger, Kanzelkörbe werden seit der Reformation gerne von Mosefiguren mit den Gesetzestafeln getragen. → S. 193, Abb. 275; auch Mose zusammen mit seinem Bruder Aaron kommt vor. → S. 229, Abb. 322; seltener die Gestalt Jesu → S. 230, Abb. 323.

Kanzeluhr, eine oder mehrere Sanduhren (viertel, halbe, ganze Stunde) halfen die Länge der Predigten zu kontrollieren. → S. 237, Abb. 342.

Kapitell, bildet den oberen Abschluss, den Kopf einer Säule, eines Pfeilers oder Pilasters. Kapitelle sind Trageelemente von Gewölbe und Bogen und somit Schnittstelle zwischen irdischer Säule und dem den Himmel symbolisierenden Bogen. → S. 41f., Abb. 59; S. 170, Abb. 232 → Knospenkapitell; im Jugendstil → S. 296, Abb. 423.

Kardinalshut, Zeichen der Kardinalswürde; flacher, roter, runder Hut mit breiter Krempe und herabhängenden Schnüren, auch Attribut des Hl. Hieronymus.

Kardinaltugenden → Tugenden.

Kartusche, eine mit → Rollwerk oder → Rocaille verzierte Umrahmung für Wappen, Inschriften, Bilder, Embleme in Renaissance, Barock und Rokoko. → S. 260, Abb. 361b.

Kassettendecke, vor allem in der Renaissance vorkommende flache oder gewölbte Decke mit vertieften Feldern, sogenannte Kassetten. → S. 174, Abb. 240.

Katharina, Hl., von Alexandrien; frühchristliche Märtyrerin, eine der am häufigsten dargestellten Heiligen; Attribute sind das Rad, Schwert, Krone und Palmzweig. → S. 104, Abb. 145; → Dreijungfrauenstein.

Katharinenrad, seltene Bezeichnung für Radfenster in Erinnerung an das Rad als Märtyrerattribut der Hl. → Katharina.

Kathedra, Sitz des Bischofs. → S. 41, Abb. 57.

Kathedrale, in England und romanischen Ländern Bezeichnung für die Bischofskirche einer Stadt. Abgeleitet von griech. kathedra = Sitz (später gleichbedeutend mit Bischofsstuhl).

Kelch, als Wein- oder Hostienkelch des → Abendmahls/der → Eucharistie ist der Kelch auf vielen Darstellungen des Kreuzigungsgeschehens zu sehen und verdeutlicht so die Einsetzungsworte Jesu »Das ist mein Leib, für euch gegeben; das ist mein Blut, für euch vergossen«. Er ist auch Attribut der → Ekklesia (Verkörperung der christlichen Kirche) und mancher Heiliger, zum Beispiel von Barbara, Johannes der Evangelist, Benedikt.

Kelchblattkapitell → S. 42, Abb. 59b.

Kerzenleuchter → Leuchterengel › S. 145, Abb. 222f.

Kirchen im 19. Jahrhundert, → S. 277ff. Viele der Ende des 19. Jahrhunderts entstandenen Kirchen sind früheren Stilen nachempfunden. Man bezeichnet sie daher auch als neuromanisch, neugotisch etc. Kritiker im 20. Jahrhundert urteilten – besonders im Vergleich mit den Bauten im Stil der neuen Sachlichkeit – abschätzig über diese Kirchen (»billige Kopien«, »Schreinergotik« u.a.). Um 1975 setzte eine Neubewertung in der Öffentlichkeit ein. Es wurde erkannt, dass vor allem Schmuckformen früherer Stile übernommen wurden, dass aber zum Beispiel das Raumkonzept neuen Vorstellungen, etwa denen des Eisenacher Regulativs (1861; → S. 278), entsprachen. Emporen beispielsweise sollten nicht mehr die Sicht auf den Altar behindern. Sie wurden nun oft einseitig in ein Seitenschiff verlegt.

Kirchen im 20. und 21. Jahrhundert → S. 305ff.

Kirchenjahr, Abfolge der Festkreise der Weihnachts-, Oster- und Pfingstzeit, samt vieler einzelner Fest- und Gedenktage. Ihnen sind auch die liturgischen Farben der → Paramente zugeordnet. Der Weihnachtsfestkreis beginnt mit der vorbereitenden Adventszeit und endet am 2. Februar (Maria Lichtmess); der Osterfestkreis beginnt am Aschermittwoch mit der Fasten- bzw. Passionszeit und endet mit dem Himmelfahrtstag.

Kirchenlehrer, Kirchenväter, seit dem 5. Jahrhundert bekannter Begriff für vom Papst oder einem Konzil mit dem Titel Doctor ecclesiae ausgezeichnete Theologen, die auch als → Heilige verehrt werden. Sie sind oft an Kanzelbrüstungen abgebildet:
Augustinus (354–439, Bischof) ist der bedeutendste Kirchenlehrer. Attribute: Buch, Mönchsgewand auf Darstellungen des Augustinerordens; mit einem Kind, das das Meer auszuschöpfen versucht (= Aufnahme einer Legende);
Hieronymus (340/50–419/29, Kardinal); Attribute: Eremitenkleidung oder im Mittelalter Kardinalstracht, Löwe, Kreuz und Totenkopf als Eremitenzeichen, Buch, Federkiel und Taube als Zeichen göttlicher Inspiration;
Gregor der Große (540–604, Papst), Attribute: Papstornat mit Buch, Federkiel und Taube (göttliche Inspiration), abgebildet auch mit Kaiser Trajan, den er aus der Hölle rettet. → S. 218, Abb. 305.
Ambrosius (um 340–397, Bischof); Attribute: Bischofstracht, Bienenkorb (Bienen als Zeichen für Beredsamkeit und Gelehrsamkeit), Kind in der Wiege, das ihn zum Bischof beruft, Buch, Federkiel, Taube (Zeichen für göttliche Inspiration).
Auf Marienbildern erscheinen die Kirchenväter als Zeugen der Himmelfahrt Mariens und sind Begleiter der Himmelskönigin mit dem Jesuskind. Im Zeitalter des Barock sind sie als Kronzeugen des Glaubens vor allem an Hochaltären und auf Deckengemälden zu finden.

Kirchenpatrone, → Heilige, auf deren Namen Kirchen geweiht wurden. Oft sind im Inneren der Kirche Statuen von ihnen aufgestellt, bzw. schildern Altäre und Glasfenster Begebenheiten ihres Lebens. → S. 135, Abb. 199f.

Klassizismus, Kunstrichtung, die durch den bewussten Rückgriff auf die klassische Kunst der Antike gekennzeichnet ist. Europäischer Kunststil zwischen 1780 und 1830 als Gegenbewegung zu Barock und Rokoko. → S. 280f., Abb. 391ff.

Klosterkirchen → S. 56.

Knorpelstil, Knorpelwerk, Ornamentformen des 17. Jahrhunderts, die sich aus knorpelartig verdickenden Gebilden zusammensetzen, zum Beispiel an norddeutschen Altären der Spätrenaissance und des Frühbarock. → S. 184, Abb. 258.

Knospenkapitell, frühgotische Form des → Kapitells, dessen Kelch von wenigen steifen Blättern umgeben ist, die in überhängenden dicken Knospen enden.

Knotensäule, romanische Doppelsäule, deren Schäfte in halber Höhe miteinander verknotet sind. Sie werden als das Böse abweisende Symbolik gedeutet. → S. 33, Abb. 41.

Königsgalerie, oberhalb der Portale an der Außenfassade gotischer, vor allem französischer Kathedralen angebrachte Galerie, in der in langer Reihe die Skulpturen der Könige Israels als Vorfahren Christi stehen. Auch Heerscharen von Heiligen finden sich zuweilen dort über dem Portal bzw. unter oder über dem Rundfenster.

Konche (griech. Muschel), Nischenwölbung, halbrunde Apsis. Bei einem kleeblattförmigen Grundriss, bei dem die Arme des Querschiffs wie der Ostchor in Apsiden enden, spricht man von einer Dreikonchenanlage. → S. 28, Abb. 28.

Konsole, Stein, der aus der Wand herausragt, tragende Funktion hat und in der Gotik oft mit steinernen Köpfen verziert ist. → S. 92, Abb. 124a–d.

Kosmos, Sonnenscheibe, Mondsichel, Sterne. Die Gestirne symbolisieren das Weltall und Gottes Schöpfung; → S. 96, Abb. 128i; S. 111, Abb. 166. Maria wird häufig im Strahlenkranz, umgeben von 12 Sternen dargestellt, auf einer Mondsichel stehend. Dies erinnert an die Vision von der »Himmelsfrau« in Offb 12, → S. 139, Abb. 195.

Sonne und Mond finden sich rechts und links neben Kreuzigungsdarstellungen. (Lukas berichtet: »und die Sonne verdunkelte sich«, Lk 23,41.) In diesem Zusammenhang werden Sonne und Mond auch von den Kirchenvätern als Sinnbild für das AT und NT bzw. für Synagoge und → Ecclesia bezeichnet. Der Stern, der die drei Weisen nach Bethlehem führt, weist auch auf das in christliches Gedankengut übernommene astrologische Wissen der Antike.

Krabben, kleine knospenartige Verzierungen, zum Beispiel an gotischen → Fialen, → Wimpergen und → Altären, → S. 79, Abb. 94d; S. 98, Abb. 130a.

Kreis, als Linie ohne Anfang und Ende Sinnbild der Ewigkeit und der Existenz Gottes. → S. 29; S. 102.

Kreuz, universales religiöses Symbol, das seit jeher mit den sich schneidenden vertikalen und horizontalen Achsen von Himmel und Erde in Verbindung gebracht wurde. Im christlichen Zusammenhang steht es für Jesu Tod auf Golgotha. Seit dem 4. Jahrhundert ist das leere Kreuz Symbol seines Leidens genauso wie seines Sieges über den Tod. Als zentrales Symbol der Christenheit bestimmt es auch die Segensgeste. → Triumphkreuz, S. 38, Abb. 47–49; S. 113, Abb. 168f.; S. 310, Abb. 435b.
Neben dem üblichen lateinischen Kreuz (vier Arme, Querbalken relativ weit oben und kürzer als Längsbalken) finden wir vor allem das Antoniuskreuz in T-Form, Letzteres auf Kreuzigungsdarstellungen oft für Schächer verwendet, das → Gabelkreuz (Baumkreuz oder Astkreuz) und das Kleeblattkreuz (mit wie zum Kleeblatt ausgewölbten Enden) in der abendländischen Kunst der Gotik dargestellt. → S. 113, Abb. 169; S. 114, Abb. 170f.
Der frühe ost- und westeuropäische Kirchenbau richtet sich in seinen Grundausrichtungen nach dem griechischen Kreuz (vier Arme von gleicher Länge) bzw. dem lateinischen Kreuz. → S. 48, Abb. 72b.
Das Kreuz erscheint als bedeutendstes Sinnbild christlichen Glaubens auch als Bekrönung auf Kirchturmspitzen. → S. 13, Abb. 3. Zu Kreuzen an Glockentürmen → S. 309.

Weitere Formen: Kreuz über einem Kreis als Sinnbild der Herrschaft Christi über den Erdkreis. Kaiser übernahmen diese Form als Reichsapfel, um ihre irdische Macht anzuzeigen. → S. 179, Abb. 249.

Kreuzabnahme, Darstellung, wie Nikodemus und Joseph von Arimathäa den Leichnam Jesu vom Kreuz nehmen. → Grablegung.

Kreuzaltar, im Barock und Rokoko mit monumentalen plastischen Kreuzdarstellungen – anstelle gemalter oder geschnitzter Altarblätter – gekrönter Hauptaltar. → S. 262, Abb. 366b.

Kreuzblume, gotische Schmuckform an der Spitze von → Fialen und → Wimpergen, bei der Knospen oder Blumen wie Blattwerk kreuzförmig angeordnet sind. Sie schließt gotische Turmspitzen, auch → Gesprenge gotischer Altaraufbauten ab. → S. 79, Abb. 94; S. 98, Abb. 130c.

Kreuzfahne, langer Stab in der Hand des aus dem Grab auferstehenden Christus, der in einer Fahne mit dem Kreuzzeichen als Zeichen seines Sieges über den Tod endet. → Auferstehung.

Kreuzgang, sich an Klosterkirchen anschließender, zu einem Binnenhof öffnender Viereckgang mit Bogenstellungen, meist überwölbt und schön ausgestaltet. Er dient den Mönchen und Nonnen als Ort der Besinnung im meditierenden Schreiten. Oft befindet sich in der Mitte des Innenhofs oder an einer Seite ein Brunnen oder eine Quelle. Vom Kreuzgang aus gelangt man zu den zentralen Räumen des Klosters. Kapitelle der Säulen sind oftmals reich mit Ornamenten und Figuren geschmückt. → S. 56f., Abb. 87; 88.

Kreuzrippengewölbe → S. 94, Abb. 127.

Kreuztragung Christi, auf mittelalterlichen Darstellungen trägt Jesus das Kreuz auf dem Weg nach Golgatha immer selbst; ab dem 14. Jahrhundert werden mehrere Begleitpersonen gezeigt, unter ihnen auch Simon von Zyrene. Weitere Ausgestaltungen erfolgen – wohl unter dem Eindruck der Passionsspiele – mit Kriegsknechten, und um 1400 taucht das Veronika-Motiv mit Dornenkrone auf → Schweißtuch der Veronika,

auf dem sich das mit Dornen gekrönte Gesicht Jesu abgebildet hat. Ab dem 15. Jahrhundert wird der → Kreuzweg in 12 Kreuzwegstationen unterteilt, die im 17. und 18. Jahrhundert auf 14 Stationen ausgeweitet werden. Dazu kommen dann auch die plastischen Szenen des → Kalvarienbergs.

Kreuzweg, innerhalb der Kirche entlang der Wände durch Bilder oder Täfelchen oder außerhalb der Kirche durch Kapellen bzw. Bildstöcke bezeichneter Weg, der in vierzehn Stationen Jesu Leidensweg vom Haus des Pilatus bis nach Golgatha, der Hinrichtungsstätte, abbildet. Er wird am Karfreitag gemeinsam meditierend begangen. → S. 236, Abb. 340; → S. 315.

Kriechblume, Krabbe, blattförmige Verzierung an Kanten gotischer → Giebel, → Fialen, → Wimperge. → S. 98, Abb. 130b.

Krippe, Weihnachtskrippe, figürlich-räumliche Darstellung des Weihnachtsgeschehens. Wurzeln liegen in der von Franz von Assisi im 13. Jahrhundert überlieferten »lebenden Krippe«, d.h. um einen Futtertrog versammelte Tiere, vor denen Franziskus seine Weihnachtspredigt hielt, vermutlich auch im geistlichen Schauspiel und in geschnitzten Weihnachtsszenen spätgotischer Altäre. In der uns bekannten Form begegnen Krippen im 14./15. Jahrhundert erstmals in Italien. Besonders Jesuiten pflegten diese Tradition im Zusammenhang einer volksnahen, anschaulichen Verkündigung. In der Aufklärungszeit wurden die Krippen aus den Kirchen verbannt und fanden in den Wohnhäusern eine neue Tradition.

Krone des Lebens, in den sog. Sendschreiben der Offenbarung des Johannes (→ Apokalypse) Symbol des ewigen Lebens als Lohn für Standhaftigkeit in den aus Glaubensgründen ertragenen Leiden.

Kronleuchter, romanische Lichtkronen, mit Türmen und Toren als Abbild des → Himmlischen Jerusalems. In der Gotik entstanden zweifach übereinander gesetzte Kreise wie eine → Kreuzblume.

Krummstab, mannshoher Hirtenstab, Sinnbild des bischöflichen Hirtenamtes.

Kruzifix, Darstellung des ans Kreuz geschlagenen Jesus. → Kreuz.

Krypta, Gruft unter dem Chor und Altarraum romanischer Kirchen, auch Unterkirche genannt, diente als Grabstätte und zur Aufbewahrung von → Reliquien. → S. 22f., Abb. 23.

Kümmernis, eine von der Kirche nicht anerkannte Heilige. Wohl aufgrund eines Missverständnisses als bärtige gekreuzigte Jungfrau mit goldenem Schuh und langem Gewand dargestellt.

Künste, die sieben freien, über die der freie Mann in der Antike – im Unterschied zum unfreien – verfügen sollte. Es waren die Wissenschaften Rhetorik, Grammatik, Dialektik, Geometrie, Arithmetik, Astronomie und Musik. → S. 91, Abb. 120f.

Kunigunde, Hl., mit Ehemann Heinrich II. 1004 zur dt. Kaiserin gekrönt; 1200 heiliggesprochen, → S. 111, Abb. 167a.

Kuppel, dient der Überwölbung runder oder quadratischer Räume. Im Kirchenbau vor allem seit der Spätrenaissance beliebt, → S. 167, Abb. 227f.; im Barock vermehrt auch an flache Decken mit täuschend echt erscheinenden in illusionistischer Malerei gestalteten Scheinkuppeln, → S. 216.

Labyrinth, ursprünglich aus Kreta, in der Gotik als kunstvoll geometrisches Großornament auf Böden und als Sinnbild kunstvollen Bauens beliebt. Von Gläubigen wurde es als meditativer Weg genutzt – als Sinnbild für den Weg nach Jerusalem, auch als Bußübung, wenn die Gläubigen sich auf Knien auf ihm vorwärtsbewegten.

Laibung, schräger Gewändeeinschnitt für Fenster und Türen in romanischen Kirchen, einerseits um den Lichteinfall zu vergrößern, andererseits um die Dicke der Mauern und ihre Mächtigkeit und Schutzfunktion zu demonstrieren, → S. 29, Abb. 29a.

Laienaltar, unter dem Triumphbogen aufgestellter, meist dem Heiligen Kreuz gewidmeter Altar in Kirchen, deren Lettner den Blick auf den Hauptaltar verstellt.

Lamm Gottes, die Symbolik nimmt alttestamentliche Aussagen vom leidenden Gottesknecht auf (Jes 53,7), der geduldig wie ein Lamm sein Leiden auf sich nahm. Diese Aussagen wurden auf Jesus und sein Leiden und Sterben bezogen. Die Vorstellung von Jesus als Lamm Gottes findet sich auch in Worten von Johannes dem Täufer (Joh 1, 29: »Siehe, das ist Gottes Lamm, das der Welt Sünde trägt«). Als Hinweis auf die Auferweckung Jesu Christi von den Toten ist das siegreiche Gotteslamm mit Kreuzstab, Kreuzfahne und Kelch, in den aus einer Seitenwunde das Blut fließt, ein beliebtes Christussymbol der abendländischen Kunst. Darstellungen von Christus als Gotteslamm begegnen auch in Bildern zur → Apokalypse, in deren Visionen ein Lamm neben dem Thron Gottes steht. → Agnus Dei.

Laster, oft auf Weltgerichtsdarstellungen personifiziert als »Habgier« (Avaritia) und »Zügellosigkeit« (Luxuria). → Tugenden. → S. 90f.

Laterne, gegliederter türmchenartiger Aufbau über dem Scheitel einer Kuppel, auch auf barocken Turmhelmen.

Lauretanische Litanei → S. 175, Abb. 242.

Lebensalter → S. 92, Abb. 122f.

Lebensbaum, nicht nur in der christlichen Kunst Sinnbild für das Leben und die Lebenskraft. → S. 99, Abb. 131.

Leidenswerkzeuge, arma Christi, bis zu 33 verschiedene Marterwerkzeuge und Gegenstände, die bei der Kreuzigung Christi erwähnt werden. → S. 138, Abb. 205; S. 221, Abb. 311.

Leiter → Leidenswerkzeuge.

Lesepult → Ambo; → Adlerpult → S. 52, Abb. 79; S. 141, Abb. 214.

Lettner, Bühne, die den Chor vom Mittelschiff trennt. → S. 102, Abb. 138f. In katholischen Kirchen wurden die Lettner in der Folge des Konzils von Trient (16. Jahrhundert) entfernt und durch → Chorschranken ersetzt. Sie finden sich nur noch in den im Zuge der Reformation evangelisch gewordenen Kirchen.

Leuchterengel, holzgeschnitzte und farbig gefasste, gotische Leuchterengel flankierten rechts und links gotische Flügelaltäre und blieben später, als diese durch Barockaltäre ersetzt wurden, als dekorative Ausstattungsstücke erhalten. → S. 145, Abb. 222; S. 182, Abb. 255.

Lichtsäule → S. 228.

Lilie, marianisches Symbol der Reinheit und der Sündenvergebung, → S. 53, Abb. 84c, , daher auch auf Verkündigungsdarstellungen. → S. 259, Abb. 360.

Liturgie, Ordnung, die den Ablauf christlicher Gottesdienste regelt.

Liturgische Farben → S. 316.

Löwe, → S. 40f., Abb. 56ff.; im Jugendstil → S. 296, Abb. 423; Darstellungen eines Löwen mit seinen Jungen verweisen auf eine Textstelle im → Physiologus, in der es heißt: »Wenn die Löwin ihr Junges wirft, so ist es zuerst tot. Die Löwin aber behütet das Geborene, bis dass sein Vater kommt am dritten Tage und ihm ins Antlitz bläst, und es erweckt.« Daher gilt diese Darstellung als Hinweis auf Tod und Auferstehung, → S. 105, Abb. 149b.

Lukasbilder, der Legende nach war der Evangelist Lukas auch ein Maler, von dem Jesusbilder stammen. Besonders beliebt waren im 15. Jahrhundert Darstellungen, wie Lukas gerade Maria malt.

Luther, Martin, 1483–1546, Augustinermönch und Theologieprofessor, der mit seinen 95 Thesen zur Reform der Kirche 1517 eine Bewegung initiierte, die zur Trennung von der katholischen Kirche und der Begründung des evangelischen Kirchenwesens führte. Neben den evangelisch-lutherischen Kirchen gewannen mit den Reformatoren Calvin und Zwingli auch evangelisch-reformierte Kirchen Gestalt. Die »neue Lehre« der Reformatoren wirkte sich auch im Kirchenbau aus; → Kanzelaltar. Beachtenswert ist dabei, dass die evangelisch-reformierte Tradition – im Unterschied zur evangelisch-lutherischen – auf künstlerische Gestaltung der gottesdienstlichen Räume weitgehend verzichtete.

Lutherrose, die weiße Rose in einem roten Herz mit einem schwarzen Kreuz auf blauem Grund wählte sich Luther als Wappenzeichen. → S. 194, Abb. 277.

Luxuria → Frau Welt.

Madonna, Darstellung der Maria mit dem Kind; in romanischer Zeit als feierlich strenge Majestät; erste Freifiguren sind als Sitzbilder dargestellt – Maria bildet so den Thron des Kindes. → S. 40, Abb. 53.
In der Gotik trägt Maria das Kind auf dem Arm und zeigt liebenswürdige Menschlichkeit, → S. 131, Abb. 190ff.
Im 14. Jahrhundert wird die Szene mütterlicher und lebendiger und erfährt im 15. Jahrhundert eine Steigerung ins Lieblich-Idyllische hin zur »schönen Madonna« (Madonna im Rosenhag, im Paradiesgärtlein, → S. 133, Abb. 197), auf Tafelbildern oft zusammen mit Heiligen und Stiftern. In der Renaissance ist sie oft im bürgerlichen Interieur dargestellt. Im Manierismus der Spätrenaissance wird die häusliche spielerische Umgebung zugunsten einer förmlicheren Darstellung aufgegeben. Mariendarstellungen zeigen die Madonna nun entrückt im Himmel oder umgeben von Heiligen in himmlischen Sphären. Auch im Barock finden sich eher dem Irdischen entrückte Darstellungen. → Schutzmantelmadonna.

Madonna im Rosenkranz, → die sieben Freuden und sieben Schmerzen Mariens. → S. 177f., Abb. 248.

Madonnenbild, frei stehende Skulptur der Mutter Gottes mit dem Kind; früheste Beispiele aus der Romanik → S. 40, Abb. 53f.; aus der Gotik → S. 131, Abb. 190f.; aus der Renaissance → S. 184, Abb. 259; aus dem Barock → S. 233, Abb. 334; aus dem Rokoko → S. 268, Abb. 379f.

Märtyrer (griech. Zeuge), wurden besonders während der Zeit römischer Christenverfolgungen wegen ihres Glaubens gefoltert und getötet, später heiliggesprochen (→ Heilige). Auf Abbildungen tragen sie Palmenzweige in Händen und es sind ihnen die Werkzeuge, mit denen sie gefoltert oder getötet wurden, beigegeben. Zu den bekanntesten gehören: → Barbara (Turm), → Katharina (Rad, Schwert), → Stephanus (Steine) und → Sebastian (Pfeile).

Märtyrergräber, Gebeine von Märtyrern wurden in vielen barocken Kirchen an Seitenaltären in verglasten Edelholzsärgen zur Verehrung ausgestellt. → Reliquien.

Maestà (ital.), Begriff für die Darstellung der thronenden Madonna, die von Engeln und Heiligen umgeben ist, vor allem im 12. und 13. Jahrhundert beliebt.

Majestas Domini (lat. Herrlichkeit des Herrn), Darstellung des thronenden Christus, die rechte Hand zum Segen erhoben und in der linken ein Buch haltend. Oft als Wandmalerei in der Apsiskuppel, auch von zwölf Aposteln umgeben und von anderen Heiligen ergänzt. Die Figur ist streng frontal dargestellt, mit geschlossenen Konturen, geradlinig oder ornamental abstrahierter Gewandfaltenbildung, mit übergroßen, starr blickenden Augen in hoheitsvoller Geste. → S. 31, Abb. 32f.; S. 85, Abb. 105.

Mandorla (ital. Mandel), mandelförmiger Heiligenschein, der die ganze Figur Jesu oder Heiliger umschließt, → S. 31, Abb. 32f.

Manierismus, anderer Begriff für Spätrenaissance. → S. 169f., Abb. 230.

Margarete, Hl., Attribut ist der Drache; eine der → Vierzehn Nothelfer. → S. 134, Abb. 198.

Maria auf der Mondsichel → S. 132, Abb. 195.

Maria Immaculata (lat. die Unbefleckte), bezieht sich darauf, dass Maria als künftige Gottesmutter selbst von Anfang an ohne Erbsünde war. Diese Lehre von der sogenannten »unbefleckten Empfängnis« wurde 1854 zum Dogma erhoben.

Auf Abbildungen tritt Maria mit einem Fuß auf den Kopf der Schlange, welche die Erbsünde und das Böse allgemein symbolisiert.

Maria lactans, die gelegentlich als stillende Mutter dargestellte Maria.

Marienbild, Maria ist die Patronin vieler Kirchen. Sie gehört zu den am meisten dargestellten Figuren in der christlichen Kunst (→ Gnadenbild). Theologie und Volksfrömmigkeit formten über Jahrhunderte hinweg vielfältige Formen der Marienverehrung, die aber in den evangelischen Kirchen nicht weitergeführt wurden. → Madonna.

Marienklage → Pietà, → Vesperbild → S. 137, Abb. 203; trauernde Maria → S. 121, Abb. 178; S. 232, Abb. 328.

Marienleben, Bilderzyklen zur Lebensgeschichte der Maria, von ihrer Geburt über die Verkündigung durch den Engel Gabriel, die Geburt Jesu, die Beweinung des toten Jesus bis zu ihrem Tod und Krönung im Himmel. → S. 129f., Abb. 188ff.

Marienportal → S. 85, Abb. 106, 109.

Mariensymbole → S. 130 und 175, Abb. 242.

Martin, Hl., 316–397, eine der bekanntesten Heiligengestalten, war Bischof in Tours. Im Mittelpunkt der Legenden zu seinem Leben steht das Teilen seines Mantels vom Pferd herab mit einem Bettler. → S. 21, Abb 19a; S. 51, Abb. 76; S. 106, Abb. 154; S. 266f., Abb. 375.

Maßwerk, steinernes aus Kreisen und Kreisbogen mit Zirkelschlägen konstruiertes geometrisches Ornament der Gotik, vor allem im Bogenfeld gotischer und neugotischer Fenster; je nach Formen unterscheidet man Dreipass, Vierpass, Fünfpass. → S. 79, Abb. 93f.; S. 110, Abb. 164.

Medaillon, rund oder oval gerahmtes Bild, in Renaissance-, Barock- und Rokokokirchen beliebt.

Mensa (lat. Tisch) → Altartisch.

Michael, Hl., → Erzengel; romanisch → S. 40, Abb. 55; gotisch → S. 88, Abb. 113; Renaissance → S. 172, Abb. 239; Rokoko → S. 266f., Abb. 376; neuromanisch → S. 285, Abb. 405.

Mirakelfresken, im Zuge nachreformatorischer Marienwallfahrten und Neugründungen von Wallfahrtskirchen führten oftmals Fresken mit Wunderdarstellungen in das theologische Programm dieser Kirchen ein. So werden zum Beispiel Wunder Jesu und Gebetserhörungen aufgrund der Fürsprache Mariens in der Figur des Gnadenbildes einander gegenübergestellt.

Misericordie → S. 106, Abb. 155.

Missionsbilder, Darstellungen zum Beispiel auf Deckenfresken bedeutender barocker Klosterkirchen, wie Ordensangehörige in den damals bekannten vier Erdteilen Europa, Afrika, Asien und Amerika den christlichen Glauben verbreiten.

Mitra, Bezeichnung der Kopfbedeckung von Bischöfen oder Äbten bei einer liturgischen Handlung.

Monatsbilder, vor allem an Portalen französischer Kathedralen vorkommende und meist in Parallele mit Tierkreiszeichen dargestellte Szenen ländlicher Tätigkeiten im Jahreskreis. → S. 93, Abb. 125.

Mond → Kosmos.

Mondsichel, Maria auf der Mondsichel → S. 132, Abb. 195.

Monstranz, kostbar verziertes Schaugefäß für die Hostie. → S. 145, Abb. 221.

Mose, mit seiner führenden Rolle beim → Exodus, der Befreiung israelitischer Stämme aus ägyptischer Gefangenschaft, verbindet sich seine besondere Mittlerfunktion zwischen Gott und seinem Volk, auch als Überbringer der Tafeln mit den Zehn Geboten (→ Gottes Gebote).

MRA, so wie Jesu Name und Bedeutung mit → IHS verschlüsselt dargestellt wurde, steht diese besonders in der Renaissance und dem Barock weit verbreitete Buchstabenfolge für Maria, die »Königin der Engel« (Maria Regina Angelorum). → S. 209, Abb. 296 oben.

Münster, Klosterkirche bzw. große Pfarrkirche in Süddeutschland.

Muschel, Pilgerzeichen des Hl. → Jakobus sowie aller nach Santiago di Compostela Pilgernden. Pilger benutzten die Muschel-Schale als Trinkgefäß und trugen sie am Hut befestigt mit sich. → S. 135, Abb. 200.

Muttergottesleuchter, seit dem 15. Jahrhundert bekannte Form des Kronleuchters, in dessen Mitte die Figur Marias, der »Mutter Gottes«, oft inmitten eines Geweihs, steht.

Mysterienbühne, eine heute fast vergessene Form von in Barockaltären eingebauten theatermäßigen Inszenierungen biblischen Geschehens. Vor einem beweglichen Altarbild wurde in der Passionszeit die kulissenartige Bühne für verschiedene Szenen geöffnet: Christus am Ölberg, Kreuzigung und Auferstehung. Mechanische Vorrichtungen ermöglichten es, überlebensgroße Figuren zu bewegen und agieren zu lassen. → S. 228, Abb. 320.

Mystik, Geisteshaltung und Frömmigkeitspraxis, die im späteren Mittelalter (um 1300) einem neuen Ideal christlicher Frömmigkeit, dem Streben der Gläubigen nach andächtiger Versenkung im Gebet folgte. Dieses stark auf persönliche Gläubigkeit beruhende religiöse Gefühl konnte bis zu Visionen, Ekstase und Verzückung führen. Solches Streben nach eigener Gottesbegegnung, nach der Einwohnung Gottes im eigenen Inneren, förderte das Aufkommen der in Seitenkapellen aufgestellten Andachtsbilder aus Stein, Ton oder Holz; → Gabelkreuze, → Vesperbilder (Pietà), → Christus-Johannes-Gruppen, → Schmerzensmann.

Mystische Mühle → Hostienmühle. → S. 43, Abb. 62.

Nägel, ihre Darstellung erinnert an die → Kreuzigung Jesu. Sie sind eines der → Leidenswerkzeuge (→ Herz-Jesu-Bilder); zur Nagelschrift → S. 320, Abb. 437.

Name Jesu → Fisch, → IHS-Trigramm, → Christusmonogramm.

Nazarener, Gruppe deutscher Maler im 19. Jahrhundert, die eine neudeutsche, religiös-patriotische Kunst nach dem Vorbild Dürers und Raphaels schaffen wollten. Sie arbeiteten in Rom und traten zum Katholizismus über. Am bekanntesten sind Schadow, Cornelius, Overbeck und Schnorr von Carolsfeld.

Nepomuk, Hl. → S. 266f., Abb. 377.

Neubarock → S. 293f., Abb. 418.

Neugotik, in Kirchenbau und Kirchenausstattung des 19. Jahrhunderts Rückgriff auf Formen der Gotik. → S. 286f., Abb. 406f.

Neurenaissance → S. 291, Abb. 414.

Neuromanik, Rückgriff auf romanische Formen im Kirchenbau des 19. Jahrhunderts, jedoch seltener als die gleichzeitig in Mode gekommenen neugotischen Bauten. → S. 283f., Abb. 401f.

Nikolaus, Hl., beliebter Heiliger. Die Überlieferung weist auf einen Bischof, der Anfang des 4. Jahrhunderts in Myra (Kleinasien, heutige Türkei) lebte. Sein Attribut (drei Goldkugeln) erinnert an eine Legende, nach der er mit ihnen eine Familie mit drei Töchtern aus bitterer Not befreite. Auch die am 6. Dezember gefüllten Schuhe erinnern daran. → S. 135, Abb. 199.

Nimbus, Heiligenschein, Strahlenkranz um den Kopf göttlicher bzw. heiliger Personen, → S. 83, Abb. 101. Etwa seit dem 2. Jahrhundert sind nimbierte Christusdarstellungen auf → Sarkophagen bekannt. In der frühchristlichen Kunst besteht der Nimbus aus zwei parallelen Kreisen. Nur Christus, dann auch Gottvater und die Taube als Symbol des Heiligen Geistes, auch die auf manchen Darstellungen aus dem Himmel herabreichende Hand Gottes tragen einen sog. Kreuznimbus, in dem das Kreuz zu sehen ist. Zugleich weist das Kreuz in Darstellungen des Jesuskindes auf dessen spätere Passion hin. Der den ganzen Körper Jesu umgebende Lichtglanz wird auch Aureole oder Glorie genannt. Die nimbierte Figur

wird so zur Lichterscheinung. Ist die Aureole mandelförmig, heißt sie → Mandorla.

Nischenfiguren, sie treten vor allem an Renaissancefassaden und an den Wänden von Wandpfeilerkirchen auf. → S. 168; im Barock → S. 208, Abb. 294.

Nothelfer, vierzehn, → S. 134, Abb. 198; Nothelferaltar der Renaissance → S. 183, Abb. 256.

Obelisk (griech. Bratspießchen), Steinpfeil aus dem ägyptischen Sonnenkult, verweist symbolisch auf Ägypten, zum Beispiel auf Darstellungen von Mose bei der Flucht aus Ägypten, auch der Hl. Familie bei ihrer Flucht nach Ägypten. Als Bauelemente an Kirchen erscheinen sie als Schmuck an Renaissancegiebeln. → S. 170, Abb. 230; S. 206, Abb. 289.

Ochsenauge, Rundfenster im Barock. → S. 207, Abb. 290.

Ölbergszene, an Nebenportalen. → S. 82, Abb. 99a; S. 88, Abb. 111.

Offenbarung des Johannes → Apokalypse.

Oratorien, verglaste, nicht öffentliche Beträume im Chor zumeist von Klosterkirchen. → S. 270.

Ordensgründer → S. 224.

Ordenskirchen, Mönchsorden zugeordnete Kirchen. Für die Predigttätigkeit der Dominikaner und Franziskaner entstanden oft geräumige Kirchenbauten, → S. 224.

Orgel, Musikinstrument in der Kirche mit manchmal über 10000 Pfeifen. Die sich dem Betrachter zeigende Vorderfront, der architektonisch gestaltete Orgelprospekt, ist oft mit Figuren (v.a. → David mit der Harfe) verziert, manchmal ist der Prospekt mit bemalten Holzflügeln versehen. → S. 143, Abb. 219.

Ornament, Verzierung, Schmuck aus geometrischen, pflanzlichen, tierischen oder menschlichen Formen. → Romanik, → Gotik.

Orthodoxe Kirchen (griech. rechtgläubig). Neben den römisch-katholischen und den evangelischen christlichen Kirchen sind die orthodoxen Kirchen die drittgrößte christliche Gemeinschaft; starke Bindungen an frühchristliche Traditionen, besonders der Betonung der → Liturgie und der liturgischen Gesänge im Gottesdienst; Gliederung des Kirchenraums in verschiedene Zonen; → Ikonostase.

Ostung, seit dem frühen Mittelalter übliche Ausrichtung der Längsachse christlicher Kirchen von West nach Ost, sodass der Chor und Altar nach Jerusalem, zentrale Stätte des Christentums und zugleich aller drei monotheistischen Weltreligionen, weisen. Zudem ist es die Himmelsrichtung, aus der das Morgenlicht in die Kirche fällt. → S. 12, Abb. 1.

Ottonische Baukunst und Bildwerke, die Kirchen aus der Zeit der frühmittelalterlichen ottonischen Könige und Kaiser (sächsische Dynastie und frühe Salier) sind rechteckig, mit nach Osten gerichteter Apsis und Giebeldach aus Holz, oder nach römischem Vorbild dreischiffige durch Arkaden getrennte Anlagen, in karolingischer Zeit auch Rundbauten (die bedeutendste ist die Pfalzkapelle in Aachen, → S. 20). Neben religiöser Kleinkunst entstehen erste Großplastiken: Kruzifixe, bronzene Portale und Holzplastiken, bisweilen mit Gold- oder Silberblech verkleidet und mit Edelsteinen verziert.

Palme, im Mittelmeerraum Symbol des Lebens und des Sieges. Jesus wurde bei seinem Einzug in Jerusalem mit Palmzweigen begrüßt. Die Palme gilt auch als Lebensbaum und ist Hinweis auf die Auferstehung, als Sieg Christi über den Tod.

Palmesel, Palmchristus, zur Erinnerung an Christi Einzug in Jerusalem in Palmsonntagsprozessionen mitgeführter hölzerner Esel auf Rollen, auf dem eine lebensgroße Jesusfigur mit segnender Gebärde sitzt. Mit dem Palmsonntag als Sonntag vor Ostern beginnt die Karwoche.

Palmette, antikes Ornament, nach dem Blatt der Fächerpalme gestaltet. Bevorzugte Pflanzendarstellung an → Kapitellen, besonders des → Klassizismus.

Pantokrator (griech. Allherrscher), Darstellung des auferstandenen und zur Rechten Gottes erhöhten Christus, der als Herr der Welt verehrt wird; oft in byzantinischen Apsis- und Kuppelfresken dargestellt, auch inmitten der Evangelisten bzw. deren Symbolen als → Majestas Domini. In → orthodoxen Kirchen neben dem Marienbild beherrschende Darstellung des Altarraumes hinter der → Ikonostase.

Papsttum, die Bischöfe in Rom und Nachfolger des Apostels Petrus hatten schon im frühen Christentum eine herausgehobene Rolle. Diese stützt sich bis heute auf die überlieferten Worte Jesu (Mt 16,18): »Du bist Petrus, und auf diesen Felsen werde ich meine Kirche bauen, und die Mächte der Unterwelt werden sie nicht überwältigen. Ich werde dir die Schlüssel des Himmelreichs geben.« Der Papst ist das Oberhaupt der weltweiten römisch-katholischen Kirche. Abspaltungen sowohl der orthodoxen Kirchen wie auch der evangelischen Kirchen von der römischen Gesamtkirche wurzeln auch in der Ablehnung der umfassenden Leitungsrolle und höchsten Lehrautorität der Päpste. Als Förderer der Kunst hatten Päpste vor allem in der Zeit der Renaissance und des Barock herausragende Bedeutung. In katholischen Kirchen erinnern zuweilen Gedenktafeln mit Abbildungen von Päpsten in Bildern und Plastiken an Papstbesuche; bestimmte Kirchen sind als »päpstliche Basilika« ausgezeichnet und tragen das Papstwappen.

Paradies, neben dem Paradiesgarten der biblischen Schöpfungserzählung (Gen 2) und dem Ort der von Gott zum ewigen Leben auferweckten Toten auch der Name des im frühen Mittelalter in vielen Kirchen noch nach Vorbild altchristlicher → Basiliken beibehaltenen Vorraums, auch mit Brunnen für Waschungen, oft reich mit Statuen oder Malereien geschmückt; bekanntes Beispiel: Maria Laach.

Paradiesflüsse, nach dem Schöpfungsbericht (Gen 2,10–14) die vier vom Paradies ausgehenden Ströme; beliebte Darstellungen an Taufbecken. Im 10.–14. Jahrhundert auch personifiziert dargestellt als hockende, kniende oder stehende Männer mit Wasserkrügen. → S. 48, Abb. 72b; S. 52, Abb. 82.

Paradiesgärtlein (hortus conclusus) → S. 133, Abb. 197.

Paramente, im Kirchenraum verwendete Tücher und Textilien, oft in den Farben des → Kirchenjahrs an Altären und Kanzeln. In der katholischen Kirche und der orthodoxen Kirchen auch Bezeichnung der liturgischen Gewänder. → S. 316.

Pass, romanische, gotische, auch neugotische mit dem Zirkel im Kreis geschlagene → Maßwerkfigur; bekannt auch als Dreipass und Vierpass; → Maßwerk. → S. 110, Abb. 164.

Passion Jesu, Leidensweg Jesu gemäß der Überlieferung der vier → Evangelisten (Mk 14, Mt 26f.; Lk 22f.; Joh 18f.). Die in der christlichen Kunst häufig dargestellten Themen sind: → Abendmahl, Fußwaschung, Gebet am Ölberg, Gefangennahme, Verspottung, Verleugnung des Petrus, Verhöre, Dornenkrönung, → Ecce homo, Geißelung, Kreuztragung, Kreuzigung, Kreuzabnahme, Beweinung, Grablegung.

Pastorenbilder → S. 241, Abb. 352.

Patriarchen, Stammväter Israels. Sie begegnen uns im Alten Testament in genealogischer Abfolge, beginnend mit → Abraham, weiter mit Isaak, Jakob (= Israel) und dessen zwölf Söhnen, den Stammvätern der zwölf Stämme Israels.

Paulus, einflussreichster Apostel, obwohl nicht zu Lebzeiten Jesu dem Jüngerkreis zugehörig. Seine Missionsreisen mit Gemeindegründungen führten ihn durch Kleinasien (heutige Türkei) und Griechenland bis nach Rom. Als jüdischer Gelehrter und ursprünglicher Verfolger der Christen wurde er durch sein »Damaskuserlebnis« zum Bekenner des Glaubens an Jesus Christus. Er initiierte die Loslösung der frühen christlichen Gemeinden von den kultischen Verpflichtungen des Judentums und gilt so als wesentlicher Begründer des Christentums als eigenständiger Religionsgemeinschaft. Auf Altären steht er oft neben → Petrus mit dem Schlüssel (→ Papsttum); sein Attribut ist das Schwert.

Pelikan, der nach antiker Überlieferung mit seinem eigenen Blut seine Jungen ernährt, ist

Gleichnis für Jesus, der sein Leben für die Seinen hingab. → S. 95, Abb. 128d.

Pestbild, angedeutet durch aus dem Himmel herabfallende Pfeile wurden Pestepidemien als Zeichen von Gottes Zorn verstanden. Als Retter vor der Pest galten Christus und Maria (→ Schutzmantelmadonna → S. 139, Abb. 209) sowie u.a. die Heiligen → Christophorus, Rochus, Antonius.

Petrus → Apostel, → Papsttum, → S. 223, Abb. 314; S. 232, Abb. 331; Schlüsselübergabe an Petrus → S. 259.

Pfau, von der frühchristlichen Kunst an Sinnbild der Auferstehung, da in der Antike sein Fleisch als unverweslich galt.

Pfingsten, neben Weihnachten und Ostern das dritte christliche Hauptfest im Jahreskreis (→ Kirchenjahr). Lukas erzählt in seiner Apostelgeschichte (2,1–13) im Neuen Testament, wie die zunächst mutlosen Jünger vom Heiligen Geist erfüllt wurden, das Evangelium von Jesus Christus weitersagten und sich viele Menschen taufen ließen. Die »Ausgießung des Heiligen Geistes« wird – gemäß der Erzählung des Lukas – in Form feuriger Flammen auf den Köpfen der Jünger symbolisch dargestellt (→ Himmelsloch).

Pflanzensymbolik, überwiegend Heilpflanzen weisen auf Marien- und Christusdarstellungen symbolisch auf die Erlösertat hin. Viele Pflanzen sind vor allem Maria gewidmet. Beispielsweise wurden die auf dem Isenheimer Altar zu Füßen der beiden Einsiedler Paulus und Antonius (→ S. 122, Abb. 180) abgebildeten Heilpflanzen von den Antonitern zu Arzneien gegen das Antoniusfeuer verarbeitet.
Agave (Aloe): die Lichtnelke (Marienröschen): Sinnbild für die Jungfräulichkeit der Maria.
Ähre: sieben Ähren entsprechen dem siebenfachen Tempelleuchter.
Ährenbündel: seit dem 15. Jahrhundert Symbol für den Leib Christi im Brot der → Eucharistie/ des → Abendmahls (»Ich bin das Brot des Lebens«, Joh 6,35).
Akelei: Hinweis auf Maria in Geburtsdarstellungen.

Anemone: Symbol der Passion auf Kreuzigungs- und Marienbildern, des Blutes der Heiligen.

Blatt: Dreiblatt weist auf → Dreifaltigkeit, Vierblatt auf die Herrschaft Gottes, auf das Kreuz, auf die vier Evangelisten, auf Kirchenväter.

Blüte, Blume als Symbol irdischer Schönheit weist sie auf die Kreatur und paradiesische Zustände; der Blumenstrauß ist Hinweis auf geistige Vollkommenheit.

Boretsch: fünfblättrige, himmelblaue Christusfarbe; die Blüte weist auf die fünf Wunden Christi;

Distel, Ginster: weist auf die Sünden der Menschen (Äcker, die Dornen und Disteln tragen). Symbol für irdische Schmerzen; Ornament auf Erlösungs- und Märtyrerdarstellungen.

Dornen: Sinnbild der Erlösung (Dornenkrone).

Gänseblümchen: steht für Unvergänglichkeit, ewiges Leben auf Kreuzigungs- und Krippendarstellungen, oft mit leiterartig angeordneten Blättern als Hinweis auf die Passion (→ Leiter).

Halm: drei Halme weisen auf drei Jahre des Wirkens Jesu (Isenheimer Altar).

Klee, Leberblümchen (dreiblättrig): → Dreifaltigkeitssymbol auf Krippenbildern.

Königskerze: der gelben Farbe wegen auch »Himmelsbrand« genannt, Zeichen für Dämonenabwehr.

Lilie: Zeichen für Unschuld und Sinnbild der Jungfräulichkeit Mariens.

Löwenzahn: Sinnbild für Tod und Auferstehung Jesu.

Maiglöckchen: als Christussymbol steht es für das Heil der Welt auf Geburtsdarstellungen; ähnliche Bedeutung wie Lilie und Nelkenwurz.

Nelke: Symbol für den Kreuzestod, weil Blatt und Frucht an Nägel erinnern.

Palme, Ölbaum: Sinnbild des Lebens, im Alten Testament auch Zeichen für Gerechtigkeit und Frieden.

Pinie, Pinienzapfen: vorchristliches Symbol für Fruchtbarkeit. Auf romanischen Kunstwerken als Thirsusstab (Pinienäste mit Weinlaub dekoriert) sind sie Symbol für Auferstehung, Unsterblichkeit, auch Lebenskraft des Universums (→ Lebensbaum).

Siebenblatt: Zeichen für Gaben des Heiligen Geistes.

Zeder: Symbol für Unsterblichkeit, Demut.

Pflanzen- und Tiermotive, romanisch → S. 41f., Abb. 61b; gotisch → S. 98, Abb. 129, 131.

Phönix, heiliger Vogel der Ägypter, zählt zu den ältesten Christussymbolen. Neben seiner symbolischen Bedeutung für Tod und Auferstehung begegnet er im Mittelalter auch in Verbindung mit allegorischen Motiven wie der Beharrlichkeit, Ausdauer, Keuschheit. → S. 101.

Physiologus (griech. = Naturforscher), vermutlich im 2. Jahrhundert entstandenes Buch der Naturbeschreibungen: Nach einer Angabe der Bibelstelle, in der das jeweilige Tier (Pflanze, Stein, etc.) erwähnt wird, folgt eine naturgeschichtliche, z. T. auch sagenhafte Schilderung von dessen Eigenschaften. Das Werk wurde grundlegend für die Symbolsprache christlicher Kunst.

Pietà, Darstellungen der trauernden Maria mit totem Christus auf dem Schoß; → Marienklage. → S. 137, Abb. 203.

Pilaster, ein aus der Wand heraustretender, aber mit ihr verbunden bleibender Pfeiler mit Basis und → Kapitell.

Pilger, als Reisende zu herausgehobenen Orten des Glaubens und der Frömmigkeit begegnen sie in vielen Religionen. Wallfahrtskirchen als Ziele von Pilgerwegen entstanden meist an Gräbern von Heiligen bzw. an Orten eines wunderhaften Geschehens. Als Patron der Pilger gilt → Jakobus d.Ä., dessen Grabstätte in Santiago de Compostela Ziel vieler Pilger ist.

Pinie → Pflanzensymbolik.

Piscina, kleines Wasserbecken im Altarraum, das einen Abfluss nach draußen hatte, um nach der Handwaschung des Priesters im Anschluss an die Eucharistiefeier das Wasser samt möglicher Partikel vom konsekrierten Brot und Wein nach draußen in geweihte Erde zu leiten.

Pneumazipfel (griech. pneuma = Luft, Wind), ein stark wie durch Wind bewegtes Gewandstück. Es deutet das Sprechen eines Menschen oder Engels als Boten Gottes (zum Beispiel auf Verkündigungsdarstellungen) an. Das Lendentuch des Gekreuzigten ist oft in dieser Form dargestellt. → S. 132, Abb. 196.

Portal, Romanik → S. 30f., Abb. 30f.; Gotik → S. 83; Renaissance → S. 171f., Abb. 234f.; Barock → S. 206, Abb. 286; Klassizismus → S. 280f., Abb. 396.

Predella, Aufbewahrungsort für → Reliquien. Seit dem 15. Jahrhundert zwischen Altaraufsatz (Retabel) und Tisch (Mensa) eingeschoben. → Altar.

Prediger-, Pastorenbilder → S. 241, Abb. 352.

Predigerkirche, evangelische Kirchen, deren Gestühl so angeordnet ist, dass der Prediger gut von allen Seiten zu sehen ist; → Emporen; → Kanzelaltar. → S. 237ff., Abb. 346.

Presbyterium, im Mittelalter Ort des Hauptaltars. Heute wird damit in evangelisch-reformierten Gemeinden das Gremium der Gemeindeleitung benannt.

Prinzipalstücke, die wichtigsten Ausstattungsstücke einer Kirche: Altar, Taufbecken, Kanzel.

Propheten des Alten Testaments, Personen, die das politische und soziale Geschehen ihrer Zeit kritisch begleiteten, auf Missstände aufmerksam machten, Unheil oder auch Heil ankündigten, dabei mit der Autorität unmittelbar von Gott berufener Gottesboten sprachen.

Prozessionsstange, ein Kreuz oder eine abgebildete biblische Szene, die auf einer Holzstange befestigt auf Prozessionen mitgeführt wird.

Putten, kleine pausbackige Knabengestalten mit und ohne Flügel, nur leicht bekleidet oder nackt. Sie kommen in Barock- und Rokokokirchen in großer Zahl vor. → S. 220, Abb. 307ff.

Rad, Sinnbild der Zeit.

Radfenster → S. 29, Abb. 29g.

Radleuchter, hängender Kerzenleuchter in der Form eines Speichenrades, im Mittelalter gebräuchlich.

Rangfolge → S. 126.

Rankenbaum → S. 99, Abb. 131.

Raumsymbolik, Bedeutsamkeit von rechter und linker Seite. → S. 126f.

Rechtfertigungsbilder → S. 132, Abb. 196; S. 192, Abb. 273.

Rechtfertigungslehre, zentrale theologische Einsicht reformatorischer Theologie (gerechtfertigt »allein aus Glaube«), die Martin Luther in den Briefen des Apostels → Paulus im Neuen Testament neu entdeckte. → Gesetz und Gnade.

Reformation → Luther, Martin.

Reformierte Kirchen → S. 195.

Regenbogen, als Zeichen der Versöhnung und des Bundes mit seiner Schöpfung lässt Gott nach der Sintflut einen Regenbogen am Himmel erscheinen; → Arche Noah; auch Christus kann auf → Tympanon-Darstellungen auf einem Regenbogen thronen. → S. 32, Abb. 36.

Relief (lat. relevare = erheben), plastisches Bild, das sich nur wenig aus der Steinfläche erhebt. Zu unterscheiden sind das Flach-, Halb- und Hochrelief. Sie schmücken vor allem Türstürze und Portale, im Kircheninneren als spätromanische Figurenkapitelle. → S. 42f.

Reliquiar, Behälter zur Aufbewahrung einer Reliquie. Sie kommen in verschiedenen Formen, etwa einer Kirche, Kuppel, eines Arms oder Kopfs vor. → S. 141, Abb. 215; S. 272, Abb. 388.

Reliquien, Teile oder Partikel von Gebeinen Heiliger, auch von Gegenständen, die für den christlichen Glauben hohe Bedeutung haben, wie etwa das Kreuz, an dem Jesus starb. Mit ihrer Kritik am Reliquienkult des Spätmittelalters haben sich die evangelischen Kirchen von der Reliquienverehrung distanziert.

Renaissance → S. 167ff.

Retabel, Altaraufsatz, seit dem 12. Jahrhundert aus Stein gearbeitet, seit dem 13. Jahrhundert mit Holzskulpturen oder gemalten Bildern, auch mit Stuckreliefs geschmückte Rückwand. Es steht entweder auf der Mensa (= Altartisch) oder getrennt von ihr auf einem Sockel hinter dem → Altar. In der Gotik wurde es zum Flügelaltar (Triptychon) erweitert: An dem feststehenden Mittelteil sind rechts und links je eine Tafel (Flügel) angebracht, um den Altar schließen zu können. Die Flügel wurden mit Bildschmuck und Schnitzereien versehen. Bei mehreren Bilderpaaren ließen sich die Bilder wechseln (Wandelaltar). Man unterschied dann Werktags-, Sonntags- und Feiertagsseite. → Altar.

Rocaille (franz. Muschelwerk), zarte, feingliedrige, asymmetrische Muschelform, wichtigstes Dekorationselement des Rokoko. → S. 259f., Abb. 361a.

Rokoko, Spätphase des Barock. → S. 253ff.

Rokokogitter, wahre Kunstwerke filigraner Schmiedeeisenkunst sind die großflächigen Gitter in Rokokokirchen. Sie trennen den Chor oder den Vorraum vom Kirchenraum. → S. 271, Abb. 387.

Rollwerk, ab Mitte des 16. Jahrhunderts bis zum Ende des Barock auftretende Schmuckform, bei der sich die Enden der Flächen von Spruchbändern, Wappen und Kartuschen zur Steigerung der plastischen Wirkung aufrollen; Verwendung zum Beispiel auf → Grabmälern und → Epitaphen der Renaissancezeit. → Beschlagwerk, → S. 176, Abb 245.

Romanik → S. 27ff. → Frühromanik, S. 19ff.

Rosenkranz, zu dem mehrfach wiederholten Mariengebet werden Perlen an einer Gebetskette bewegt. Der sogenannte große Rosenkranz, in den Szenen aus dem Marienleben eingefügt sind, umgibt Darstellungen der Gottesmutter an Marienaltären (Rosenkranzaltäre). → S. 178, Abb. 248.

Rosette, radial um einen Mittelpunkt kreisförmig angeordnete Blattformen; Ornamentmotiv in vielen Kirchen aller Stile.

Saalkirche, einschiffige, nicht durch Stützen unterteilte Kirche besonders der Renaissance- und Barockzeit. → S. 168f.

Säulenaltäre → Bunte Säulen. → S. 110; 119, Abb. 176.

Sakralbau, im Gegensatz zum Profanbau ein geweihter, für gottesdienstliche Zwecke, persönliches Gebet und Besinnung bestimmter Raum.

Sakrament, kirchliche Weihehandlung; die katholische Kirche zählt sieben Sakramente (Taufe, Beichte, Firmung, Eucharistie, Krankensalbung, Ehe, Priesterweihe/Ordination), die evangelischen Kirchen zählen nur zwei (Taufe und Abendmahl, einschließlich der Beichte). Man beruft sich dabei auf das Merkmal der Einsetzung durch Jesus Christus selbst.

Sakramentsnische, Sakramentshaus, Sakramentsschrank → S. 50, Abb. 73, S. 107, Abb. 156f.

Sakristei, in der Nähe des Altars gelegener Nebenraum für die am Gottesdienst Mitwirkenden, mit Schränken für die im Gottesdienst verwendeten Gegenstände, oft als Andachtsraum und vielfach künstlerisch reich gestaltet.

Salvator, Retter, → Christus Salvator mundi. → S. 179, Abb. 249; S. 230, Abb. 323.

Samson → Simson.

Sanduhr, Zeichen für verrinnende Zeit, Vergänglichkeitssymbol, Attribut des Todes, der Eitelkeit (→ Vanitas); an Kanzeln → S. 237, Abb. 342.

Sarkophag (griech. Fleischfresser), monumentaler Sarg aus Stein, Ton, Metall, Holz; Sarkophagaltar → S. 264, Abb. 370.

Schädel → Adams; → Totenschädel → S. 186, Abb. 267.

Schalldeckel → S. 141, Abb. 213; S. 184f.; → Kanzel.

Scheinarchitekturen → S. 216, Abb. 302.

Scheinmauerwerk, vor allem in der Gotik in kleinen Kirchen und Kapellen bis zu einer Höhe von ca. zwei bis drei Meter vor allem entlang der Chorwände aufgemaltes Mauerwerk, oft auch Vorhänge vortäuschend.

Schlange, wie Drache, Sinnbild des Bösen → Sündenfall. Oftmals auf romanischen Säulenkapitellen zur Abwehr des Bösen dargestellt. → S. 99, Abb. 132a; S. 102.

Schleierwerk, ornamentales Schnitzwerk, das zum Beispiel die klaren Orgeltürme auflockert. → S. 195, Abb. 278.

Schlüssel, Schlüsselübergabe an Petrus → S. 259; → Apostel → Papsttum.

Schlussstein, der abschließende konische Stein im Scheitel eines Rippengewölbes. In gotischen Kirchen ist er reich mit Bildschmuck versehen, oft auch mit dem Monogramm des Baumeisters, mit Bauhüttenzeichen oder Wappen der Stifter, Äbte, Bischöfe bzw. örtlich bedeutender Familien; in der Spätgotik auch herabhängend → S. 95f., Abb. 128; → Abhängling.

Schmerzensmann, Darstellung des leidenden Christus. → S. 138, Abb. 205f.; im Barock → S. 231.

Schmiedeeisengitter → S. 271, Abb. 387.

Schöpfung, christlicher Glaube bekennt Gott als Schöpfer der Welt. Zum Ausdruck kommt das im Kirchenbau in vielerlei Bezügen zur Natur, vom Blattschmuck gotischer Säulenkapitelle über den Landschaftshintergrund in Bildern zum biblischen Geschehen, bis zu modernen Kirchen, die sich mit großen Glasfenstern zur umgebenden Natur hin öffnen. Alte Bilderzyklen in Kirchen zeigen auch Gottes Schöpfungswerke nach dem biblischen Bericht (Gen 1–2). → S. 35, Abb. 43; S. 48, Abb. 72c; S. 111, Abb. 166.

Scholastika, Hl., Schwester des Hl. Benedikt, → S. 224.

Schreinfiguren, Schreinwächter → S. 118, Abb. 175.

Schriftaltäre, Sonderform von Altären nach der Reformation. → S. 193, Abb. 274.

Schriftband, im Mittelalter halten Figuren oft ein Schriftband mit ihrem Namen oder einem erläuternden Text in Händen, meist in lateinischer Sprache. Auf dem Botenstab des Verkündigungsengels (→ Verkündigung an Maria) zum Beispiel sind auf dem Band die ersten Worte zu lesen, mit denen er Maria begrüßt: »Ave Maria«.

Schuhe, ausgezogene: Das barfüßige Gehen ist ein Zeichen der Demut. Mose zieht seine Schuhe vor dem brennenden Dornbusch aus (Ex 3), Bilder zeigen entsprechend Josef bei der Geburt Jesu. Die Apostel werden barfuß ausgesandt. → Barfüßigkeit.

Schutzengel, seit dem 15. Jahrhundert beliebte Darstellungen zum Beispiel des → Erzengels Raphael, mit Stab und Pilgertasche als Schutzheiliger der Wanderer, im 17. und beginnenden 19. Jahrhundert Vorbild für viele Darstellungen des persönlichen Schutzengels, der ein Kind leitet. → S. 268, Abb. 380b.

Schutzmantelmadonna, Mariendarstellung, auf der die Mutter Gottes viele Menschen, die die verschiedenen Gesellschaftsschichten repräsentieren, unter ihrem weiten Mantel birgt. → S. 139, Abb. 209f.; Schutzmantelmadonnen gemalt → S. 268, Abb. 380a.

Schwarze Madonna → S. 268.

Schwarzlot, gefärbtes Bleilot, das sich auf Glas leicht aufschmelzen lässt und damit grafische Gestaltungen zulässt

Schweißtuch der Hl. Veronika → S. 96, Abb. 128j; S. 140, Abb. 211; S. 179, Abb. 250.

Sebastian, Hl., römischer Märtyrer, der der Legende nach durch Bogenschüsse hingerichtet wurde; er wird an einem Baum oder einer Säule, von Pfeilen durchbohrt, nur mit Lendentuch bekleidet dargestellt. → S. 267, Abb. 378.

Sedilien, hervorgehobene Priestersitze im Chor. → S. 106.

Segensgestus → S. 231.

Seitenaltäre → S. 214; 228; 265f.

Selbstbildnis, gegen Ende des Mittelalters, besonders in der Renaissance wächst das Selbstbewusstsein von Baumeistern und Handwerkern. Sie verewigten sich mit in Stein gehauen Porträts, auf Tafelbildern unter der dargestellten Menge von Patriziern und Bürgern, im Barock auch in Stuck geformt oder weniger auffallend in den Nischen und Zwickeln von Deckenmalereien. → S. 104, Abb. 148.

Selige → Verdammte. → S. 84, Abb. 102.

Sieben Freuden und sieben Schmerzen (Mariens), → S. 177f., Abb. 248.

Sieben freie Künste → Künste, die sieben freien. → S. 91, Abb. 120f.

Simson, alttestamentliche Gestalt, die mit bloßen Händen mit dem Löwen kämpft, oft an Kapitellen dargestellt, galt im Mittelalter als Vorbild für den Sieg Christi über das Böse. → S. 105, Abb. 149a.

Simultankirchen, Kirchen, in denen seit der Reformation beide Konfessionen Gottesdienst halten, d.h. sich die Kirche teilen. Solche mit der Einführung der Reformation getroffenen Regelungen – von Landesherren, die katholische als auch evangelische Konfessionen in ihrem Herrschaftsgebiet zuließen – existieren manchmal heute noch.

Sinne, die vier → S. 92, Abb. 124.

Skapulier → S. 229.

Skulpturen, frei stehende Figuren oder Bauplastik in der Gotik; Heiligenfiguren aus Holz, Gips und Stein.

Sopraporte, Supraporte, Wandfeld über dem Eingang, auch Bezeichnung für dort angebrachte Bilder, besonders im Barock beliebt → S. 258.

Spiegel haben in der christlichen Kunst ambivalente Bedeutung: Sie sind einerseits Weisheits- und Erkenntnissymbol, andererseits Zeichen für Eitelkeit (→ Vanitas). Spiegel wird auch die große Deckenfläche für monumentale Freskenzyklen im Barock und Rokoko genannt. Echte Spiegel können in Kirchenräumen als Attribut eines Engels an Beichtstühlen vorkommen oder an Wänden, um den Raum größer und unendlicher erscheinen zu lassen. → S. 263f., Abb. 368.

Spiegelgewölbe, in Barock und Rokoko oft verwendete, nur am Rand gewölbte Überdeckung eines Raumes, deren mittlerer Teil (= Spiegel) flach ist. Illusionistische Gemälde auf dem Spiegel erwecken den Anschein eines sich in unendliche Höhen öffnenden Himmels, → S. 216.

Stammväter Israels → Patriarchen.

Standort, nach liturgischen Gesichtspunkten an bestimmten Stellen in Kirchenräumen angeordnete Ausstattungsstücke und Bilddarstellungen. → S. 13f., Abb. 4.

Stephanus, erster christlicher Märtyrer, wurde gesteinigt; häufige Darstellung seiner Steinigung auf Altarbildern; oft ist er zusammen mit dem Hl. Laurentius abgebildet.

Stifter, Stifterbildnis, Stifter, die als Zeichen ihrer Frömmigkeit und zur Erreichung des Seelenheils für sich und ihre Familie Kirchen, Kapellen, einen Altar, Taufbecken u.Ä. stifteten, können auf Stifterbildern abgebildet sein. Vor allem Fürsten oder adlige Kirchenstifter sind oft auf Bildern mit einem Modell der von ihnen gestifteten Kirche zu sehen, wie sie es Christus, Maria oder ihrem Kirchenpatron in demütiger Haltung darbringen.
Im Mittelalter kommen Stifterfiguren auf Altarbildern als kleine Personen vor, rechts und links

unten mit ihren Familien kniend (Männer und Frauen getrennt und nach Alter abgestuft), sofern sie Gründer eines Bistums sind, auch als monumentale Stifterfiguren im Chor. In der Renaissance wird der hierarchische Größenunterschied aufgehoben, die demütige Haltung aber beibehalten. Hier kommen an Kirchenfassaden die Figuren adliger Stifter vor. → S. 172, Abb. 238. Im Barock sind Stiftermedaillons auch an Deckengemälden angebracht. Stiftungsfresken → S. 218, Abb. 304.

Stiftskirche, auch Kollegiatkirche genannt, ursprünglich zu geistlichen Zwecken für ein Stiftskapitel errichtet; auch Kloster-, Abteikirche.

Stigmata (griech. Zeichen), die Wunden Jesu bei seiner Kreuzigung, auch das Erscheinen der Wundmale Christi bei Personen, die sich in religiöser Ekstase in sein Leiden versenken. In der christlichen Kunst sind vor allem die des Hl. Franz von Assisi dargestellt.

Strebewerk → S. 77f., Abb. 91.

Stuck, Masse aus Gips, Sand und Kalk, gut formbar, schnell erhärtend. Beliebt in Renaissance (→ S. 175f.), Barock und Rokoko für Innendekorationen, → S. 212f., S. 258, Abb. 359. Tiermotive → S. 260, Abb. 362.

Stuckkanzeln, im Barock und Rokoko vorkommende Kanzeln, deren üppiger Schmuck nicht geschnitzt, sondern aus farbigem Stuck gearbeitet ist. → S. 268f., Abb. 381a.

Stuckmarmor, eine im 17. und 18. Jahrhundert gebräuchliche Marmorimitation. Die Stuckmasse wird mit Marmorstaub gefärbt und nach dem Erhärten poliert. → Glanzstuck.

Stufenportal, stufenförmig in dicke Mauern eingeschnittenes Portal, bei dem der Rahmen durch eingestellte Säulen und Figuren besonders betont ist. → S. 30, Abb. 30; → Gewände.

Sündenfall, in Form einer Erzählung wird auf den ersten Seiten der Bibel über die Herkunft des Bösen in unserer Welt reflektiert. Der von der Schlange angeregte, von Gott verbotene Griff

nach der Frucht vom Baum der Erkenntnis findet sich in vielen Bildern der christlichen Kunst; → Adam und Eva. → S. 99, Abb. 132a; S. 176, Abb. 246.

Symbol, Veranschaulichung des Ungegenständlichen, Unsichtbaren, Unsagbaren in Zeichen und Bildern; → Gottesbilder der Bibel. → Gotteseigenschaften.

Synagoge, jüdischer Gebets- und Versammlungsraum; symbolische Gestalt, in der das Judentum personifiziert wird. → S. 89, Abb. 115. → Ecclesia.

Tabernakel, Gehäuse in katholischen Kirchen zur Aufbewahrung der geweihten Hostien, die bei der Kommunion übrig blieben. Im Mittelalter ist es oft wie ein hoher filigraner hochgotischer, meist aus Sandstein errichteter Turm, in barocken Tabernakelaltären ein über der Mensa (= Altartisch) eingebauter Schrein. → S. 50, Abb. 73; S. 107, Abb. 156; S. 226; S. 264, Abb. 368, 370; in der Neuzeit ein kleines Kästchen in einer Chorwand oder auf einer Stele.

Taube, in der christlichen Kunst ist die Taube das Symbol des Heiligen Geistes. Im biblischen Bericht von der Taufe Jesu heißt es (Mk 1,10): »Jesus sah, dass der Himmel sich öffnete und der Geist wie eine Taube auf ihn herabkam.« Sieben Tauben, die das Haupt Mariens wie ein Strahlenkranz umschweben (Malerfenster des Freiburger Münsters), sind Zeichen für die sieben Gaben des Heiligen Geistes, die im Buch des Propheten Jesaja genannt werden: Der Geist der Weisheit, der Einsicht, des Rates, der Stärke, der Erkenntnis, der Gottesfurcht und der Frömmigkeit (Jes 11,2–3a). → S. 128, Abb. 183f., 186, S. 231, Abb. 327,

Taufe, Sakrament, das die Zugehörigkeit zur christlichen Kirche begründet. Jesus wurde von Johannes durch Untertauchen im Jordan getauft; der Auferstandene gebot den Aposteln zu lehren und zu taufen (Mt 28,19). Schon in der Alten Kirche setzte sich die Praxis der Kleinkindertaufe durch. Alte Taufsteine verweisen auf das frühere Eintauchen des ganzen Körpers ins Wasser, wie es heute noch in den orthodoxen Kirchen üblich ist. Abgelöst wurde dies durch dreimaliges Benetzen des Kopfes, das von dem Taufspruch begleitet ist: *Ich taufe dich im Namen des Vaters, des Sohnes und des Heiligen Geistes.* → Taufsteine sind oft mit Symbolik geschmückt, die das neue Leben in der Zugehörigkeit zu Jesus Christus und seiner Gemeinde verdeutlichen.

Taufe Jesu → Taufe; → Taube. → S. 53, Abb. 84b.

Taufengel → S. 240, Abb. 347f.; S. 282, Abb. 400.

Taufgehäuse → S. 240, Abb. 349.

Taufstein/Taufbecken → S. 52f., Abb. 80ff.; → S. 140, Abb. 212; Renaissancebecken: → S. 185, Abb. 264f.; Barock: → S. 231, Abb. 327; Rokoko: S. 269, Abb. 381b; Neugotik: S. 288, Abb. 411a+b. Der Deckel auf dem Taufstein schützte das ursprünglich einmal jährlich in der Osternacht erneuerte und geweihte Taufwasser vor Verunreinigung; später hatte er nur noch schmückende Bedeutung.

Tetramorph → S. 88, Abb. 112.

Tierkreiszeichen → S. 93, Abb. 125.

Tiersymbolik, wichtigste Quelle ist der → Physiologus, aber auch irreale Tiere aus der nordischen Mythologie finden Eingang in die Bilderwelt christlicher Kunst. So gelten Tiere, die sich verwandeln, sich häuten, die Schale wechseln, die Hülle um das Ei zerbrechen, als Auferstehungssymbole. Am häufigsten findet man *Schnecke, Raupe, Eidechse. Krabbe, Krebs,* aber auch Zugvögel, die wie *Schwalbe* oder *Storch* wiederkehren.
Löwe und *Stier* an Portalen weisen ebenfalls auf die Auferstehung hin.
Der *Schwan* ist Sinnbild der Passion Christi, ein *Widder* auf Geburtsdarstellungen ist als Christussymbol zu deuten. Der *Geier* gilt wie das *Einhorn* als Mariensymbol und Zeichen der Reinheit, er fliegt auf Geburtsdarstellungen oft nach Osten. Die → *Taube* sowohl Zeichen des Heiligen Geistes als auch Seelenvogel, zwei Tauben am Wasserbecken weisen auf die Taufe; drei auf die Trinität.

Der *Schmetterling* steht für die erlöste Seele. *Rabe, Fuchs, Affe* an der Kette (gefesselter Satan) und *Hirschkäfer* stehen für das Böse, für den Teufel.
Der *Pfau* ist ein Ewigkeitssymbol, der *Hahn* steht für das Licht und ist Heilssymbol.
Drei *Hasen* → S. 129, Abb. 185, drei *Schlangen,* drei *Löwen* sind Trinitätssymbole, der *Hirsch* ist das Zeichen für Erlösung und Taufe.
Der *Igel,* bei Maria mit dem Kind abgebildet, gilt als Überwinder des Bösen.

Tod → Totenschädel.

Tonnengewölbe, Gewölbe in Form einer der Länge nach durchgeschnittenen Tonne, vor allem in der Renaissance beliebt.

Totenschädel werden seit dem 9. Jahrhundert in Verbindung mit der Kreuzigung dargestellt. Sie sind Ausdruck der theologischen Lehre, wonach Christus als der »zweite Adam« mit seinem Tod auch die Schuld des ersten Adams und aller nachfolgenden Menschen auf sich genommen und für ihn bzw. sie den Tod überwunden hat. Der Kirchenvater Origenes (um 185–254) vertrat sogar die Ansicht, dass der Schädel Adams auf Golgatha (dem Ort der Kreuzigung Jesu) begraben sei. Der Totenschädel ist Zeichen der → Vanitas, der Vergänglichkeit und Nichtigkeit alles Irdischen, als »memento mori« (Gedenke des Todes) besonders auf Darstellungen des Barock, auch Attribut des Hl. Hieronymus und anderer Heiliger. → S. 186, Abb. 267

Totenschilde, auch Aufschwörschilde genannt, zur Erinnerung zum Beispiel an adlige Kreuzfahrer, an Kirchenwänden angebracht. → S. 142, Abb. 217.

Totentanzdarstellungen zeigen die Unausweichlichkeit des Todes. Sie tauchen in Kirchen zuerst um die Jahrtausendwende in Gestalt eines hässlichen Mannes auf. Unter dem wachsenden Einfluss der Bettel- und Predigerorden und im Gefolge großer Pestepidemien in Europa (Mitte des 14. Jahrhunderts) bekam die Darstellung des Todes als furienartiges, hässliches altes Weib mit Sense und wehenden Haaren zunehmend Bedeutung. Zunächst als Monumentalmalerei an Friedhofs- und Kirchenmauern kamen Bildfolgen zum Thema Totentanz auf, auf denen ein von links nach rechts zu lesender Reigen einer Todesgestalt in Skelettform mit je einem Vertreter der verschiedenen Stände zu sehen ist. Die lebensgroßen Figuren sind in absteigender Rangfolge vom Papst, Kaiser, Edelmann bis hin zu Bauer, Bettelmann und Kind dargestellt. Die verschiedenen Ständegruppen wurden durch ihre Kleidung und Attribute ihres Standes bzw. Berufs kenntlich gemacht. Den einzelnen Szenen sind Schriftbänder beigegeben, in denen Rede und Gegenrede der Tanzenden in Versform gefasst gegenübersteht, deren Leitmotiv die Gleichheit aller vor dem Tode und zugleich ein Aufruf zu Buße und zu gottesfürchtigem Lebenswandel ist. Mit aufkommender Holzschnittkunst (u.a. Holbein), verschwinden die Totentanzdarstellungen aus Kirchen und Kapellen. → S. 146, Abb. 225.

Triforium, ein in dreifacher Bogenöffnung sich öffnender Laufgang unter Fenstern romanischer und gotischer Kirchen.

Trinitätssymbol → Dreifaltigkeit, → S. 128f., Abb. 182ff.; S. 175, Abb. 243.

Triptychon, zusammenklappbares, dreiteiliges Altarbild, vor allem in der Gotik, aus Mitteltafel und zwei Flügeln bestehend.

Triumphkreuz, figürliches monumentales Kreuz der Romanik und Gotik. In ernster, würdiger Darstellung steht der Gekreuzigte bzw. das Kreuz auf einem Balken, der sich zwischen Langhaus und → Chor unter der → Vierung und dem Chorbogen ausspannt. → S. 38, Abb. 47ff.
In der Gotik können den Gekreuzigten → Assistenzfiguren umgeben. → S. 113, Abb. 168f.; in der Renaissance → S. 179, Abb. 251.

Trumeau, stützender Pfeiler an Portalen. → S. 32, S. 85, Abb. 105f.

Türen aus Holz oder Bronze boten in ihren Feldern Platz für Darstellungen aus dem Alten und Neuen Testament in typologischer Gegenüberstellung (→ Typologie), S. 34, Abb. 43f.

Türzieher, anstelle von Klinken an romanischen und gotischen Kirchenportalen angebrachter Metallring, oft mit Löwenkopf. → S. 80, Abb. 95.

Tugenden, vier aus der Antike übernommene Kardinaltugenden und drei theologisch-christliche Tugenden (nach Paulus, 1 Kor 13) sind als weibliche allegorische Figuren schon seit dem Mittelalter an Portalen oder auf Wandgemälden dargestellt. → S. 90, Abb. 117.

Tumba, rechteckiger Unterbau, auf dem die Grabplatte aufliegt.

Tympanon, Bogenfeld im Portal über dem Türsturz, das vom Rundbogen umschlossen und mit → Christusdarstellungen in der → Mandorla als Weltenrichter und Weltherrscher, umgeben von den Symbolen der vier → Evangelisten, gestaltet ist. → S. 30f., Abb. 32ff.; S. 83f., Abb. 100ff.

Typologie, Deutungen der christlichen Theologie, mit denen sie Personen und Ereignisse des Alten Testaments als Ankündigungen und Hinweise auf das Wirken Jesu und der Apostel verstanden und sie dementsprechend einander zugeordnet hat. Das reicht von dem Verständnis Jesu Christi als »zweiter Adam«, der die Sünde des »ersten Adam« überwunden hat oder Jona im Bauch des Fisches als Hinweis auf Tod und Auferstehung Jesu bis zur Gegenüberstellung von Propheten des Alten Testaments und den Aposteln des Neuen Testaments. Raumstrukturen in Kirchen luden immer wieder zur Darstellung solcher typologischer Gegenüberstellungen ein. → S. 35.

Uhr, im Barock beliebtes Sinnbild der Vergänglichkeit (memento mori = gedenke des Todes) an Altären, sogar an Decken- und Chorfresken, an Orgeln und Fassaden. Oft versinnbildlicht die Figur des Chronos die Zeit. → S. 209, Abb. 296; S. 271, Abb. 386; → Kanzeluhr → S. 237, Abb. 342. → Sanduhren.

Vanitas, steht für weltliche Eitelkeit und Vergänglichkeit; Vanitasdarstellungen im Mittelalter (Frau Welt, Fürst der Welt, Tod, Totentanz, auch Darstellungen der Lebensalter) und besonders im Barock mit → Totenschädeln neben Porträtierten auf → Grabmälern und Uhren; auch → Spiegel und Seifenblasen erinnern an die Vergänglichkeit des Lebens.

Verblauen, → S. 180.

Verdammte → S. 83f., Abb. 103.

Verklärung Christi (lat.: Transfiguration); in den Evangelien berichtete visionäre Erscheinung, in der Jesus in leuchtend weißem Gewand zusammen mit → Mose und dem Propheten Elija den Jüngern gegenübertritt und in der die göttliche Sendung Jesu mit Worten aus der Wolke bekräftigt wird (Mt 17,5): »Das ist mein geliebter Sohn, an dem ich Gefallen gefunden habe; auf ihn sollt ihr hören«.

Verkröpfung, um senkrechte Mauervorsprünge im Winkel herumgeführte Wandgesimse.

Verkündigung an die Hirten, beliebtes Bildmotiv aus der Weihnachtsgeschichte des Lukas (Lk 2): Über den Hirten in Bethlehem öffnet sich der Himmel und der Engel verkündet ihnen die Botschaft von der Geburt des erwarteten Heilands. → S. 36, Abb. 45a; → Christi Geburt.

Verkündigung an Maria, die Ankündigung der Geburt Jesu durch den Engel Gabriel, ein christliches Bildprogramm, das sogar die Darstellung der Geburt Jesu selbst ersetzen konnte. → S. 129, Abb. 186.

Verspottung Jesu, gemäß den Berichten der Evangelisten wird Jesus nach seiner Verhaftung von seinen Bewachern verspottet und angespuckt. Diese erste Verspottung wurde seltener dargestellt als die der Dornenkrönung, bei der Jesus mit verbundenen Augen von Landsknechten gefoltert und als »König der Juden« verhöhnt wurde, v.a. auf Bildern des ausgehenden Mittelalters.

Vesperbild (Pietà), plastische Figurengruppe, die Maria mit dem toten Christus auf dem Schoß darstellt. → S. 137, Abb. 203.

Viernagelchristus → S. 38, Abb. 47ff.; → Dreinagelchristus.

Vierpass, in den Fensterbogen des gotischen Fensters eingezeichnet, mit einer aus vier Halbkreisen gebildeten, einem vierblättrigen Kleeblatt ähnlichen Figur gefüllt. → Maßwerk. → S. 110, Abb. 164.

Vierung, quadratischer oder rechteckiger Raum, der im Kirchenraum durch die Kreuzung von Langhaus und Querhaus entsteht.

Vogel mit gebrochenem Flügel, Sinnbild der mit Sünde belasteten Seele. → S. 53, Abb. 84.

Volksaltar, mit der Liturgiereform des Zweiten Vatikanischen Konzils näher an die Gemeinde herangerückter Altar, an dem die Eucharistiefeier vom Priester mit dem Gesicht zur Gemeinde vollzogen werden kann.

Volute (lat. das Gerollte), spiral- oder schneckenförmig sich einrollendes Bauglied, das auch gerne an Treppen und Giebeln im Barock verwendet wurde. → S. 205, Abb. 280.

Vorhölle, Christus gibt dort auch den vor seiner Erlösungstag Verstorbenen Anteil an ihr. → S. 108, Abb. 159.

Vortragekreuz, wird bei Prozessionen und bei Beerdigungen dem Zug vorangetragen.

Votivbilder, Votivtafeln, Zeichen des Dankes für erfahrene Gebetserhörung. Auf ihnen sind oft Not und Unglück als Anlass der Bitte bzw. die Rettung aus der Not dargestellt. Votivschiff → S. 272, Abb. 389.

Wallfahrtskirchen → Pilger.

Wandelaltar, ein → Altar, dessen Flügel durch Auf- und Zuklappen mehrere »Verwandlungen«, d.h. Schauseiten zulassen. Dabei wurden die Bildfolgen der Festtagsseiten von denen der Werktagsseiten unterschieden. → S. 117, Abb. 173; S. 121, Abb. 178f.

Wandmalereien → Freskenmalereien, ornamentale W. → S. 43f., Abb. 64f.; figürliche W. → S. 47f., Abb. 68ff.; S. 108ff., Abb. 158ff.

Wandpfeilerkirchen, seit der Renaissance übliche Innengestaltung saalartiger Kirchenräume, deren Tonnengewölbe von die Wände verstärkenden Wandpfeilern getragen werden. → S. 167f., Abb. 226; S. 173f.

Wangen, Gestühlbegrenzung zum Gang hin, oft reich geschnitzt.

Wappen, Wappenschilder. → S. 208, Abb. 293. → Totenschilde. → Zunftwappen.

Wasserspeier → S. 80, Abb. 96.

Weicher Stil, Zeitabschnitt der spätgotischen Plastik und Malerei zwischen 1380 und 1430, der sich durch fließende, weiche Linienführung, reiche Faltengebung und zarten Gefühlsausdruck auszeichnet. → S. 131, Abb. 190f.

Weihekreuze → Apostelkreuze → S. 109, Abb. 162.

Weihwasserbecken, sind in der Nähe des Eingangs katholischer Kirchen aufgestellt oder an der Wand angebracht. Sie enthalten geweihtes Wasser, mit dem die Gläubigen beim Betreten der Kirche mit einem Kreuzzeichen Stirn und Brust benetzen; → S. 187, Abb. 269.

Weintraube, Weinstock, Hinweis auf den Wein in der → Abendmahls- bzw. → Eucharistiefeier, auch Symbol für die Zugehörigkeit der Christen zu Jesus Christus nach den Worten von Joh 15,5: »Ich bin der Weinstock, ihr seid die Reben. Wer in mir bleibt und ich in ihm, der bringt viel Frucht; denn ohne mich könnt ihr nichts tun«. → S. 42, Abb. 61b; S. 264, Abb. 369.

Wellengiebel, leicht gewellte Bekrönungen über Fenstern und Portalen im Rokoko. → S. 255, Abb. 357b.

Weltenrichter, Christus als → S. 83, Abb. 101; S. 100, Abb. 133 → Christusdarstellungen.

Weltgericht, → Jüngster Tag, Jüngstes Gericht; in der Romanik → S. 31f., Abb. 32ff.; in der Gotik → S. 83f., Abb. 101ff.

Weltzeituhren, Astronomische Uhren → S. 144, Abb. 220; S. 187, Abb. 270.

Wendelsäulen, im Barock vorkommende, auch Drehsäulen genannte Altarsäulen. → S. 225, Abb. 317.

Werktags- und Festtagsseiten → Wandelaltar.

Westwerk → S. 20f., Abb. 18.

Widmungstafeln → S. 208, Abb. 292.

Wimperg, gotischer Ziergiebel über Fenstern und Türen, oft von → Fialen flankiert. Das Giebelfeld ist mit → Maßwerk gefüllt, die Giebelschrägen sind mit Krabben besetzt, und die Spitze krönt eine → Kreuzblume. Wimperge können auch Schnitzaltäre in der Gotik und vor allem auch der Neugotik schmücken. → S. 79, Abb. 94d.

Wiesbadener Programm von 1891, zusammen mit dem *Eisenacher Regulativ von 1861* grundlegend für den protestantischen Kirchenbau im 19. Jahrhundert. → S. 279.

Wissenschaften → Künste, sieben freie. → S. 91, Abb. 120f.

Würfelkapitell, romanische → Kapitellform, die aus der Durchdringung eines Würfels mit einer Kugel entsteht und in Romanik und Gotik mit Ornamenten verziert ist. Als Zwischenstück zwischen tragender Säule und lastendem Gewölbe ist es die optische und sinnbildliche Schnittstelle zwischen irdischem Bereich und den Decken und Gewölben, die den Himmel symbolisieren. An ihm finden sich reichhaltig symbolische Darstellungen: in der Frühromanik geometrische Muster, pflanzliche und tierische Dekorationen, auch Fratzen und Monster, in der Spätromanik und Frühgotik erzählender bildhafter Figurenschmuck. → S. 41f., Abb. 59a.

Wunder Jesu, besonders die in den Evangelien überlieferten Krankenheilungen und Totenauferweckungen wurden in frühchristlicher Kunst häufig dargestellt. Sie zeigen die Erlösungserwartung der Gläubigen und weisen auf die Auferstehung Christi von den Toten hin. Das Speisungswunder (Mk 6,30ff.) galt als Hinweis auf die → Eucharistie bzw. das → Abendmahl. Seit dem 12. Jahrhundert sind die Wunder Jesu seltener dargestellt, weil die Gläubigen sich mehr Maria und den Heiligen (→ Reliquien) als Wunder wirkenden Helfern zuwandten. → S. 47, Abb. 70f.

Wundmale Jesu, die bei der Kreuzigung verursachten Wunden an Händen, Füßen und an der Seite, die beim Bedenken des Leidens Jesu in besonderer Weise meditiert wurden. Auf Bildern sind sie oft auch mit der Einsetzung des Abendmahls (»dies ist mein Blut«) in Verbindung gebracht, indem ein Blutstrahl aus der Seite des Lanzenstichs in einen Abendmahlskelch fließt.

Wurzel Jesse, nach biblischer Überlieferung (Mt 1, Lk 3) reichen Jesu Vorfahren bis zu Isai (Jesse), dem Vater des Königs David zurück. Das unterstützt sein Verständnis als Messias (= Gesalbter), neuer König, der die entsprechenden Hoffnungen Israels auf seine Weise erfüllt hat. Darstellungen zeigen, wie sich aus dem schlafenden Isai der Stammbaum bis hin zu Jesus erhebt. → S. 100, Abb. 132b.

Zackenstil, die zahlreichen scheinbar heftig bewegten, kleinen, spitz zulaufenden Gewandfalten der dargestellten Heiligen haben dem Stil der spätromanischen Tafelmalerei im Übergang zur Gotik um 1250 ihren Namen gegeben. → S. 48, Abb. 72a; S. 51, Abb. 77.

Zahlensymbolik → S. 76.

Zahlen und Maße → S. 23; S. 57.

Zeder, immergrüne Pflanze, daher Sinnbild des ewigen Lebens und des → Paradieses.

Zentralbau → S. 20, Abb. 16; S. 167, Abb. 227f.

Zentralperspektive, im Barock → S. 203.

Ziborium (griech. Gehäuse), Überbau über Altar oder Taufbecken aus romanischer Zeit, auch der mit einem Deckel verschlossene Hostienkelch (→ Hostie). → S. 50, Abb. 74; S. 288, Abb. 409.

Zisterzienser, 1098 in Cîteaux in Burgund durch Robert von Molesme ins Leben gerufene Reformbewegung des Benediktinerordens, die sich einem Leben in Einfachheit und Bescheidenheit verschrieb (erlangte durch den Eintritt Bernhards von Clairvaux 1113 bald große Bedeutung). Entsprechend schlicht und ohne Schmuck sind die Fassaden der überwiegend in frühgotischer Zeit entstandenen Kirchen. Anstelle eines Kirchturms finden sich nur kleine Dachreiter für die Glocken. → S. 56, Abb. 87. Zisterzienserkirchen sind der Himmelfahrt Mariens geweiht – das ist auch immer das Motiv des Hochaltarbildes.

Zunftwappen → S. 96, Abb. 128o–q; S. 111.

Zweiansichtigkeit, bei barocken Deckengemälden unterschiedliche Perspektiven vom Altar bzw. vom Eingang her gesehen.

Zwerggalerie, Zierform des romanischen Stils, bei der zur Auflockerung der Wand zumeist in der Höhe des Dachansatzes eine Arkadenreihe in der Mauer ausgespart ist.

Zwiebeldach, geschweiftes Haubendach, im süddeutschen Barock vorkommend, in flacherer Form auch »Welsche Haube« genannt.

Zwölfjähriger Jesus im Tempel (Lk 2,41–51), einziger Hinweis in den Evangelien auf die Jugendzeit Jesu. Oft wird die Legende als Lehrszene im Tempel dargestellt: Jesus sitzt erhöht, die Rechte zum Redegestus erhoben, um ihn herum die zuhörenden Schriftgelehrten. Seit die ihr folgende Szene, in der Maria und Josef ihren Sohn suchen, zu den sieben Schmerzen und das Wiederfinden zu den sieben Freuden Mariens gezählt wird, findet sich diese Kindheitsgeschichte auch häufiger als Bildmotiv besonders auf Deckengemälden im Langhaus barocker Kirchen. → S. 266, Abb. 374.

ANHANG

Kleine Auswahl weiterführender Literatur

Zum Nachschlagen

Franz-Heinrich Beyer: Geheiligte Räume. Theologie, Geschichte und Symbolik des Kirchengebäudes, Darmstadt 2008

Heinz-Mohr, Gerd: Lexikon der Symbole. Bilder und Zeichen in der christlichen Kunst, München 1988, 8. Aufl.

Krauss, Heinrich/Uthemann, Eva: Was Bilder erzählen, München 1987, 5. Aufl.

Reclams Lexikon der Heiligen und der biblischen Gestalten. Legende und Darstellung in der bildenden Kunst von Hiltgart L. Keller, Stuttgart 1979, 4. Aufl.

Sachs, Hannelore/Badstübner, Ernst/Neumann Helga: Wörterbuch der christlichen Ikonographie, Regensburg 2004, 8. veränd. Aufl.

Schmidt, Heinrich und Margarethe: Die vergessene Bildersprache christlicher Kunst, München 1995, 5. Aufl.

Seibert, Jutta: Lexikon christlicher Kunst, Themen, Gestalten, Symbole. Freiburg-Basel-Wien 2002, 10. Aufl.

Zur Einführung

Apphun, Horst: Einführung in die Ikonographie der mittelalterlichen Kunst in Deutschland, Darmstadt 1993

Chapeaurouge, Donat de: Einführung in die christlichen Symbole, Darmstadt, Wissenschaftliche Buchgesellschaft, 3. verb. Auflage 1991

Goecke-Seischab, Margarete Luise/Harz, Frieder: Christliche Bilder verstehen. Themen – Symbole – Traditionen. Eine Einführung, München 2004

Goecke-Seischab, Margarete Luise/Domay Erhard: Botschaft der Bilder. Christliche Kunst sehen und verstehen lernen, Lahr 2005, 2. Aufl.

Lange, Günter: Kunst zur Bibel, München 1988

Lange, Günter: Bilder zum Glauben, Christliche Kunst sehen und verstehen, München 2002

Kirchenpädagogik

Degen, Roland/Hansen, Inge (Hrsg.): Lernort Kirchenraum. Erfahrungen – Einsichten - Anregungen, Münster u.a. 1998

Goecke-Seischab, Margarete Luise/Ohlemacher Jörg: Kirchen erkunden, Kirchen erschließen, Lahr 2001, 2. Aufl. (inzwischen wieder lieferbar unter dem Titel: Kirchenbaukunst. Ein pädagogisches Handbuch, Köln 2007)

Goecke-Seischab, Margarete Luise/Harz, Frieder: Komm, wir entdecken eine Kirche. Räume erspüren – Bilder verstehen – Symbole erleben. Tipps für Kindergarten, Grundschule, Familie, München 2005, 3. Aufl.

Rupp, Hartmut (Hrsg.): Handbuch der Kirchenpädagogik. Kirchenräume wahrnehmen, deuten und erschließen, Stuttgart 2006

Zur Kirchenerkundung einzelner Kirchen sind die örtlichen Kirchenführer sehr zu empfehlen. Sie führen in die Orts- und Entstehungsgeschichte ebenso ein wie in die wichtigsten kunsthistorischen Besonderheiten der vorgestellten Kirche.

Fotonachweis

Abkürzungsverzeichnis der verwendeten Bibelstellen

Altes Testament

Gen	Das Buch Genesis (1. Buch Mose)
Ex	Das Buch Exodus (2. Buch Mose)
Lev	Das Buch Levitikus (3. Buch Mose)
Num	Das Buch Numeri (4. Buch Mose)
Dtn	Das Buch Deuteronomium (5. Buch Mose)
1 Sam	Das erste Buch Samuel
2 Sam	Das zweite Buch Samuel
Tob	Das Buch Tobit
Ps	Die Psalmen
Weish	Das Buch der Weisheit
Jes	Das Buch Jesaja
Ez	Das Buch Ezechiel
Dan	Das Buch Daniel

Neues Testament

Mt	Das Evangelium nach Mathhäus
Mk	Das Evangelium nach Markus
Lk	Das Evangelium nach Lukas
Joh	Das Evangelium nach Johannes
Apg	Die Apostelgeschichte
1 Kor	Der erste Brief an die Korinther
Eph	Der Brief an die Epheser
Offb	Die Offenbarung (Apokalypse) des Johannes